THE
TRIUMPHANT CHURCH

Kenneth E. Hagin

THE TRIUMPHANT CHURCH
by Kenneth E. Hagin

ⓒ 1993 RHEMA Bible Church
AKA Kenneth Hagin Ministries, Inc.
P. O. Box 50126 Tulsa, OK 74150-0126 U.S.A.
All Rights Reserved.

Korean, Korea Edition Copyright
ⓒ 2007 by Word of Faith Co.
All Rights Reserved.

승리하는 교회

1판 1쇄 발행일 · 2007년 9월 11일
1판 7쇄 발행일 · 2024년 8월 20일

지은이 케네스 해긴
옮긴이 김진호
발행인 최순애
발행처 믿음의말씀사
2000. 8. 14 등록 제 68호
(우) 16934 경기도 용인시 기흥구 신정로 301번길 59
Tel. 031) 8005-5483 Fax. 031) 8005-5485
http://faithbook.kr

ISBN 89-90836-49-2 03230
값 21,000원

본 저작물의 한국어판 저작권은 케네스 해긴 목사님을 통해
FAITH LIBRARY와의 독점 협약으로 '믿음의 말씀사'가 소유합니다.
저작권법에 의해 한국 내에서 보호를 받는 저작물이므로 무단 전재와 복제를 금합니다.

모든 어둠의 권세를 다스리는
승리하는 교회

케네스 해긴 지음 | 김진호 옮김

믿음의말씀사

목차

역자 서문 ·· 6

제1장 기원 : 사단과 그의 왕국 ······································ 9
제2장 사람에 대한 바른 구분 : 영, 혼, 몸 ··················· 41
제3장 마귀냐? 육신이냐? ··· 81
제4장 억눌림, 사로잡힘, 완전히 점령됨의 차이를 구별하기
       (Distinguishing the Difference Between
       Oppression, Obsession, And Possession) ········· 123
제5장 그리스도인들 안에 귀신이 있을 수 있습니까? ······ 165
제6장 악한 영을 다루는 방법 ······································ 199
제7장 하나님의 지혜 ·· 243
제8장 영적인 전쟁 : 당신은 싸우고 있습니까?
       아니면 쉬고 있습니까? ···································· 289
제9장 견고한 진을 무너뜨리기 ···································· 339
제10장 어둠의 왕국을 방해하는 성경적인 기도 ············ 373
제11장 축사 사역은 성경적입니까? ······························ 419
제12장 축사를 행하는 성경적 방법 ······························ 453

역자 서문

　사람의 한평생이라고 할 수 있는 60년이 훨씬 넘는 세월을 목사로, 신유 복음 전도자로, 교사로, 예언자로 살았던 케네스 해긴 목사님은 많은 책과 테이프를 통해서 믿음의 말씀을 미국과 전 세계에 펼치는 일을 하셨습니다. 물론 30년이 넘도록 수많은 졸업생을 훈련시켜서 세계로 내 보낸 레마 성경 훈련소에서 가르치는 사역도 큰 몫을 담당했습니다. 그러나 "내 백성에게 믿음을 가르쳐라"라고 하신 주님이 주신 사명에 일평생 순종하여 책과 테이프, 라디오를 통해서 맺은 열매는 오직 주님만이 아실 것입니다.

　"믿는 자의 권세"를 읽고 은혜 받으신 분들은 알고 계시겠지만, "믿는 자의 권세"는 해긴 목사님께서 목회 초창기에 텍사스의 작은 시골 교회를 섬기면서, 말씀을 묵상하며 기도를 많이 하던 시절, 존 맥밀란(John A. MacMillan)이라는 중국에서 사역을 하셨던 선교사님이 잡지에 기고한 글을 읽고 영감을 얻어 쓴 책이라고 합니다. 맥밀란 선교사의 글들은 그 후에 "Authority of Believer"이란 이름으로 출판되었습니다.

　이번에 번역하여 펴내게 된 "승리하는 교회"는 케네스 해긴 목사님이 사역의 거의 마지막 시기에 쓰신 책입니다. 믿는 자의 권세를 기초로 해서 마침내 그리스도의 교회 전체에 주신 권세를 다루고 있습니다. 영적 세계에 대해서 다루고 있는 더 광범위한 주제뿐만 아니라 60년 이상 사역의 현장에서 적용하면서 깨달은 수많은 경험에서 나오는 간증과 지혜, 계시가 풍부한 책입니다. 어떤 면에서는 이 주제에 관해서 해긴 목사님의 가르침의 결정판이라고 볼 수 있는 책입니다.

"믿는 자의 권세"를 읽고 많은 계시와 은혜를 체험하셨던 분들이 가지고 있던 궁금한 것들에 대해서는 이 책을 통해서 시원한 해답을 찾게 될 것입니다. 더불어 해박한 말씀은 물론, 풍부한 사역 경험과 사례를 통하여 대부분의 의문들도 해소될 것입니다. 진리의 말씀을 구체적으로 환자 한 사람 한 사람에게 어떻게 상황별로 분별하고, 적용하여, 효과적으로 사역을 하는지 하나님의 말씀을 철저히 의지하는 믿음, 패배하였을 뿐만 아니라 이미 무장 해제된 적인 사단과 귀신들을 다루는 태도 등 많은 것을 배우고 확신하게 될 것입니다.

2007년 봄 탄천이 보이는 나의 "골방"에서

김진호 목사
새로운 피조물 미니스트리 대표
예수선교사관학교장

제 1 장

기원 : 사단과 그의 왕국

    믿는 자들은 그리스도와 함께 어둠의 주권자들과 그 능력으로부터 아주 먼 천국에 앉아 있습니다. 어떤 귀신도 모든 적들의 역사들로부터 멀리 떨어져 그리스도와 같이 앉아 있는 믿는 자들을 방해할 수는 없습니다! 천국에서 그리스도와 함께 앉아있는 우리의 위치와 군림은 권세와 영예, 승리의 자리입니다. – 실패와 우울과 패배가 아닙니다.

    주 예수 그리스도의 교회가 마귀와 그의 군사들과의 모든 접전에서 승리하고 승전을 했다면 왜 이렇게 많은 믿는 자들이 사단과 그의 속임수의 대상이 되는 것일까요?

    믿는 자들이 마귀에게 승리했는가, 아닌가 하는 것은 그들이 교회로서 그들 자신을 바라보는 관점이 투쟁적이냐 패배적이냐 혹은 승리적인 관점이냐에 달려 있습니다. 믿는 자들이 그리스도 안에서 그들의 위치를 얼마나 잘 이해하고 있는가에 달려 있는 것입니다.

    투쟁하는 교회는 그리스도 안에서 천국에 아직 앉아 있지 못한 믿는 자들을 묘사하고 있는 것입니다. 그들은 아직도 주 예수 그리스도에 의해서 패망하지 않은 적을 향하여 승리를 거두려고 "싸우고" 있는 것입니다.

    패배적인 교회는 그들이 그리스도와 함께 천국에 앉아 있다는 사실을 모르고 예수 그리스도를 통해 삶에서 왕 노릇을 해야 한다는 것을 모르는 교회를 묘사하고 있습니다. 그들은 그리스도 안에 있는 그들의 위치를 알지 못함으로 그들이 가지고 있는 권세를 사용하지 못하고 계속하여 사단의 계략에 따라 약탈당하며 지속적으로 실수와 패배의 삶을 살아가고 있는 것입니다.

그러나 승리하는 교회는 모든 능력과 주권들보다 월등한 위치의 천국에서 그리스도와 함께 그리스도의 몸으로 앉아 있다는 성경적인 견지를 가지고 있습니다(엡 1:3;2:6). 승리하는 교회는 믿는 자들의 권리를 알 뿐만 아니라 또 그리스도 안에서 그들의 권리를 사용함으로 예수 그리스도를 통하여 패배한 원수인 사단보다 더 높은 위치에서 그들의 삶 안에서 승리하며 왕 노릇하고 있는 믿는 자들로 이루어진 교회를 성경적으로 묘사하고 있습니다(롬 5:17).

이 세상에서 귀신의 활동이 증가하고 있는 이런 시대에, 믿는 자가 그리스도 안에서 속량이 주는 권리가 무엇인지를 아는 것은 매우 중요한 일입니다. 우리들은 그리스도께서 이미 모든 적들의 능력을 이기신 승리 때문에 우리의 것이 된 권세에 대하여 온전한 확신을 가져야 합니다. 우리가 적보다 우월한 우리의 권세에 대한 확신을 가질 수 있는 유일한 방법은 쓰여진 하나님의 말씀의 빛을 이해하고 그에 따라 행동하는 것입니다.

이런 것을 소개함에 있어서 최초의 책인 창세기로 가서 사단과 그의 왕국의 기원을 조사하는 공부를 시작하겠습니다.

아담 이전에 있었을지도 모르는 왕국에 대한 암시들

루시퍼라고 불리는, 사단의 기원과 타락에 대해서는 성경에서 상당히 분명하게 말하고 있습니다. 그는 천국에서 타락하여 추방당하기 전에 루시퍼라고 불렸습니다. 그러나 타락하고 추방당한 후에는 사단이라고 불립니다. 그러나 귀신들이나 마귀들 혹은 악령들의 기원에 대해서는 그렇게 분명하지는 않습니다.

어떤 성경학자들은 창세기 1장 1절과 2절 사이에는 수백만 년의 시간이 흘렀다고 말합니다. 그리고 어떤 사람들은 창세기 1장에 기록된 그 창조 이전에 이 땅 위에 왕국이 있었을 수도 있다고 믿습니다.

> 창 1:1-2
> 1 태초에 하나님이 천지를 창조하시니라
> 2 땅이 혼돈하고 공허하며 흑암이 깊음 위에 있고 하나님의 영은 수면 위에 운행하시니라

이 땅에 지금 있는 악령은 본래 아담 이전 왕국에 속한 것들의 일부라고 생각할 수도 있습니다. 많은 성경학자들은 홍수 전에 아담 이전에 왕국이 있었다는 것에 동의를 합니다. 고고학적인 발견으로 공룡이나 다른 큰 동물들이 이 땅에 살고 있었다는 것을 알고 있기 때문입니다.

그들이 어디서 왔을까요? 아마도 그런 동물들은 아담 이전에 이 땅에 존재해있던 다른 창조로부터 온 것일지도 모릅니다. 이사야 14장에서 우리는 아담 이전에 있던 세상에 대한 암시를 볼 수 있습니다.

> 사 14:12-14
> 12 너 아침의 아들 계명성(역자주: 킹 제임스 성경에는 루시퍼라고 언급되어 있음)이여 어찌 그리 하늘에서 떨어졌으며 너 열국을 엎은 자여 어찌 그리 땅에 찍혔는고
> 13 네가 네 마음에 이르기를 **내가 하늘에 올라 하나님의 뭇 별 위에 내 자리를 높이리라** 내가 북극 집회의 산 위에 앉으리라
> 14 가장 **높은 구름에 올라가** 지극히 높은 이와 같아지리라 하는도다

기원 : 사단과 그의 왕국

분명히 루시퍼는 어떤 권세를 상징하는 직위를 가지고 있었음에 틀림이 없습니다. 루시퍼는 구름과 별 밑에서 지배했을 것입니다. 13절은 "…내가 하늘에 올라 하나님의 뭇 별 위에 내 자리를 높이리라…"고 말하고 있습니다. 이것은 루시퍼의 왕권이 별 밑에 있었다는 것을 의미하고 있습니다. 만일 루시퍼의 왕좌가 별 밑이었다면 이 땅의 영역과 그 범주였을 수도 있습니다.

아담 이전에 이 땅에 있던 왕국은 루시퍼가 지배하고 있었을 수도 있습니다. 그리고 같은 기간 동안에 역사 이전에 있던 동물들이 이 땅에서 살고 있었을 것입니다. 사단이 그의 왕국을 아담 이전의 창조 기간 동안에 지배했을 수도 있습니다. 그리고 이 땅에 있는 악령들은 그 창조에서 떨어진 영들일 수도 있습니다. 그것을 뒷받침해 줄 명확한 성경 구절은 없지만, 그것이 틀렸다고 반박할 만한 성경 구절 또한 없습니다. 성경에서 그런 암시들을 볼 수 있습니다.

또 우리는 오늘날 이 땅에 악령들이 있다는 것을 알고 있습니다. 그렇다면 그들은 어디서 온 것일까요? 또 다른 가능성은 악령들이 루시퍼가 반역을 할 때 같이 떨어진 천사들을 포함한다는 것입니다 (계 12:4,9).

사람은 아담 이전의 창조에 포함되어 있지 않았습니다. 왜냐하면 성경은 아담이 첫 사람이라고 했기 때문입니다. "기록된 바 첫 사람 아담은 생령이 되었다 함과 같이…"(고전 15:45). 그러나 아담 이전에 어떤 창조가 있었다고 할 수 있습니다. 우리가 오늘날 아는 창조하고는 전혀 다른 창조일 수도 있습니다. 이런 이론을 교리로 세울 만큼 성경 구절들이 충분히 비추고 있지 않기 때문에 나는 이것을 교리적으로 제시하는 것은 아닙니다. 우리는 성경적으로 뒷받침할 수 없는 일에 대하여 교리적으로 제시할 수는 없습니다. 때때로 우리는 악령의 기원에 대한 더 많은 조명이 있기를 원하지만, 하나님은 우리가 알아야 할 만큼 말씀을 통하여 말씀해 주셨음에 틀림이 없습니다.

루시퍼의 본래의 위치와 타락

성경에서 그렇게 기록하고 있기 때문에 마귀와 귀신들은 타락한 존재들이라는 것을 우리는 확실히 말할 수 있습니다. 그들은 그들이 통치하던 어떤 곳으로부터 타락을 한 것입니다(계 12:4,9). 그리고 성경은 사단, 혹은 그가 본래 불렸던 이름인 루시퍼의 근원에 대해서도 조명해 주고 있습니다.

사단은 본래 어디서 온 것일까요? 이사야 14장과 에스겔 28장은 태초에 하나님이 본래 루시퍼를 창조한 것과 반역과 타락한 것에 대한 루시퍼의 존재에 대한 그림을 보여줍니다. 태초에 하나님이 모든 것을 창조하시고 모두 좋았다고 하셨기 때문에 우리는 하나님이 사단을 오늘날과 같은 모습으로 창조하지 않았던 것을 압니다(창 1:10,12,18,21,25; 약 1:17).

에스겔 28장에서 성경은 루시퍼가 천국에서 타락하고 추방받기 전의 모습을 묘사하고 있습니다.

> 겔 28:12-16
> 12 인자야 두로 왕을 위하여 슬픈 노래를 지어 그에게 이르기를 주 여호와의 말씀에 너는 완전한 도장이었고 **지혜가 충족하며 온전히 아름다웠도다**
> 13 네가 옛적에 하나님의 동산 에덴에 있어서 **각종 보석** 곧 홍보석과 황보석과 금강석과 황옥과 홍마노와 창옥과 청보석과 남보석과 홍옥과 황금으로 **단장하였음이여 네가 지음을 받던 날에** 너를 위하여 소고와 비파가 준비되었도다

14 너는 기름부음을 받고 지키는 그룹임이여 내가 너를 세우매 네가 하나님의 성산에 있어서 불타는 돌들 사이에 왕래하였도다
15 네가 지음을 받던 날로부터 네 모든 길에 완전하더니 마침내 네게서 **불의가 드러났도다**
16 네 무역이 많으므로 네 가운데에 강포가 가득하여 **네가 범죄하였도다 너 지키는 그룹아** 그러므로 내가 너를 더럽게 여겨 하나님의 산에서 쫓아냈고 불타는 돌들 사이에서 멸하였도다

이 성경 구절에서 루시퍼를 사람이 아닌, 창조되어진 "기름부음을 받고 지키는 그룹임이여"라고 말하고 있습니다. "네가 지음을 받던 날로부터 네 모든 길에 완전하더니 마침내 네게서 불의가 드러났도다"(15절).

하나님은 지금 우리가 알고 있는 루시퍼로 그를 창조하시지 않았습니다. 루시퍼가 천국에서 타락하여 추방된 이후에 그는 마귀가 되었지만 처음부터 그가 그렇게 창조된 것은 아닙니다. 하나님은 루시퍼를 모든 길에 완전하게 창조하였고(15절) 지혜가 충족하며 온전히 아름답게 창조하셨습니다(12절). 성경은 또 루시퍼가 "하나님의 성산에 있었다"고 말하고 있습니다(겔 28:14). 그래서 우리는 그가 하나님께로 통하고 접근하는 자리에 있었다는 것을 알 수 있습니다.

루시퍼의 원래 창조에 대한 또 한가지 흥미로운 것이 있습니다. 에스겔서 28장 13절은 우리들에게 "네가 지음 받던 날에 너를 위하여 소고와 비파가 준비되었도다"라고 말씀하십니다.

분명히 루시퍼는 음악과 관계가 있었습니다. 아마 그는 타락하고 추방당하기 전에 천국에서 음악을 담당하는 최고의 자리에 있었을 수도 있습니다. 당신은 음악이 사단의 계획 뿐 아니라 하나님의

계획과 프로그램에서도 중요한 부분인 것에 대하여 주의해 본 적이 있습니까?

합당한 음악은 당신을 하나님의 영께 순복하기 쉽게 준비하여 주고 합당치 않은 음악은 마귀의 영에 순복하도록 당신을 준비시켜 줍니다. 마귀는 육신이나 새로워지지 않은 혼을 통하여 역사하지만 하나님께서는 성령님으로 당신의 영을 통하여 역사하십니다.

성경은 루시퍼에게서 불의가 드러났다고 말합니다(겔 28:15). 그의 죄는 무엇이었습니까?

> 겔 28:17-18
> **17 네가 아름다우므로 마음이 교만하였으며 네가 영화로우므로** 네 지혜를 더럽혔음이여 내가 너를 땅에 던져 왕들 앞에 두어 그들의 구경거리가 되게 하였도다
> 18 네가 **죄악이 많고 무역이 불의하므로** 네 모든 성소를 더럽혔음이여 내가 네 가운데에서 불을 내어 너를 사르게 하고 너를 보고 있는 모든 자 앞에서 너를 땅 위에 재가 되게 하였도다

루시퍼는 그의 위대한 아름다움 때문에 자만으로 높아져 있었습니다. 그는 자만 때문에 하나님같이 되기를 원하게 되었으며 하늘에 올라 하나님의 권위를 박탈하려고 하였습니다. 성경은 이사야 14장에서 루시퍼의 죄에 대하여 말하고 있는데, 거기서 하나님은 루시퍼가 다섯 가지를 "내가 하겠다"라고 선언하고 있는 루시퍼의 악한 의도를 우리들에게 가르쳐 주고 계십니다.

> 사 14:13-14
> 13 네가 네 마음에 이르기를 **내가** 하늘에 올라 하나님의 뭇 별 위에 **내 자리를 높이리라** 내가 북극 집회의 산 위에 **앉으리라**
> 14 가장 높은 구름에 **올라가** 지극히 높은 **이와 같아지리라** 하는도다

루시퍼는 분명한 자유의지를 가진 자였고 그는 그 의지를 자유롭게 행사했던 것입니다. 루시퍼는 "내가 하겠다"라고 말하고 있기 때문입니다. 그는 선택할 수 있었고 그는 잘못된 선택을 했던 것입니다. 그는 그의 왕좌를 하나님의 왕좌보다도 더 높이려고 했습니다. 그것 때문에 하나님은 루시퍼에게 "네가 범죄 하였도다"라고 말씀하셨습니다(겔 28:16).

에스겔 28장에서는 루시퍼가 말한 다섯 가지의 "하겠다"라는 선포에 대하여 하나님께서 다섯 가지 "하겠다"로 선언하고 계시는 것을 주목하기 바랍니다. 하나님께서 "내가 하겠다"라고 선포하였을 때 하나님께서는 루시퍼의 반역에 합당한 심판을 하심으로 루시퍼는 천국으로부터 타락하여 추방되는 결과를 얻게 되었던 것입니다.

> 겔 28:16-18
> 16 네 무역이 많으므로 네 가운데에 강포가 가득하여 네가 범죄하였도다 너 지키는 그룹아 그러므로 **내가** 너를 더럽게 여겨 하나님의 산에서 **쫓아냈고 불타는 돌들 사이에서 멸하였도다**
> 17 네가 아름다우므로 마음이 교만하였으며 네가 영화로우므로 네 지혜를 더럽혔음이여 **내가** 너를 **땅에 던져** 왕들 앞에 두어 그들의 **구경거리가 되게 하였도다**
> 18 네가 죄악이 많고 무역이 불의하므로 네 모든 성소를 더럽혔음이여 **내가** 네 가운데에서 불을 내어 너를 사르게 하고 너를 보고 있는 모든 자 앞에서 **너를 땅 위에 재가 되게 하였도다**

우리는 이사야 14장과 에스겔 28장의 구절들에서 루시퍼가 천국에서 타락하여 추방된 것을 볼 수 있고 예수님도 누가복음 10장에서 묘사하셨습니다.

사 14:12
너 아침의 아들 계명성이여 어찌 그리 **하늘에서 떨어졌으며** 너 열국을 엎은 자여 어찌 **그리 땅에 찍혔는고**

겔 28:16-17
16 네 무역이 많으므로 네 가운데에 강포가 가득하여 네가 범죄하였도다 너 지키는 그룹아 그러므로 **내가** 너를 더럽게 여겨 **하나님의 산에서 쫓아냈고** 불타는 돌들 사이에서 멸하였도다
17 네가 아름다우므로 마음이 교만하였으며 네가 영화로우므로 네 지혜를 더럽혔음이여 내가 너를 땅에 던져 왕들 앞에 두어 그들의 구경거리가 되게 하였도다

눅 10:18
예수께서 이르시되 사탄이 하늘로부터 번개 같이 떨어지는 것을 내가 보았노라

사단의 이름은 그의 성품과 성격을 보여 줍니다

에덴동산에서 우리는 타락하여 천국에서 추방된 후에는 사단이라고 불리게 된 루시퍼의 모습을 언뜻 볼 수 있습니다. 이 성경 구절은 또한 타락한 후 사단의 성품과 성격도 보여 주고 있습니다. 성경은 이렇게 말합니다. "그런데 **뱀**은 여호와 하나님이 지으신 들짐승 중에 가장 **간교하니라** 뱀이 여자에게 물어 이르되 하나님이 참으로 너희에게 동산 모든 나무의 열매를 먹지 말라 하시더냐." 유혹을 당한 후에 하와가 하나님께 "뱀이 나를 **꾀므로** 내가 먹었나이다"라고 말합니다(창 3:13). 사단의 교활한 속임수의 본성을 보여 주고 있습니다.

한때 하나님의 성산에서 기름부음을 받은 그룹이었던 사단은 하나님으로부터 저주를 받고 뱀의 모양을 취했던 것입니다. "여호와

하나님이 뱀에게 이르시되 네가 이렇게 하였으니 네가 모든 가축과 들의 모든 짐승보다 더욱 **저주를 받아 배로 다니고** 살아 있는 동안 흙을 먹을 지니라"(창 3:14).

성경은 사단의 본성과 성격에 대하여 무엇이라고 말하고 있습니까? 사단에게 주어진 성경의 이름들은 그의 본성, 성격을 보여주고 있고 이 땅에서 그 권세의 영역을 보여주고 있습니다.

대적. "…너희 **대적** 마귀가 우는 사자같이 두루 다니며 삼킬 자를 찾나니"(벧전 5:8).

도둑. "**도둑**이 오는 것은 도둑질하고 죽이고 멸망시키려는 것뿐이요"(요 10:10).

살인자와 거짓말쟁이. "너희는 너희 아비 마귀에게서 났으니 너희 아비의 욕심대로 너희도 행하고자 하느니라 그는 처음부터 **살인한 자**로 진리가 그 속에 없으므로 진리에 서지 못하고 거짓을 말할 때마다 제 것으로 말하나니 이는 그가 **거짓말쟁이요** 거짓의 아비가 되었음이라"(요 8:44).

형제들을 참소하던 자. "…우리 형제들을 **참소하던 자** 곧 우리 하나님 앞에서 밤낮 참소하던 자가 쫓겨났고"(계 12:10).

꾀는 자. "큰 용이 내쫓기니 옛 뱀 곧 마귀라고도 하고 사탄이라고도 하며 온 천하를 **꾀는 자라**"(계 12:9).

광명의 천사. "…사단도 자기를 **광명의 천사**로 가장하나니"(고후 11:14).

꾀는 자로서 사단은 광명의 천사로 변장하는 것입니다.

이 세상의 임금. "이제 이 세상에 대한 심판이 이르렀으니 **이 세상의 임금**이 쫓겨나리라"(요 12:31; 14:30; 16:8,11)

공중 권세 잡은 자. "…*공중의 권세 잡은 자*를 따랐으니 곧 지금 불순종의 아들들 가운데서 역사하는 영이라"(엡 2:2).
이 세상의 신. "그 중에 *이 세상의 신*이 믿지 아니하는 자들의 마음을 …"(고후 4:4).

만일 사람들이 사단이 이 세상의 신이라고 하는 것을 이해한다면 이 땅에 왜 악이 존재하는가에 대한 혼란이 많이 없어질 것입니다.

어떤 사람들은 이 세상의 악에 대하여 너무 집중하다 보니 그들은 이 우주가 근본적으로 선하기보다 악하다고 생각합니다. 어떤 사람들은 하나님이 악의 창시자요 창조자라고 비난합니다. 예를 들어, 나는 오래 전에 미국의 아주 유명한 신문기고자가 쓴 글을 읽어본 적이 있습니다. 그는 교회에 속해 본 적도 없고 종교적이지도 않은 사람이라고 자신을 소개했습니다. 그는 성경이 하나님의 말씀인 것을 믿지도 않고 하나님이 존재하시는지 혹은 존재하지 않는지에 대해서도 모른다고 말했습니다.

그는 그의 글에서 이렇게 말했습니다. "그리스도인들은 모든 것을 다 창조하신 하나님이 계시고 그 하나님이 이 우주를 경영하고 계시다고 말합니다. 이론적으로 말하면 최고의 신이 이 우주를 창조하신 것 같습니다. 그러나 만일 하나님께서 이 세상의 지배자이시고 하나님께서 모든 것을 경영하고 계시다면 하나님은 모든 것을 엉망으로 만들어 놓으신 것에 틀림없습니다. 하나님은 전쟁과 가난, 그리고 아무 죄 없는 아이들이 죽어 가는 것을 왜 멈추게 하지 않습니까?"

그는 왜 선하신 하나님께서 세상을 지배한다면서 악의 존재를 허락하시는지를 이해하려고 노력하고 있었습니다. 그러나 이 신문기고가는 토론의 한 면만을 들어본 것입니다. - 그는 성경이 사단을 이 세상의 신이라고 한 것에 대해서 모르고 있었습니다(고후 4:4).

만일 이 신문기고가가 성경을 믿었다면 태초에 하나님이 세상을 만드시고 모든 것이 좋았다고 하신 것을 알았을 것입니다(창 1:10,12,18,21,25,31; 약 1:17). 하나님은 사람을 창조하시고 사람에게 하나님의 손으로 창조하신 모든 것을 다스리게 하셨습니다.

창 1:26,28
26 하나님이 이르시되 우리의 형상을 따라 우리의 모양대로 우리가 사람을 만들고 그들로 바다의 물고기와 하늘의 새와 가축과 온 땅과 땅에 기는 모든 것을 **다스리게 하자 하시고**
28 하나님이 그들에게 복을 주시며 하나님이 그들에게 이르시되 생육하고 번성하여 땅에 충만하라, 땅을 정복하라, 바다의 물고기와 하늘의 새와 땅에 움직이는 모든 생물을 **다스리라 하시니라**

시 8:4-6
4 사람이 무엇이기에 주께서 그를 생각하시며 인자가 무엇이기에 주께서 그를 돌보시나이까
5 그를 하나님보다 조금 못하게 하시고 영화와 존귀로 관을 씌우셨나이다
6 **주의 손으로 만드신 것을 다스리게 하시고 만물을 그의 발아래 두셨으니**

시 115:16
하늘은 여호와의 하늘이라도 **땅은 사람에게 주셨도다**

사단은 사람이 잃어버린 통치권을 가져갔던 것입니다

태초에 아담은 이 세상의 통치권자였습니다. 그리고 그런 면에서 아담은 이 세상의 "신"이었습니다. 그러나 아담과 하와가 금지되었던 과일을 먹은 후 그들의 눈이 열려지고 선과 악을 알게 되었습니다

(창 3:6-7). 하나님은 아담과 하와에게 그 과일을 먹는 날에는 죽으리라고 말씀하셨습니다. 아담과 하와는 육체적으로는 죽지 않았지만 그들은 영적으로 죽었던 것입니다. 그들이 영적으로 죽었을 때 그들은 하나님으로부터 분리되었고 끊겨졌습니다. 그런 불순종의 행동 때문에 아담은 이 세상의 통치권을 마귀에게로 넘겨주었던 것입니다.

성경은 아담이 불순종함으로 사단에게 통치권을 팔아버려서 사단으로 이 세상의 신이 되게 한 것을 입증하고 있습니다. 사단이 예수님을 유혹하는 장면을 보십시오.

눅 4:1-2, 5-8
1 예수께서 성령의 충만함을 입어 요단 강에서 돌아오사 광야에서 사십일 동안 성령에게 이끌리시며
2 **마귀에게 시험을 받으시더라** 이 모든 날에 아무것도 잡수시지 아니하시니 날 수가 다하매 주리신지라
5 마귀가 또 예수를 이끌고 올라가서 순식간에 **천하 만국을 보이며**
6 이르되 **이 모든 권위와** 그 영광을 내가 네게 주리라 **이것은 내게 넘겨준 것이므로** 내가 원하는 자에게 주노라
7 그러므로 네가 만일 내게 절하면 다 네 것이 되리라
8 예수께서 대답하여 이르시되 기록된 바 주 너의 하나님께 경배하고 다만 그를 섬기라 하였느니라

여기서 몇 가지 중요한 진리에 주의해야 합니다. 목회자들이 나에게 이런 말을 하였습니다. "사단은 세상의 왕국을 다스리는 권세가 없었으므로 예수님에게 세상의 왕국을 다스리는 권세를 주겠다고 거짓말을 한 것입니다." 그러나 사단은 세상의 왕국을 다스리는 권세가 있었습니다. 왜냐하면 이 세상의 왕국은 아담이 하나님께 죄를 범했을 때 사단에게로 넘어갔기 때문입니다.

확대성경 번역본은 더 분명하게 이것을 보여주고 있습니다.

> 눅 4:5-6 (확대번역본)
> 5 마귀가 또 예수를 이끌고 높은 산에 올라가 순식간에 – 눈을 깜빡하는 사이에 세상에 사람이 사는 **모든 왕국을 보이며**
> 6 사단은 예수님께 이렇게 말했습니다. 내가 네게 모든 **권능과 권세와 그 영광을 주리라 이것은 내게 넘겨준 것이므로 내가 원하는 자에게 줄 수 있노라**

누가 이 세상의 왕국을 사단에게 넘겨준 것입니까? 하나님이 그렇게 하셨습니까? 아닙니다. 하나님께서 원래 이것을 아담에게 주셨습니다. 그러나 아담이 죄를 짓고 하나님께 불순종하므로 말미암아 사단이 이 세상 왕국의 통치권을 가져가게 된 것입니다.

우리는 아담이 이 세상의 왕국을 사단에게 넘겨주기 전에는 사단은 세상에 아무런 권세도 없었던 것을 압니다. 왜냐하면 사단은 그가 전에 가지고 있던 통치권을 빼앗겼기 때문입니다(겔 28:16-18; 눅 10:18).

그래서 아담은 본래 이 땅의 권세와 통치권을 가지고 있었지만 그는 하나님의 명령에 불순종함으로 말미암아 사단의 손에 그것을 넘겨주었던 것입니다(롬 5:17). 그것이 사단이 이 세상의 신이 된 때입니다.

그리고 만일 사단이 이 세상 왕국에 권세가 없었다면 예수님께서 마귀에게 시험을 받았다고 하는 성경 말씀은 거짓말이 될 것입니다(눅 4:2). 만일 사단이 권세도 없고 이 땅 왕국의 통치권도 없었다면 이것은 예수님께 진정한 시험이 될 수 없었을 것입니다. 그러나 성경은 그것이 시험이었다고 말하고 있습니다. "예수께서 … 광야에서 사십일 동안 성령에게 이끌리시며 마귀에게 **시험을 받으시더라…"** (눅 4:1-2). 그러므로 사단은 예수님을 시험할 만큼 이 땅의 권세와 통치권을 가지고 있었던 것입니다.

사단은 아담 대신에 이 땅의 권세와 통치권을 취한 것입니다. 그러나 그것으로 끝이었습니까? 절대로 아닙니다! 하나님께서 사람을 구원하고 잃어버린 이 땅의 권세와 통치권을 사람들에게 회복시키고자 예수님을 이 땅에 보내신 것입니다. 그리고 사람들이 그리스도 안에서 주어진 권세를 사용하면 그들은 이 땅에서 하나님의 계획과 뜻을 성취하게 되는 것입니다.

그러나 아담이 맺은 계약기간이 다할 때까지 - 즉, 종말의 시간이 와서 하나님의 마지막 심판을 마귀가 받을 때까지 - 사단은 이곳에 존재할 권세가 있는 것입니다.

신약에서 예수님이 회당에 들어가셨을 때 많은 경우에 귀신 들린 자들이 이렇게 부르짖었던 것을 기억하십시오. "우리가 하나님의 아들, 예수와 무슨 상관이 있습니까? 당신은 **시간이 되기 전에** 우리를 괴롭게 하시려고 오셨나이까?"(마 8:29) 사단은 이 땅에서 그의 시간이 얼마 남지 않았다는 것을 알고 있었고, 임박한 고난을 받을 일도 성경의 계시록에 이미 예언되어 있었다는 것을 알았습니다(계 20:10).

타락 후 사단의 통치권은 다른 하늘들도 포함하고 있습니다

에베소서 6장 12절에 사단의 왕국은 이 세상의 영역만 포함한 것이 아니라 성경에서 말하는 "높은 곳(high places)"이나 혹은 "하늘들의(heavenlies)"라는 지역을 포함하고 있습니다.

엡 6:12
우리의 씨름은 혈과 육을 상대하는 것이 아니요 **통치자들**과 **권세들**과 이 **어둠의 세상 주관자들**과 **하늘에 있는 악의 영들**을 상대함이라

"악한 영들" 대신에 나의 킹 제임스 성경 관주에는 "하늘에 있는 악한 영들"이라고 되어 있습니다. 그러므로 우리는 이 구절을 이렇게 읽을 수 있습니다. "우리는 혈과 육을 상대하는 것이 아니요 … 하늘에 있는 악한 영을 상대하는 것이라." 그러므로 우리는 사단이 하늘들을 지배하고 있는 것을 알 수 있습니다.

세 개의 하늘들(Three Heavens)

성경에서 "하늘들(heavenlies)"이라는 것이 무엇을 의미하고 있을까요? 사실, 성경은 세 개의 하늘들을 말하고 있습니다. 우리는 고린도후서 12장 2절에서 한 개 이상의 하늘에 대하여 직접 언급한 것을 볼 수 있습니다. 대부분의 성경학자들은 사도 바울이 이 구절에서 자기 자신을 말하고 있다는 것에 의견을 같이 하고 있습니다.

고후 12:2-4
2 내가 그리스도 안에 있는 한 사람을 아노니 그는 십사 년 전에 **셋째 하늘**에 이끌려 간 자라 (그가 몸 안에 있었는지 몸 밖에 있었는지 나는 모르거니와 하나님은 아시느니라)
3 내가 이런 사람을 아노니 (그가 몸 안에 있었는지 몸 밖에 있었는지 나는 모르거니와 하나님은 아시느니라)
4 그가 **낙원**으로 이끌려 가서 말로 표현할 수 없는 말을 들었으니 사람이 가히 이르지 못할 말이로다

만일 셋째 하늘이 있다면 첫째와 둘째 하늘도 있다고 보는 것이

이론적으로 맞을 것입니다. 그렇지 않다면 성경이 셋째 하늘을 언급할 필요가 없었겠지요.

세 하늘 중 첫째 하늘은 바로 우리의 위에 있는 것으로 우리는 그냥 공중 혹은 대기라고 부르는 하늘입니다. 그 이상은 별과 해와 달과 다른 행성들이 있는 공간, 즉 별의 하늘, 혹은 우주를 둘째 하늘이라고 부를 수 있습니다.[1]

과학이 알고 있고 탐험할 수 있었던 둘째 하늘, 그 이상의 지역이 셋째 하늘로써 하늘 중에 하늘인 하나님의 왕좌가 있는 곳입니다.

우리는 성경을 통해 셋째 하늘에 대하여 조금은 알 수 있습니다. 예를 들어, 새로운 언약 아래서의 낙원은 이 셋째 하늘 안에 있다는 것을 우리는 알고 있습니다(눅 23:43; 고후 12:4; 계 2:7). 우리는 예수님께서 이 셋째 하늘인 천국에 하나님 우편에 계신 것을 압니다(막 16:19; 히 1:3; 4:14).

그리고 성경은 예수님이 믿는 자들을 위해 이 셋째 하늘에 자리를 준비하고 계신다고 말합니다. "내 아버지 집에 거할 곳이 많도다 그렇지 않으면 너희에게 일렀으리라 내가 너희를 위하여 거처를 예비하러 가노니 가서 너희를 위하여 거처를 예비하면 내가 다시 와서 너희를 내게로 영접하여 나 있는 곳에 너희도 있게 하리라"(요 14:2-3).

그리고 우리는 믿는 자들이 죽어서 예수님과 함께 있기 위해 천국으로 가는 것을 확신합니다. 예수님은 "가서 너희를 위하여 거처를 예비하면 내가 다시 와서 너희를 내게로 영접하여 나 있는 곳에 너희도 있게 하리라"(요 14:3)고 말씀하셨습니다.

사도 바울도 우리 믿는 자들이 죽을 때에 천국으로 간다고 말하고

---

1) Merrill F. Unger, Unger's Bible Dictionary (Chicago, Illinois: Moody Press, 1957), p. 463.

있습니다. "이는 내게 사는 것이 그리스도니 죽는 것도 유익함이라 … 내가 그 둘 사이에 끼었으니 차라리 세상을 떠나서 그리스도와 함께 있는 것이 훨씬 더 좋은 일이라…"(빌 1:21,23).

'하늘들' 혹은 높은 곳
(The 'Heavenlies' or the High Places)

성경은 하나의 하늘을 말하고 있는 것이 아니고 '하늘들'이라고 말하고 있습니다. 에베소서 6장 12절은 우리가 혈과 육에 대하여 싸우는 것이 아니라 통치자들과 권세들과 이 어둠의 세상 주관자들과 하늘들에 있는, 혹은 "높은 곳들"에 있는 악한 영들을 상대하여 싸운다고 말하고 있습니다.

1952년에 예수님이 환상 중에 내게 나타나셨는데 나는 그것을 자세히 다른 장에서 다루고 있습니다. 예수님이 한 시간 반 동안 사단, 귀신들 그리고 귀신 들림에 대하여 말씀하셨습니다. 예수님이 내게 말씀하신 것 중에 바울이 에베소서 6장에서 말한 것 같이 악한 영들 혹은 귀신들에는 네 가지 종류, 계급, 부류가 있다고 하셨습니다.

예수님은 바울이 이런 마귀의 능력들을 이야기 할 때 제일 낮은 계급의 귀신들로 시작하여 더 높은 계급으로 나열해 나갔다고 말씀하셨습니다. 정사들과 권세들과 어둠의 세상 주관자들, 그리고 높은 곳에 있는 악한 영들(혹은 어떤 번역에서는 '하늘들'에 있는 악한 영들이라고 적었습니다) 입니다.

> 엡 6:12
> 우리의 씨름은 혈과 육을 상대하는 것이 아니요 **통치자들**과 **권세들**과 이 **어둠의 세상 주관자들**과 하늘에 있는 **악의 영들**을 상대함이라

그들의 계급과 지위에 대하여 능력이 가장 큰 것으로부터 가장 작은 것까지 차례로 간단한 설명과 함께 적었습니다.

1. 높은 곳에 있는 악한 영들 : 이 가장 높은 계급은 이 땅에 있는 것이 아니라 하늘들에 존재합니다.
2. 어둠의 세상 주관자 : 이 땅에서 믿는 자들이 상대해야 할 가장 높은 지위의 귀신들.
3. 권세들 : 그 다음 계급으로 이들은 어둠의 세상 주관자들로부터 지배를 받고 지시사항을 받습니다.
4. 통치자들 : 가장 낮은 계급으로 이들은 다른 계급들로부터 지배와 통치를 받으며 자기 자신들은 생각이 거의 없습니다.

나는 우리가 위에서 언급한 처음 세 계급의 귀신들과 악한 영들, 통치자들, 권세들과 어둠의 세상 주관자들이 첫 하늘, 즉 우리들의 바로 위에 있는 대기권에 산다는 성경적 근거가 있다고 믿습니다.

성경은 사단을 공중 권세 잡은 자(엡 2:2)라고 부르고 있기 때문에 이곳이 마귀가 사는 곳입니다. 그것이 그들의 영토입니다. 우리는 그들을 볼 수 없지만 그들은 그곳에 존재하며 이 땅에 있는 어떤 사람이라도 허락만 한다면 그들을 지배하고 통치합니다.

대기권 이상에 있는 별의 하늘은 둘째 하늘로서 별과 다른 행성들이 있는 곳입니다. 나는 개인적으로 둘째 하늘이 성경의 에베소서 6장 12절에서 말하고 있는 "높은 곳들"이라고 믿습니다. 그리고 그곳은 높은 곳에 있는 악한 영들의 영역입니다.

그 이상이 셋째 하늘, 하늘들 중의 하늘, 천국의 영역, 즉 하나님의 보좌가 있는 곳입니다. 물론 하나님의 영역에는 악한 영이 없습니다.

이중 왕국(The Double Kingdom)

그래서 우리는 하늘들이 통치자들과 권세들과 어둠의 세상 주관자들과 높은 곳의 악한 영들의 영역인 것을 알 수 있습니다. 아담이 그의 통치권을 마귀에게 **빼앗겼을** 때를 이해한다면 성경 말씀에서 보는 이중 왕국을 이해하기 쉽습니다.

이중 왕국은 이 땅에 사는 사람의 삶에 영향을 주는 하늘을 다스리는 악의 왕국을 말합니다. 보이지 않는 영적인 세력이 만일 사람들이 그렇게 하도록 허락한다면 보이는 세상의 왕국을 지배하는 사람을 지배하고 통치하는 것입니다. 에베소서 6장에서는 우리가 혈과 육에 대하여 싸우는 것이 아니라고 말하고 있습니다. 이 세상에서 사람들의 본성이나 성격들만을 상대로 싸우는 것이 아닙니다. 성경은 우리가 하늘의 영적인 것들과 상대를 하는 것이라고 말하고 있습니다. 그러므로 이중 왕국은 하늘에 있는 영적인 지배자들로부터 실질적으로 통치와 영향을 받고 있는 이 땅의 사람들이 지배하는 왕국을 말하고 있는 것입니다. 우리는 성경에서 이런 이중 왕국의 예들을 볼 수가 있습니다. 예를 들면, 에스겔서 28장에서 우리는 이 이중 왕국의 활동을 엿볼 수 있습니다.

> 겔 28:2
> 인자야 너는 **두로 왕에게** 이르기를 주 여호와께서 이같이 말씀하시되 네 마음이 교만하여 말하기를 나는 신이라 내가 하나님의 자리 곧 바다 가운데에 앉아 있다 하도다 네 마음이 하나님의 마음 같은 체할지라도 **너는 사람이요** 신이 아니거늘

에스겔서 28장 1-10절에는 선지자 에스겔을 통하여 예언적인

말씀이 교만하여 잔뜩 높아진 사람 두로의 왕에게 주어지고 있습니다. 우리는 이것이 왕국을 다스리던 실제적인 두로의 왕을 말하고 있는 것을 알고 있습니다. 왜냐하면 하나님께서 "…너는 사람이요 신이 아니거늘…"이라고 말씀하시기 때문입니다.

천사와 악한 영들은 사람이 아닙니다. 그러므로 두로의 왕은 그 당시 이 땅의 왕국을 지배하던 사람이었습니다.

그리고 같은 에스겔서 28장 11-19절에서 에스겔을 통하여 다른 예언의 말씀이 주어지고 있지만 이것은 "두로의 왕에게"라고 하고 있으나 이것은 사람이 아닙니다. 이 두로의 왕은 하늘들에서의 악한 영적 세력이었습니다.

> 겔 28:12-13
> 12 인자야 **두로 왕**을 위하여 슬픈 노래를 지어 그에게 이르기를 주 여호와의 말씀에 너는 완전한 도장이었고 지혜가 충족하며 온전히 아름다웠도다
> 13 **네가 옛적에 하나님의 동산 에덴에 있어서** 각종 보석 곧 홍보석과 황보석과 금강석과 황옥과 홍마노와 창옥과 청보석과 남보석과 홍옥과 황금으로 단장하였음이여 네가 지음을 받던 날에 너를 위하여 소고와 비파가 준비되었도다

우리는 이것이 루시퍼에 관한 것이라는 것을 이미 알고 있었습니다. 사람인 두로의 왕은 하나님의 동산 에덴에 있었을 수가 없습니다. 그가 아직 태어나기도 전의 이야기입니다. 그렇습니다. 이 "두로의 왕"은 사람을 말하는 것이 아닙니다. 이것은 타락한 영으로 하늘들의 한 지배자의 위치에서 땅의 왕국을 지배하는 피조물인 루시퍼를 말하고 있는 것입니다(겔 28:13-15).

이 두 존재 - 사람인 두로의 왕과 영인 두로의 왕(루시퍼 자신) -

를 통하여 성경은 이중 왕국의 개념을 제시하고 있습니다. 이 땅의 자연적인 왕국은 사람이 지배하고 있습니다. 그러나 그것은 하늘에 있는 악한 영들에게 지배받는 영적 왕국에 의하여 통치 받고 있다는 것입니다.

다니엘서에 나타난 이중 왕국

다니엘서에서, 우리는 또 다른 하나의 이중 왕국의 예를 찾아볼 수 있습니다. 다니엘은 금식하며 하나님을 구하고 있었습니다. 한 천사가 그에게 나타나 하나님으로부터의 계시를 주었습니다.

> 단 10:12-13
> 12 그가 내게 이르되 다니엘아 두려워하지 말라 네가 깨달으려 하여 네 하나님 앞에 스스로 겸비하게 하기로 결심하던 첫날부터 **네 말이 응답 받았으므로 내가 네 말로 말미암아 왔느니라**
> 13 그런데 **바사 왕국의 군주**가 이십일 일 동안 나를 막았으므로 내가 거기 바사 왕국의 왕들과 함께 머물러 있더니 가장 높은 군주 중 하나인 미가엘이 와서 나를 도와 주므로

하늘들의 악한 통치자 바사왕은 하나님의 천사를 가로 막고 이 천사가 하나님의 말씀을 가지고 다니엘에게 가는 것을 방해하려고 했습니다. 천사는 다니엘이 기도하던 첫날부터 응답을 가지고 왔지만 "바사 왕국의 군주가 이십일 일 동안 나를 막았으므로…"(단 10:13)라고 말하고 있습니다.

이 천사는 하늘들의 영적인 세계에서 일어난 싸움에 대하여 말하고 있는 것입니다. 천사는 이 땅에 사는 사람이 그를 막았다는 것을 말하는 것이 아니고 하늘에서 통치하고 있는 악한 통치자가 막았다는

것을 말하고 있습니다. 이 땅에 바사 왕국을 다스리는 인간의 왕이 있어서 땅에 있는 바사 왕국을 육신적으로 다스리고 있습니다. 그러나 바로 그 왕국 위에는 또 바사의 왕국이라 불리는 어둠의 영적 왕국이 하늘들에 있었다는 것입니다.

영적인 왕국은 바사의 왕이라고 부르는 악한 영에 의하여 지배되고 있었습니다. 그리고 그 악한 영은 이 세상의 바사국을 통치하고 있었습니다. 그래서 이 성경 구절은 자신들에게 순종하는 사람들을 통하여 이 세상 지역을 지배하는 하늘들에 있는 이 영적인 존재를 말하고 있는 것입니다.

왜 이 악한 영이 하나님의 말씀을 가지고 다니엘에게 가는 천사들을 막았을까요? 악한 영들이 오늘날 하나님의 말씀이 사람들에게 들어가는 것을 싫어하는 것과 똑같은 이유입니다. 사단과 그의 동류들은 하나님의 뜻이 이 땅에 알려지는 것을 싫어하기 때문에 복음의 진리가 사람들에게 알려지지 못하도록 그들의 마음을 어둡게 해 진리를 알지 못하도록 미혹합니다(고후 4:4).

다니엘의 경우에, 사단은 천사가 미래에 있을 하나님의 계획과 목적을 다니엘에게 보여 주지 못하도록 막으려고 했던 것입니다. 바사의 왕이 하나님의 천사를 막았을 때 하나님은 다른 천사 미가엘을 보내서 싸움을 돕게 하였습니다. "…가장 높은 군주 중 하나인 미가엘이 와서 나를 도와주므로"(단 10:13).

결국 이십일 일째 되던 날, 천사가 하늘들을 통과하여 다니엘에게 기도의 응답인 하나님의 말씀을 가지고 왔습니다. 하나님은 다니엘에게 이 땅에서 일어날 일과 미래에 일어날 일들을 나타내시기 원하셨습니다.

그래서 우리는 악한 영들이 이 땅의 왕국과 정부를 통치할 수 있다는 것을 보았습니다. 그러면 또 우리는 이 땅에서 개인들의 삶에 어떻게 마귀가 영향을 미칠 수 있는지 알아보겠습니다.

어둠의 세상 주관자

예수님께서 나에게 말씀하신 악한 영들의 계급 중의 하나인 어둠의 세상 주관자(엡 6:12)에 대하여 알아보겠습니다. 예수님께서 나에게 "이 땅에서 너희들이 상대하여야 할 마귀 중 제일 높은 계급은 어둠의 세상 주관자들이다. 그것들은 말씀에서 말하고 있는 것과 같이 주관자들이다. 그들은 이 세상의 어둠을 주관하고 지배한다. 그리고 그들은 어둠에 있는 자들을 주관한다."

예수님은 또 어둠의 세상 주관자들은 믿는 자들이 구원의 빛 가운데로 행하지 않을 때 믿는 자들도 주관하려고 한다고 말씀하셨습니다. 그리고 그리스도 안에 있는 그들의 권리와 특권을 모르거나 그것들을 행사하려고 하지 않을 때에도 그들을 주관하려고 한다는 것입니다.

예수님은 그의 말씀에 따라 믿는 자들의 권세를 이 세 가지 계급의 세력들, 즉 통치자들, 권세들 그리고 어둠의 세상 주관자들을 향해 행사하여야 한다고 말씀하셨습니다. 예수님은 우리가 이 땅에서 하나님의 말씀에 따라서 이 세 계급에 속한 마귀들의 활동을 묶으면 예수님께서 네 번째 계급인 하늘에 있는 악한 영들을 다루시겠다고 말씀하셨습니다. 예수님은 이것을 실증하시기 위하여 마태복음 18장 18절을 주셨습니다.

마 18:18
진실로 너희에게 이르노니 무엇이든지 너희가 **땅에서 매면** 하늘에서도 매일 것이요 무엇이든지 **땅에서 풀면** 하늘에서도 풀리리라 우리는 하나님의 말씀에 근거하여 예수님의 이름으로 우리에게 대하여 활동하는 악한 영들을 제어해야 합니다(눅 10:19; 빌 2:9-10; 사 54:17; 계 12:11). 이것이 마태복음 18장 18절에서 의미하고 있는 것입니다. 우리가 그리스도 안에서 우리의 권세 위에 확실하게 서서 이 세상의 영역에서 역사하는 이 세 계급의 악한 영들의 활동을 제어할 때 우리들을 향한 그들의 활동은 중지되고 마는 것입니다. 우리가 그렇게 할 때, 예수님은 하늘에 있는 악한 영들 중 가장 높은 계급의 악한 영을 다루시겠다고 말씀하셨습니다.

예수님께서는 믿는 자들이 상대해야 될 악한 영들 중에서 어둠의 세상 주관자들이 사실 가장 머리가 좋은 악한 영이라고 말씀하셨습니다.

예수님은 이렇게 설명하셨습니다. "어둠의 세상 주관자들이 항상 사람들을 사로잡아 귀신 들리게 하는 것이다. 또 어둠의 세상 주관자들은 다른 악한 영들을 지배하고 그들에게 어떤 일들을 하도록 지시하고 있다."

"예를 들면, 어둠의 세상 주관자들은 권세들을 지배하고 그들에게 무슨 일을 할지 지시한다. 그 권세들은 통치자들을 지배하고 그들에게 무엇을 할지 지시를 하는 것이다. 이 가장 낮은 계급의 악한 영은 그들 자신으로는 권세도 없고 생각도 거의 없다. 그들은 항상 무엇을 할 것인가를 지시 받고 있다."

예수님은 내게 어둠에 행하는 자는 누구나 어둠의 세상 주관자들에게 통치 받을 수 있다고 말씀하셨습니다. 그들은 구원받지 못한 사람들을 지배하고 그리고 믿는 자일지라도 어둠에 행하는 자를 지배하려고 한다는 것입니다.

그렇기 때문에 때때로 구원받은 사람들도, 만일 그들이 아직도 어둠에 행하고 있다면 이 세 번째 계급의 악한 영들에게 져서 그들의 지배를 받게 된다는 것입니다. 믿는 자들이 하나님과 교제하지 않고 하나님의 말씀의 빛 가운데 행하지 않을 때 지배를 받게 되는 것입니다. 악한 영들은 믿는 자들이라도 그들이 허락만 한다면 지배합니다. 동의나 허락, 무지나 혹은 불순종 등이 그들에게 허락하는 이유가 됩니다. 그렇기 때문에 믿는 자들을 포함한 이 사람들은 자신들이 어떤 일들을 하면서도 그들이 왜 그런 일을 하는지를 모르게 됩니다.

예수님은 이렇게 말씀하셨습니다. "그렇기 때문에 사람들이 어둠의 행동을 하면서도 '무엇이 나로 하여금 그런 일을 하게 하는지 모르겠습니다'라고 말한다. 또 아주 훌륭한 사람들도 다른 사람에 대하여 '나라면 그런 일을 절대 하지 않을 것입니다'라고 말하고는 얼마 안 되어서 그것보다도 더 나쁜 일을 하게 되는 것이다."

예수님께서 어떤 가정에서 한 사람이 이상한 일을 하거나 혹은 자신의 성격과 너무 다른 일을 하게 되면 가족 중에 다른 사람은 "도대체 무엇이 그로 하여금 이런 일을 하게 하였을까? 전에는 이런 일이 전혀 없었는데!"라고 말하는 경우도 그 사람들이 그런 일을 하는 이유는 그들이 어둠의 세상 주관자들에 의하여 지배받고 있기 때문이라고 하셨습니다.

만일 그들이 어둠에 행하고 있다면 그들은 어둠의 세상 주관자들에 의하여 지배되고 움직여지고 있기 때문입니다.

예수님께서 말씀하신 것을 설명하시기 위해서 요한일서 5장 19절을 내게 주셨습니다. "또 아는 것은 우리는 하나님께 속하고 온 세상은 악한 자(어둠) 안에 처한 것이며…"(요일 5:19).

예수님은 내게 말씀하셨습니다. "누구든지 구원받지 못한 남자나 여자는 그것이 네 친척이거나 다른 사람의 친척이거나, 네 형제,

자매, 어머니, 혹은 아버지일지라도 모든 구원받지 못한 사람은 어둠의 왕국에 속한 것이다. 그리고 그들은 어둠의 세상 주관자인 이런 마귀나 악한 영들에 의하여 적게든 많게든 지배되고 움직여지고 있는 것이다."

예수님은 이렇게 또 말씀하셨습니다. "그들이 이런 것을 인정하든 안 하든, 너나 또 다른 누구라도 인정을 하든 안 하든 이것은 확연한 진리이다. 거듭나지 못한 사람들과 그리스도의 몸에 아직 들어오지 못한 사람들은 아직도 어둠의 왕국에 있는 것이다. 빛의 왕국에 있지 않은 모든 사람들은 그들 자신은 잘 모르겠지만 어느 정도는 어둠의 왕국에 있는 악한 영들에게 지배를 받고 통치를 받고 있다(엡 2:1-3). 그렇기 때문에 사람들이 자기들은 절대로 하지 않겠다고 하던 일들을 행하고 마는 것이다."

우리는 구원받지 못한 사람들이 악한 영에 의하여 움직여지는 예를 많이 보고 있습니다. 예를 들면, 내가 캘리포니아에서 집회를 하고 있는 동안 신문에서 28세의 젊은 청년이 그의 네 살 난 아들을 목욕탕에 일부러 빠뜨려 죽게 한 일을 읽게 되었습니다.

경찰에서 이 젊은 청년을 심문하였을 때 그들은 그가 정신적으로 정상인 것을 발견하였습니다. 그는 전과 기록도 없었고, 좋은 직장에 다니며 좋은 집에서 살고 있는 사람이었습니다. 그는 재정적으로도 걱정이 없었고, 좋은 가정에서 자랐으며, 유산도 받고 집안에서 하는 사업을 도와서 일하고 있었습니다. 그들은 이 젊은 청년에게서 아무것도 나쁜 것을 발견할 수 없었습니다.

그는 심문하는 사람들에게 자신은 정신적으로 아무 문제가 없다고 말했습니다. 그는 근심이 있는 것도 아니고 문제도 없었고 아이는 착한 아이였습니다. 그는 이렇게 말했습니다. "그러나, 내가 그 아이를 목욕시키는 데 갑자기 주체할 수 없는 강력한 자극이 일어나 아이를 해치고자 하는 마음이 생겼습니다. 한 음성이 나에게 그 아이를 물에 빠뜨려 죽이라고 말했습니다. 나는 그 소리에 순종한 것입니다. 내가 정신을 차려보니 나는 아이를 물속에 넣고 누르고 있었습니다. 나는 소리를 질렀습니다. '오 하나님, 내가 왜 이런 일을 했습니까!'"

이 청년은 어둠의 세상 주관자들인 악한 영들에게 통치를 받고 있었던 것입니다. 왜냐하면 그는 어둠에 있었고 구원받지 못했었기 때문입니다. 그러나 믿는 자는 악한 영에게 통치를 받을 필요가 없습니다. 왜냐하면 우리는 어둠의 왕국에서 구원을 받아 빛의 왕국으로 옮겨왔기 때문입니다(골 1:13). 우리는 예수님이 우리의 주가 되시는 빛 가운데 있는 것입니다. 예수님이 우리를 통치해야 합니다. 예수님은 우리를 지배하는 분이십니다. 어둠의 세상 주관자가 아니라 예수님이 우리의 머리이십니다.

사단은 구원받지 못한 사람들의 머리가 됩니다. 만일 구원받지 못한 사람들이 이 실제적인 상황을 안다면 그들은 사단의 지배를 벗어나기 위해 그리스도인들에게 달려와서 어떻게 하면 구원을 받을 수 있는지를 물어볼 것입니다.

영적인 세계는 이 물질적인 세계보다 훨씬 더 실제적입니다. 사람들이 그것을 알아야 합니다. 당신이 영적 세계의 일을 말하려고 한다면 당신은 하나님도 영적인 존재라는 것을 기억해야 합니다(요 4:24). 그리고 좋은 천사들과 나쁜 천사들은 물론, 마귀, 귀신과 악한 영들도 영적 세계에 존재하고 있습니다. 그러나 믿는 자는 악한 영들보다 높은 권세가 있습니다. 그러나 구원받지 못한 사람들은 그런 권세가 없는데 그것은 바로 사단이 그들의 하나님이기 때문입니다.

어둠의 주관자는 빛 안에서는 지배할 수 없습니다

신약은 하나님의 위대한 구원의 계획에 대한 계시입니다. 골로새서 1장 13절은 어둠의 영역에서 지배하는 마귀와 악한 영들의 권세와 권능으로부터 우리를 구원하시기 위하여 예수님이 오셨다고 말합니다. "그가(예수님이) 우리를 흑암의 권세에서 건져 내사 그의 사랑의 아들의 나라로 옮기셨으니"라고 했습니다.

어둠의 지배자들이 지배할 수 없는 유일한 곳은 빛이 들어온 곳입니다. 무슨 빛이냐고요? 교육의 빛입니까? 과학의 빛입니까? 아닙니다. 복음의 빛입니다!

말씀은 믿는 자들은 어둠의 자식이 아니요 빛의 자녀라고 말합니다(살전 5:5). 왜냐하면 우리는 하나님의 빛의 왕국에서 다시 태어났기 때문입니다. 그렇기 때문에 빛 가운데로 행하는 것은 대단히 중요합니다! 하나님의 말씀의 빛 가운데 행할 때 사단의 악한 군대로부터 확실한 보호를 받게 됩니다.

예수님은 믿는 자들이 하나님의 자녀 혹은 빛의 자녀들이기 때문에 그들은 세상 안에 있지만 세상에 속한 것은 아니라는 것을 분명히 말씀해 주셨습니다(요 17:14-16). 그러므로 그들은 마귀들에 의하여 지배될 필요가 전혀 없습니다. 그러나 그들이 빛 가운데 살지 않고 어둠 가운데 행하게 되면 마귀들이 그들을 다스리도록 허락하게 되는 것입니다.

마귀는 또 우리들이 하나님의 말씀에 대하여 무지하기 때문에 잘 알지 못하거나 혹은 말씀을 알면서도 그에게 허락한다면 그는 우리를 지배할 수 있습니다. 그것이 성경이 믿는 자들에게 빛 가운데 거하라고 격려하는 이유 중에 하나입니다! 어둠의 주관자들은 빛 가운데서는 지배할 수 없기 때문에 그들은 빛 가운데로 행하는 사람들을 지배할 수 없는 것입니다!

어둠의 왕국과 하나님의 빛의 왕국의 놀라운 차이에 대하여 주목하여 보십시오.

요 8:12
예수께서 또 말씀하여 이르시되 나는 세상의 **빛**이니 나를 따르는 자는 **어둠**에 다니지 아니하고 **생명의 빛**을 얻으리라

요 12:35-36,46
35 예수께서 이르시되 아직 잠시 동안 **빛**이 너희 중에 있으니 **빛**이 있을 동안에 다녀 어둠에 붙잡히지 않게 하라 어둠에 다니는 자는 그 가는 곳을 알지 못하느니라
36 너희에게 아직 **빛**이 있을 동안에 **빛**을 믿으라 그리하면 **빛의 아들**이 되리라
46 나는 **빛**으로 세상에 왔나니 무릇 나를 믿는 자로 **어둠**에 거하지 않게 하려 함이로라

엡 5:14
그러므로 이르시기를 잠자는 자여 깨어서 **죽은 자들** 가운데서 일어나라 그리스도께서 너에게 **비추이시리라** 하셨느니라

롬 13:12
밤이 깊고 낮이 가까웠으니 그러므로 우리가 **어둠의 일**을 벗고 **빛의 갑옷**을 입자

고후 6:14
너희는 믿지 않는 자와 멍에를 함께 메지 말라 의와 불법이 어찌 함께 하며 **빛과 어둠**이 어찌 사귀며

요일 1:5-7
5 우리가 그에게서 듣고 너희에게 전하는 소식은 이것이니 곧 하나님은 빛이시라 **그에게는 어둠이 조금도 없으시다**는 것이니라
6 만일 우리가 하나님과 사귐이 있다 하고 **어둠에** 행하면 거짓말을 하고 **진리를** 행하지 아니함이거니와
7 그가 **빛 가운데 계신 것 같이** 우리도 빛 가운데 행하면 우리가 서로 사귐이 있고 그 아들 예수의 피가 우리를 모든 **죄(어둠)에서** 깨끗하게 하실 것이요

하나님께 영광 돌립니다! 마귀의 능력들은 하나님의 말씀의 빛에 행하고 사단에게 조금도 틈을 주지 않는 믿는 자들에게는 권세가 없습니다. 믿는 자들이 빛 가운데로 행한다면 사단의 먹이가 되지 않는 것입니다.

사실, 믿는 자들이 하나님의 말씀에 대한 지식을 더해갈 때 빛과 자유가 오게 됩니다. 하나님의 말씀에 대한 지식은 빛을 가져옵니다 (시 119:130). 그리고 우리에게 모든 분야에 자유를 주는 것은 하나님의 말씀에 대한 지식입니다.

제 2 장

사람에 대한 바른 구분 : 영, 혼, 몸

악한 영들은 타락한 존재이고 몸을 가지고 있지 않은 영들입니다. 몸을 가지고 있지 않은 영으로서 그들은 더 넓은 범위의 영향력을 가지기 위하여 사람 안에 살기를 구합니다. 타락한 영인 악한 영들은 인간을 억압하고 집착하게 하며 가능하다면 인간을 사로잡으려고 하는 것입니다.

마귀와 악한 영들이 사람들에게 영향을 줄 수 있다는 것을 이해하기 위해서 당신은 먼저 사람의 영과 혼과 육체의 차이점을 이해해야만 합니다. 그리고 당신은 마귀에게 눌림(oppression), 사로잡힘(obsession), 그리고 귀신에게 지배당함(possession)의 차이를 이해해야만 합니다.

우리는 사람의 영, 혼, 몸의 차이점을 살펴봄으로 시작하겠습니다. 우리가 사람이 영이며 혼을 가지고 있고 육체 안에 살고 있다는 것을 이해할 때 어떻게 믿는 자들이 그들의 혼과 육체를 귀신들에게 자리를 내어 줄 수 있는지 이해할 수 있습니다(엡 4:27).

사람은 영적인 존재입니다

어떤 사람이 사람은 세 부분으로 되어 있다고 말했습니다. 영적인 부분, 혼적인 부분, 그리고 육체적인 부분으로 되어 있다는 것입니다. 그러나 이것은 오해할 소지가 있으므로 나는 그렇게 말하는 것을 좋아하지 않습니다. 사실 사람은 영입니다. 사람의 한 부분이 영인 것이 아니라 사람은 영입니다. 그리고 그는 마음과 의지와 그리고 감정이 있는 혼을 가지고 있고 그리고 그는 육체 안에 삽니다.

일부분이 영, 일부분은 혼, 그리고 일부분은 육체라고 말하는 것보다 이렇게 표현을 할 때 사람의 진정한 모습이 또 다른 의미를 갖게 됩니다.

성경에서 우리는 하나님이 어떻게 사람을 분리하는지를 볼 수 있습니다. 하나님은 사람의 영, 혼, 육체의 차이를 구별하십니다. 만일 사람의 영과 혼과 육체가 하나라면 성경이 그렇게 구분하지 않았을 것입니다.

> 살전 5:23
> 평강의 하나님이 친히 너희를 온전히 거룩하게 하시고 또 너희의 **온 영과 혼과 몸**이 우리 주 예수 그리스도께서 강림하실 때에 흠 없게 보전되기를 원하노라

> 히 4:12
> 하나님의 말씀은 살아 있고 활력이 있어 좌우에 날선 어떤 검보다도 예리하여 **혼과 영과 및 관절과 골수**를 찔러 쪼개기까지 하며 또 마음의 생각과 뜻을 판단하나니

우리는 사람의 본성을 이해할 필요가 있습니다. 마귀는 사람의 육체적인 오감과 그의 변화되지 못한 혼과 육체를 통하여 사람을 패배시키려하기 때문입니다. 믿는 자들이 그것을 이해할 때 그는 그의

마음인 그의 혼을 새롭게 함으로써, 그리고 그의 육체를 새로 창조된 영에게 지배를 받게 함으로써 마귀에게 문을 닫아 버릴 수가 있습니다. 그것은 마귀에게 승리하기 위한 필수적인 자세입니다.

믿는 자들은 어떻게 진정한 사람인 속사람, 즉 영으로 자신의 혼과 육체를 지배하게 하는지를 배워야 합니다. 그것은 마귀에 관련된 많은 문제를 해결할 것입니다. 믿는 자들이 그들의 재창조된 영으로 지배하게 할 때 그들은 마귀들에게 영과 혼과 육체에 틈새를 주지 않는 것을 배울 수 있게 됩니다.

요즘 교회에서 "마귀"나 귀신들의 활동이라고 지적하는 것들 중에 전혀 귀신의 것들이 아닌 것이 많이 있습니다. 그것은 대개 사람들의 새로워지지 않은 혼이나 그들의 육체가 재창조된 영을 지배하고 있는 것입니다. 믿는 자들이 그것을 이해할 때 무엇이 귀신의 일인지 아닌지를 분명히 알게 되고, 그들의 혼이 적의 공격에 강력하게 맞설 수 있게 됩니다.

고후 5:17
그런즉 누구든지 그리스도 안에 있으면 **새로운 피조물**이라 이전 것은 지나갔으니 보라 새 것이 되었도다

당신은 구원받은 것이 겉사람, 즉 사람의 육체가 새로운 피조물이 된 것이 아니라는 것을 알아야 합니다. 속사람인 사람의 영이 그리스도 안에서 새로운 피조물이 된 것입니다. 당신이 거듭나기 전에 붉은 머리를 가지고 있었다면 거듭난 후에도 당신은 여전히 붉은 머리를 가지고 있습니다. 당신이 구원받기 전에 대머리였다면 당신은 아직도 대머리일 것입니다.

새로운 탄생으로 겉사람은 변화하지 않습니다. 그리고 사람의

마음과 의지와 감정으로 구성된 혼도 변화하지 않습니다. 오직 속사람만이 변화되었습니다. 사람이 거듭날 때 그의 혼이나 육신이 아니라 사람의 재창조된 영이 이전 것은 지나가 버리고 새 사람이 된 것입니다.

새로운 탄생에서 당신의 육신이나 혼이 다 새로워진 것은 아니기 때문에 당신의 겉사람은 아직도 당신이 다루어야 합니다. 당신이 육신에 사는 동안 당신은 육신적인 욕망과 당신의 새로워지지 못한 혼을 지배해야 합니다. 그리고 그것은 사단으로 하여금 사람들에게 들어 올 수 있는 문이 되는 영역입니다.

혼과 영을 나누기

사람의 혼과 육체를 구별하는 것은 그 차이가 너무나 분명하기 때문에 아주 쉽습니다. 그러나 혼과 영을 나누거나 구별하는 일은 더욱 어렵습니다. 성경은 사람의 혼과 영이 같은 것이라고는 말하고 있지 않습니다(살전 5:23).

당신이 영과 혼의 차이점을 아는 것은 당신의 영적인 성장을 놀랍게 도와줄 것입니다. 왜냐하면 마귀에게 강하게 대적하기 위하여 어떻게 마음을 새롭게 하는지, 영을 어떻게 먹이는지를 배우는 것이 필요하기 때문입니다.

당신의 본성을 더 잘 이해하기 위하여 당신의 생각에서 다음과 같은 과정을 정리하는 것이 도움이 될 것입니다.

나의 영으로 나는 영적인 영역을 접촉합니다.
나의 혼으로 나는 지적이고 감정적인 영역을 접촉합니다.
나의 육체로 나는 육신적인 영역을 접촉합니다.

히브리서 4장 12절은 하나님의 말씀만이 사람의 혼과 영을 나눌 수 있다고 말하고 있습니다. "하나님의 말씀은 살아 있고 활력이 있어 좌우에 날선 어떤 검보다도 예리하여 **혼과 영과 및 관절과 골수**를 쪼개기까지 하며 또 마음의 생각과 뜻을 판단하나니…"

사람의 혼과 영의 차이나 구별하는 방법에 대해 성경적인 건전한 가르침이 그동안 별로 없었다고 할 수 있습니다. 나는 신학대학원에서 교재로 사용하는 많은 책들을 읽어 보았습니다만 그들이 이 주제를 다루는 것은 상당히 혼란스러웠습니다. 어떤 성경학자들은 혼과 영은 같은 것이라고 말하기도 합니다. 그러나 성경은 이것들을 나누고 있고 그렇게 나누는 것은 영과 혼이 같지 않다는 분명한 근거가 되는 것입니다. 영과 혼이 같다는 말은 혼과 육체가 같다고 하는 것만큼이나 비성경적인 말입니다.

사람의 혼

> 약 1:21 (킹 제임스 흠정역)
> 그러므로 모든 더러움과 넘치는 악을 내버리고 접붙여진 말씀 곧 능히 **너희 혼을 구원할** 수 있는 말씀을 온유함으로 받으라

야고보서 역시 사람의 혼과 영 사이에 분명한 차이점을 말하고 있습니다. 그리고 우리의 영은 구원을 받고 재창조 되었지만 우리의 혼은 새로운 탄생에서 구원받지 못했다고 말하고 있는 것에 주의하시기 바랍니다.

야고보는 이 서신서를 그들이 거듭날 때 영이 이미 재창조된 그리스도인들에게 쓴 것입니다. 그러나 여기서 야고보는 거듭난 믿는 자들에게 그들의 혼이 아직 거듭나지 못했다고 말하고 있습니다.

왜 그들의 혼이 그들이 거듭날 때 구원받지 못했을까요? 왜냐하면 새로운 탄생은 영적인 탄생이기 때문입니다. 이것은 지적인 탄생이 아닙니다. 사람의 마음이 새롭게 탄생을 한 것이 아닙니다. 이것은 혼의 탄생이 아닙니다. 사람의 혼과 감정이 거듭난 것이 아닙니다. 그리고 이것은 육체적인 탄생이 아닙니다. 몸이 거듭난 것이 아닙니다.

새로운 탄생은 사람의 영이 거듭난 것입니다. 이것은 지적이나 육체적인 경험이 아닙니다. 성령의 세례도 육체적이거나 지적인 경험이 아닙니다. 그것들은 둘 다 영적인 경험이며 결국은 사람의 육체와 지적인 영역에도 영향을 끼치게 될 것입니다.

비록 믿는 자들의 영이 새로운 탄생에서 재창조 된다 하여도 그의 혼에 대하여 자신이 무엇인가를 해야 합니다. 그가 자신의 혼을 향해 아무것도 하지 않는다면 그는 그의 삶에서 적에게 자리를 내어줄 수 있습니다.

혼의 구원

야고보는 하나님의 말씀이야 말로 믿는 자의 생각과 의지와 그리고 감정으로 구성되어 있는 혼을 구원할 유일한 것이라고 말하고 있습니다. 그리고 야고보는 믿는 자들에게 어떻게 혼을 구원하고 새롭게 하는지에 대하여 말해주고 있습니다.

야고보는 믿는 자들에게 잘 접목된 말씀을 받아들이는 것이 혼을 구원할 수 있는 것이라고 말했습니다. 그러면 성경에서 잘 접목된 말씀이 무엇을 의미할까요?

바인즈 성경 사전에 보면 "접붙여진"이란 말은 "심겨진"이란 의미입니다.2) "접붙여진"이란 말은 씨가 뿌리를 내려서 자라기 시작하는 것을 뜻합니다. 그래서 하나님의 말씀이 사람의 혼에 잘 심겨진, 혹은 잘 접붙여진 것은 사람의 혼을 변화시키고 "구원"할 능력과 권능이 있다고 말합니다.

나는 새로운 탄생에서 사람의 혼이 벌써 구원을 받았다고 생각했기 때문에 이 성경 구절은 항상 나를 고민하게 만들었습니다. 그러나 나는 사람의 영과 그의 혼에 차이가 있다는 것과 혼은 재창조되지 않았다는 것을 알게 되었습니다. 오직 영만 재창조된 것입니다. 사실 사람의 혼을 구원하는 것은 사람의 일생을 통하여 계속되는 과정입니다.

마귀와 악한 영들이 사람에게 미치는 영향을 공부함에 있어서 왜 믿는 자들이 아직 그들의 혼이 구원받지 않았다는 것을 아는 것이 중요할까요? 왜냐하면 많은 그리스도인들이 사단의 탓이라고 돌리는 많은 일들이 사실은 그들의 혼이 아직 구원받지 못한 것에서 발생한 문제이기 때문입니다. 그들의 마음과 감정이 하나님의 말씀으로써 아직 새롭게 되지 못한 것에서 오는 문제입니다.

새롭게 함을 받지 못한 마음은 믿는 자들이 사단에게 내어줄 수 있는 아주 중요한 자리가 됩니다. 그러므로, 믿는 자들은 그들의 혼을 구원하기 위하여 어떻게 하나님의 말씀을 접목시켜서 사단을 향해 문을 닫을 것인가를 알아야 할 필요가 있습니다.

야고보서 1장 21절의 "구원"이라는 말은 희랍어의 "소조(sozo)"라는 말에서 나온 것으로 "소조"라는 말은 '해방시키다', '구원하다', '보호하다', '치유하다', '보전하다', '잘되게 하다' 그리고 '온전

---

2) W. E. Vine's Expository Dictionary of Biblical Words (Nashville, Tennessee: Thomas Nelson, Inc., 1985) pp.200,201

하게 하다' 라고 정의할 수 있습니다. 그래서 우리는 야고보서 1장 21절을 "그러므로 모든 더러운 것과 넘치는 악을 내버리고 너희 혼을 능히 구원하고, 치유하고, 구해주고, 보호하며, 보전해주고, 잘 되게 하고, 그리고 너희 혼을 '온전하게 할 바' 마음에 심어진 말씀을 온유함으로 받으라"고 읽을 수 있습니다.

그것은 당신이 하나님의 말씀을 열심히 먹을 때 이것이 구원하고, 해방되며, 보호하며, 치유하고, 보전하고, 당신의 혼을 온전하게 하여 사단으로부터 최고의 방패가 된다는 것입니다.

만일 믿는 자의 속에 새롭게 하고 회복되어야 하는 것이 필요하다면 이것은 그의 마음과 감정인 혼임에 틀림없고 새롭게 창조된 그의 영은 아닐 것입니다. 사람의 영이 그리스도 안에서 새롭게 창조되었다면 그것은 또 다시 새롭게 회복할 필요가 없기 때문입니다.

심겨진 하나님의 말씀을 받는 것이 믿는 자들의 혼을 구원하기 위하여 할 수 있는 유일한 일입니까? 아닙니다. 다음 구절을 보십시오. "너희는 말씀을 행하는 자가 되고 듣기만 하여 자신을 속이는 자가 되지 말라"(약 1:22). 말씀을 듣고 받아들여야 할 뿐 아니라 그것에 따라 행동을 해야 당신은 유익을 얻을 수 있습니다.

하나님의 말씀을 듣고 행하는 일은 사단에게 대항하는 능력 있는 무기입니다. 왜냐하면 성경은 "그런즉 너희는 하나님께 복종할지어다 마귀를 대적하라 그리하면 너희를 피하리라"(약 4:7)고 말하고 있기 때문입니다. 당신이 하나님의 말씀에 순종하면 당신은 하나님께 순종하는 것입니다. 그리고 혼을 강하고 새롭게 하여 견고해지면 마귀를 대면할 때마다 쉽게 대적할 수 있게 되는 것입니다.

벧전 1:22 (킹 제임스 흠정역)
너희가 성령을 통해 **진리에 순종함**으로 너희 **혼을 깨끗하게 하여** 거짓없이 형제들을 사랑하기에 이르렀으니 순수한 마음으로 뜨겁게 서로 사랑하라

말씀을 행하는 자가 되어야 당신의 혼에 유익이 됩니다. 당신이 말씀을 받고 행동함으로써 혼이 구원을 받고, 해방되며, 보호를 받고, 치유를 받으며, 보전되고, 잘되고, 온전하게 되어지는 것입니다.

이러므로 우리의 혼에 무슨 일이 일어난다면 이것은 믿는 자 자신들의 책임입니다. 그렇지요? 그리고 믿는 자들의 혼을 통하여 사단에게로 가는 통로가 열려진다면 이것도 역시 믿는 자들의 책임입니다.

이것이 성경에서 말하고 있는 것입니다. 믿는 자들은 그들의 혼을 구원하는 데 책임이 있다는 것입니다. 그들이 그들의 혼을 말씀으로 무장하면 사단은 그들에게 들어 올 틈이 없게 됩니다.

믿는 자들이 말씀으로 그들의 혼을 새롭게 하고 말씀을 실천하는 것은 마귀들을 향해 문을 닫아버리는 중요한 길입니다. 많은 사람들이 마귀의 문제가 아닌 경우에도 믿는 자들로부터 마귀를 쫓아내려고 합니다. 믿는 자들이 한 번도 마음을 말씀으로 새롭게 하는 것을 배우지 못했기 때문에 그가 사단의 통치아래 있었던 구원받기 전과 똑같은 생각을 유지하게 됩니다. 그리고 그는 결국 변화되지 않은 생각대로 행동을 하게 되고, 그리고 곧 그는 마귀에 대하여 그의 권세를 사용하여 대적하기 보다는 마귀에 동조하여 통치를 받게 되는 것입니다.

사실, 혼을 "구원"받게 하고 새롭게 하는 것이 믿는 자들에게서 마귀를 쫓아내는 것보다 오늘날 교회에서 가장 필요한 일입니다. 믿는 자에게 거듭나고 재창조된 것은 영뿐이고 그의 혼과 육체는 변화되지 않았기 때문에 그가 마귀의 공격을 성공적으로 대적하기 위해서 다루어야 할 부분들입니다.

만일 믿는 자가 그의 혼과 육체를 다루지 않는다면 그는 계속하여 적에게 문을 열어 주고 있게 됩니다. 믿는 자 자신만이 그의 혼을 새롭게 하고 그의 육체를 영에게 복종하게 할 수 있습니다. 그리고 바로 이곳에서 믿는 자들의 주된 "싸움"이 일어나고 있는 것입니다.

많은 그리스도인들이 구원을 받고 성령 충만을 받은 지 오래 되었지만 그들의 혼은 아직 구원받지 못했습니다.

어떤 그리스도인들은 그들의 혼은 전혀 변화 받지 못한 채 그것 때문에 마귀에게 시달림 당하며 살다가 그런 상태로 죽은 사람들도 있습니다. 이것은 절대적인 진리입니다! 그들의 혼은 하나님의 말씀으로 새롭게 되지 않았고, 회복되지 않았고, 온전해지지 않았기 때문에 그들은 마귀의 공격에 성공적으로 대적할 수 없었던 것입니다.

나를 오해하지 마십시오. 그리스도인들이 그들의 마음이 새로워지지 않았다고 그들이 죽을 때 천국을 가지 못한다는 것은 아닙니다. 그들의 영은 하나님으로부터 났기 때문에 물론 그들은 천국으로 갈 것입니다. 그들은 하나님의 자녀들입니다. 그러나 마음을 새롭게 하지 못한 그리스도인들은 이 땅에 사는 동안 그리스도 안에서 그들에게 속한 모든 특권을 박탈당하게 됩니다. 그리고 그리스도 안에서 그들이 마귀에게 승리했지만 그들의 마음이 새로워지지 않았기 때문에 그들은 어떻게 승리를 누릴 수 있는지를 이해하지 못한 것입니다.

'그는 나의 혼을 소생시키십니다'

혼을 구원하는 것에 연결되는 다른 성경 구절을 보겠습니다. 우리는 모두 시편 23편을 여러 번 읽었습니다. 시편 기자는 "그는 나의 혼을 소생시키십니다"라고 말하고 있습니다(시 23:3). 시편 23편은 예언적인 시편으로 오늘날 교회에 주어진 것입니다. 이것은 다윗 왕의 시대에 주 예수 그리스도의 교회를 위하여 쓰여진 것입니다. 우리는 지금 시편 23편에 살고 있는 것입니다. 왜냐하면 이것은 "여호와는 나의 목자시니…"라고 말하고 있기 때문입니다. 그리고 신약에서 예수님은 자신을 선한 목자라고 부르고 계십니다 (요 10:11).

사실 시편 23편의 "소생시킨다"는 말과 로마서 12장 2절의 "새롭게 한다"는 희랍어는 같은 의미가 있습니다. "소생시키다"라는 말은 '회복하다', '구하다', '재건하다', '새롭게 하다' 라는 뜻이 있습니다. "새롭게 한다"는 말은 '수선하다', '재건하다', '새것 같이 만들다' 라는 뜻을 가지고 있습니다.

만일 당신이 가치가 있는 골동품 의자가 있으면 당신은 아마도 그것을 복원하길 원할 것입니다. 그것은 가치 있는 것 같이 보이지 않을 수도 있습니다. 그러나 그것이 복원된 후에는 똑같은 의자이지만 새롭게 되고 새것과 같이 다시 만들어져서 아주 새로 산 의자 같이 보일 것입니다.

사람의 영은 회복되거나 새로워지는 것이 아닙니다. 이것은 사실적으로 거듭나고 재창조되는 것입니다. 그러나 사람의 감정적, 지적인 영역은 하나님의 말씀으로 회복되어져야 하는 것입니다. 오늘날 교회에 가장 필요한 일은 믿는 자들이 마음과 감정을 하나님의 말씀으로 새로워지게 하고 회복하는 일입니다. 말씀은 영이요 생명입니다(요 6:63). 그리고 말씀은 사람의 혼을 회복하고, 새롭게 하고, 구원하고, 보호하고, 해방시키고, 치유할 수 있는 능력이 있습니다.

"내적 치유"

때때로 그리스도의 몸에 다른 지체들이 다른 분야에 유행이 있는 것 같이 영적인 유행에 빠질 수 있습니다. 예를 들어, 수년 전 교회는 "내적 치유"의 가르침이란 유행에 빠졌습니다. 그러나 그 가르침은 오래갈 것이 아니라는 것을 발견하고는 유행이 수그러져가고 있습니다.

"내적 치유"라는 말은 그것이 영의 치유를 말하고 있다면 우리의 영은 치유가 필요한 것이 아니기 때문에 명칭이 잘못 붙여진 것입니다. 영은 이미 재창조되었습니다. 만일 당신이 속의 상처로부터 치유나 해방이 필요하다면 그것은 당신의 거듭난 영은 아닙니다. 왜냐하면 당신의 영은 거듭났고 새것이 되었기 때문입니다. 그렇습니다. 도움이 필요한 곳은 당신의 혼입니다. 어떻게 과거 당신의 혼이 가진 그 많은 상처를 치유받을 수 있을까요? 하나님의 말씀과 같이 생각하므로 치유받을 수 있습니다.

당신이 필요한 성경 구절을 찾으십시오. 당신의 필요에 대한 말씀을 묵상하십시오. 말씀이 당신에 대하여 말하는 것을 말하십시오. 말씀은 당신의 마음과 감정을 새롭게 하는 능력이 있기 때문입니다. 정말 해방받을 수 있습니다! 그렇게 당신은 치유받고 구원받을 수 있습니다! 사실 성경적으로 온전한 의미의 "구원" 혹은 회복은 마귀의 활동으로부터 구원받는 것 이상입니다. 그리고 이것은 사람의 혼으로부터 시작을 하는 것입니다.

어떤 내적 치유는 사람들이 심리학과 하나님의 것을 함께 섞은 결과입니다. 사전은 "심리학"을 마음과 행동을 공부하는 과학이라고 말합니다. 그러나 하나님의 일과 사람의 영은 지적인 것이 아니라 영적인 것입니다.

자연적인 사람에게는 심리학자들이 말하는 것이 진리일 수 있습니다. 그러나 거듭난 사람들에게는 그들이 말하는 것이 반드시 성경적인 진리가 아닐 수도 있습니다. 예를 들어, 심리학에서는 사람의 깊은 곳을 파내어 그의 지적인 의식 밑에 무엇이 있다는 것을 알아내어서 그들은 그것을 잠재의식이라고 부릅니다. 그러나 사실 성경은 잠재의식에 대하여 말하고 있지 않습니다. 사람들이 발견하고 접근하려는 것은 사람의 영이지만 사람들은 그것이 무엇인지 모릅니다.

만일 심리학자가 믿는 자이기 때문에 사람의 마음뿐 아니라 사람의 영의 진실한 본성을 이해한다면 심리학은 아주 좋은 학문입니다. 사실 구원받지 못한 자연적인 사람을 다루는 데는 그 사람들은 아직 영이 재창조되지 않은 사람들이기 때문에 심리학은 좋은 자리에 있습니다. 그러므로 그들은 심리학 같은 자연적인 방법으로 다루어질 수 있는 것입니다.

그러나 영적인 사람은 자연적인 사람과 같이 다룰 수는 없습니다. 믿는 자는 자연적이고 육신적인 사람만이 아닙니다. 왜냐하면 그의 영이 하나님의 형상과 같은 모습으로 재창조되었기 때문입니다. 믿는 자에게 성령의 능력으로 하나님의 말씀으로 그의 혼이 회복되고 온전하고 건전하게 되는 것이 하나님의 가장 높고 좋은 계획입니다. 그리고 믿는 자는 단지 혼 또는 마음이 아니므로 믿는 자의 마음만을 다루는 것은 충분하지 않습니다.

고전 2:14
육에 속한 사람(자연적, 영적이지 않은 사람)은 하나님의 성령의 일들을 받지 아니하나니 이는 그것들이 그에게는 어리석게 보임이요, 또 그는 그것들을 알 수도 없나니 **그러한 일은 영적으로 분별되기 때문이라**

하나님의 말씀에서는 자연적인 사람은 하나님의 영의 일을 알 수 없다고 말합니다. 믿는 자들은 자연적인 사람만이 아니기 때문에 자연적인 사람의 가르침을 영적인 사람인 거듭난 믿는 자에게 적용할 수 없다는 것입니다.

그렇기 때문에 믿는 자들은 세상에 있는 자연적인 사람과 같이 자연적 이론과 인간의 지혜로 다루어져서는 안 되는 것입니다. 심리학 하나만으로는 영적인 사람의 마음을, 혹은 하나님의 형상과 같이 재창조된 인간의 영을 다루는 데 충분하지 않습니다.

그러므로 사람이 영이고 혼을 가지고 있고 몸에 살고 있기 때문에 믿는 자들에게는 "영리학(spiritology)"이 더욱 중요한 것입니다. 나는 영리학은 사람의 영과 하나님의 영의 일을 연구하는 학문이라고 해서 이렇게 부릅니다.

사람은 영이고 그리스도의 몸인 하나님의 교회는 하나님의 말씀이 사람의 영에 대하여 어떻게 말하고 있는지 알아야 합니다. 하나님의 말씀은 재창조된 영, 즉 믿는 자들에게 영의 양식입니다.

나는 캘리포니아에서 집회를 하고 있었습니다. 그리고 그 교회 목사님과 사모님은 아름다운 새 교회 건물을 건축하는 것을 계획하느라 바빴습니다. 그 사모님은 너무 많은 일을 하셔서 신경이 날카로워져 있었고 결국은 육체적 쇠약과 신경쇠약이 왔습니다. 그 사모님은 의사에게 찾아갔고 그 의사는 정신과 병원으로 가보라고 하였습니다.

사모님은 술도 안 마시고 담배도 안 피우고 춤도 추지 않는 오순절 가정에서 자랐습니다. 이 정신과 의사는 이 여자가 이런 일을 한 번도 해 보지 않았기 때문에 이렇게 된 것이라고 결정을 하고 사모님에게 담배를 피우고 술을 마시고 춤을 추러 가보라고 권하였습니다. 이것이 이 목사님 사모님에게 처방한 그 의사의 치료법이었습니다!

그녀는 의사의 권고를 따랐고 결국에는 그 여자는 온전히 정신을 잃고 말아서 정신과 병원에 입원해야만 했습니다. 사실 이 여자는 그리스도 안에 새로운 피조물인데도 불구하고 세상 사람들과 같이 자신의 문제를 다룸으로 해서 마귀에게 문을 열어 주었던 것이었습니다.

그 정신과 의사는 거듭나지 못했고 영적인 영역에 있어서 아는 것이라고는 하나도 없었습니다. 그는 사람이 영이라는 것조차 몰랐던 것입니다. 그런 면에서 그는 그 자신의 본성에 대해서도 아는 것이 없었고 그 목사님의 사모님은커녕 자신조차도 도와 줄 수 없는 사람이었습니다!

우리는 사람의 지혜와 하나님의 일을 혼합시키는 것에 대하여 조심해야 합니다. 하나님은 우리들에게 자연적인 마음과 육체적인 몸에 대하여 어떻게 해야 할 것을 말씀하셨습니다. 하나님은 우리의 마음과 감정을 하나님 말씀으로 새롭게 하며 우리의 몸을 산 제사로 하나님께 바치라고 말씀하셨습니다. 그것이 마귀들에게 문을 닫는 하나님의 방법입니다.

그것은 당신이 당신의 몸 – 육신이 하고 싶어 하는 것 – 을 속에 있는 영의 사람에게 순종하도록 하라는 것입니다.

당신의 몸을 당신의 영에게 순종하게 하는 것이 당신을 적으로부터 보호할 수 있는 최고의 방법이고 실제로 사단에 대한 최상의 방어가 됩니다.

그렇다면 사람은 그의 영에게 어떻게 해야 할까요? 어떻게 믿는 자들이 적의 공격에 대하여 그들의 영을 강건하게 지킬 수 있을까요? 하나님의 말씀으로 재창조된 영을 먹여야 하는 것입니다. 하나님의 말씀은 영인 사람에게 영적인 양식입니다.

눅 4:4
예수께서 대답하시되 기록된 바 사람이 떡으로만 살 것이 아니라 하나님의 입으로부터 나오는 **모든 말씀으로 살 것이니라**

요 6:63
살리는 것은 영이니 육은 무익하니라 내가 너희에게 이른 **말은 영이요 생명이라**

예수님은 사람들이 흔히 사용하는 단어인 빵으로 영적인 개념을 전하는데 사용하고 있습니다. 예수님은 자연적인 사람이나 육체에 빵이나 음식이 중요한 것 같이 하나님의 말씀이 우리 안에 있는 영적인 사람에게 중요한 것이라고 말씀하고 계십니다. 믿는 자는 그의 영에게 하나님의 말씀을 계속 공급함으로 그의 영을 강건하게 할 수 있습니다.

그리고 당신은 성령으로 세움을 받음으로 당신의 재창조된 영을 충전할 필요가 있습니다. "사랑하는 자들아 너희는 너희의 지극히 거룩한 믿음 위에 자신을 세우며 성령으로 기도하며"(유 1:20). 방언으로 기도하는 것은 배터리를 충전하는 기계가 배터리를 충전하듯이 당신의 영을 충전시켜 줍니다. 마귀가 가져오는 어떤 시험이나 시련 가운데서도 휴식과 새로워짐이 마련되는 것입니다.

이것이 당신이 사단을 향하여 강력한 방어를 할 수 있도록 영을 강건하게 하는 방법입니다. 그렇다면 어떻게 당신은 당신의 생각과 의지와 감정에 도움을 받을 수 있을까요? 당신의 과거를 파냄으로 입니까? 당신을 위하여 다른 사람으로 기도하게 함으로 도움을 받을 수 있을까요? 사람들로 당신에게서 귀신을 쫓아내게 함으로 일까요? 아닙니다. 그것은 당신의 마음과 감정이 하나님의 말씀으로 새로워지지 않으므로 오는 실제적인 문제에 아무런 도움이 되지 않습니다.

마음이 새로워지지 않으면 문제가 되는 그 사람으로부터 마귀를 쫓아내는 것은 시간 낭비일 뿐입니다. 하나님의 말씀으로 되돌아갑시다! 하나님의 말씀이 사람의 혼에 대하여 무엇이라고 말하고 있는지, 사단의 공격이 가장 심한 마음에 대하여 무엇이라고 말하고 있는지 알아봅시다.

사람의 마음(The Mind of Man)

사실, 성경은 사람의 마음에 대하여 많은 이야기를 하고 있습니다. 우리가 마음에 대하여 이야기를 하면 어떤 사람들은 우리가 크리스천 사이언스에 대하여 이야기하는 줄로 생각합니다. 그러나 하나님은 우리들에게 마음에 대한 특별한 지시를 주셨고 사람이 어떻게 마음을 강건하게 하여 그의 혼에 대하여 적인 사단을 대적하는지 말하고 있습니다.

사 26:3
주께서 **심지(mind)**가 견고한 자를 평강하고 평강하도록 지키시리니 이는 그가 주를 신뢰함이니이다

빌 2:5
너희 안에 **이 마음**을 품으라 곧 그리스도 예수의 마음이니

빌 4:6-8
6 아무것도 염려하지 말고 다만 모든 일에 기도와 간구로, 너희 구할 것을 감사함으로 하나님께 아뢰라
7 그리하면 모든 지각에 뛰어난 하나님의 평강이 그리스도 예수 안에서 너희 **마음**과 생각을 지키시리라

8 끝으로 형제들아 무엇에든지 참되며 무엇에든지 경건하며 무엇에든지 옳으며 무엇에든지 정결하며 무엇에든지 사랑 받을 만하며 무엇에든지 칭찬 받을 만하며 무슨 덕이 있든지 무슨 기림이 있든지 **이것들을 생각하라**

다른 말로 하면, 하나님은 우리가 마음을 어떻게 해야 할 것에 대하여 말하고 계십니다. 우리는 우리의 마음과 생각을 하나님께 초점을 맞추고 머물러 있어야 합니다.

그렇게 하려면 우리는 하나님의 말씀을 묵상함으로 그 말씀을 우리의 마음에 넣어야 합니다. 그러면 우리의 생각이 하나님의 말씀과 일치가 될 것이고 사단이 우리의 생각에 발을 들여놓을 수 없게 됩니다.

성경은 우리가 어떤 생각을 해야 할지 말해주고 있습니다. 진실하고, 정직하고, 공정하고, 순전하고, 사랑스럽고, 좋은 일을 생각해야 한다고 말하고 있습니다. 적대적 생각인 의심과 걱정과 낙심의 생각을 하지 말고 말씀과 일치한 생각을 하십시오.

당신은 당신이 거듭난 후 하나님의 첫 요구가 당신의 생각을 바꾸라는 것이라는 것을 생각해 본적이 있습니까?

하나님은 당신이 구원받기 전과 같이 생각한다면 그것은 마귀에게 문을 열어주는 것이라는 것을 알고 계십니다. 그리고 곧 당신은 거듭나기 전에 마귀에게 통치를 받던 이전과 같은 행동을 하게 될 것입니다.

하나님께서 우리의 생각을 바꾸라고 하시는 이유는 사람의 마음이 사단이 가장 먼저 들어오려고 하는 곳이기 때문입니다. - 우리들이 허락만 한다면 그리스도인의 마음에도 들어오려고 합니다.

새로워진 마음이 당신을 변화시킵니다!

롬 12:1-2
1 그러므로 형제들아 내가 하나님의 모든 자비하심으로 너희를 권하노니 **너희 몸을 하나님이 기뻐하시는 거룩한 산 제물로 드리라** 이는 너희가 드릴 영적 예배니라
2 너희는 이 세대를 본받지 말고 오직 **마음을 새롭게 함으로 변화를 받아** 하나님의 선하시고 기뻐하시고 온전하신 뜻이 무엇인지 분별하도록 하라

하나님은 복종하는 몸과 변화된 마음을 원하십니다. 거기에는 이유가 있습니다. 하나님은 그것만이 사단을 향한 당신의 최고의 방어가 되는 것을 아시기 때문입니다.

당신의 마음이 말씀으로 새로워질 때, 당신의 생각은 변화됩니다. 당신의 생각이 변화될 때, 당신의 행동이 변화됩니다. 당신은 더 이상 사단의 지배 하에 있던 때와 같이 생각하고 행동하지 않습니다. 당신의 생각과 행동이 변화되면 당신은 변화된 것입니다.

바울은 거듭나고 성령 충만함을 받은 그리스도인들에게 편지를 쓰면서 그들이 그들의 몸과 마음, 혹은 혼에 어떤 일을 행해야 한다고 말했습니다. 바울은 믿는 자들에게 그들의 몸을 산 제사로 하나님께 드리라고 말했습니다. 그리고 그들의 마음도 하나님의 말씀으로 새로워져야 한다고 했습니다.

엡 4:23
오직 너희의 마음(mind)이 새롭게 되어

성경은 당신의 마음이 새로워질 때 당신의 삶에서 선하시고 기뻐

하시고 온전하신 하나님의 뜻을 알 수 있다고 하셨습니다(롬 12:2). 마음을 새롭게 하려면 하나님의 말씀을 묵상해야 합니다. 왜냐하면 하나님의 말씀은 사람의 마음을 새롭게 하는 능력이 있는 '영이요 생명'이기 때문입니다.

하나님의 말씀을 묵상한다는 말은 말씀을 적극적으로 읽고 생각하고 말하고 그곳에 거하는 것을 의미합니다. 우리는 하나님의 말씀을 영으로 뿐만 아니라 우리의 마음으로도 묵상해야 합니다. 우리는 하나님의 말씀으로 우리의 마음과 생각을 채워야 합니다. 구약에서 하나님은 여호수아에게 그가 하는 모든 일이 어떻게 번영할 수 있는지를 말씀해 주셨는데, 그것은 말씀으로 계속하여 충만하여진 삶을 사는 것이었습니다. 말씀은 우리에게도 역사할 것이고 그렇게 되면 우리는 마귀를 대적하면서 많은 시간을 보낼 필요가 없어질 것입니다.

> 수 1:8
> 이 율법책을 네 입에서 떠나지 말게 하며 주야로 그것을 묵상하여 그 안에 기록된 대로 다 지켜 행하라 **그리하면 네 길이 평탄하게 될 것이며 네가 형통하리라**

한 번역본은 "너는 인생의 모든 일에서 지혜롭게 다룰 수 있을 것이다"라고 말하고 있습니다. 어떻게 성공을 할 수 있다고요? 말씀을 묵상함으로 성공할 수 있습니다. 마귀에 대하여 어떻게 승리할 수 있을까요? 하나님의 말씀을 묵상함으로 승리할 수 있습니다.

성공과 승리는 하나님의 말씀을 계속하여 입에 두고 그 말씀에 따라 행동함으로 어떤 상황에서도 누릴 수 있습니다. 당신의 문제를 말하고 거기 거하지 말고 하나님의 말씀을 말하고 거기 거하십시오. 그렇게 하면 마귀는 당신의 삶에서 역사할 수 없게 될 것입니다.

당신의 혼이 말씀으로 새롭게 되지 않았다면 당신의 겉사람이 당신의 혼을 통하여 당신의 영을 통치할 것입니다. 사단은 당신의 육체적 오감을 통하여 당신의 겉사람에게로 갈 수 있게 됩니다. 그렇기 때문에 당신은 하나님의 말씀으로 당신의 마음을 새롭게 해야 하는 것입니다. 그렇게 되면 진정한 당신인 당신의 영은 마음을 통하여 당신의 몸을 다스릴 수 있게 됩니다.

삶에서 마귀에게 승리한다는 것은 항상 악한 영을 쫓아낸다고 되는 것은 아닙니다. 하나님의 말씀으로 마음을 충만하게 하여 마음이 당신의 영과 한편이 되게 하므로 승리하게 됩니다. 그리고 성령에 의해 지도를 받는 당신의 영은 모든 인생의 문제에 있어서 당신을 인도할 것입니다. 마귀의 덫과 올가미에서 빠져 나오는 일까지도 말입니다.

당신은 당신의 마음으로 하나님의 말씀을 활발하게 묵상해야 합니다. 그래서 당신의 생각이 바뀌고 변화되는 것입니다(시 1:1-3). 당신의 생각이 변화되지 않으면 당신은 마귀의 생각을 하게 되고 구원받지 않은 사람들이 하는 행동을 하기 시작합니다. 그러나 로마서 12장 2절은 당신의 마음을 새롭게 하면 당신이 변화될 수 있다고 말합니다! 성경은 당신이 그런 방법으로 변화된다고 말하고 있지, 마귀를 쫓아냄으로 변화되는 것이라고 말하고 있지 않습니다.

"마귀"의 역사라고 불려지는 많은 일들이 사실은 귀신에 의하여 생기는 일들이 전혀 아닙니다. 이것들은 사실 믿는 자들의 구원받지 못하고 새로워지지 않은 마음의 열매입니다. 세상과 같이 생각하고 행동하는 것의 열매입니다. 구원받지 못하고 새로워지지 않은 마음은 마귀에게 길을 열어 주게 되는데, 왜냐하면 마음은 마귀가 사람에게 들어오는 길이 되기 때문입니다.

그릇된 생각이 마귀에게 문을 열어 줍니다

당신은 사람들이 우울해지는 것이 그들이 그릇된 생각을 하고 있기 때문인 것을 유의해 본 적이 있습니까? 그릇된 생각을 하는 것은 악한 영들에게 그들의 혼의 영역에 들어오는 길을 열어 주는 것이 됩니다. 예를 들어, 때때로 믿는 자들은 과거에 아무개가 자기를 잘못 대접했던 일을 생각하게 됩니다. 그렇습니다. 거듭나고 성령 충만한 사람들도 우울해질 수 있습니다. 물론 마귀는 그들을 압박하여 우울해지도록 유도합니다.

믿는 자들도 그릇된 생각을 하도록 허락함으로써 우울해질 수 있습니다. 그것은 사단에게 일할 수 있는 발판을 내어주게 되고 사단이 그들의 마음에 들어오도록 길을 열어 주는 것입니다. 사단은 오감의 영역에서 역사하여 잘못된 암시나 생각이나 느낌을 사용하여 잘못된 행동을 하도록 사람들에게 영향을 주려고 합니다.

그러나 성경은 "마귀에게 틈을 주지 말라"고 말합니다(엡 4:27). 우리는 마귀를 우리의 생각 속으로 들여놓지 말아야 합니다. 그릇된 생각을 하는 것은 믿는 자들이 마귀에게 자리를 주는 한 방법입니다. 마귀는 그들의 마음과 생각 그리고 감정을 통하여 들어옵니다. 정죄와 죄의식, 그리고 걱정과 근심은 마귀의 생각들인데 마귀는 믿는 자들에게 부정적인 면의 생각을 하도록 역사합니다.

죄의식과 정죄감은 사단으로 하여금 믿는 자들을 이용하여 그의 거짓말에 묶임을 당하게 허락하는 것입니다. 그릇된 생각에 묶이는 것은 믿는 자들이 그리스도 안에서 그들의 합당한 위치에 서서 그들의 권세를 사용하지 못하게 방해합니다. 실제로, 믿는 자들은 마귀들과 그들의 정죄의 무기 위에 서서 승리한 사람들입니다. 왜냐하면 예수님이 십자가에서 사단에게 승리하셨기 때문입니다(골 2:15). 그러나 만일 믿는 자들이 그 권세 위에 서 있지 못하면 마귀는 그들을 지배할 것입니다.

늘 그릇된 생각을 지속적으로 하고 있는 그리스도인은 자살하고 싶다고 생각하는 지경까지 갈 수도 있습니다. 그렇습니다. 믿는 자들도 그렇게 될 수 있습니다! 그러면 아주 좋은 뜻을 가진 사람들은 "그들에게서 마귀를 쫓아냅시다!"라고 말합니다. 그러나 사실상, 이것은 마귀의 문제가 전혀 아닙니다. 이것은 그릇된 생각의 결과입니다.

분명히 사단은 믿는 자들이 그릇된 일을 하도록 잘못된 것들을 제공하려고 노력합니다. 그러나 잘못된 생각을 하는 그리스도인들이 그들의 마음을 하나님의 말씀으로 새롭게 한다면 그들의 마음이 마귀를 향해 닫혀 있기 때문에 우울증 같은 문제는 없을 것입니다. 만일 믿는 자들이 그들 자신을 훈련하여 모든 경우에 "하나님의 말씀은 이것에 대하여 무엇이라고 말하고 있지?"라는 질문을 한다면 처음부터 마귀가 주는 우울증이나 죄, 그리고 정죄의 묶임에 빠져들 필요도 없습니다. 그들은 그리스도 안에서 승리할 것입니다. 사단의 기술과 간계를 능히 이기고 승리할 수 있습니다.

그리스도인이 "하나님의 말씀은 내 경우에 대하여 어떻게 말하고 있지?"라고 묻기만 한다면 많은 문제는 해결될 것입니다. 믿는 자들은 그들의 마음을 마귀의 생각이 아니라 하나님의 말씀과 같이 생각하도록 훈련시켜야 합니다. 새로워진 마음은 하나님의 말씀을 생각합니다. 이런 방법으로 당신은 마귀에 대적하여 강하게 설 수 있습니다. 새로워지지 않은 마음은 마귀의 생각들을 합니다. 그렇게 하여 당신은 약해지고 의심이 생기며 걱정과 두려움과 죄의식과 정죄와 같은 생각으로 길을 내어주게 되는 것입니다.

믿는 자들이 마귀에게 문을 열어 줄 수 있는 또 다른 한 가지 길은 그들의 심령 속에 용서하지 못함을 품고 있는 것입니다. 믿는 자들은 자신들의 과거의 잘못이나 혹은 다른 사람의 과거의 잘못에 거하지 않도록 하는 것을 배워야 합니다. 왜냐하면 그들의 혼의 적인 사단은 이것으로 그들의 삶에 들어갈 길을 얻게 되기 때문입니다.

사 43:25
나 곧 나는 나를 위하여 네 허물을 **도말하는 자니 네 죄를 기억하지 아니하리라**

과거의 죄들, 실패들, 혹은 잘못들을 생각하는 것은 마귀에게 당신의 생각과 감정에 대한 문을 열어 놓는 것입니다. 만일 당신이 잘못을 하고 하나님께 용서함을 구했다면 하나님은 당신이 잘못한 것을 기억하지 못하고 계십니다(요일 1:9). 그런데 왜 당신이 그 기억을 해야 할까요?

하나님의 사랑하심과 용서하심으로 당신의 마음을 새롭게 하십시오. 그렇지 않으면 사단은 당신을 이용할 것입니다. 사실, 사단이 당신을 부정적으로 생각하게 할 수 있게만 한다면 사단은 당신의 마음과 혼에 점점 더 크게 자리를 잡으려고 할 것입니다. 그것이 당신이 당신 안에 어떤 자리도 그에게 내어 주어서는 안 되는 이유입니다! 사단이 와서 당신이 그의 부정적인 생각으로 생각하도록 유혹할 때 하나님의 말씀이 어떻게 말하고 있는지 그에게 상기시켜 주십시오. 당신은 우울증이나 다른 어떤 부정적인 생각에도 걸려들 필요가 없습니다.

하나님의 말씀으로 당신의 마음을 새롭게 하십시오! 과거로 돌아가서 거기 거하면서 당신이 한 일들을 다 파내지 마십시오. 하나님의 말씀은 과거를 잊어버리고 그리스도 안에서 더 높은 부르심으로 달려 나가라고 말하고 있습니다(빌 3:13-14).

마귀는 항상 당신의 마음에 과거의 죄된 그림을 가져오려고 노력을 할 것입니다. 그러나 당신의 마음이 하나님의 사랑과 용서로 새로워 졌다면 당신은 마귀에게 웃으며 이렇게 말할 것입니다. "마귀야, 하나님의 말씀이 내가 용서받았다고 말한다. 이사야 43장 25절은 하나님이 나의 죄를 다 도말하셨다고 하였다! 너는 나의 과거의 실패한 사진을 보여주지만 그것은 더 이상 존재하지 않는다." 그러면 당신은 승리의 길로 갈 수 있습니다.

당신이 마귀를 하나님의 말씀으로 제자리에 놓게 되면 당신은 하나님의 말씀을 행하는 자가 되는 것입니다!(약 1:22) 성경은 하나님의 말씀을 행하는 자가 복되다고 말합니다(약 1:25). 하나님은 당신을 만드시고 방법을 주셨습니다. 그러므로 하나님께서 어떻게 마귀를 향해 문을 닫아버리는지에 관한 말씀을 주신 대로 그 지시들을 따르십시오. 그러면 당신은 인생의 모든 면에서 성공할 수 있습니다.

악한 영들이 혼의 영역에 영향을 미치는 방법

당신은 내가 죽음의 병상에서 어떻게 일어났는지에 대한 간증을 이미 아실 것입니다. 그러나 나의 어머니의 인생은 아주 비극이었습니다. 근심하게 하는 귀신들, 우울증, 억압들이 어머니의 감정과 혼의 영역에 들어와 어머니를 결박했습니다. 어머니는 구원받았지만 그리스도 안에서의 어머니 자신의 권리와 특권을 알지 못했던 것입니다. 어머니는 마귀들에게 문을 닫기 위하여 마음을 새롭게 하는 방법을 몰랐었습니다. 슬픈 일이지만 어머니는 하나님의 자녀로서 그리스도 안에 있는 자신의 특권을 누리지 못하고 살았던 것입니다. 내가 여섯 살 쯤 되었을 때 아버지는 어린 네 아이들을 어머니에게 맡기고 집을 떠났기 때문에 그 아이들을 어머니 혼자서 키워야 했습니다. 어머니가 삶에서 가졌던 모든 고통들은 결국 어머니에게 육체적, 정신적, 그리고 감정적으로 영향을 미쳤던 것입니다. 드디어 어머니는 시력을 잃기 시작하여 장님이 되었습니다. 의사들은 어머니로부터 어떤 육체적인 결함도 찾지 못했습니다. 그러나 의사들은 이것이 신경계통의 장애임에는 틀림이 없다고 했습니다. 어머니는 결국 완전히 육체적으로, 정신적으로, 신경적으로 무너져버렸습니다. 수년 동안 어머니는 정신적인 문제가 있었고 자살까지도 시도했습니다. 나의 어머니는 그리스도인이었지만 어떻게 하나님을 믿어야 하는지, 혹은 하나님의 약속을 어떻게 받아야 하는지에 대하여 전혀 알지 못했습니다. 그것은 아주 슬픈 일이었습니다. 어떤 사람이 이렇게 물어 볼 수 있습니다. "만일 어머니가 자살을 하는 데 성공을 했다면 그래도 어머니가 구원을 받을 수 있었을까요?" 물론 어머니는 구원을 받았을 것입니다! 어머니는 거듭났었습니다. 그러나 어머니는 걱정과 두려움의 악한 영들이 어머니에게 정신적으로 육체적으로 감정적으로 영향을 미치도록 허락하였던 것입니다. 어머니는 다른 사람들이 육신에 병을 가지고 있었듯이 정신에 병을 가지고 있었던 것입니다.

그리고 이런 모든 일들이 다 지난 후에, 어머니는 자살을 하려고 했던 일들을 기억하지도 못했습니다. 우리 어머니가 그리스도 안에서 자신이 어떤 사람인지 알지 못했고 하나님의 말씀을 사용하는 방법을 몰랐기 때문에 어머니는 걱정과 억압의 귀신들이 어머니의 마음과 감정의 영역에 들어오도록 허락했던 것입니다.

혼의 영역에서의 구원

사람의 감정의 영역에서 악한 영들이 문제를 일으킬 수 있습니다. 우리는 가끔 문제가 없는 것처럼 행동합니다. 그러나 하나님의 말씀과 일치하게 역사하는 성령님은 자연적인 사람이 해결하지 못하는 모든 문제의 해결들을 항상 가지고 있습니다.

내가 어느 곳에서 집회를 하고 있었습니다. 그런데 삼일 밤을 계속하여 예배 후 한 젊은 결혼한 여자가 강단에 나와서 슬피 우는 것이었습니다. 나는 하나님께 그 여자를 어떻게 도울 수 있는지 알려 달라고 구하였습니다. 갑자기 나는 환상을 보았습니다. 나는 이 젊은 여인이 아홉 살 때 학교에서 집으로 돌아오는 것을 볼 수 있었습니다. 그리고 그 아이가 집에 들어왔을 때 어머니가 남편이 아닌 남자와 침대에 있는 것을 발견하였습니다. 당신은 그런 일이 아홉 살짜리 아이의 감정에 얼마나 큰 영향을 미칠 것이라는 것을 이해할 수 있을 것입니다.

내가 집회에서 그녀를 만났을 때 이 여자는 이십 대였습니다. 나는 영으로 이 여인이 결혼생활에 문제가 있는 것을 알았습니다. 나는 그 여자가 2년쯤 결혼생활을 했다는 것도 알았습니다. 그러나 이 감정적인 장애로 인해 그 여자의 결혼은 온전하지 못했고 결국은 결혼생활이 파경에 이르게 된 것이었습니다.

나는 이 교회 목사에게 이 여자의 문제가 무엇인지 아느냐고 물어보았습니다. 그 목사는 나에게 아느냐고 물어보았고 나는 주님이 그 여자의 문제가 무엇인지 보여주셨다고 대답하였습니다. 그 목사는 그 여자에게 가서 사역을 해달라고 말했습니다. 나는 그 젊은 여인에게 주님이 보여 주신 것을 말하였고 그 여자는 그것이 다 사실이라고 말했습니다. 그 여자는 그 남편을 사랑하였지만 한 번도 그 남편에게 아내가 되어 줄 수 없었던 것입니다. 나는 그 여자에게 그녀의 어머니가 결혼하지 않은 남자와 침대에 같이 있었던 것은 옳지 않았지만 그녀의 결혼은 잘못된 것이 아니라고 말해 주었습니다.

내가 그 여자에게 성경 구절을 주고 결혼의 거룩함에 대하여 말해 주었고 그 여자에게 손을 얹고 혼의 영역에서 그 여자를 과거에 묶어 놓았던 귀신을 내쫓았습니다. 그리고 나는 어떻게 하나님 말씀에 들어가는지를 가르쳐주었고 그의 마음을 새롭게 한다면 사단은 그 여자의 마음과 감정에 다시 돌아올 길을 얻지 못할 것이라고 가르쳐 주었습니다.

다음 해에 같은 교회에 집회를 하러 갔을 때 그 여자와 남편은 내 이름을 따라 이름 지어준 건강한 남자아이를 안고 있었습니다. 그들의 결혼생활은 행복했습니다. 그 여자의 영에 악한 영이 있었던 것은 아닙니다. 그러나 그 여자가 아홉 살 때 그 여자의 감정적인 영역에 악한 영이 들어와서 그녀를 지배하고 괴롭히고 있었기 때문에 이것은 다루어져야 했던 것입니다.

그리스도인들은 구원받지 못한 사람들에게 가서 상담이나 도움을 받을 필요가 없습니다. 하나님 안에 도움이 있습니다. 그러나 귀신에 대해 공부하는 것은 만나는 사람마다 귀신을 쫓아내라고 말하는 것이 아닙니다. 믿는 자들은 마귀에 대항하여 강하게 서야 하며 우리들이 해야 할 역할이 있습니다.

사람의 몸

당신의 몸이 거듭나지 못했기 때문에 육신적 오감을 가지고 있는 당신의 몸은 사단이 왕인 이 땅에서 살며 또 이 세상을 접촉하고 있다는 것을 아는 것이 중요합니다(고후 4:4). 그렇기 때문에 속사람이 당신의 몸에 무엇인가를 해야 하는 것입니다. 당신이 육신이 원하는 대로 무엇이든지 하게 내버려두고, 마음이 생각하고 싶은 것을 무엇이든지 생각하게 내버려둔다면 마귀는 당신의 마음과 몸에 들어와 당신을 지배하게 될 것입니다.

생각해 보십시오. 당신의 몸은 잘못된 것을 하고 싶어 하지요? 물론 그렇습니다. 얼마나 오래전에 구원을 받았는지, 얼마나 영적인지와 상관없이 육신은 구원을 받지 못했기 때문에 모든 사람의 육체가 다 그렇습니다. 우리는 육신의 구원에 대한 약속어음이 있습니다(고전 15:53). 그러나 이 땅에서 사는 동안 우리가 우리의 몸에 무엇인가를 하지 않으면 사단이 우리의 육신을 통해 우리를 이용하려고 할 것입니다.

성경은 당신의 몸에 무엇을 할 것인지 지시하고 있습니다.

1. 당신은 당신의 몸을 하나님께 산 제사로 바쳐야 합니다(롬 12:1).
2. 당신은 몸의 행위를 십자가에 못 박고 억제해야 합니다(골 3:5).
3. 당신의 몸을 속사람인 영으로 말미암아 규제받도록 해야 합니다
   (당신 속에 있는 영이 진정한 당신입니다)(고전 9:27).

당신은 당신의 육체를 통제해서 몸이 원하는 것을 다 하지 못하도록 해야 합니다. 하나님은 당신이 할 수 있다고 말씀하셨습니다.

당신은 사단이 당신의 몸을 불의의 병기로 사용하지 못하도록 해야 합니다.

골로새서 1장 12절에서 "빛 가운데 성도의 기업의 부분을 얻기에 합당하게 하신 아버지께 감사하게 하시기를 원하노라"라고 말한 것을 기억하십시오. 이것은 우리가 육신을 따라가지 않고 영으로 행할 수 있다는 뜻입니다. 그리고 그것은 우리의 육신을 통해 들어오는 마귀의 유혹에 넘어갈 필요가 없다는 뜻입니다.

우리의 몸에 관하여 하나님의 말씀에 어떻게 순종할 것인가에 대해서 이해하려면 우리는 겉사람인 사람의 몸과 진정한 속사람인 그의 영을 성경이 확연히 구별하고 있다는 것을 알아야 합니다.

사람의 몸은 '집'으로 말해지고 있습니다

많은 경우에 성경에서는 사람의 몸을 "집"으로 말하고 있습니다. 악한 영들이 사람의 집인 그의 몸에 거할 수 있을지라도 온전한 의미로는 그 사람 안에 있다고 할 수 없다는 것을 당신은 알아야 합니다. 그것은 사람은 영이고 단지 육체가 그 사람의 전부가 아니기 때문입니다. 예를 들어, 당신이 흰개미가 득실거리는 집에 산다고 해서 당신 안에 흰개미가 있는 것은 아닌 것과 같습니다. 집이란 당신이 사는 곳일 뿐이며 당신 자신 안에 흰개미가 있는 것은 아닙니다. 악한 영은 당신의 몸을 괴롭힐 수 있습니다. 그렇지만 그것이 당신 안에, 당신의 영에 악한 영들이 있다는 뜻은 아닙니다.

성경은 사람의 몸을 여러번 그의 '집'으로 표현하고 있습니다. 사람이 육체적으로 죽을 때, 그의 몸은 죽는 것이지만 그는 아직도 살아 있게 됩니다.

바울은 그의 몸을 "땅에 있는 우리의 장막 집"이라고 표현하고 있습니다.

>고후 5:1-2,4
>1 만일 **땅에 있는 우리의 장막 집**이 무너지면 하나님께서 지으신 집 곧 손으로 지은 것이 아니요 하늘에 있는 **영원한 집**이 우리에게 있는 줄 아느니라
>2 참으로 우리가 여기 있어 탄식하며 하늘로부터 오는 **우리 처소**로 덧입기를 간절히 사모하노라
>4 참으로 **이 장막에** 있는 우리가 짐진 것 같이 탄식하는 것은 벗고자 함이 아니요 오히려 덧입고자 함이니 죽을 것이 생명에 삼킨 바 되게 하려 함이라

성경은 여기서 속사람과 겉사람에 대해 말하고 있습니다. 겉사람은 이 땅에 속한 집인 몸을 말하고 있습니다. 그러나 속사람도 있는데 그것은 손으로 지은 집이 아닌 사람의 영을 말하며 영은 영원한 것입니다. 바울은 겉사람과 속사람의 차이를 다음과 같이 말하고 있습니다.

>고후 4:16
>그러므로 우리가 낙심하지 아니하노니 우리의 **겉사람**은 낡아지나 우리의 **속사람**은 날로 새로워지도다

영적인 사람, 혹은 속사람은 "심령에 숨겨진 사람"입니다.

>벧전 3:3-4
>3 너희의 단장은 머리를 꾸미고 금을 차고 아름다운 옷을 입는 **외모**로 하지 말고
>4 오직 **마음(heart)에 숨은 사람**을 온유하고 안정한 심령의 썩지 아니할 것으로 하라 이는 하나님 앞에 값진 것이니라

바울의 말에 의하면, 사람의 몸은 속사람과 다른 것을 알 수 있습니다.

> 고전 9:27
> 내가 **내 몸**을 쳐 복종하게 함은 내가 남에게 전파한 후에 자신이 도리어 버림을 당할까 두려워함이로다

바울은 그의 몸을 "이것(it)"이라고 불렀습니다. 그렇다면 그의 몸을 주장하게 한 "나"는 누구입니까? 그리스도 안에 새로운 피조물인 속사람입니다! 바울은 "이것"이라고 표현한 그의 몸과 "나"라고 표현한 속에 있는 진정한 사람을 분명히 구별하였습니다.

바울은 그가 그 자신 속에 있는 사람을 복종시키도록 하는 것이라고 말하고 있지 않습니다. 아닙니다. 그는 속에 있는 사람이 그의 몸을 주장해야 한다고 말했습니다.

이 성경 구절에 순종하지 않는 것이 믿는 자들이 무의식중에 사단에게 그들의 삶으로 들어오는 길을 열어주는 중요한 부분입니다. 사람들이 그들의 재창조된 영으로 그들의 육신을 지배하게 하는 대신 그들의 육신으로 그들을 지배하게 한다면 사단으로 하여금 그들의 삶에 들어오도록 발판을 주는 것입니다.

당신의 몸을 당신의 영에게 복종시키도록 하십시오

고린도전서 9장 27절에서 바울은 이렇게 말하고 있습니다. "내가 내 몸을 쳐 복종하게 함은 내가 남에게 전파한 후에 자신이 도리어 버림을 당할까 두려워함이로다." 이것은 바울이 그의 몸이 원하는 것을 모두 하도록 내버려두지 않았다는 말입니다. 만일 신약의 대부

분을 쓴 하나님의 위대한 사람인 사도 바울도 그의 몸을 그의 영이 지배하게 하려고 노력했다면 그의 육신이 옳지 않은 일을 하고자 했다는 것은 분명합니다. 바울도 우리와 마찬가지로 그의 영이 그의 몸을 지배하도록 했던 것입니다.

너무 많은 경우에 믿는 자들은 그들 육신의 문제임에도 불구하고 귀신을 쫓아내려고 합니다! 당신은 육신을 쫓아낼 수는 없습니다! 종종 사람들이 하나님께서 그들의 육체에 무엇인가를 해 주시기를 원합니다. 하나님은 당신의 육체에 아무런 일도 하지 않으십니다. 어쨌든 당신의 몸은 하나님의 몸이 아닙니다. 그것은 당신의 몸입니다. 그리고 육체를 다스려야 하는 것은 바로 당신입니다.

당신이 거듭났을 때, 당신의 속사람은 하나님께 속하게 됩니다. 그러나 그 후에 당신은 영이 육체를 다스리도록 결정해야 합니다. 이것은 당신의 몸을 하나님께 산 제사로 내어놓을 때에만 가능한 일입니다.

로마서 12장 1절에서, 바울은 믿는 자들이 그들의 몸을 하나님께 내어놓는 것의 중요성을 말하고 있습니다.

> **롬 12:1**
> 그러므로 형제들아 내가 하나님의 모든 자비하심으로 너희를 권하노니 **너희 몸을** 하나님이 기뻐하시는 거룩한 **산 제물로** 드리라 이는 너희가 드릴 영적 예배니라

내가 처음 이 구절이 실제로 무엇을 말하고 있는지 온전히 깨달았을 때, 나는 정말 놀랐습니다. 바울은 죄인들에게 편지를 쓴 것이 아니었습니다. 바울이 믿는 자들인 성도들에게 편지를 쓰고 있었던 것입니다. 바울은 그리스도인들에게 그들이 거듭났을지라도 그들의

몸은 거듭나지 않은 것이고 그들은 자신의 몸으로 해야 할 일이 있다고 말하고 있습니다.

만일 당신이 몸을 하나님께 "산 제사"로 내어놓지 않는다면, 당신의 몸은 아직도 세상의 신인 사단의 통치 아래서 구원받기 전에 하던 모든 일들을 하기 원할 것입니다(엡 2:2). 다른 말로 하면, 만일 그리스도 안에 새로운 피조물인 당신의 속사람이 당신의 몸을 통제하지 않는다면 당신은 악한 영들에게 문을 열어 놓게 됩니다. 왜냐하면 귀신들은 사람들을 그들의 혼과 육체를 통해 지배하려고 하기 때문입니다.

나는 이런 일이 어떤 목사의 삶에서 일어나는 것을 보았습니다. 그는 훌륭한 그리스도인이었습니다. 친절하고 좋은 사람으로 오순절 교파의 개척자였습니다. 그는 수년 동안 아주 건강했지만 시간이 지남에 따라 육체적으로 문제가 생기기 시작했습니다. 결국 그는 세 번 뇌졸중으로 쓰러졌고 그것은 정신적으로 많은 영향을 미치게 되었습니다.

그의 육신은 부분적으로 마비가 되었고, 때때로 제정신이 아니곤 했습니다. 그는 아내에게 욕을 하고 때려눕히기도 했습니다. 그 아내와 딸은 그의 상태 때문에 계속 기도했습니다. 그가 방언으로 기도를 하면, 그는 잠시 나아지곤 했지만 완전히 고침을 받지는 못했습니다.

내가 믿는 자의 권세에 대하여 가르치는 것을 들은 후, 그의 아내는 무엇을 했어야 하는지를 드디어 알게 되었습니다. 뇌졸중은 그 남편의 뇌를 손상시켰고 그는 자신의 몸과 마음을 통제하지 못하게 된 것입니다. 그렇기 때문에 마귀는 그를 속이고 이용한 것입니다.

그는 전혀 다른 사람이 된 것입니다. 물론 뇌졸중의 결과이기도하지만 그러나 이 목사의 경우에는 악한 영들의 역사가 개입되어 있었던 것입니다. 구원을 받았든지 혹은 구원을 못 받았든지 상관없이 사람은 그의 마음과 몸이 악한 영들에게 억압을 받을 수 있습니다. 그의 아내는 그것에 대항하여 예수님의 이름으로 권세를 행사해야 하는 것을 알지 못했던 것입니다.

그 여자의 남편이 죽어서 천국에 간 후에, 그의 아내는 자신이 사단에게 대적하여 하나님께 속한 사람에게서 손을 떼라고 명령을 했어야만 했던 것을 깨달았습니다. 나는 그 여자에게 사단도 말씀에는 순종해야 한다는 것을 확신시켰습니다.

적으로부터 보호

당신의 재창조된 영으로 하여금 몸을 주관하게 하는 것은 사단을 향한 가장 중요한 방어입니다. 성경은 "너희는 하나님께 복종할지어다 마귀를 대적하라 그리하면 너희를 피하리라"고 말합니다. 당신이 육신을 하나님께 순종하며 잘못된 일들로 향하지 못하게 할 때 당신은 마귀를 대적하기가 훨씬 쉬워지게 됩니다. 하나님은 육신을 복종시키는 것과 변화된 마음이 없는 믿는 자들은 성령의 인도함을 잘 받을 수 없다는 것을 이미 아십니다. 성경은 "무릇 하나님의 영으로 인도함을 받는 사람은 곧 하나님의 아들이라"(롬 8:14)고 말하고 있습니다.

성경은 "무릇 몸이나 육체의 오감으로 인도함을 받는 사람은 곧 하나님의 아들이라"거나 혹은 "무릇 혼으로 인도함을 받는 사람은 곧 하나님의 아들이라"고 말하고 있지 않습니다. 성령의 지배를 받고 말씀에 기초를 둔 믿는 자들은 사단에 대한 강한 방패가 있는 것입니다. 육신에 따라 지배받고 감각에 의해 조종받는 믿는 자들은 사단과 그의 간계에 열려진 과녁이 됩니다.

그리고 믿는 자들에게 정확하게 가르쳐지지 않으면 그들의 육신이 옳지 않은 일을 하고자 할 때 마귀는 그들을 속여서 구원도 받지 못한 사람이라고 생각하도록 유도할 것입니다. 그리고 마귀가 믿는 자에게 일단 정죄감을 갖게 하면 그리스도 안에 있는 상속을 누리지 못하도록 속일 수 있게 됩니다. 물론 마귀 위에 있는 믿는 자의 권세도 실행하지 못하게 될 것입니다.

그러나 그리스도인이 그들의 몸이 거듭나지 못한 것을 알고 그들 자신이 육신에게 무엇을 해야 할지를 안다면 그들은 재창조된 영으로 몸을 주관하게 함으로써 몸을 하나님께 산 제사로 드리는 것을 배우게 됩니다. 이것은 그리스도인들이 그리스도 안에서 마귀에 대항하여 강력하게 설 수 있는 가장 중요한 방법입니다. 우리가 만일 우리의 마음을 하나님의 말씀으로 새롭게 하지 못하면, 우리의 마음은 우리의 몸과 한편이 되어 영을 대적할 것입니다. 그렇게 되면 사단에 대한 강력한 방어를 할 수 없습니다.

육신적인 것에 대해 마귀를 탓하지 마십시오

"육신적"이라는 말은 무슨 뜻입니까? 바인즈 신약 단어 사전에 보면 "육신적"이란 말은 육신적인 것, 짐승의 욕망으로 지배되는 것, 하나님의 성령에 의해 지배되지 않고 인간본능에 의하여 다스려지는 것을 의미합니다.[3]

---

3) Ibid., pp.89,90

그리스도인들은 그들의 감각이 아니라 하나님의 말씀을 믿음으로 행하여야 하고 성령으로 인도되어야 합니다. 사람이 만일 그의 몸과 혼을 그의 영의 주관 하에 두지 않는다면 모든 성령의 은사가 그의 삶에서 역사할지라도 아직도 육신적일 수 있습니다.

고린도 사람들이 그랬습니다. 그곳의 믿는 자들은 성령 충만함을 받았지만 그들은 유아기의 그리스도인으로 머물러 있었습니다. 그들은 육신적이었고 몸과 육신의 감각이 주관하는 그리스도인들이었습니다(고전 3:1,3). 그들은 성령님보다는 그들의 오감으로 주관하게 하였던 것입니다.

바울은 고린도 사람들에게 이렇게 말했습니다. "형제들아 내가 신령한 자들을 대함과 같이 너희에게 말할 수 없어서 육신에 속한 자 곧 그리스도 안에서 어린 아이들을 대함과 같이 하노라 내가 너희를 젖으로 먹이고 밥으로 아니하였노니 이는 너희가 감당하지 못하였음이거니와 지금도 못하리라 너희는 아직도 육신에 속한 자로다 너희 가운데 시기와 분쟁이 있으니 어찌 육신에 속하여 사람을 따라 행함이 아니리요"(고전 3:1-3). 그리고 성경은 "시기와 다툼이 있는 곳에는 혼란과 모든 악한 일이 있음이라"(약 3:16)라고 말하고 있습니다.

만일 그리스도인들이 자신의 영을 발전시키지 않고 그의 몸이나 마음이나 감정으로 그들을 지배하게 한다면 그들은 육신적이고, 영적으로 유아기 상태에 머물러 있게 됩니다. 육신적 그리스도인들은 질투나 다툼이나 분리로 말미암아 쉽게 마귀의 계교에 넘어가 먹이가 되곤 합니다.

그렇게 되면 어떤 그리스도인들은 계속하여 그들로부터 귀신을 내쫓아야 한다고 생각합니다. 왜냐하면 그들은 사단에 의해 쉽게 조종되기 때문입니다. 그러나 사실 그들은 성장하고 발전하여 어떻게 질투나 다툼과 불화에 타협하지 않을 수 있는지를 배우는 것이 필요할 뿐입니다.

그리고 당신은 성령님에게 양보하는 것을 배우고 당신의 삶을 느낌이나 육신보다는 하나님의 말씀에 근거하여 살게 되면서 당신은 사단이 지배하는 육신적 그리스도인의 상태에서 빠져 나올 수 있습니다.

사단은 하나님의 말씀과 믿음의 영역으로는 전혀 들어올 틈이 없지만 당신이 몸과 혼으로 인도되고 지배를 당할 때 감각의 영역으로 사단은 들어올 수 있습니다.

사람은 항상 하나님께서 이미 말씀에 다 기록해 놓은 것을 의지하기보다는 어떤 핑계를 찾으려고 합니다. 예를 들어, 하나님은 그의 말씀을 통해 적으로부터 강력하게 보호하기 위해서 우리가 영, 혼과 몸을 어떻게 해야 할 것을 지시하고 있습니다.

그러나 사람들은 항상 영적 성숙이나 성공이나 모든 상황 가운데 마귀를 이기고 승리하기 위해서 하나님의 방법보다는 다른 방법을 찾으려고 노력합니다.

사람들이 모든 것을 마귀에게 뒤집어씌우고 핑계를 돌리는 쉬운 방법을 찾는다면 하나님의 말씀의 원칙대로 살기보다는 그렇게 하고자 하는 것입니다.

지속적으로 하나님의 말씀으로 당신의 마음을 새롭게 하고, 당신의 육신을 당신의 영의 주관 하에 두는 책임을 지는 일보다는 마귀를 쫓아내는 일이 훨씬 더 쉽습니다!

내가 알고 있던 한 목사님은 사람의 육신적인 본성을 잘 알고 있었습니다. 그는 간판에 "짐승과 나"라고 쓰여진 제목을 본 일이 있었습니다. 그것이 그의 설교에 영감을 주어서 그는 그의 설교에 "우리 모두 안에 있는 짐승"이란 제목을 붙였습니다. 당신은 우리 안에 짐승이 있다는 것을 알았습니까? 그 '짐승'은 당신의 새로워지지 않은 육신의 본성입니다. 그리고 당신이 이 땅에 있는 동안 이 육신적 본성을 다스려야 하는 것입니다.

그런 면에서 보면, 우리는 우리 모두에게 "짐승"이 있다고 할 수 있습니다. 새로워지지 않은 인간의 본성에는 육신적 본성이 있는 것입니다.

그러나 육신적 본성은 당신이 거듭나면 당신의 영에 있지 않습니다. 하나님께 감사합니다. 언젠가 우리는 새롭고 영화로운 몸을 가지게 될 것입니다(고전 15:42,50-54). 그날까지 하나님께서는 그의 말씀을 통해 당신의 적인, 사단에게 어떻게 강력히 대적할 것인지 말씀해 주십니다.

제 3 장
마귀냐? 육신이냐?

많은 사람들이 마귀에게 탓을 돌리는 그 어떤 것들은 사실은 육신의 일들일 뿐입니다. 인생에서 일어나는 모든 나쁜 일들이 직접적으로 악한 영의 역사가 아니라는 것을 아는 것은 매우 중요합니다.

성경이 육신을 영의 지배 하에 두라고 하는 것에 대하여 많은 경우 사람들은 그것을 성적인 욕망을 억제하라는 뜻으로 알아듣습니다. 물론 그 방면에 몸을 지배해야 한다는 것은 맞는 말입니다. 그러나 다른 면으로 보면, 당신은 성경이 육신의 역사나 혹은 옛 사람의 본성에 대하여 얼마나 많은 다른 것들에 관하여 말하고 있는지를 주목해 보셨습니까?

육신의 역사

갈라디아서 5장은 육신의 역사들을 열거하고 있습니다.

갈 5:17,19-21
17 육체의 소욕은 성령을 거스르고 성령은 육체를 거스르나니 이 둘이 서로 대적함으로 너희가 원하는 것을 하지 못하게 하려 함이니라
19 **육체의 일**은 분명하니 곧 음행과 더러운 것과 호색과
20 우상 숭배와 주술과 원수 맺는 것과 분쟁과 시기와 분냄과 당 짓는 것과 분열함과 이단과

21 투기와 술 취함과 방탕함과 또 그와 같은 것들이라 전에 너희에게 경계한 것 같이 경계하노니 이런 일을 하는 자들은 하나님의 나라를 유업으로 받지 못할 것이요

많은 사람들이 "마귀"의 역사라고 부르는 것을 성경은 육신의 역사라고 부르고 있습니다. 에베소서 4장 25절부터 32절까지 바울은 "옛 사람"의 특징들을 들고 있습니다. 육신 혹은 사람의 새로워지지 않은 본성은 다음과 같은 것들입니다. 거짓말, 도적질, 부패한 대화, 신랄함, 분노, 화냄, 불평, 악평, 적의입니다. 그리고 바울은 그리스도 안에 새로운 사람의 특징들도 열거하고 있습니다. 진실함, 부드러운 마음, 그리고 용서함이 그것들입니다.

당신은 그리스도 안에 새로운 사람으로 육신을 주관하게 하는 일이 성적인 욕망을 억제하는 일 이상인 것을 잘 알 수 있을 것입니다. 이것은 모든 악한 육신적인 경향들을 다 점검하여 재창조된 영의 지배 하에 두는 것입니다.

육신의 일을 벗어버리기

성경은 우리가 어떻게 인간의 육신적인 본성인 몸과 혼을 다루어야 하는지에 대하여 말하고 있습니다. 우리는 옛 사람과 그의 육신의 욕망을 벗어버려야 합니다. 그리고 그리스도 안에 새로운 사람을 덧입어야 하는 것입니다.

엡 4:22-24
22 너희는 **유혹의 욕심**을 따라 썩어져 가는 구습을 따르는 **옛 사람을 벗어 버리고**

23 오직 너희의 심령(in the spirit of your mind)이 **새롭게 되어**
24 하나님을 따라 의와 진리의 거룩함으로 지으심을 받은 **새 사람을 입으라**

누가 옛 사람의 본성과 육신의 일을 벗어버려야 합니까? 당신이 해야 합니다! "당신"이 22절의 주어입니다. 하나님은 당신을 위해 "옛 사람을 벗어버리는 일"을 하지 않으십니다. 당신이 옛 사람의 질투, 신랄함(bitterness), 화냄, 불평, 악평 같은 것들을 벗어버려야 하는 것입니다. 당신이 그런 악한 경향들을 벗어버리는 것은 악한 영들을 다루는 것이 아니라 당신의 육신을 다루고 있을 뿐입니다.

너무 많은 경우, 믿는 자들은 쉬운 길을 택하여 이런 육신의 악한 경향들을 "귀신"이나 "악한 영"이라고 부릅니다. 그렇게 함으로써 그들에게는 아무 책임이 없어지고 그들은 모든 것을 사단의 탓이라고 돌리는 것입니다. 그러나 성경은 이러한 악한 경향들을 사람의 육신의 본성이라고 말하고 있고 믿는 자들은 그들 자신이 이것에 대하여 무엇인가를 해야 합니다.

새로운 사람을 "덧입을 수" 있는 유일한 방법은 하나님의 말씀으로 마음을 새롭게 하는 것입니다. 옛 사람을 벗어버리고 새로운 사람을 덧입는 일은 "합당한 예배" 혹은 "영적 예배"의 일부분입니다(롬 12:1-2).

당신은 이런 악한 경향과 태도들을 속사람인 당신의 영의 주관 하에 두어야 하고 그리스도 안에 새로운 피조물로서 통치하게 해야 합니다. 당신이 그리스도를 덧입을 때 당신은 하나님의 영 안에서 행할 수 있고 쉽게 사단의 먹이가 될 수 있는 육신으로 행하지 않게 됩니다.

만일 당신이 다룰 만한 육신과 육체적인 본성이 없다면 당신은 인간이 아닙니다. 당신이 육신에 있는 한 당신은 싸워야 할 육신적,

육체적 본성이 있는 것입니다. 예를 들어, 만일 어떤 사람이 당신을 때린다면, 그리고 당신의 육신을 당신의 영이 주관하고 있지 않다면 당신의 육신은 같은 방법으로 보복을 하며 되받아 칠 것입니다. 이것이 하나님으로부터 떠난 육신적인 본성이 하는 일입니다. 만일 어떤 사람이 당신에게 상처를 주면 당신의 육신은 맞서서 똑같이 갚아주려고 그 사람에 대하여 신랄한 마음과 원한을 가질 것입니다.

그것이 받은 대로 갚아주는 육신의 옛 본성입니다. 이것은 마귀나 귀신의 역사가 아닙니다. 이것은 점검받지 않은 육신의 본성입니다. 당신은 그리스도인들이 "너는 나에게 상처를 주었고 나는 그것을 갚아 줄 것이다"라고 말하는 것을 들어본 적이 있습니까? 육신은 그렇습니다. 그렇기 때문에 당신은 당신 속에 있는 사람에게 지배를 받도록 해야 하는 것입니다. 성경은 "하나님을 따라 의와 진리의 거룩함으로 지으심을 받은 새 사람을 입으라"고 말합니다(엡 4:24).

하나님과 같은 아가페 사랑을 덧입기
(Put On the God-Kind of Love)

그리스도 안에 새로운 피조물이 어떻게 행동하는지 그리고 우리에게 무엇으로 "덧입으라"고 했는지 골로새서 3장을 살펴보겠습니다.

> 골 3:12-14
> 12 그러므로 너희는 하나님이 택하사 거룩하고 사랑 받는 자처럼 **긍휼과 자비와 겸손과 온유와 오래 참음을 옷 입고**
> 13 누가 누구에게 불만이 있거든 **서로 용납하여 피차 용서하되** 주께서 너희를 용서하신 것 같이 너희도 그리하고
> 14 이 모든 것 위에 **사랑을 더하라** 이는 온전하게 매는 띠니라

13절에 "서로 용납하여"라고 한 것은 서로를 향하여 잘 참으라는 뜻입니다. 우리가 다른 사람들을 참지 못하고 동요하게 된다면, 이것이 꼭 마귀가 역사하고 있는 것은 아닙니다. 우리는 그리스도께서 우리를 용서하셨듯이 서로를 용납하고 용서하는 것을 실천해야 합니다(13절).

14절에 "사랑"이라고 번역된 말은 희랍어 "아가페"에서 온 말입니다. 그것은 하나님께서 하시는 것과 같은 사랑입니다. 우리는 사랑을 덧입어야 합니다. 사랑을 덧입는 것은 적으로부터 보호하는 것입니다. 왜냐하면 우리가 사랑하면 마귀에게 어떤 자리도 내어주지 않는 것이 되기 때문입니다(엡 4:27).

우리가 거듭났을 때, 하나님의 사랑이 성령님에 의하여 우리의 심령에 뿌려졌습니다(롬 5:5). 그러나 우리는 우리 심령에 있는 사랑을 취하여 우리의 겉사람에게 입혀야 하는 것입니다. 왜냐하면 하나님의 사랑은 우리의 육신에 뿌려진 것이 아니기 때문입니다. 우리가 하나님의 사랑을 우리의 겉사람에게 입히지 않으면 사단은 우리의 육신을 통하여 우리의 삶에 들어와 잔치를 할 것입니다.

화를 내는 일 – 그것은 육신이지, 아일랜드 사람의 기질도 아니고 마귀도 아닙니다

나는 어떤 사람이 그의 할아버지에 대하여 이야기하는 것을 들은 적이 있습니다. 아주 작은 일 때문에도 그의 할아버지는 무섭게 화를 내곤 하였습니다. 이 사람의 할아버지는 "내가 아일랜드 사람이기 때문이지"라고 말하며 항상 핑계를 대곤 하였습니다. 이것은 그가 아일랜드 사람이기 때문이 아닙니다. 그것은 육신입니다!

엡 4:26
분을 내어도 죄를 짓지 말며 해가 지도록 분을 품지 말고

에베소서 4장 26절에 의하면 옛 사람을 벗어버리고 새로운 사람을 입는 일은 선택입니다. "분을 내어도 죄를 짓지 말며…"라고 말한 것은 당신이 무엇에 대하여 화가 났더라도 당신의 육신에게 주도권을 내 줄 필요가 없다는 뜻입니다. 당신은 화가 나더라도 성질 내지 않을 수 있습니다. 당신은 선택을 할 수 있습니다. 당신은 육신의 본성을 따를 필요가 없습니다.

만일 당신이 육신으로 당신을 지배하게 한다면 당신은 나중에 후회할 말과 행동을 하게 됩니다. 많은 사람들이 그들이 제어하지 못하고 화를 내고 혹은 분을 낸 후에 마귀를 탓하기를 원합니다. 그러나 그들은 육신에 져서 육신으로 지배하게 한 것일 뿐입니다. 그들의 육신을 점검하지 않아서 마귀에게 문을 열어 준 것입니다. 어떤 사람들은 '성화' 되어서 더 이상 육신이나 사단에 의한 문제들이 없을 수 있다고 생각합니다. 그러나 육신이나 사단으로부터 문제를 일으키지 않게 하는 방법은 죽어서 이 세상을 떠나는 길 밖에는 없습니다!

어떤 사람이 아침 집회가 끝난 후 저를 찾아 왔습니다. 그는 이렇게 말했습니다. "해긴 목사님, 나에게 마귀들로부터 전혀 문제가 없도록 기도해 주시기 바랍니다." 내가 "당신은 내가 당신이 죽도록 기도하기를 원하십니까?"라고 물어보았습니다. "아니요, 나는 죽고 싶지는 않습니다." 내가 또 말했습니다. "당신이 마귀로부터 문제를 가지지 않는 유일한 방법은 죽어서 이 세상을 떠나는 방법 밖에는 없습니다!"

이 사람이 마귀로부터 온다고 생각한 많은 문제들이 사실은 그의

육신의 문제이었을 뿐입니다. 그러나 그는 그 차이를 아직 알지 못하고 있었습니다. 아주 솔직하게 말한다면, 나는 그리스도인들이 마귀로부터 당하는 일보다 그들의 육신으로부터 오는 문제가 더 많다고 생각합니다.

육신으로부터 문제들을 가진 그리스도인들은 많은 경우에 '만일 그들이 모든 것으로부터 "멀어질"수만 있다면' 혹은 '다른 주로 이사를 가든지', '직장이나 교회를 바꾼다면' 문제가 달라질 것이라고 생각합니다. 그러나 당신은 육신으로부터 멀리 떨어질 수 없습니다. 만일 당신의 구원받지 못한 육신을 다루어야 하는 문제라면 교회를 바꾸고 이사를 하는 것으로 문제를 해결할 수 없습니다. 당신이 어디를 가든지 당신의 육신은 거기 있을 것입니다. 당신이 있는 그곳에 그냥 있으면서 당신의 재창조된 영으로 육신을 주관하게 하는 것이 좋을 것입니다.

육신에는 강한 욕망이 있고 이것은 마귀가 아닙니다

당신은 육신에 대하여 다른 것도 알아야 합니다. 육신은 강한 욕망과 그의 취향이 있습니다. 그리고 그것은 마귀가 역사하는 것이 아니고 귀신의 활동도 아닙니다. 에베소서 4장 22절을 다시 보겠습니다.

> 엡 4:22
> 너희는 **유혹의 욕심**을 따라 **썩어져 가는** 구습을 따르는 **옛 사람**을 벗어 버리고

우리는 로마서로부터도 육신의 욕망에 대하여 다른 것을 배울 수 있습니다.

롬 1:24-28
24 그러므로 하나님께서 **그들을 마음의 정욕대로** 더러움에 내버려 두사 그들의 몸을 서로 욕되게 하게 하셨으니
25 이는 그들이 하나님의 진리를 거짓 것으로 바꾸어 피조물을 조물주보다 더 경배하고 섬김이라 주는 곧 영원히 찬송할 이시로다 아멘
26 이 때문에 하나님께서 그들을 부끄러운 욕심에 내버려 두셨으니 곧 그들의 여자들도 순리대로 쓸 것을 바꾸어 역리로 쓰며
27 그와 같이 남자들도 순리대로 여자 쓰기를 버리고 서로 향하여 **음욕이 불 일듯 하매** 남자가 남자와 더불어 부끄러운 일을 행하여 그들의 그릇됨에 상당한 보응을 그들 자신이 받았느니라
28 또한 그들이 마음에 하나님 두기를 싫어하매 하나님께서 그들을 그 상실한 마음대로 내버려 두사 합당하지 못한 일을 하게 하셨으니

나의 성경의 관주에는 "상실한"이란 말은 '판단이 없는 마음'이라고 정의되어 있습니다. 여기서 성경은 정욕의 영을 말하고 있는 것이 아닙니다. 27절을 주의해 보면, 성경은 이것을 "정욕의 영"이라고 부르고 있지 않습니다. 성경은 불순종하는 자들이 서로 정욕에 불탄다고 말하고 있습니다.

24절은 "그러므로 하나님께서 그들을 마음의 정욕대로 더러움에 내버려 두사 그들의 몸을 서로 욕되게 하게 하셨으니"라고 말합니다. 이것은 그들의 마음의 정욕이, 즉 새로워지지 못한 생각과 느낌으로 어둠에 행하는 자들로, 결국은 상실한 마음이 되게 하였다는 말입니다.

그리고 27절에는 "서로를 향하여 음욕이 불일 듯"한다고 하였습니다. 그것은 하나님으로부터 떠나 있는 사람의 새로워지지 않은 본성입니다. 성경은 그것을 마귀라고 하지 않았습니다. 성경은 그것을 그들의 마음의 정욕이라고 말하고 있습니다.

구원받지 못한 사람의 본성인 육신은 욕망이 있습니다. 왜냐하면 이것은 타락했기 때문입니다. 이것은 한 번도 거듭나지 못했습니다. 육신의 정욕은 정욕의 "영"과는 다른 것입니다. 육신에게는 육신의 취향이나 혹은 "육신의 열망"이 있습니다.

벧전 2:11
사랑하는 자들아 거류민과 나그네 같은 너희를 권하노니 영혼을 거스려 싸우는 육체의 정욕을 제어하라

당신이 육신의 욕망으로 주관하게 하는 한, 당신은 항상 혼적인 영역인 당신의 마음, 의지와 감정에 문제가 있을 것입니다. 그리고 그것은 사단에게 문을 열어 놓는 것입니다.

약 1:13-15
13 사람이 시험을 받을 때에 내가 하나님께 시험을 받는다 하지 말지니 하나님은 악에게 시험을 받지도 아니하시고 친히 아무도 시험하지 아니하시느니라
14 오직 각 사람이 시험을 받는 것은 자기 **욕심에 끌려 미혹됨**이니
15 **욕심**이 잉태한즉 죄를 낳고 죄가 장성한즉 **사망**을 낳느니라

이 성경 구절에 의하면, 사람을 잘못된 곳으로 끌어가는 것은 그 사람 자신의 새로워지지 않은 본성의 욕심입니다. 어떤 사람들은 정욕이나 죄, 그리고 죽음이 생산하는 부패함을 마귀의 역사라고 잘못 생각합니다. 그러나 그렇지 않습니다. 이것은 점검받지 못한 육신의 열매일 뿐입니다.

에베소서에서도 육신의 욕심과 마음과 혼의 욕심에 대하여 말합니다.

엡 2:3
전에는 우리도 다 그 가운데서 우리 **육체의 욕심**을 따라 지내며 **육체와 마음의 원하는 것**을 하여 다른 이들과 같이 본질상 진노의 자녀이었더니

육신을 십자가에 못 박으십시오

만일 악한 영들이 당신의 육신을 통해 역사하려고 한다면 당신에게는 그것을 이길 권세가 있습니다. 마귀와 악한 영들은 당신이 하나님 말씀과 동행하고 당신이 육신에게 해야 할 일을 하는 이상 당신에게 어떠한 권세도 없습니다. 사단과 그의 계략들을 대항하여 서십시오. 그러면 성경은 그가 도망가야 한다고 말하고 있습니다(약 4:7).

그러나 당신이 육신을 다루려고 한다면, 당신은 악한 영을 쫓아내는 것같이 쫓아내지는 못할 것입니다. 그렇게 해서는 안 됩니다. 당신의 몸의 행실을 십자가에 못 박거나 굴복하게 해야 합니다(갈 5:24; 골 3:5). 목사든지 평신도든지 자신의 육신과 자신의 육신적인 본성을 십자가에 못 박아야 합니다.

바울의 서신서에서, 몸의 행실을 십자가에 못 박는 것에 대하여 말합니다.

골 3:5
그러므로 땅에 있는 **지체를 죽이라** 곧 음란과 부정과 사욕과 악한 정욕과 탐심이니 탐심은 우상 숭배니라

롬 8:5-8,12-14
5 **육신**을 따르는 자는 **육신의 일**을, **영**을 따르는 자는 **영의 일**을 생각하나니
6 **육신의 생각은 사망**이요 영의 생각은 생명과 평안이니라

7 **육신의 생각은 하나님과 원수가 되나니** 이는 하나님의 법에 굴복하지 아니할 뿐 아니라 할 수도 없음이라

8 **육신에 있는 자들은 하나님을 기쁘시게 할 수 없느니라**

12 그러므로 형제들아 우리가 빚진 자로되 육신에게 져서 육신대로 살 것이 아니니라

13 너희가 **육신대로** 살면 반드시 죽을 것이로되 **영으로써 몸의 행실을 죽이면** 살리니

14 무릇 **하나님의 영으로 인도함을 받는 사람**은 곧 하나님의 아들이라

"죽인다(mortify)"는 말은 '죽이다', '죽다', '죽게 한다', '죽게 만든다' 혹은 '복종시키다' 라는 뜻이 있습니다. 육신을 죽이고 십자가에 못 박는 일은 믿는 자들이 모두 자신을 위해 해야 하는 일입니다. 하나님께서 대신해 줄 수 없습니다.

당신의 남편이나 당신의 아내나 혹은 당신의 목사님도 당신의 육신의 일을 대신 죽여줄 수 없습니다. 당신이 당신의 육신적 본성과 육신적인 정욕을 "죽여야" 혹은 "죽게 해야"하고 복종시켜야 합니다. 그것은 당신이 몸을 하나님께 산 제사로 드리는 "영적 예배"의 일부분입니다(롬 12:1,2).

그들의 새로워지지 않은 본성의 일들을 계속하여 죽이는 것을 연습하는 사람들은 육신적인 그리스도인들 같이 마귀로 말미암은 문제들이 없을 것입니다. 그것은 마귀가 그들을 공격하지 않는다는 말이 아닙니다. 그러나 그들은 마귀에게 자리를 내어주지 않는 방법을 알고 있는 것입니다.

갈 5:24
그리스도 예수의 사람들은 육체와 함께 그 **정욕**과 **탐심을 십자가에 못 박았느니라**

육신을 못 박는 일은 유쾌한 일이 아닙니다. 모든 그리스도인들이 그들 자신의 육신의 정욕을 통하여 역사하는 마귀의 사냥감이 되는 것을 피하는 방법은 똑같습니다. 그러나 모든 그리스도인들이 자신의 육신의 욕망을 십자가에 못 박는 것으로 예비되어진 길을 택하는 것은 아닙니다. 왜냐고요? 육신의 욕망을 부정하는 일은 아픈 일이기 때문입니다.

은사주의 운동을 하는 우리들에게는 육신을 못 박는 것에 대한 많은 가르침이 없습니다. 그 이유 중에 하나는 어떤 사람들이 마귀에 대한 가르침을 극단적으로 받아들여서 모든 나쁜 일이 일어나는 것은 모두 마귀의 역사라고 생각하기 때문입니다. 그렇지 않습니다. 모든 나쁜 일이 마귀나 귀신의 직접적인 역사의 결과는 아닙니다. 많은 믿는 자들이 마귀라고 부르는 일의 부분이 육신의 일일 뿐입니다. 그리고 당신의 육신의 일은 아무도 대신해 줄 수가 없습니다. 당신 자신이 십자가에 못 박아야 하는 것입니다(골 3:5).

항상 마귀를 쫓아내려는 이런 사람은 일을 쉽게 해결하려고 합니다. 믿는 자들이 그 자신의 육신의 정욕과 욕망을 십자가에 못 박고 죽이는 것보다는 다른 사람들로 하여금 귀신을 쫓아내게 하는 일은 훨씬 더 쉬운 일입니다. 육신의 정욕과 욕망을 십자가에 못 박는 일은 아픈 일이니까요.

수년 전에 내가 집회를 하고 있는 곳에서 예배 후에 한 여인이 와서 내게 귀신을 쫓아내주기를 원했습니다. 그 여자는 이렇게 말했습니다. "해긴 목사님, 나에게서 용서하지 못하게 하는 영을 내쫓아주세요." 그 여자는 다른 그리스도인 여자가 자기에게 감정을 상하게 했다고 설명하였습니다. "아무개 자매가 나한테 잘못을 했어요. 하나님은 내가 그 여자를 용서해주고 싶어 하는 것을 아십니다.

그러나 나는 용서할 수가 없습니다. 제발 이 오래된 용서하지 못하게 하는 영을 내게서 쫓아내주세요!"

내가 물었습니다. "당신은 남편을 용서해 준 적이 있습니까?"

그 여자가 대답했습니다. "물론 있지요."

내가 말했습니다. "나는 당신이 용서하지 못하게 하는 영이 있어서 용서를 못한다고 말했다고 생각했습니다. 당신이 한 사람을 용서할 수 있다면 다른 사람도 용서할 수 있습니다. 진짜 문제는 당신이 그 자매님을 용서하기 싫어한다는 것입니다. 당신은 그 여자에 대하여 원망을 그대로 가지고 있고 싶어 하는 것입니다."

"마귀를 당신에게서 내쫓을 필요가 없습니다. 용서하지 못하는 마음은 당신의 육신일 뿐입니다. 그것은 당신 자신이 다루어야 할 문제입니다. 당신이 에베소서 4장 32절에 있는 하나님의 말씀대로 하면 됩니다. "서로 친절하게 하며 불쌍히 여기며 서로 용서하기를 하나님이 그리스도 안에서 너희를 용서하심과 같이 하라"고 하셨습니다.

하나님이 우리를 용서하심 같이 우리도 서로 친절하고 용서하라고 하셨다면 그것은 우리가 그렇게 할 수 있다는 뜻입니다. 그러나 당신이 육신으로 주관하게 허락한다면 당신은 용서를 할 수 없게 되는 것입니다. 그러나 하나님은 당신이 할 수 없는 것을 하라고 말씀하시지 않습니다. 만일 그렇게 하신다면 공의로우신 하나님이 아니지요. 하나님은 공의의 하나님이십니다.

우리는 하나님의 사랑이 우리의 심령에 부은 바 되었으므로 하나님께서 용서하심과 같이 우리도 용서할 수 있습니다(롬 5:5). 그래서 대부분의 경우, 악한 영을 내쫓는 것이 문제가 아니라 육신의 정욕을 못 박아서 우리 심령에 부은 바 된 하나님의 사랑이 겉사람에게까지 나타나게 하는 것이 문제입니다.

하나님께는 "임시 처방"이라는 것이 없습니다. 그리고 하나님은 즉석 음식을 파는 식당을 운영하시거나 천원짜리 싸구려 세일을 하고 있는 분이 아닙니다! 만일 당신이 마귀와 육신과 세상에서 승리하는 그리스도인의 삶을 살기를 원한다면 언제나 똑같이 제 값을 지불해야 합니다.

철저히 말씀에 근거해야 하며, 하나님의 말씀의 원칙대로 살아야 합니다. 당신 자신의 육신을 못 박는 것으로 시작하여 하나님과 같은 사랑(God-Kind of Love)으로 행하는 것을 배워야 합니다! 항상 마귀를 내쫓음으로 모든 문제를 해결할 수는 없습니다. 그렇습니다. 때로는 마귀를 다루어야 할 때도 있습니다. 그러나 많은 경우에 당신 자신의 육신이 문제를 일으키는 것입니다!

'육신' 문제들에 대한 예수님의 해결책

> 마 5:29-30
> 29 만일 네 오른 눈이 너로 실족하게 하거든 **빼어 내버리라** 네 백체 중 **하나가** 없어지고 온 몸이 지옥에 던져지지 않는 것이 유익하며
> 30 또한 만일 네 오른손이 너로 실족하게 하거든 **찍어 내버리라** 네 백체 중 **하나가** 없어지고 온 몸이 지옥에 던져지지 않는 것이 유익하니라

예수님이 육신에 대해 어떻게 하라는 지시는 바울이 지시한 것과 똑같습니다. 이 구절에서 예수님은 실제로 당신의 눈을 빼고 손을 잘라 버리라는 것이 아닙니다. 이것은 상징적인 말입니다. 예수님께서 당신의 육신의 욕망과 취향을 다루는 일은 당신의 몸의 일부를 잘라버리는 것만큼이나 아픈 일이라고 말씀하시는 것입니다.

이러한 욕망을 죽이는 일은 당신의 육신에 고통스러운 일입니다.

그렇기 때문에 성경은 "십자가에 못 박다" 혹은 "죽이다"라는 말을 사용하고 있는 것입니다. 이것은 즐겁지 않습니다. 이것은 육신에게 고통스러운 일입니다.

바울이 한 것과 같이, 예수님도 육신의 악한 경향, 정욕, 입맛, 갈망을 빼내어야 하는 것은 바로 당신이라는 것을 강조하셨습니다. 하나님은 당신을 위하여 그것을 해주시지 않을 것입니다.

하나님은 물론 당신에게 힘을 주시고 격려를 해주시지만 하나님이 대신 해주지는 않습니다. 이것은 즐거운 일이 아니지만 육체의 지배를 받고, 육신적이 되며, 육체의 인도를 받아서 마귀의 먹이가 되는 문을 열어주는 것 대신 당신의 영의 지배와 영의 통치를 받을 수 있는 방법인 것입니다. 사실은 이것이 하나님께 순종하는 길이며 마귀를 대적하는 방법입니다(약 4:7).

'하나님 담배를 가져가세요!'

텍사스에서 한 여인이 나의 집회에 왔습니다. 사람들이 다 떠난 후 이 여인은 강단에서 울며 소리를 지르며 기도했습니다. 가끔 가다가 그 여인은 이렇게 소리를 질렀습니다. "내게서 가져가세요, 주님! 당신은 내가 그것을 원하지 않는 것을 아시지 않습니까!" 그리고 그 여인은 터널을 지나가는 기차같이 소리를 지르는 것이었습니다.

결국 나는 그 여자에게 물어보았습니다. "자매님, 당신이 원하지 않는 것이 무엇입니까?"

그 여자는 이렇게 대답했습니다. "아, 그 담배 말이예요."

나는 이렇게 말했습니다. "하나님은 그 담배를 당신에게서 가져가시지 않을 것입니다. 그것을 가져다가 무엇을 하겠습니까? 하나님은 담배를 피우시지 않습니다. 당신이 당신 자신에게 무엇인가를 해야 하는 것입니다. 당신은 당신의 육신을 십자가에 못 박아야 합니다."

그 여자는 말했습니다. "오, 그렇지만 나는 그것을 포기할 수 없습니다!"

예수님이 당신의 손이 죄를 지으면 잘라버리라고 한 말씀을 기억하십시오. 도끼를 가져다가 자르라는 말이 아닙니다. 당신이 당신의 육신의 욕망과 갈망을 죽여야 한다는 것입니다. 이것은 "십자가에 못 박혀야 하고", "죽여야 하고" 그리고 "죽임을 당해야" 합니다. 오늘날 많은 사람들은 그 여인에게서 "담배" 귀신을 내쫓으려고 하였을 것입니다! 그것이 그 여인이 원하는 것이었습니다. 쉬운 길로 빠져나가려고 하는 것입니다.

당신은 자신이 육신의 정욕을 십자가에 못 박아야 합니다. 그리고 육신의 식욕, 정욕, 그리고 육체적 갈망을 주관해야 합니다. 마귀는 당신에게 들어갈 어떤 방법이라도 찾으려고 할 것입니다. 그리고 당신이 허락만하면 마귀는 당신의 육신의 갈망을 이용할 것입니다.

마귀가 당신의 육신을 이용하여 당신에게 들어가려고 한다는 것이 당신이 귀신 들렸다는 말은 아닙니다. 마귀는 항상 당신의 육신을 통하여 역사합니다. 왜냐하면 당신의 몸은 구원받지 못했고 당신의 육신적 오감은 사단이 왕인 이 세상과 접촉하고 있기 때문입니다 (고후 4:4).

그러나 당신이 마귀에게 아무것도 역사할 것을 주지 않는다면 마귀가 당신에게 들어올 길이 없는 것입니다.

그래서 성경은 악한 영과는 아무 상관도 없는 인간 육신의 본성의 욕망이 있다고 말하고 있습니다. 당신은 육신을 내쫓을 수는 없습니다. 육신의 행실을 십자가에 못 박거나 죽여야 하는 것입니다.

그러나 당신이 육신의 정욕에 계속하여 자리를 내준다면 결국은 당신은 악한 영에게 문을 열어주는 격이 됩니다.

마귀는 믿는 자들에게 그들의 육신의 욕망의 정욕을 이룰 수 있게 도와주도록 편의를 제공할 것입니다. 그리고 결국은 악한 영들은 육신적, 감각적 본성의 욕망을 계속하여 즐기는 믿는 자들을 붙잡을 수 있게 되는 것입니다. 이것이 사단이 믿는 자들에게까지 들어올 자리를 얻는 하나의 방법입니다.

책임을 물을 곳에 물으십시오

당신은 이런 것을 생각해 본 적이 있습니까? 성령님은 믿는 자들이 옳은 일을 하도록 격려하고 도와주십니다. 그리고 우리가 성령님께 순종하면 우리는 옳은 일을 할 수 있습니다. 그러나 성령님이 우리를 옳은 일을 하게 도와주신다고 해도 성령님이 옳은 일을 하신다고 말할 수는 없습니다. 우리가 하는 것입니다. 우리가 최종적으로 성령님께 순종하는 결정을 하고, 말씀을 따라서 옳은 일을 하는 것입니다. 성령님은 물론 우리를 도와주시지만 우리가 성령님의 부드러운 음성에 순종을 해야 합니다.

이것은 마귀와의 관계에서도 마찬가지입니다. 마귀는 구원받은 사람이든 구원받지 못한 사람이든 사람들을 도와주고 격려하여 가능한 모든 영역에서 나쁜 일을 하도록 할 것입니다. 그리스도인들은 사단의 통치하에 있지 않지만 사단은 만일 그들이 허락만 한다면 그리스도인의 육신을 통하여 나쁜 일을 하도록 역사하려고 합니다.

사단은 어둠에 행하는 자들을 지배하고 있으므로 그들이 나쁜 일을 하도록 그들에게 크게 역사할 수 있습니다. 그러나 어떤 면에서, 당신은 어둠에 있는 자들이 행한 모든 악한 일들이 마귀의 짓이라고만은 말할 수가 없습니다.

성경에 의하면, 그들의 육신의 본성의 정욕도 나쁜 일에 관여하고 있는 것입니다. 성령님이 우리가 옳은 일을 할 수 있게 도우시는 것과 같이 마귀는 어둠에 있는 어떤 사람이라도 나쁜 일을 하도록 돕고 있습니다. 그러나 사람들은 선택할 수 있는 자유를 가지고 있기 때문에 그 사람이 행한 일의 책임은 본인에게 있는 것입니다.

엡 2:1-3
1 그는 허물과 죄로 죽었던 너희를 살리셨도다
2 그때에 너희는 그 가운데서 행하여 이 세상 풍조를 따르고 공중의 권세 잡은 자를 따랐으니 곧 지금 불순종의 아들들 가운데서 **역사하는 영**이라
3 전에는 우리도 다 그 가운데서 우리 **육체의 욕심**을 따라 지내며 **육체와 마음의 원하는 것**을 하여 다른 이들과 같이 본질상 진노의 자녀이었더니

성경은 우리들에게 성령님께서 하나님의 백성으로 하여금 좋은 일을 하도록 역사하는 것과 같이 마귀 혹은 "공중 권세 잡은 자"도 사람들에게 악을 행하도록 역사한다고 말해 주고 있습니다.

빌 2:13
너희 **안에서 행하시는 이**는 하나님이시니 자기의 **기쁘신 뜻**을 위하여 너희에게 소원을 두고 행하게 하시나니

사람들은 모든 책임을 마귀에게 뒤집어씌우고 그들에게 일어나는

모든 일에 대해 마귀만을 탓할 수는 없습니다. 모든 나쁜 일들이 다 직접적인 마귀의 역사가 아닙니다. 물론 모든 악한 일은 간접적으로는 마귀에게서 시작하는 것입니다. 그러나 내가 말하려고 하는 것은 잘못된 일에 기여한 사람들의 역할이 있다는 것입니다. 선택은 사람들에게 달려있습니다.

어떤 극단적인 면으로 보면, 믿는 자들이 모든 것을 마귀에게 돌리려 하듯이 그와는 정반대로 모든 것을 성령님께 돌릴 수도 없습니다. 다른 말로 하면, 사람들이 그들이 한 행동의 모든 책임을 성령님께 돌릴 수도 없다는 것입니다.

성령님은 부드럽게 우리를 인도하시고 우리에게 암시를 주시지만, 그러나 우리가 성령님께 순종하고 그 지시에 따라 반응을 해야 하는 것입니다. 우리는 옳은 것을 선택할 수도 있고 나쁜 것을 선택할 수도 있습니다. 당신이 나쁜 일을 하려고 선택하였을 때, 그것은 마귀가 선택한 것이 아닙니다. 당신이 선택한 것입니다. 마귀가 물론 유혹을 했을지는 모르지만 그러나 최종적으로 누구에게 순종할 것인가는 당신이 선택합니다. 당신은 사단에게 순종할 수도 있고 성령님께 순종할 수도 있습니다.

육신의 쾌락들

야고보서의 이 성경 구절은, 그리스도인에게 쓰여진 것이고, 육신의 역사나 혹은 "육신의 쾌락"이라는 주제를 다루고 있습니다.

약 4:1-3
1 너희 중에 싸움이 어디로부터 다툼이 어디로부터 나느냐 너희 **지체** 중에서 싸우는 **정욕**으로부터 나는 것이 아니냐

> 2 너희는 욕심을 내어도 얻지 못하여 살인하며 시기하여도 능히 취하지 못하므로 다투고 싸우는도다 너희가 얻지 못함은 구하지 아니하기 때문이요
> 3 구하여도 받지 못함은 **정욕**으로 쓰려고 잘못 구하기 때문이라

바인즈 신약 사전에 의하면 "정욕"이라는 단어는 또 '쾌락' 이라고도 번역되었습니다. 정욕은 육신의 "쾌락"입니다. 육신의 쾌락들은 귀신들도 아니고 악한 영들도 아닙니다.

성령님은 믿는 자의 인격과 몸을 사용하여 의의 일을 하도록 역사하십니다(빌 2:13). 마귀도 믿는 자의 육신적, 육체적 본성과 그의 육신의 쾌락을 이용하여 불의와 불순종의 일을 하도록 영향을 미칠 수 있습니다.

그렇기 때문에 육신의 모든 정욕을 "악한 영"이나 "마귀"라고 부를 수는 없습니다. 정욕은 육신의 "쾌락"이 될 수 있습니다. 사람이 구원받았을 때, 그의 영이 재창조되었다 해도, 그의 몸은 아직도 그가 구원받기 전에 하던 대로 육신의 쾌락을 즐기려고 합니다.

예를 들어, 젊은 남자가 구원을 받았다 해도 그가 구원받기 전에 어떤 여인과 성적인 관계를 가지고 있었다면 그의 육신은 계속하여 그것을 하기를 원할 것입니다. 그런 경우 그 사람에게서 마귀를 쫓아낼 필요는 없습니다. 그는 그의 영이 그의 육신을 주관하게 하는 것을 배우고 하나님의 말씀을 따라 살아야 합니다. 하나님은 죄를 묵과하지 않으십니다.

모든 새로 거듭난 믿는 자들은 그 자신이 말씀 안에 들어가서 그의 마음을 새롭게 하고 그들의 몸을 하나님께 산 제사로 드리는 법을 배워야 합니다. 거듭난 새로운 피조물로써, 믿는 자는 그의 속사람으로 하여금 그의 육신을 주관하게 하는 법을 배워야 하는 것입니다.

그러므로 모든 잘못된 행동이 마귀가 직접적으로 역사한 결과는 아닙니다. 때때로 당신은 목사들이 그것들의 원인이 귀신이 아닌데도 불구하고 이런 귀신과 저런 귀신을 쫓아내기 원하는 말을 하는 것을 들을 것입니다. 그것은 새로워지지 못한 육신의 문제일 뿐입니다.

예를 들어서, 나는 목사들이 탐식의 귀신을 쫓아내려는 것에 대하여 들은 적이 있습니다. 그러나 과식은 정욕이나 육신의 쾌락입니다. 먹는 데는 즐거움이 있습니다. 극단으로 말하자면, 먹는 것은 탐욕이고 이것은 옳지 않은 일입니다. 그리고 나는 모든 다른 극단적인 일마다 그렇듯이 마귀가 과식하는 일에 포함되어 사람들에게 나쁜 일을 격려할 수도 있다고 믿습니다. 그러나 탐식은 꼭 마귀의 역사만은 아닙니다. 성령의 열매인 자제하고 절제하는 영의 결핍의 결과일 수도 있습니다(갈 5:23; 빌 4:5).

때로 탐식에 마귀가 포함되어 있을 수도 있지만, 또 다른 면으로 보면 먹는 것은 즐거운 일입니다. 금식하는 것은 즐거운 일이 아니지요. 육신은 십자가에 못 박히는 것과 부인되는 것을 좋아하지 않습니다. 그러나 말씀은 우리에게 육신을 제어하라고 권고하고 있고 금식은 육신을 제어하는 것을 도와줍니다.

극단과 과잉(Extremes and Excesses)

우리는 "치유의 목소리(Voice of Healing)"의 시대에 본 것만큼 귀신에 대한 극단과 과잉을 오늘날도 볼 수 있습니다. "치유의 목소리"는 고든 린지에 의하여 출판된 잡지였는데 이것은 복음전도자들과 목사들의 모임이기도 했습니다. "치유의 목소리"의 시대에도 어떤 목사들은 항상 믿는 자들로부터 귀신을 쫓아내려고 했습니다.

예를 들어, 믿는 자들이 담배나 혹은 다른 중독된 것으로부터 자유하기 위해서 기도를 받으려고 나오면 어떤 목사들은 항상 담배나 술 귀신을 그들에게서 내쫓으려고 했습니다.

나는 담배가 영인지 모르겠습니다. 담배는 물질이고 사람의 몸을 해롭게 합니다. 물론 마귀는 사람에게 어떤 물질에 중독이 되게 할 수 있습니다. 무엇이든지 극단적이고 몸에 해로운 것을 통해서 우리를 얽매이게 할 수 있습니다.

그러나 요점은, 육신적 욕망이나 육신의 "쾌락" – 육신적인 중독을 포함하여 – 은 당신이 아무것도 하지 않으면 항상 당신을 주관하려 할 것입니다.

롬 6:6-7,11-16
6 우리가 알거니와 우리의 **옛 사람**이 예수와 함께 **십자가에 못 박힌 것**은 **죄의 몸**이 죽어 다시는 **우리가 죄에게 종 노릇 하지 아니하려 함이니**
7 이는 죽은 자가 죄에서 벗어나 의롭다 하심을 얻었음이라
11 이와 같이 너희도 **너희 자신을 죄에 대하여는 죽은 자요** 그리스도 예수 안에서 하나님께 대하여는 살아 있는 자로 여길지어다
12 그러므로 너희는 죄가 너희 **죽을 몸**을 지배하지 못하게 하여 **몸의 사욕**에 순종하지 말고
13 또한 **너희 지체**를 불의의 무기로 죄에게 내주지 말고 오직 너희 자신을 죽은 자 가운데서 다시 살아난 자 같이 하나님께 드리며 **너희 지체**를 의의 무기로 하나님께 드리라
14 **죄가 너희를 주장하지 못하리니** 이는 너희가 법 아래에 있지 아니하고 은혜 아래에 있음이라
15 그런즉 어찌하리요 우리가 법 아래에 있지 아니하고 은혜 아래에 있으니 죄를 지으리요 그럴 수 없느니라
16 너희 자신을 종으로 내주어 **누구에게 순종하든지 그 순종함을 받는 자의 종이 되는** 줄을 너희가 알지 못하느냐 혹은 죄의 종으로 사망에 이르고 혹은 순종의 종으로 의에 이르느니라

성경은 우리의 몸이 불의에게 순종하지 말아야 한다고 분명히 말하고 있습니다(13절). 우리는 죄를 따라 행동할 필요가 없고 죄는 우리를 주관하지 못하도록 되어있습니다. 예수님이 우리를 죄에서 자유롭게 하셨기 때문입니다.

그러나 당신 자신이 당신의 몸이 죄를 따라가지 않도록 죄에 대하여 죽었음을 알아야 하는 것입니다. 왜냐하면 당신의 몸은 그냥 놓아두면 계속하여 죄를 지으려고 할 것이기 때문입니다. 당신의 몸과 지체들은 죽지 않았습니다. 그렇기 때문에 당신이 자신을 죄에 대하여 죽은 자로 여겨야 한다는 것입니다.

당신의 생각 속에서 사단을 향한 문을 닫으십시오

당신의 육신의 지체를 죽었다고 여기기 위해서는 당신의 생각 안에서 사단이 못 들어오도록 문을 닫는 법을 배워야 합니다. 만일 당신이 이런 분야에서 실패를 한다면, 당신은 마귀에게 공격할 문을 열어주는 것이기 때문에 당신은 항상 마귀로 인한 문제들을 갖게 될 것입니다.

사단은 구원받은 사람이든 구원받지 못한 사람이든 만일 사람이 순종하고 듣기만 한다면 그 사람의 생각을 통해 들어오려고 합니다.

생각은 올 수도 있습니다. 사실, 생각이 오는 것을 막을 수는 없습니다. 그러나 당신은 건전하지 못하고 파괴적인 생각들을 받아들일 필요는 없습니다. 이것은 "새들이 머리 위로 나는 것을 막을 수는 없어도 네 머리에 둥지를 틀지 못하게 할 수는 있다!"라고 말한 옛 속담과 같습니다.

당신은 누가 당신의 집 문에 와서 문을 두드리는 것을 막을 수는 없지만 당신이 누구를 초청해 집에 들어오게 하느냐에 대하여는 권리가 있는 것입니다. 생각들이 당신 마음에 떠오릅니다. 그리고 마귀가 와서 "네가 그런 것을 생각하는 것을 보니 구원도 못 받은 것이 분명하구나!"라고 말합니다.

가끔, 가장 거룩한 성도들도 그 심령이 싫어하는 것을 그 마음에 생각할 수 있습니다. 어떤 생각이 오고 그 생각이 지속적으로 머무르려고 할 수도 있습니다. 그러나 행동으로 옮기지 않은 생각은 태어나지 못하고 죽는 것과 같습니다.

가장 거룩하고 성령이 충만하여 하나님의 능력이 그 삶에 나타나는 성도들도 그들의 마음의 문을 마귀의 생각으로부터 닫아놓아야 하는 것입니다. 지금도 하나님의 말씀으로 마음을 새롭게 함으로 강건하게 해야 합니다. 그리고 그 자신의 육신을 제어하여서 마귀의 열린 먹이가 되지 않도록 해야 합니다.

바울도 그의 몸을 순종하게 하였고 주관을 받게 하였습니다(고전 9:27). 바울이 하나님의 사람이 아니었습니까? 바울이 하나님의 사도가 아니었습니까? 그의 사역에 기사와 이적과 기적이 나타나지 않았습니까? 물론입니다. 그러나 바울의 육신은 우리의 육신이 거듭나지 못한 것과 마찬가지로 거듭나지 못하였고 구원받지 못하였던 것입니다. 그리고 육신은 항상 잘못된 일을 하려고 합니다.

만일 당신의 재창조된 영으로 당신의 몸을 주관하게 한다면, 사단이 역사할 발판이 없기 때문에 다른 사람들에게 있는 모든 문제들이 당신에게는 없게 될 것입니다. 그리고 어떤 것을 통하여서도 일할 수 없기 때문에 당신은 다른 사람들과 마찬가지로 마귀와 많은 문제들을 가지지 않을 것입니다. 그리고 당신이 말씀으로 당신의 마음을 새롭게 한다면 당신은 사단의 생각이나 암시에 넘어갈 필요가 없게 됩니다. 성경은 "당신의 마음에 허리띠를 매라"고 말하고 있습니다. 당신은 말씀으로 그렇게 하여서 마음을 강하게 하는 것입니다. 그러면 당신은 성공적으로 적의 생각을 물리칠 수 있습니다.

당신의 마음을 무엇으로 먹이고 있는지 조심하십시오. 어떤 사람은 마음이 혼의 문이라고 말했습니다. 그러므로 무엇이 당신의 마음에 거하게 하느냐 하는 것은 아주 중요합니다. 어떻게 악한 영이 믿는 자의 마음에 들어오는지 보여드리겠습니다. 어떤 대학의 심리학과 과장이 나를 만나러 온 적이 있었습니다. 그가 귀신에게 시달리고 있었기 때문에 그와 그의 아내는 나에게 도움을 받기 위하여 나를 찾아온 것이었습니다.

그는 나에게 이렇게 말하였습니다. "나는 심리학을 전공하였고, 특별히 성범죄자들의 행동에 대한 전문가입니다." 그의 집에 있는 서재에는 성범죄자들에 대한 많은 책들이 있었습니다. 그가 이 책들을 처음 공부할 때는 그가 그리스도인이 되기 전이었습니다.

시간이 지나면서, 그와 그의 아내가 구원을 받고 성령으로 충만함을 받았고 심리학과 과장직에서 은퇴하였습니다. 그가 처음 은퇴하였을 때 그는 그런 책들을 더 이상 읽지 않았습니다. 거의 2년 동안 그는 아무 문제도 없었습니다. 그러나 그는 그 책들을 아직도 가지고 있었고 결국은 이런 책들을 다시 읽기 시작하였습니다.

그와 그의 아내가 도움을 받으러 내게 왔을 때 그는 나에게 이렇게 말했습니다. "무슨 이유에서 인지 나는 이 성범죄자들에 대한 책들을 꺼냈고 나는 어린 아이들을 괴롭히는 범죄 역사를 다시 읽기 시작하였습니다." 그는 계속하여 그것들을 그의 마음에 넣기 시작했고 성적 범죄를 짓게 하는 마귀에 따라 움직이는 사람들에 대하여 연구하기 시작했습니다. 그러다가 악한 영이 그의 마음에 들어오게 된 것입니다. 그는 어린 여자아이를 성적으로 괴롭히고 싶은 강한 충동을 느끼기 시작했습니다. 결국 그는 그 욕망에 따라 행동하기 시작했습니다.

당신은 무엇을 읽을 것인가 조심해야 합니다. 당신이 먹는 것을 조심하는 것과 마찬가지로 읽는 것도 조심해야 합니다. 독을 먹는 것은 생각조차도 할 수 없지요? 만일 어떤 사람이 "그것을 먹지 마세요. 그것은 독이므로 먹으면 죽을 것입니다"라고 말한다면 당신은 그것을 먹어버리겠습니까? 아니지요!

당신은 당신의 뱃속에 들어가는 것에 조심하는 것만큼 당신의 마음에 들어가는 것도 조심해야 합니다. 마귀는 책이나 텔레비전 등을 통하여 당신의 혼에 들어갈 길을 얻을 수가 있습니다. 당신의 마음에 무엇을 집어넣는가에 따라서 당신의 혼에 들어갈 길을 얻게 되는 것입니다.

그의 아내가 결국은 그가 하는 일을 발견하게 되었고 이혼 수속을 신청하였습니다. 그러나 결국 그가 내게 도움을 받으러 왔을 때 그 여자는 남편과 같이 왔던 것입니다. 그는 내게 이렇게 말했습니다. "내 자신도 나를 어떻게 할 수가 없어요." 그가 육신에 순종했을 때 마귀가 들어온 것입니다. 그는 그런 책들을 읽음으로써 악한 영이 그의 마음에 들어오게 허락한 것입니다. 그는 마귀에게 문을 열어주었고 마귀는 들어온 것입니다. 악한 영은 그의 육신과 합하여 그런 행동들을 하도록 몰아갔던 것입니다.

그는 내게 이렇게 말했습니다. "나는 이 주제에 대하여 잘 알고 있습니다. 나는 이런 것에 대해 연구했고 가르쳤습니다. 성범죄에서 일어나는 일은 그가 괴롭힌 어린 아이 중에 하나를 결국 죽이게 마련이고 그래서 사형선고를 받게 되는 것입니다. 해긴 목사님, 그런 것이 나를 잡아버렸습니다. 나는 어린 아이들을 괴롭히고 싶지 않았어요. 나를 도와주실 수 있습니까?"

그가 이런 말을 할 때에, 성령님이 이 경우에 세 귀신이 관여하고 있다고 알려주셨습니다. 나는 지식의 말씀으로 그것을 알았습니다. 이런 분야에서는 성령을 의지해야 합니다. 당신은 그 사람에게 어떤 것이 역사하는지 성령님이 가르쳐 주시지 않으면 알 수 없습니다.

나는 그에게 대답하였습니다. "나는 당신을 도와 줄 수 있습니다. 이것은 악한 영 하나가 관여하고 있는 것이 아니고 세 개의 영이 관여하고 있습니다. 첫째, 속이는 영이 당신을 붙잡았습니다. 그리고 거짓말하는 영도 있습니다. 그리고 더러운 영도 관여하고 있습니다. 나는 이 세 영들을 모두 당신에게서 내쫓을 수 있습니다. 그러나 당신이 해야 할 일을 하지 않으면 내쫓는 것이 아무런 소용도 없을 것입니다."

사람이 죄를 지을 때, 그들이 회개를 하고 나쁜 일에서 완전히 돌아서야만 당신이 그를 도와 줄 수 있는 것입니다. 원하기만 한다면 누구든지 악한 영에게 놓임을 받을 수 있습니다. 그러나 악한 영으로부터 자유함을 받은 후에 그가 무엇을 하느냐는 가장 중요한 것입니다.

그가 하나님의 말씀으로 그의 마음을 양육 받는가? 성령으로 충만함을 받고 마귀에게 다시 자리를 내어주지 않을 것인가? 혹은 성경이 말한 대로 "…와 보니 집이 청소되고 수리되었지만 비어있는가?"(마 12:44). 만일 사람이 악한 영으로부터 자유함을 받았으나 말씀을 배우지 않으면 악한 영은 그에게로 다시 돌아올 수 있습니다.

또, 당신은 원하지 않는 사람에게서 악한 영을 내쫓을 수는 없습니다. 만일 어떤 사람이 악한 영을 가지고 있는 것을 좋아하면 그 악한 영은 그 사람에게 머물러 있을 수 있습니다. 당신은 사람의 의지에 반대되는 일을 할 수 없습니다. 그래서 어떤 사람이 악한 영을 좋아한다면 당신은 그것을 내쫓을 수가 없는 것입니다. 이것은 분별없이 무조건 사람들로부터 마귀를 쫓아낼 수가 없는 이유입니다.

만일 어떤 사람 안에 정말로 귀신이 있는 경우라면, 당신이 그에게 말씀과 성령 충만함을 가르치지 않고 귀신을 쫓아낸다면 그 사람한테 좋은 일을 한 것이라고 할 수 없습니다. 사단의 공격을 막게 하는 것은 그 안에 거하는 말씀입니다. 만일 그 사람이 말씀으로 충만하지 않다면, 그리고 어떻게 마귀에게 자리를 내어주지 않을 수 있는지를 배우지 못했다면, 성경은 그가 이전보다 더 나쁜 상황에 처할 수 있다고 말합니다(마 12:43-45).

그래서 나는 이 은퇴한 교수에게 이렇게 말했습니다. "당신이 내게 허락한다면 나는 이 세 악한 영들 위에 나의 권세를 사용할 수 있습니다. 그러나 당신이 이곳을 떠나자마자 당신 혼자서 마귀를 대적해야 합니다."

"당신 자신이 이 상황에서 무엇을 하기 전에는, 당신에게서 악한 영을 내쫓아 당신을 자유롭게 해도 아무 소용이 없습니다. 당신이 무엇인가 하지 않으면 마귀는 돌아와서 집이 빈 것을 볼 것이고 그러면 당신은 이전보다 더 악한 상황에 빠질 것입니다." 그리고 나는 그에게 마태복음 12장 43-45절을 보여 주었습니다.

나는 그에게 이렇게 말했습니다. "이 성경 구절에서 이 사람의 집이 깨끗해졌다고 했습니다. 소제되고 장식이 되어 있었습니다. 그러나 그 집은 빈 상태였습니다. 그 집은 다른 것으로 채워져 있지 않았던 것입니다."

당신이 집을 깨끗이 청소한 후 무엇으로 채워야 할까요? 첫째는 말씀이요, 둘째는 기도입니다. 절대로 기도를 말씀 앞에 두지 마십시오. 그리고 기도는 항상 하나님의 말씀과 일치해야 하는 것입니다.

벧후 1:4
이로써 **그 보배롭고 지극히 큰 약속을** 우리에게 주사 이 약속으로 말미암아 너희가 **정욕** 때문에 세상에서 썩어질 것을 피하여 **신성한 성품에 참여하는 자가 되게 하려** 하셨느니라

하나님의 말씀, 그의 놀랍고 위대하고 귀한 약속은 우리가 세상 정욕으로 부패하는 것을 피할 수 있도록 주어진 것입니다. 우리가 하나님의 신성에 참여하는 길은 하나님의 말씀으로 양육 받는 것입니다.

나는 이 은퇴한 교수에게 말했습니다. "나는 당신을 위하여 아무 일도 하지 않겠습니다. 당신이 이 세 가지 일을 하겠다고 약속을 하지 않으면 나는 당신을 위하여 기도도 하지 않겠습니다."

그는 이렇게 대답했습니다. "나는 목사님이 말씀하는 대로 무엇이든지 하겠습니다."

나는 이렇게 말했습니다. "첫째, 그 책들을 태워버리십시오. 둘째, 그런 것들을 통해 악한 영들이 들어온 것이니 절대로 앞으로는 그런 책을 읽지 마십시오. 당신은 악한 영들에게 당신의 마음의 문을 연 것입니다. 셋째, 매일 하나님의 말씀을 읽고 다른 방언으로 기도하십시오. 말씀과 성령으로 충만하게 유지하십시오."

어떤 사람이 구원을 받았어도 만일 그가 하나님과 같이 행하지 않고 성경을 읽지 않고 교회도 가지 않고 다른 그리스도인과 교제도 없다면 그는 영적으로 발전할 수 없습니다. 그는 항상 귀신의 공격에 열려 있게 되고 언제든지 타락할 수 있는 것입니다. 어떤 사람이 구원을 받고 성령 충만을 받은 후 무엇을 하는지에 따라 마귀를 성공적으로 대적할 수 있는지가 결정되는 것입니다.

나는 이 사람에게 어떻게 마귀가 그에게 역사하는 것을 막을 수

있는지 가르쳐 주었습니다. 그리고 나는 그 악한 영들을 그 사람에게서 내쫓았습니다. 나는 의자에서 일어나지도 않았습니다. 나는 손가락으로 그 사람을 가리키며 조용히 말했습니다. "나는 너희 세 악한 영에게 명령하노니 주 예수 그리스도 이름으로 이 사람에게서 나오라."

영적인 영역에서 영분별의 능력으로 나는 이 세 영들이 새들이 날아가듯 떠나는 것을 보았습니다. 악한 영들을 효과적으로 다루기 위해 무엇을 보는 것이 꼭 필요한 것은 아닙니다. 그 사람은 아무것도 보지 못했습니다. 나의 아내와 그의 아내도 아무것도 보지 못했습니다. 그러나 나는 영분별의 은사의 활동으로 영적인 영역을 보았습니다. 그러나 자연적인 영역에서는 이 사람에게 아무런 변화도 나타나지 않았습니다.

한 일 년쯤 후에 이 남자와 그의 아내가 우리 집회에 왔었습니다. 그들은 다시 합친 상태였고 웃으며 손을 잡고 있었습니다. 그는 내게 이렇게 말했습니다. "해긴 목사님, 나는 아무런 문제도 없었습니다. 하나님을 찬양합니다! 나는 목사님이 말씀하신 대로 했습니다. 나는 그런 책들을 하나도 남기지 않고 다 태워버렸습니다. 나는 매일 말씀을 읽고 방언으로 기도했습니다. 그리고 나는 전혀 아무런 문제도 없었고 조금도 그런 분야에 유혹도 받지 않았습니다. 전부 다 사라졌습니다."

만일 이 사람이 그의 몸을 산 제사로 하나님께 바치는 것에 대해 배웠다면 처음부터 그는 그런 책들을 읽지도 않았을 것이고 악한 영과 관련된 어떤 문제도 없었을 것입니다.

만일 그가 그의 몸을 하나님께 드렸다면 그는 그의 생각이나 몸에 어떤 자리도 내어주지 않았을 것입니다. 그러나 그는 육신이 구원받지 못했다는 것도 몰랐으므로 마귀는 그의 육신을 이용하여서 그로 하여금 육신의 만족을 따르게 하였고 그것을 통하여 악한 영들은 그를 붙잡을 수 있었던 것입니다. 사실, 그가 그리스도 안에서 그의 권세를 알았더라면 그 자신이 그 악한 영들을 다룰 수 있었을 것입니다.

이런 경우, 육신이 문제의 원인이었습니다. 그러므로 "내쫓을" 것이 없었던 것입니다. 다른 어떤 경우에는, 특별히 이 경우와 다르게 육신의 도를 넘어선 경우 악한 영이 관련되어 있는 경우도 있습니다. 그리고 어떤 경우에는 마귀와 육신이 다 관련되어 두 가지가 복합된 경우도 있습니다.

예를 들어, 당신은 남자가 여자에게 자연적으로 욕망을 가지고 있으므로 그들이 육신적으로 잘못된 관계를 가질 수 있다는 것을 이해할 수 있을 것입니다. 물론 혼인 외에 모든 성관계는 성경에서 엄격히 금지되어 있습니다(고전 6:18). 그러나 성인 남자가 어린 아이들을 성적으로 괴롭히는 것은 상당히 도를 넘어선 일입니다. 그것은 육신의 일의 정도를 넘은 것입니다. 이런 도를 넘어선 성적 욕망에는 악한 영이 관련되어 있는 것이므로 완전히 치유를 받으려면 귀신을 쫓아내야 합니다.

탐식의 영인가?

한번은 우리 집회 후에 한 여인이 내 아내에게 다가왔습니다. 그 여인은 스물여덟 쯤 되는 뚱뚱한 젊은 여인이었습니다. 그녀는 이렇게 말했습니다. "우리 기도회에서 나에게서 탐식의 영을 내쫓았습니다. 그러나 그런 일이 있은 후에 58파운드나 늘었습니다."

내 아내가 그 여자에게 물었습니다. "그 사람들은 당신에게 좋은 식이요법과 좋은 식습관을 가지는 것에 대해 이야기했습니까?"

그녀는 대답하였습니다. "아니요. 그들은 '탐식의 영이 떠났으므로 아무것이나 먹어도 됩니다' 라고 말했어요."

이런 것은 귀신의 문제를 너무 극단적으로 다루는 것입니다! 만일 그렇다면 얼마나 좋겠습니까? 성경은 "네가 만일 음식을 탐하는 자이거든 네 목에 칼을 둘 것이니라"(잠 23:2)고 말하고 있습니다. 다른 말로 하면, 당신 자신이 탐식을 하는 것을 조심해야 한다고 말하고 있습니다. 당신이 먹는 것을 줄여야 하는 것입니다. 얼마나 많은 식이요법을 하였던지 상관없이 결국 당신의 몸무게를 관리하는 것은 당신의 식습관을 관리하는 것입니다.

어떤 경우에, 사람들은 화학적 물질이 몸에 불균형을 이루어 이런 문제가 있는지 의사에게 검사를 해 볼 필요가 있을 수도 있습니다. 그러나 과식이나 다른 육신의 약점에 대하여 믿는 자들이 책임을 다하는 대신 마귀를 탓해서는 안 됩니다.

사람들은 종종 너무나 '빠른 묘책' 을 바랍니다. "탐식의 귀신을 내쫓아 버리자!" 그러나 하나님은 언제나 쉽고 빠른 길로 갈 수 있게 마련하는 것은 아닙니다. 왜냐하면 하나님은 '빠른 묘책' 의 하나님이 아니십니다. 당신이 식욕을 줄이고, 당신이 육신을 부인하는 값을 지불해야 하는 것입니다.

이런 것들은 오늘날 그리스도의 몸에서 가르쳐지고 실천되는 몇 가지의 극단적인 일들입니다. 사람들이 이런 극단적인 가르침을 따르고 실천하는 일에 속기 쉽습니다. 우리는 모든 분야에서 성경적인 적당한 균형을 가지고 양쪽 극단으로 빠지지 말고 모든 정도를 걸어야 합니다.

경건함

은사주의 사람들 가운데는 경건에 대한 가르침이 별로 많지 않습니다. 그 결과로, 오늘날 교회에서는 경건하지 못한 일들이 일어나고 있습니다. 근본적으로 우리는 경건이 계속적인 과정이라는 것을 이해해야 합니다. 어느 날 한번 경건해져서 다시는 죄를 짓지 않게 되는 것이 아닙니다. 당신이 얼마나 많은 말씀을 아는 것과는 상관없이 경건하게 살기 위하여 당신의 할 일을 해야 합니다.

오래된 오순절 계통의 어떤 "거룩"한 모임에서는 경건에 대하여 가르쳤습니다. 그들의 가르침은 어떤 면에서 극단적이었습니다. 그러나 그들은 사람들에게 경건한 삶을 살도록 가르치려고 노력은 하였던 것입니다. 경건한 삶을 사는 것은 당신의 영이 육신을 주관하도록 도와주어서 사단이 당신을 주관할 수 없게 하는 것입니다. 당신이 그리스도 안에서 권세를 사용한다면 사단은 당신에게 역사할 어떤 자리도 찾지 못하게 되고, 그렇게 되면 사단은 당신을 주관할 수 없게 됩니다.

하나님의 말씀은 경건함에 대해 무엇이라고 말하고 있습니까?

살전 4:1,3-5,7
1 그러므로 형제들아 우리가 끝으로 주 예수 안에서 너희에게 구하고 권면하노니 너희가 마땅히 **어떻게 행하며 하나님을 기쁘시게 할 수 있는지를** 우리에게 배웠으니 곧 너희가 행하는 바라 더욱 많이 힘쓰라
3 하나님의 뜻은 이것이니 너희의 **거룩함이라** 곧 **음란을** 버리고
4 **각각 거룩함과 존귀함으로 자기의 아내 대할 줄을 알고**
5 하나님을 모르는 이방인과 같이 **색욕을** 따르지 말고
7 하나님이 우리를 부르심은 **부정**하게 하심이 아니요 **거룩하게 하심**이니

7절에 두 단어 "부정"과 "거룩하게 하심"은 1절에 언급된 바 있는 주님과 함께 행하는 믿는 자들의 영적인 행함입니다. 믿는 자들이 부정한 것을 행하면서 하나님을 기쁘시게 할 수는 없습니다. 믿는 자들은 거룩하게 삶으로 하나님을 기쁘시게 할 수 있습니다.

바울은 "부정"이란 단어를 7절에 사용하였습니다. 바울은 음란과 색욕이라는 단어를 3절과 5절에서 사용하였습니다. "색욕"이라는 말은 금해진 것을 갈망하는 것을 뜻합니다. 당신이 거룩함과 경건함으로 행하면 마귀에게 자리를 내어주지 않을 수 있으므로 바울이 그의 서신서에서 "부정"이란 단어를 어떻게 사용하였는지 보겠습니다.

롬 1:24-28
24 그러므로 하나님께서 **그들을 마음의 정욕**대로 **더러움**에 내버려 두사 그들의 몸을 서로 욕되게 하게 하셨으니
25 이는 그들이 하나님의 진리를 거짓 것으로 바꾸어 피조물을 조물주보다 더 경배하고 섬김이라 주는 곧 영원히 찬송할 이시로다 아멘
26 이 때문에 하나님께서 그들을 **부끄러운 욕심**에 내버려 두셨으니 곧 그들의 여자들도 순리대로 쓸 것을 바꾸어 역리로 쓰며
27 그와 같이 남자들도 순리대로 여자 쓰기를 버리고 서로 향하여 **음욕**이 불 일듯 하매 남자가 남자와 더불어 부끄러운 일을 행하여 그들의 그릇됨에 상당한 보응을 그들 자신이 받았느니라
28 또한 그들이 마음에 하나님 두기를 싫어하매 하나님께서 그들을 **그 상실한 마음대로** 내버려 두사 합당하지 못한 일을 하게 하셨으니

"상실한"이란 말의 뜻은 판단을 잃어버린 마음이라는 것을 기억하십시오. 성경은 여기서 동성연애(남성과 여성 사이 둘을 다)를 말하고 있습니다. 성경은 동성연애를 부정하다고 말합니다. 동성연애

를 하는 것은 물론 거룩함이나 경건함을 실천하는 것이 아닙니다. 그렇지요? 하나님은 우리를 부정하게 부르신 것이 아니라 거룩하도록 부르셨습니다!

그리고 로마서 6장에서 경건한 삶이란 몸에 대한 것이라는 것을 알 수 있습니다.

롬 6:19
너희 **육신**이 연약하므로 내가 사람의 예대로 말하노니 전에 너희가 너희 **지체**를 **부정**과 불법에 내주어 불법에 이른 것 같이 이제는 너희 **지체**를 의에게 종으로 내주어 **거룩함**에 이르라

성경은 부정함이 육신의 죄와 관련되어 있다고 말하고 있습니다.

고후 12:21
또 내가 다시 갈 때에 내 하나님이 나를 너희 앞에서 낮추실까 두려워하고 또 내가 전에 **죄**를 지은 여러 사람의 그 행한 바 **더러움**과 **음란함**과 **호색함**을 회개하지 아니함 때문에 슬퍼할까 두려워하노라

"부정"이란 단어가 "음란"과 "호색"이란 단어와 같이 쓰이고 있는 것에 주목하십시오. 다른 번역본은 "불순함, 성적 악함과 음탕"으로 번역하였습니다.

믿는 자들이 어떻게 그들의 "그릇"이나 혹은 그들의 몸을 거룩하고 존귀하게 해야 하는지에 대한 가르침은 그리 많지 않습니다. 속사람 안에 거하시는 성령님은 믿는 자들의 그릇인, 그의 몸 안에 거하십니다. 그리고 하나님은 당신의 그릇을 부정하게 부르지 않으시고 거룩하도록 부르셨습니다.

바울은 모든 믿는 자에게 경건함에 대하여 같은 메시지를 선포하

고 있습니다. 바울은 다른 여러 교회에 편지하면서 다른 단어를 사용하기도 하였지만 그는 근본적으로 믿는 자들이 어떻게 그들의 몸을 경건하고 존귀하게 하여서 적으로부터 문을 닫을 수 있는지 가르칩니다.

골 3:5
그러므로 땅에 있는 지체를 **죽이라** 곧 음란과 부정과 사욕과 악한 정욕과 탐심이니 탐심은 우상 숭배니라

바울은 무엇을 죽이라고 믿는 자들에게 말하고 있습니까? 적어놓은 목록은 상당히 낯이 익은 것들입니다. 간음, 부정함, 난폭한 호색 등등입니다.

로마서 1장에서, 성경은 여인이 여인에게 혹은 남자가 남자에게 자연스럽지 못한 애정을 가지는 것에 대하여 말하고 있습니다. 바울은 이것을 "수치스러운 욕정"이라고 부릅니다. 여기서 바울은 이것을 '비정상적인 욕정'이라고 부릅니다. 그것은 정상적이고 정결하고 건전한 사랑이 아니라는 뜻입니다. 남자가 여자가 아닌 다른 남자에게 정욕을 가지는 것은 정상이 아닙니다. 여자가 다른 여자를 원하는 것도 정상적인 것이 아닙니다.

하나님은 남자나 여자가 결혼 안에서 다른 성을 가진 사람을 갈망하도록 만드셨습니다. 성은 결혼 안에서 나쁜 일이 아니지만 결혼 밖에서의 성은 잘못된 것입니다. 음란, 간음과 부정은 잘못된 것입니다. 이런 일을 하는 것은 사단에게 당신의 삶에 커다란 문을 열어주는 것이 됩니다.

믿는 자들은 이런 몸의 부정한 행동을 죽여야 합니다. 그래서 그들의 그릇을 경건하고 존귀하게 해야 합니다. 어떤 그리스도인들은

"나는 그렇게 할 수 없습니다"라고 말합니다. 그러나 하나님은 우리가 할 수 있다고 말씀하십니다. 하나님께서 거짓말을 하시는 것이 아니라면 그들이 거짓말을 하는 것입니다!

많은 사람들이 그들의 육신을 죽이기를 원하지 않는 것이 사실입니다. 그들은 낡고 냄새나는 육신이 그들을 주관하는 것을 좋아하는 것입니다. 그들은 성령님 안에서 사는 것보다 이렇게 사는 것이 더 쉽기 때문에 육신의 즐거움과 정욕으로 사는 것을 원하는 것입니다.

사실, 믿는 자들의 가장 큰 "전쟁"은 마귀와의 전쟁이 아니고 육신과 영 사이의 전쟁입니다.

> 갈 5:16-17
> 16 내가 이르노니 너희는 성령을 따라 행하라 그리하면 **육체의 욕심을 이루지 아니하리라**
> 17 **육체**의 소욕은 **영**을 거스르고 **영**은 **육체**를 거스르나니 이 둘이 서로 대적함으로 너희가 원하는 것을 하지 못하게 하려 함이니라

바울은 이 구절에서 성령 충만한 그리스도인들에게 편지를 쓰고 있는 것입니다. 킹 제임스 흠정역에서는 영의 첫 글자를 큰 글자로 쓰므로 이것은 성령이라고 말하는 것 같이 들립니다. 그러나 바울은 이 구절에서 성령님에 대하여 말하고 있는 것이 아니라 인간의 영에 대하여 말하고 있는 것입니다.

W.E 바인은 그의 신약 사전에서, 희랍어에서 영이나 성령으로 번역된 말은 같은 단어로서 그것은 '퓨뉴마(pneuma)'라는 단어인데, 우리는 구절의 문맥에 따라 '퓨뉴마'가 인간의 영을 말하고 있는지, 성령님을 말하고 있는지 결정해야 한다고 말하고 있습니다.

갈라디아서 5장 17절은 육신이 재창조된 영에 대하여 "싸우고"

혹은 "전쟁을 하고" "투쟁한다"고 말하고 있습니다. 다른 번역본은 "육신이 영을 대항하여 싸운다"라고 하였습니다.

사람들은 그리스도인들 가운데 있는 많은 영적인 전쟁에 대하여 말하고 있습니다. 그러나 그리스도인의 삶에서 가장 큰 전쟁은 육신과 영이 대항하려 하는 전쟁입니다. 그렇습니다. 우리는 어둠의 영적 권세를 다루어야 합니다. 그러나 만일 우리가 우리의 영과 육신의 전쟁을 잘 다스린다면 우리는 싸울 일이 별로 없어질 것입니다. 왜냐하면 당신은 사단에게 문을 열어놓지 않았기 때문입니다.

당신은 재창조된 영과 육신과의 사이의 갈등을 이해해야 합니다. 그리고 어떻게 육신을 십자가에 못 박아야 하는지, 그래서 우리의 그릇을 경건하고 존귀하게 지킬 수 있는지 알아야 합니다(살전 4:3-4,7). 그렇게 되면 당신은 마귀에게 기회를 열어주지 않게 되는 것입니다.

교회 안에 있는 세상의 영

만일 사람들이 골로새서 3장 5절에 열거된 육신의 악한 행위들을 죽이지 않는다면 그들은 잘 지낼 수 있을까요?

골 3:6
이것들로 말미암아 하나님의 진노가 임하느니라

바울은 여기서 하나님의 자녀들에게 하나님의 진노가 불순종하는 자녀들에게 온다고 쓰고 있습니다. 사단이 임금인 이 세상에 살고 있고 세상에 있는 그 영들은 우리가 허락하기만 하면 교회에도 들어오려고 하고 있습니다. 그렇기 때문에 믿는 자들이 사단이 임금인 세상의 죄와 정욕에서 멀어지고 거룩한 삶을 사는 것은 매우 중요합니다.

성경은 믿는 자들이 세상과 분리된 삶을 사는 것에 대하여 강력하게 말하고 있습니다.

> 약 4:4
> 간음한 **여인들아 세상과 벗된 것이 하나님과 원수 됨을 알지 못하느냐** 그런즉 **누구든지 세상과 벗이 되고자** 하는 자는 스스로 **하나님과 원수 되는 것**이니라

이 구절은 우리가 죄인을 사랑하지도 말고 도와주지도 말아야 한다는 말이 아닙니다. 그러나 우리는 세상에 있는 일에 휩쓸리면 안 된다는 것입니다. 세상과의 친분과 세상의 일들과 정욕에 탐닉하는 일들은 우리의 삶에서 마귀에게 문을 활짝 열어놓는 것이 됩니다.

우리는 성경이 격리가 아니라 '구별된 삶'을 가르치고 있는 것을 알아야 합니다(고후 6:16-17). 이것에 대하여 어떤 그리스도인들이 잘못하고 있습니다. 어떤 사람들은 구원받지 못한 사람들에게서 실제적으로 자신이 고립될 정도로 자신을 격리하여 놓고는 자신이 구별되어 있다고 생각합니다.

그러나 예수님은 우리가 세상에 속한 자들은 아니지만 세상에 있어야 한다고 말씀하셨습니다(요 17:16-18). 예수님은 우리가 세상에 맞추어 세상 사람들이 사는 방식대로 살 필요는 없다고 말씀하신 것입니다. 우리의 삶은 세상으로부터 구별되어서 하나님 안에서 경건함과 거룩함으로 구별되어야 합니다. 우리는 매우 조심하여 세상의 영이 그리스도의 몸인 교회에 들어오지 못하도록 해야 합니다.

고린도 교회에 세상의 영이 들어왔습니다(고전 5:1-5). 바울은 그들에게 그들 중에 묵인되어지는 성적인 범죄에 대하여 편지를 썼습니다(고전 5:1). 어떤 사람이 그의 의붓어머니와 함께 사는 것이었습니다. 만일 당신이 역사를 좋아하는 사람이라면 그 당시 고린도는 가장 음탕하고 부도덕한 도시라는 것을 알고 있을 것입니다. 그 부도덕한 영이 교회로 들어왔던 것입니다.

오늘날 우리들도 모든 것을 가볍게 여기며 느슨해진 시대에 살고 있습니다. 우리는 삶의 여러 가지 영역에서 이런 것을 볼 수 있습니다. 그러한 같은 경향이 영적인 영역에서도 일어나고 있습니다. 어떤 사람들이 소위 "성적 자유" 시대라고 일컫는 이 시대에 세상은 경박하고 도덕이 느슨해져 있습니다. 당신이 성인이고 당신이 하는 일이 다른 사람을 상하게 하는 일이 아니라면 죄를 지어도 괜찮다고 생각합니다. 세상의 영이 오늘날 교회에도 들어온 것입니다.

골로새서에서 또 다른 영역의 세상의 영이 교회에 들어온 것을 볼 수 있습니다.

골 3:8
이제는 너희가 **이 모든 것을 벗어 버리라** 곧 분함과 노여움과 악의와 비방과 **너희 입의 부끄러운 말이라**

우리는 오늘날 이 세상의 영에 지배받고 사는 구원받지 못한 사람들이 하는 많은 더러운 대화를 듣게 됩니다. 그러나 나는 가끔 그리스도인들이 말하는 것을 듣고 너무 놀랍니다. 그리스도인들 중 몇은 상당히 더러운 말을 사용합니다! 만일 그들이 그의 영의 지시를 듣고 있다면 그들의 양심이 그들을 책망할 것입니다. 그러나 그들은 영적인 영역에 살고 있지 않습니다. 그리고 그들은 어떻게 마귀가 그들의 삶에 들어오는지 의아해 합니다. 그들은 그들의 입으로 문을 열어 주는 것입니다!

내가 거듭났을 때, 나는 이런 주제로 설교하는 것을 들어본 적이 없었습니다. 나의 혀가 내가 구원받기 전에 하던 말을 하고 싶어 하기는 했지만 내가 거듭난 후에는 나는 나의 영에게 귀를 기울였기 때문에 그런 말들을 할 수 없었습니다.

그러나 우리는 경박하고 도덕이 느슨해진 시대에 살고 있습니다. 당신은 사람들이 그런 말을 쓰는 것을 들을 수 있습니다. 그러나 더욱 큰 문제는 은사주의 사람들도 그런 말을 하는 것입니다.

당신이 믿는 자이고 당신이 좋지 않은 말들을 사용하는 사람이라면 당신은 교정해야 합니다. 하나님께서 "이 모든 것을 벗어 버리라 곧 분함과 노여움과 악의와 비방과 너희 입의 부끄러운 말이라"(골 3:8)고 하신 말씀에 당신은 순종해야 합니다. 그렇게 하지 않는다면 당신은 위험한 지대에 살고 있는 것입니다. 그리고 당신이 사단의 영역에 살고 있으면 그는 당신에게 들어올 길이 있는 것입니다.

하나님께 감사합니다! 우리는 믿는 자로서 사단을 어떻게 다루어야 하는지를 압니다. 그리고 우리는 그리스도 안에서 우리의 권세를 압니다. 우리는 어떻게 본성에 있는 옛사람의 정욕과 더러움을 벗어 버리고 그리스도로 덧입어야 하는지를 압니다. 우리는 어떻게 우리의 그릇을 경건하고 존귀하게 하고 모든 마귀의 간계에 대하여 강력하게 대적할 수 있는지를 배울 수 있습니다.

제 4 장

억눌림, 사로잡힘, 완전히 점령됨의 차이를 구별하기
(Distinguishing the Difference Between Oppression, Obsession, And Possession)

사단이 사람들에게 들어오는 것은 주로 마음과 몸을 통해서입니다. 얼마나 사단에게 자리를 내어주느냐에 따라서 사단이 그 사람에게 얼마만큼 영향력을 끼칠 수 있는가가 결정됩니다. 사람은 영이고 혼을 가지고 있고 몸 안에 살고 있으므로 귀신들은 사람의 몸과 혼(마음, 의지 그리고 감정)에 영향을 주고 침범할 수 있지만 그의 영 안에는 존재할 수 없습니다.

귀신들이 어떻게 사람들에게 영향을 끼치는지를 잘 이해하려면 억눌림, 사로잡힘, 완전히 점령됨을 이해하는 것은 매우 중요합니다. 많은 사람들이 세 개의 다른 차원의 귀신의 영향들을 언급할 때, 이 세 가지 용어들을 혼합하여 사용하고 있습니다.

억눌림(Oppression)

악한 영들은 사람들을 억압하려고 어느 정도의 영향을 미칠 수 있습니다. 악한 영은 누구라도, 그가 그리스도인이라도 그들이 허락만 한다면 몸과 혼 안으로부터 혹은 밖에서도 억눌림을 줄 수 있습니다.

물론 악한 영들은 인간의 몸에 들어오게 될 때 그들이 자연적인 영역에서 그들 자신을 나타낼 수 있기 때문에 가장 넓게 영향을 미칠 수 있습니다. 만일 악한 영들이 사람의 몸을 장악한다면 그들은 주위에 있는 사람들에게 영적인 영역에서 영향을 미치려고 합니다. 많은 경우에 믿는 자들이, 성령 충만한 신자들이라도 바깥으로부터 귀신에게 억눌림을 받을 수가 있습니다. 사단은 우리들에게 모든 압력을 가하여 우리가 그 압력을 예민하게 의식하게 하므로 우리를 억누르려고 노력합니다.

우리는 억눌림에도 정도의 차이가 있다는 것을 알아야 합니다. 다른 말로 하면, 어떤 사람이 더 억눌림을 받을 수도 있고 덜 받을 수도 있습니다. 우리는 모두 이런 억눌림을 삶 속에서 한 번이나 그 이상 경험했을 것입니다. 예를 들어서, 어떤 때 억눌림은 좋지 않은 "기분"으로 우리에게 나타날 수도 있습니다. 그것은 사단의 직접적인 억눌림의 결과입니다. 사람들은 내게 이렇게 말합니다. "저를 위해서 기도해 주십시오. 내 머리 위에 크고 검은 구름이 둘러 있는 것 같습니다."

그것은 사단의 억눌림입니다. 어떤 때는 다른 때보다 더 억눌릴 수 있습니다. 그러나 우리가 그 억눌림을 예수 이름으로 꾸짖고 대항하고 대적할 때 마귀는 우리로부터 도망갈 것입니다(마 18:18; 눅 10:19; 빌 2:9-11; 약 4:7). 믿는 자들은 우리의 적의 억눌림 아래에서 살 필요가 없습니다. 그리고 억눌림이 사람을 떠날 때 어떤 큰 무게가 그의 어깨로부터 내리워진 것 같이 느껴질 때도 있습니다.

두려움은 많은 믿는 자에게 오는 억눌림의 한 형태로 그들로 묶임을 받게 하고 그 결과로 그들로 하여금 넘어지고 또 넘어지게 하는 것입니다. 두려움은 믿는 자들의 마음을 붙잡아 영이 기능을 발휘하지 못하도록 하는 것입니다. 즉, 영으로 그의 몸과 마음을 주관하지 못하게 합니다.

두려움은 또 믿는 자들의 몸을 잡아서 그의 위장을 어떤 큰 힘으로 잡은 것 같이 꽉 쪼이게 할 수도 있습니다. 이렇게 함으로 절망하게 하고 낙담하게 할 수 있습니다. 그러나 성경은 하나님께서 우리들에게 두려움의 영을 주지 않았다고 말합니다(딤후 1:7). 그러므로 이것은 우리가 두려움의 영에 대하여 권세가 있다는 말입니다. 우리에게는 두려움을 대항하여 꾸짖을 수 있는 권리가 있습니다.

하나님의 능력으로 서서 하나님의 말씀인 영광과 능력을 사용하여 적에 대항하여 싸우는 것을 배우십시오. 하나님은 절대로 우리에게 적에 대하여 싸우라고 하지 않으셨습니다(대하 20:17). 우리는 믿음의 선한 싸움을 하도록 되어 있습니다. 그리고 그것은 하나님의 말씀을 믿는 믿음으로 적에 대항하여 굳게 서야 한다는 뜻입니다(딤전 6:12). 당신이 말씀으로 적을 대적할 때 두려움은 당신에게서 떠날 수밖에 없습니다.

두려움은 친구가 아닙니다. 두려움은 적입니다. 우리는 두려움을 받아들여서 양식을 먹이고 같이 살도록 용납해서는 안 됩니다. 당신이 질병이나 고통을 피하는 것 같이 피하고 대적하십시오. 두려움에게 하나님의 말씀을 선포하십시오. 그리고 예수 그리스도의 이름으로 당신의 권세를 사용하면 두려움은 떠날 수밖에 없습니다.

어떤 사람의 몸에, 혹은 그리스도인의 몸이라도 악한 영들이 밖이나 안에서 억압할 수 있습니다. 육체적인 억눌림의 예를 들어 보겠습니다. 육체적인 억눌림은 악한 영들이 사람을 아프게 하는 것의 직접적인 결과일 수도 있습니다.

내가 교회에서 성도들을 위해 기도해 주고 있을 때의 일입니다. 한 남자 성도가 치유의 줄에 서서 기도받기를 원했습니다. 그는 이렇게 말했습니다. "의사들이 내 뱃속에 장수말벌의 둥지만한 종기들이 뭉쳐있다고 했습니다." 의사들은 그의 상태가 더 나빠질 것이라고 걱정하였습니다. 그러나 그 사람은 의사들이 수술하는 것을 허락하지 않았습니다.

나는 그에게 이렇게 말했습니다. "마태복음 8장 17절은 '… 예수님께서 우리의 연약한 것을 친히 담당하시고 병을 짊어 지셨도다' 라고 말합니다." 그리고 나는 그에게 손을 얹고 기도했습니다. 내가 손을 얹는 그 순간에 내 안에 지식의 말씀의 은사가 활동하였습니다. - 성령님의 신령한 계시가 있었습니다(고전 12:8). 나는 악한 영들에 의해 이 사람의 몸이 억눌려있다는 것을 알았습니다. 그래서 나는 그의 위장이 낫기 전에 그의 몸에서 악한 영들을 내쫓아야만 한다는 것을 알았습니다.

나는 또 내가 하려는 것을 회중들에게 설명하지 않는다면 유익보다는 해가 클 수 있다는 것도 알았습니다. 공중 앞에서 사역을 할 때, 회중들에게 설명을 하지 않고 악한 영들을 내쫓는다면 사람들은 '저 사람은 구원받고 성령으로 충만한 이 교회의 교인인데 그 사람 안에 마귀가 있다면 나한테도 마귀가 있을 수 있다' 고 생각할 수도 있습니다.

그리고 사람이 그렇게 생각하고 말한다면 그들은 인식하지 못한 채 마귀에게 문을 열어 놓는 것이 되고 악한 영은 들어올 것입니다. 그렇기 때문에 공중 앞에서 사역을 할 때는 지혜롭게 해야 합니다.

그래서 내가 이 사람에게 사역을 하기 전에 나는 회중에게 설명을 하였습니다. "질병과 고통의 창시자는 하나님이 아니라 마귀입니다. 사단은 모든 죄, 질병과 고통의 간접적인 원인이 되는 것입니다. 때로는 귀신의 존재가 사람의 몸에 있어 질병과 아픔을 더 강화시킵니다. 그럴 경우에는 악한 영이 성령에 의하여 다루어져야 합니다."

"이 사람의 경우에는 악한 영이 있어서 그의 몸을 억누르고 있습니다. 그래서 이 궤양들이 생긴 것입니다. 나는 그의 몸에서 악한 영들을 쫓아낼 것입니다. 이것은 그의 혼이나 그의 영에 있는 것이 아닙니다."

그리고 나는 계속하여 설명을 하였습니다. "만일 당신이 벌레가 있는 오래된 집에 살고 있다면 벌레가 당신 안에 있다는 뜻이 아닙니다. 당신의 몸은 당신이 살고 있는 집일뿐입니다. 당신의 몸은 진정한 당신이 아닙니다. 진정한 당신은 속에 있는 영의 사람입니다. 그리고 당신이 거듭났다면 영적인 사람은 그 안에 마귀가 있을 수 없습니다. 그러나 당신의 몸 – 당신이 사는 집 – 은 악한 영들이 와서 괴롭힐 수 있습니다."

내가 회중들에게 설명을 한 후 나는 다시 그 사람에게 안수를 했습니다. 그렇게 하였을 때 성령님은 다시 지식의 말씀으로 나에게 다른 것을 계시해 보여 주셨습니다. 내 안의 계시나 지식의 말씀으로 그에게 무슨 일이 일어나서 처음에 악한 영이 그 사람에게 들어갔는지 알게 되었습니다. 그 사람이 마귀에게 문을 열었던 것입니다.

나는 내가 "작은 환상"이라고 부르는 것을 보았습니다. 나는 내가 영적으로 보는 것이 이틀 전 일이었다는 것을 알았습니다. 나는 이 사람이 그의 집 앞쪽에 위치한 침실에 누워 있는 것을 보았습니다. 시간은 자정이었지만 그는 잠을 잘 수가 없었습니다. 나는 그가 일어나서 집을 돌아다니는 것을 보았습니다.

집 뒤 현관(porch)에는 방충망으로 된 문이 있었습니다. 그리고 거기에도 침대가 있었습니다. 나는 그가 뱃속이 불타는 것 같았으므로 그 침대에 누워서 이쪽저쪽으로 구르는 것을 보았습니다. 나는 하나님의 성령으로 인하여 다른 것이 그 사람의 속을 태우는 것을 알았습니다. 나는 그것이 무엇인지 확실히 알았습니다. 이 모든 것을 지식의 말씀으로 순간적으로 알게 된 것입니다.

나는 그 사람에게 이렇게 말했습니다. "이틀 전 자정에 당신은 집 앞에 있는 침실에 있었습니다. 그러나 잠을 이룰 수가 없었습니다. 그래서 일어나서 당신은 집을 두루 돌아다녔습니다. 당신은 뒤쪽에 있는 현관에 나가서 잠을 자려고 하였고 당신은 그 침대에서 너무 아파서 구르며 신음하며 쓰러지다시피 했습니다. 당신은 배가 불같이 탔으므로 배를 움켜잡고 있었습니다.

"그러나 당신을 괴롭게 하는 다른 것이 있습니다. 당신의 양심이 당신을 괴롭게 하였습니다. 나는 당신을 망신 줄 생각은 전혀 없습니다. 그러나 당신은 구원받고 성령 충만을 받고 수년 동안 그 교회의 교인으로 충실하였습니다. 그러나 주님은 당신이 한 번도 십일조를 낸 적이 없는 것을 보여주셨습니다. 당신은 십일조를 내지 않고 낸 적도 없습니다."

그는 대답하였습니다. "그렇습니다. 나는 십일조를 내지 않았습니다."

나는 말했습니다. "그것이 당신을 괴롭게 하는 것 중의 하나입니다. 당신의 속이 불같이 탈뿐만 아니라 당신의 양심도 상해 있습니다. 나는 당신이 이 문제를 주님과 해결할 때까지는 당신을 위해 기도해 줄 수 없습니다. 당신은 십일조를 내는 일을 어떻게 하시겠습니까? 당신은 하나님께 순종하시겠습니까 혹은 불순종하시겠습니까?"

그는 이렇게 말했습니다. "나는 하나님께 순종하겠습니다. 나는 십일조를 내겠습니다."

사람들은 불순종을 통하여 마귀에게 문을 열어 줄 수 있는 것입니다. 이 사람이 회개하고 하나님의 말씀과 일치하게 섰을 때 나는 그에게 사역을 할 수 있었습니다. 나는 그에게 안수하였고 그의 몸을 억압하여 궤양을 만들어 괴롭히는 악한 영들을 쫓아내었습니다.

내가 악한 영들을 그에게서 쫓아낸 후 나는 그에게 말했습니다. "오늘 집회 후에 집에 돌아가면서 티 본 스테이크를 사서 집에 가서 드십시오." 그는 애기들이 먹는 이유식만 2년 동안 먹었던 것입니다. 그리고 2년 동안 직장도 가질 수 없었습니다. 그리고 그는 내가 말한 대로 하였습니다. 나중에 그가 의사에게 다시 갔을 때 그들은 그의 위장 엑스레이 사진을 찍었습니다. 궤양의 무더기는 완전히 없어졌고 그는 그 다음 주부터 일을 시작할 수 있었습니다.

이제 정신적인 억눌림의 예를 하나 말씀드리겠습니다. 이 경우에는 그리스도인의 마음을 악한 영이 잡고 있는 것입니다. 내가 집회에서 사역을 하고 있는데 한 사람이 기도를 받으려고 왔습니다. 그는 신경이 예민하여 잠을 잘 못 잔다고 했습니다. 나는 손을 얹고 그를 위해 기도했습니다. 그리고 그는 돌아가서 자기 자리에 앉았습니다. 나는 계속하여 다른 사람들을 위하여 기도를 하고 있었습니다.

나는 우연히 그 사람이 앉아 있는 쪽을 바라보게 되었습니다. 나는 눈을 뜨고 있었지만 하나님은 나에게 영분별의 은사로 보게 하셨습니다. 나는 영의 영역을 보았습니다. 나는 작은 영이 이 사람의 어깨에 앉아 있는 것을 보았습니다. 얼굴은 달랐지만 아주 작은 원숭이 같은 것이었습니다.

이 작은 영은 그 팔로 이 사람의 머리를 꽉 감고 있었습니다. 나는 나중에서야 알았지만 이 사람은 벌써 정신병원에도 갔다 온 사람이었습니다. 그 사람은 그 병원에서 다시 누군가 나와서 다시 자신을 정신병원으로 데려갈 것을 기다리고 있는 중이었습니다.

나는 그에게 말했습니다. "형제님 다시 이 앞으로 나와 주세요." 그는 앞으로 다시 나왔습니다. 나는 그의 마음을 억누르고 있는 악한 영에게 말했습니다. (당신은 사람이 아니라 악한 영을 다루어야 하는 것입니다.) 나는 다른 사람에게 내가 무엇을 보았다고 말하지 않았습니다. 공중에서 다 이야기하는 것은 지혜롭지 못할 때가 있기 때문입니다. 나는 악한 영에게 말했습니다. "이 사람을 묶고 억누르고 있는 이 악한 영아, 나는 예수의 이름으로 이 사람을 놓아줄 것을 명한다. 이 시간에 그의 마음을 잡고 있는 손을 놓을 것을 예수의 이름으로 명한다."

내가 그렇게 말했을 때 이 작은 원숭이 같은 것은 그 사람의 머리에서 손을 풀고 그 어깨에서 떨어졌습니다. 그리고 그의 발에 엎드려 끙끙거리고 있었습니다. 그리고는 "나는 정말 가고 싶지 않아요. 그렇지만 당신이 가라고 하면 나는 가야 되는 것을 알아요."라고 말을 하는 것이었습니다.

나는 이렇게 대답했습니다. "그를 떠날 뿐만 아니라 예수의 이름으로 명하노니 이곳을 떠나라." 그래서 그 작은 원숭이 같은 것은 일어나 문 밖으로 나갔습니다. 이 사람은 손을 들고 하나님을 찬양하기 시작했습니다. 그는 나에게 이렇게 말했습니다. "마치 나의 머리둘레에 있던 쇠로 된 줄이 벗겨진 것 같은 느낌입니다." 그는 정신적으로 억눌림을 당해 있었지만 완전히 해방받았던 것입니다.

이 사람이 귀신에 의해 신경 쇠약이 생겼다고 해서 다른 사람들의 모든 신경 쇠약이 귀신에 의하여 생긴 것이라는 것은 아닙니다. 성령님께 의지하여야만 귀신이 있어서 괴롭히고 있는 것인지의 여부를 알 수 있습니다. 당신의 인간적 지식이나 지혜로는 이것이 악한 영이 있는 것인지 아닌지를 알 수 없습니다. 그러나 이 경우에는 나는 성령님에 의하여 이 사람의 정신적인 억눌림이 악한 영의 존재의 직접적인 결과라는 것을 알 수 있었습니다.

그 사람은 다시 정신병원으로 가지 않았습니다. 사실, 수년 후에 그는 아직도 건강하였습니다. 하나님의 능력과 초자연적인 성령님의 계시에 대하여 하나님께 감사합니다. 하나님의 말씀과 성령님의 인도하심이 없이는 우리는 능력도 없고 도울 수도 없습니다.

그리스도인들도 마귀에게 자신을 내어주어 사용될 수 있습니다

우리는 어떤 사람이 구원을 받았든지 안 받았든지 상관없이 어떻게 악한 영들이 사람의 마음과 몸을 억압할 수 있는지 보았습니다. – 그리스도인들이 악한 영에게 억눌림을 당하고 자리를 내어주어서 그들에게 사용될 수 있습니다.

성경은 어떤 사람이 하나님께 순종하고 돌아서자마자 마귀에게 자신을 내어주고 사용될 수 있다고 말하고 있습니다. 베드로도 그렇게 했습니다. 예수님이 아직 십자가에서 우리의 구원의 값을 치루지 못하였기 때문에 비록 베드로는 거듭나지 못했지만 베드로는 성령님의 계시를 보이는데 하나님께 쓰임 받은 사람이었습니다. 그러나 그런 후 곧 그는 마귀에게 자신을 내어주어 사용되었습니다 (마 16:20-23).

그러나 마귀에게 사용되는 것과 마귀에게 사로잡힌 것에는 상당히 큰 차이가 있습니다. 그리고 일부분만 악한 영에게 내어줄 수도 있는 것입니다. 그러나 더 많이 그들에게 내어줄수록 그 악한 영들은 더 많이 영향을 미치고 주관하려고 할 것입니다(롬 6:16). 그러나 기쁜 소식은 그리스도인들은 마귀에게나 육신에게 자신을 내어줄 필요가 없다는 것입니다. 그리스도인들은 성령에게 내어드리는 것을 배울 수 있습니다.

> 롬 6:16
> 너희 자신을 종으로 내주어 누구에게 순종하든지 그 순종함을 받는 자의 종이 되는 줄을 너희가 알지 못하느냐 혹은 죄의 종으로 사망에 이르고 혹은 순종의 종으로 의에 이르느니라

성경은 우리가 누구에게 내어주고 순복할 때 우리는 결국 그들의 종이 되는 것이라고 말합니다. 우리는 어떤 때는 부분적으로만 성령님께 내어드리고, 또 어떤 때는 더욱 많이 내어드리기도 합니다. 나는 아직 완전히 성령님께 순종하는 사람을 만나보지 못했습니다. 우리는 모두 그렇게 되어가고 있는 중이지만 아직 온전히 내어드리는 상태에 도달하지 못했습니다.

긍정적인 면에서 그렇듯 부정적인 면에도 똑같습니다. 사람이 부분적으로만 성령님께 내어드릴 수 있듯이 악한 영에게도 부분적으로 내어줄 수 있습니다. 그리고 또 그는 온전하게 어느 쪽이든 자신을 내어줄 수도 있습니다. 악한 영에게 더 많이 내어줄수록 그 영들은 그 사람에게 더 많이 자리를 잡게 될 것이고 결국은 그를 사로잡고 말 것입니다.

그리스도인이 마귀에게 자신을 내어주는 것에 대한 예를 들겠습

니다. 나는 나의 사위 버디 해리슨에 대하여 가끔 말합니다. 그는 악한 영에게 자신을 내어주는 문제가 있었습니다. 오늘날 그는 목사로서 오클라호마주 털사시에 훼이스 크리스천 휄로쉽 교회를 개척하였고 그는 해리슨 출판사의 사장이기도 합니다. 그러나 1963년에는 그는 문제가 있는 사람이었습니다.

그때 버디는 아무 일에도 오랜 시간을 견디지 못했습니다. 그는 직장을 오래 다니지 못하고 갑자기 직장을 그만두곤 했습니다. 그는 교회에도 오래 가지 못했습니다. 그가 교회에서 성가대를 인도하는 것을 보았고 모든 일이 잘 되어가는 것을 보았는데 그 다음에 그를 보면 그는 그 교회를 떠난 상태였습니다. 그리고 어떤 때는 나에게 와서 담배 연기를 내 얼굴에 뿜어내기도 했습니다. 나는 그에게 아무런 말도 하지 않았습니다. 나는 그저 그를 사랑했습니다. 나는 그의 경우에는 마귀가 그에게 영향을 미치는 것을 알았습니다. 그의 육신이 그를 주관하는 것만은 아니었습니다. 그는 '롤러 코스터'나 '요요' 같이 오르락내리락, 들락날락하는 그리스도인이었습니다.

나는 어느 날 오후 저녁 예배를 위해 기도하고 있었습니다. 갑자기 하나님의 성령이 내게 버디에 대해 말씀하시기 시작했습니다. 성령님은 내게 "버디를 따라다니는 세 개의 귀신이 있다"고 말씀하셨습니다. 나는 곧 영적인 환상을 보았습니다. '작은 환상'이었습니다. 나는 버디가 보도를 따라 걸어가고 있는 것을 보았습니다. 나는 세 영이 개들 같이 생기지는 않았지만 개들이 따라다니듯이 버디를 따라오는 것을 보았습니다. 그들은 원숭이 같이 생겼고 뻣뻣한 털로 덮여 있었습니다. 하나는 보도의 오른쪽 끝에 있었고 다른 하나는 왼쪽 끝에 있었습니다. 그리고 또 다른 하나는 보도의 중앙에서 버디를 따라다니고 있었습니다.

하나님의 영이 이렇게 말씀하셨습니다. "이 세 영이 버디를 따라 다닌다. 버디가 오른쪽으로 향하면 한동안은 오른쪽에 있는 영에게 자신을 내어준다. 그러고 나서 그는 돌이켜 얼마 동안은 바르게 행동한다. 그러다가 또 그가 왼쪽에 있는 영에게 얼마 동안 자신을 내어주고 사는 것이다. 그리고 그는 다시 돌이켜서 그리스도인 같이 행동하며 잘 지내다가 그는 뒤에 있는 영에게 또 얼마 동안 자신을 내어주고 사는 것이다."

"어떤 때 버디는 이 세 영들에게 자신을 내어주고 살았지만 또 다른 때는 성령님께 자신을 드려 순종하고 사는 것이다. 그렇기 때문에 그는 성격이 분열된 것 같이 보이는 것이다."

버디는 어떤 영에게 순종하느냐에 따라서 그 영을 따라 행동을 했던 것입니다. 친척들도 이렇게 말하곤 했습니다. "나는 버디를 이해할 수 없어요. 그는 정신분열환자 아니에요?" 버디는 거듭나고 성령 충만함을 받은 그리스도인이었습니다. 그러나 사람이 성령 충만함을 받은 적이 있다고 해서 그것이 마귀에게 자신을 내어주지 않는다는 것을 보장하는 것은 아닙니다. 믿는 자들도 그들의 의지가 있고 그들은 자유로운 선택을 할 수 있습니다.

주님께서 이 세 영이 버디를 개들같이 쫓아다니는 것을 보여 주셨을 때 나는 주님께 물었습니다. "주님, 내가 어떻게 하기를 원하십니까? 내가 그를 위해 기도하기를 원하십니까?"

주님은 대답하셨습니다. "아니다. 기도하지 말아라."

"그렇다면 내가 어떻게 하기를 원하십니까?"라고 또 물었습니다.

주님은 내게 이렇게 대답하셨습니다. "네가 저 악한 영들에게 말하여라. 나의 이름으로 명령하여라. 예수의 이름으로 그들의 작전을 중지하고 그들이 버디에게 행하는 활동을 멈추게 해라."

"그러나 나는 오클라호마 주에 살고 버디는 텍사스 주에 살고 있습니다."

예수님의 대답은 다음과 같았습니다. "영적인 영역에 거리는 문제가 되지 않는다. 악한 영들이 다른 곳에서 활동하고 있더라도 네가 있는 곳에서 예수의 이름으로 말하면 그것들은 네게 순종해야 하는 것이다. 네가 꼭 거기 있을 필요는 없다."

그래서 내가 말했습니다. "그러면 제게 어떻게 하라고 말씀해 주세요."

예수님은 이렇게 말씀했습니다. "'주 예수 그리스도의 이름으로 나는 이 세 더러운 영에게 명한다. 버디를 쫓아다니는 이 더러운 영아 네 작전을 중지하고 버디에 대한 활동을 중단하라' 라고 간단히 말해라."

나는 간단히 예수님이 말씀하시는 대로 말했습니다. 그리고 영적인 영역에서 나는 그 세 영이 사라지는 것을 보았습니다. 그리고 하나님이 내게 이렇게 말씀하셨습니다. "버디는 열흘 안에 직장을 갖게 될 것이고 내가 그를 위하여 마련한 것이 올 때까지 그 직장에 있을 것이다." 나는 그것을 즉시 날짜와 함께 적어서 나의 지갑에 넣었습니다.

그 다음에 내가 버디를 보았을 때 그는 내게 이렇게 말했습니다. "아버지, 나는 직장을 잡았습니다."

나는 이렇게 말했습니다. "나는 알고 있었다."

나는 지갑에서 그 종이를 꺼내어 그에게 건네주었습니다. 그는 이렇게 말했습니다. "이것은 정확히 맞습니다! 나는 이 날짜로부터 열흘 째 되는 날 직장을 잡았습니다." 그는 그 직장에 오래 있으면서 성공적인 직장생활을 하였습니다. 그 회사의 소유주는 그를 부

지배인으로 올려주었고 나중에 하나님께서 그를 전임 사역자로 불렀습니다. 그는 그 후로 하나님과 같이 동행하고 있습니다.

마귀, 육신 그리고 세상

믿는 자들도 마귀와 그의 군대에게 자신을 내어주어 언제든지 마귀가 원하는 대로 그들을 지배하게 할 수 있습니다. 믿는 자들이 그들의 육신의 정욕과 취향에게도 자신을 내어주어 그들의 육신으로 그들을 주관하게 할 수 있습니다. 그리고 믿는 자들은 세상의 영향에도 자신을 내어주어 세상으로 그들을 주관하게 할 수도 있습니다.

믿는 자들이 세상에, 혹은 육신에, 혹은 마귀에게 순종하고 있을 때에도 많은 사람들은 그 믿는 자들에게서 마귀를 쫓아내려고 합니다. 그러나 성경은 믿는 자들이 세상과 육신과 마귀를 다루어야 한다고 말하고 있습니다. 왜냐하면 우리가 천국에 가기까지는 우리는 이런 것들로부터 완전히 자유롭지 못하기 때문입니다(요일 4:3-4; 2:15-17). 그러나 믿는 자들이 세상, 육신 혹은 마귀들에게 자신을 내어준다고 해서 그들이 귀신에 잡혔다든지, 혹은 그 안에 귀신이 들어온 것은 아닙니다.

하나님께 감사합니다. 성경은 믿는 자들이 세상이나 육신이나 마귀에게 자신을 내어주지 않을 수 있다고 가르칩니다. 성경은 우리가 거듭났다면, 예수님을 통하여 우리는 세상을 이긴 것이라고 했습니다(요일 5:4,5; 요 16:33; 요일 4:4). 우리가 그리스도 안에 있고 예수님이 우리를 위하여 세상을 이기셨기 때문에 우리는 세상의 영향에, 혹은 우리 육신의 본성이 원하는 대로 순종할 필요가 없는 것입니다.

그리고 우리는 마귀에게 패배할 필요도 없습니다. 왜냐하면 예수님이 사단에게 하신 승리는 곧 우리의 승리이기 때문입니다.

만일 그리스도인이 마귀에게 문을 열면 마귀는 들어올 것이고, 어떤 기간 동안 마귀에게 허락한다면 믿는 자의 몸과 혼을 지배할 수 있습니다. 그러나 그리스도인인 경우에는 믿는 자가 히브리서 10장 26-27절과, 6장 4-6절까지에 적힌 모든 조건들을 다 만족시키기 전에는 마귀는 그의 영에 거할 수는 없습니다. 나는 이 구절들에 대하여 더 자세하게 나중에 다루겠습니다.

지금은 그냥 간단하게 대부분의 그리스도인들이 죽음에 이르는 죄를 범할 수 있는 영적인 단계까지 성숙하지 못했다는 것만을 말하겠습니다. 죽음에 이르는 죄는 성숙한 그리스도인들만 지을 수 있는 범죄로 미리 신중하게 생각하여 결정한 후 자신의 의지로서 그리스도를 부인하는 죄입니다. 그러므로 그리스도인들이 그들의 영이 귀신 들린 것이 아닌가를 생각하며 불안해 할 필요는 없습니다. 그들이 귀신 들린 것이 아닌가를 생각하는 것이 그들이 귀신 들리지 않았다는 증거입니다. 그러나 그리스도인들은 그들의 삶의 여러 분야에서 마귀에게 문을 열어 놓을 수가 있습니다.

어떻게 그리스도인들이 자기도 알지 못하는 사이에 마귀에게 문을 열어 놓는지 예를 들겠습니다. 수년 전에 나는 뉴욕에 있는 큰 병원에서 근무하던 릴리언 요만이라는 의사에 대하여 읽어보았습니다. 그녀는 약으로 절망적인 중독이 되어서 의사들도 죽을 것으로 모두 포기하고 있던 상태였습니다. 그런데 어떤 사람이 그녀에게 신유에 대하여 말해 주었습니다. 그래서 그녀는 구원을 받고 하나님의 능력으로 치유를 받아서 남은 여생을 하나님의 신유를 가르치는데 온전히 바치신 분이었습니다.

제2차 세계 대전 말에, 요만 박사는 그가 거의 40년 이상 신유를 가르쳐 왔지만 병이 들어 죽을 지경에 이르렀습니다. 그 당시에 그녀는 거의 팔십 세가 되었을 것입니다.

나중에 나는 요만 박사가 치유를 받은 것에 대하여 읽었습니다. 그녀가 쓴 글에서 그녀는 알지 못하고 마귀에게 문을 열어주어서 병이 들게 된 것에 대해 설명하였습니다. 때는 제2차 세계 대전 중이었고 그녀의 친척들이 히틀러가 통제하는 나라에 있었기 때문에 그녀는 근심하기 시작했습니다.

요만 박사는 그 친척들에 대한 근심이 그의 마음을 잡아 근심과 두려움으로 적에게 문을 열어주었던 것입니다. 결국 그녀는 절망적으로 병이 들었습니다. 그녀는 고열로 시달렸고 머리가 모두 빠진 상태였고, 죽음의 문에 가 있었습니다. 그녀는 하나님께 회개하고 근심한 것에 대해 용서를 구했습니다. 그녀는 이렇게 말했습니다. "하나님은 나의 건강을 회복시키셨을 뿐 아니라 나의 머리도 회복시켰습니다. 나의 하얗던 머리가 빠지고 다시 나왔을 때는 흰머리가 나온 것이 아닙니다. 머리 가득히 검은 머리가 새로 나왔습니다!"

요만 박사는 근심과 두려움을 통하여 적에게 문을 열어서 병이 들게 되었던 것입니다. 그리스도인이 구원받은 지 얼마나 오래되었든지 혹은 그가 하나님의 말씀을 얼마나 오랫동안 설교하고 가르쳐왔는지는 상관이 없습니다. 성숙한 그리스도인도 유아기의 그리스도인들과 마찬가지로 마귀에 대하여 문을 닫아야 하는 것입니다.

요만 박사의 경우에, 그녀는 40년 이상이나 그녀가 말하는 "신령한 건강" 안에서 살았고 아프지도 않았습니다. 요만 박사는 강건한 그리스도인이었고 하나님의 건강의 약속을 아는 사람이었습니다.

그러나 주님 안에서 얼마나 강건한 그리스도인이었든, 얼마나 오랫동안 하나님의 말씀을 가르쳐왔든지 상관없이 마귀는 당신을 가만히 두지 않습니다. 그리고 만일 당신이 그에게 자신을 내어준다면 당신은 그에게 문을 여는 것이 됩니다.

악한 영에게 그 마음을 사로잡힘 당했던 그리스도인

나는 성령 충만함을 받은 적이 있던 한 목사가 그녀의 생각이 근심과 두려움으로 사로잡혀서, 생각을 마귀에게 사로잡히게 허락하므로 완전히 정신이상이 되었던 경우를 더욱 자세히 나누려고 합니다.

다른 말로 하면, 처음에 그 여자는 마귀의 생각으로 억눌림을 당했습니다. 그러나 그녀가 사단의 생각인 두려움과 근심에게 계속 자신을 내어줌으로 말미암아 그녀는 이런 생각에 온전히 사로잡히게 되었고, 결국 그녀의 마음이 완전히 악한 영에게 잡힌 바 되도록 적에게 열어주게 된 것입니다.

이 목사의 여동생이 이 이야기를 우리에게 해 주었습니다. 이 목사가 갱년기를 지나면서 근심으로 억압을 받기 시작하였습니다. 그녀는 침울하게 되었고 감정적으로 혼란하여지고 점점 더 불안하게 되었습니다. 그 여자는 의식적으로 혹은 무의식적으로 그녀의 마음과 감정을 마귀에게 내어주게 되었던 것입니다.

이 목사는 그의 초점을 하나님 말씀에 두지 않았습니다. 그녀는 완전히 근심에 사로잡히게 되었습니다. 그녀는 점점 더 속에서 악한 영들에게 자리를 내어주게 되었고 마침내 악한 영들이 그녀의 마음을 온전히 장악하게 되었습니다. 결국은 완전히 정신을 잃어버리게 되었고 그 악한 영에게 사로잡혀서 폭력적인 정신이상이 되었던 것입니다. 그 여자는 자살을 시도하였고 다른 사람도 죽이려고 하였습니다.

이 목사는 정신병원으로 가게 되었고 상당히 폭력적이기 때문에 자신에게 해를 가하지 않도록 벽이 푹신한 방에 일년 이상 갇혀 있었습니다. 그녀는 머리를 벽에 박으며 자살을 하려고 하였던 것입니다. 그녀는 포크와 칼로 자신을 해하려고 하였기 때문에 손가락으로 짐승같이 음식을 먹어야만 했습니다.

이 정신이 나간 사람의 여동생이 이 여자의 방에는 아무도 들어가지 못하게 되어있음에도 불구하고 나와 내 아내에게 이 사람을 도와달라고 청하러 왔습니다. 나는 나의 기도하는 모임에 이 문제를 넘겨서 그들이 이 여자에 대하여 기도하도록 하겠다고 말했습니다. 우리는 그 당시 내가 목회하던 파머스빌 교회에 기도하던 여인들이 있어서 하늘과 땅을 흔드는 기도를 하였습니다. 그들은 기도에 대한 응답을 받았던 것입니다!

우리가 기도를 시작한 지 열흘 만에 병원에서 이 정신이상 된 여자가 집으로 돌아가도 된다고 하였습니다. 병원에서 그 가족들에게 편지를 보내 이 여자가 더 이상 폭력적이지는 않지만 항상 병원이나 의사의 도움이 필요할 것이라고 하였습니다. 그리고 그 여자의 육체적인 건강이 너무 나빠져서 만일 환경의 변화가 이 여자에게 도움이 되지 않으면 오래 살 수는 없을 것이라고 했습니다.

복음을 전하던 목사가 정신이상이 되어 있었던 것입니다! 상상해 보십시오! 사람들은 그냥 이렇게 말했습니다. "아유, 불쌍한 사람이군요. 어떤 일이 일어난 건 분명한데 왜 그렇게 되었는지 모르겠네요." 그러나 우리는 사람들에게 어떤 일이 일어날 수 있는지 알아야 합니다. 그리고 어떻게 그리스도인이 마귀에게 문을 열어서 그들의 마음과 몸에 들어올 길을 마련하는지 알아야 합니다.

이것이 믿는 자들이 하나님의 말씀으로 그들의 마음을 새롭게 하여 근심과 두려움인 적의 생각대로 생각하는 것이 아니라 하나님의 생각대로 생각을 하는 것이 얼마나 중요한 것을 알아야 하는 이유입니다. 만일 그들이 잘못된 생각을 한다면 그들은 알지 못하는 사이에 마귀에게 문을 여는 것입니다. 믿는 자들은 마귀에게 당할 필요가 없습니다. 그들은 예수의 이름으로 마귀를 이길 권세가 있습니다. 그들은 마귀를 대적할 수 있고 그들이 마귀로 하여금 주관하도록 허락하지 않는 한 어떤 방법으로도 마귀가 그들을 지배할 수 없습니다.

이 순복음 교회 목사도 마귀에게 지배당할 필요가 없었습니다. 그녀는 그녀의 생각 속에 마귀에게 자리를 내줄 필요가 전혀 없었습니다. 그 여자가 만일 걱정과 억압에 대하여 하나님의 말씀으로 굳건하게 서서 대적하면서 말씀으로 그 마음을 새롭게 하였다면 사단은 그 여자의 마음에 들어올 길이 없었을 것입니다. 그 여자가 만일 사단의 억압을 꾸짖고 대적하였다면 사단은 그 여자로부터 도망갈 수밖에 없었을 것입니다(마 18:18; 약 4:7).

1943년 5월 첫 토요일, 이 순복음 교회 목사는 그의 여동생과 같이 내가 살던 목사관으로 찾아왔습니다. 나와 내 아내는 그들이 온다는 것을 몰랐습니다. 그러나 여기 내가 말해주고 싶은 것이 있습니다.

그날 아침 식사를 한 후 나와 내 아내는 아침마다 늘 하던 일을 하였습니다. 나는 항상 설거지를 하고 부엌을 청소하였습니다. 이것은 나의 습관이었습니다. 나는 아내가 내 사역을 돕는 것을 기대했습니다. 그러므로 내가 집안일을 돕는 것은 당연하였습니다. 나는 부엌을 청소하는 동안 작은 소리로 방언으로 기도하였습니다. 나는 내 안으로부터 무엇인가 인도되고 있는 것을 느꼈습니다.

그리고 나는 바로 옆에 있는 교회로 갔습니다. 그리고 다음 날 있을 예배를 위해 모든 것이 준비되었는지 살펴보았습니다. 그리고 이 모든 일을 하면서도 계속하여 방언으로 기도하였습니다. 마치 하나님께서 나에게 무엇을 위해 기도하게 하시는 것 같았습니다. 오해하지 마십시오. 성령님은 나로 하여금 기도하게 강요하지는 않았습니다. 성령님은 신사이십니다. 그러므로 성령님은 우리들에게 아무것이라도 강요하지 않습니다. 성령님은 부드럽게 인도하십니다. 마귀는 밀어부치지만 성령님은 부드럽게 인도하시고 권면하십니다.

그날 아침 내내 나는 내가 해야 할 일들을 하면서 내 속에서 인도하시는 것에 순종하여 계속하여 방언으로 기도하였습니다. 사람들이 내 주변에 있을 때는 나는 속으로 조용히 나 자신에게, 또 주님께 기도하였습니다. 그리고 나는 우체국에 편지들을 가지러 갔습니다. 그 당시에는 편지들을 배달해 주지 않았기 때문입니다. 그 모든 일에서 나는 방언으로 기도하라는 내 속에 하나님의 인도하심을 따랐습니다. 나의 영이 하나님과 교통하고 있었습니다(고전 14:2,14).

아침 8시부터 오후 2시까지 나는 대부분의 시간을 나의 모든 일을 하면서 방언으로 기도하였습니다. 그리고 가끔 나는 이런 생각을 했습니다. '주님이 내일 예배를 위하여 나를 준비시키는 모양이다. 멋진 설교를 할 모양이다!'

성경은 이렇게 말하고 있습니다. "내가 만일 방언으로 기도하면 나의 영이 기도하거니와…"(고전 14:14). 그리고 유다서 20절에서는 이렇게 말합니다. "사랑하는 자들아 너희는 너희의 지극히 거룩한 믿음 위에 자신을 세우며 성령으로 기도하라." 그래서 나는 하나님께서 무엇인가를 위해 나를 준비시키고 곧 응할 수 있게 하시려는 것을 알았지만 나는 이것이 다음날인 주일 예배를 위한 것이라고 생각했습니다. 그리고 2시쯤에 이 정신이상 된 여인을 그 여동생이 우리 목사관으로 데리고 왔던 것입니다. 그 여자는 마치 로봇같이 행동을 했습니다. 다른 세상에 있는 사람같이 똑바로 앞만 바라보고 있었습니다. 그러나 그 여자의 입은 그녀의 의지와는 상관이 없는 것처럼 쉬지 않고 움직이고 있었습니다.

그 여동생이 내가 목사라고 하자 곧 이 정신이 없는 여인은 성경을 인용하기 시작했습니다. 하나님의 말씀이 마치 수도꼭지에서 나오듯이 그 여자의 입에서 나오는 것이었습니다. 그 여자의 눈은 그동안 불타듯 하였습니다. 말씀은 그의 머리에서 나오는 것이 아니었습니다. 왜냐하면 그 여자의 정신은 제 기능을 할 수 없는 상태였기 때문입니다. 성경 구절은 그 여자의 재창조되고 거듭난 영에서 나오는 것이었습니다.

나는 이런 사람을 그 전에는 본 적이 없었으므로 어떻게 해야 할지 몰랐습니다. 그리고 나는 이렇게 말했습니다. "성경을 이렇게 잘 인용할 수 있는 사람은 정말로 주님을 잘 아는 사람임이 틀림없습니다."

내가 그 말을 했을 때, 그 여자의 눈은 타오르는 불같았습니다. 나는 그 여자의 바로 앞에 서 있었습니다. 그녀의 눈은 타오르고 있었고 그녀는 손으로 자신의 머리를 붙잡고 잡아 뜯으며 소리를 지르기 시작했습니다. "오, 아닙니다. 아닙니다! 아닙니다! 아닙니다! 나는 하나님을 알 수가 없습니다! 아닙니다! 아닙니다! 아닙니다! 나는 용서받지 못할 죄를 지었습니다! 아닙니다! 아닙니다!" 그 여동생이 그 여자를 잡아서 흔들어서 정신을 차리도록 하였습니다.

그 여동생은 마침내 그 여자를 의자에 앉혔습니다. 그러나 그 여자는 마치 다른 세상에 있는 것 같이 앉아서 앞만 쳐다보고 있었습니다. 나는 계속 그 여자를 보고 있었는데 그 여자는 눈을 깜빡거리지도 않았습니다. 그 여자는 눈을 크게 뜨고 있었고 마치 혼수상태에 있는 듯 했습니다. 그 여자의 주위에 무슨 일이 일어나던지 상관없이 그 여자는 그냥 거기 앉아서 꼼짝도 하지 않고 눈도 깜박이지 않고 있었습니다.

그 여동생이 우리들에게 말했습니다. "내가 병원장에게 '언니의 상태가 특별한 경우인가요? 언니가 용서받지 못할 죄를 지었다고 생각하는 것이 이례적인가요?' 라고 물어보았어요. 의사 선생님은 '아닙니다. 병원에 있는 사람 중에 90%는 용서받지 못할 죄를 지었다는 생각을 한답니다.' 라고 했습니다." 그 말은 마귀가 이런 분야에서 사람을 어떻게 괴롭게 하는지 말해줍니다. 마귀는 그들에게 용서받지 못할 죄, 즉 죽음에 이르는 죄를 지었다고 말하는 것입니다.

이 경우에, 이 목사님은 악한 영을 자신의 혼에 들어오게 하였고 마귀는 그 여자에게 자신이 죽음에 이르는 죄를 지었다고 확신을 하게 만들었던 것입니다. 잘못된 생각으로 마음이 병이 들면 그것은 마귀가 들어오게 문을 열어 주게 됩니다. 마귀, 귀신과 악한 영들은 우리가 아는 것 이상으로 이런 면에 많은 관여를 하고 있습니다.

나는 어떤 사람이 배가 아프듯이 그 여자는 그의 머리나 정신에 병을 가지고 있을 수 있다는 것을 알았습니다. 사람이 배가 아프면 그의 위가 잘 활동하지 않는다는 것입니다. 만일 사람이 그의 정신에 문제가 있다면 그의 정신이 기능을 적절하게 발휘하지 못한다는 뜻입니다. 그래서 나는 이 여자의 정신에 문제가 있다는 것을 알았습니다. 그러나 나는 또 귀신이 그 여자의 정신에 들어와 정신이상의 원인이 될 수 있다는 것도 알았습니다.

귀신은 그 여자의 영을 사로잡지는 못했습니다. 그 여자가 근심과 두려움을 통하여 문을 열었기 때문에 그 여자의 정신을 잡았을 뿐이었습니다. 그리스도인이 무지하거나 혹은 불순종함으로 문을 열어줌으로 허락을 하지 않는 한 사단은 그냥 들어와서 그리스도인의 마음이나 몸을 차지할 수 없습니다. 완전히 귀신이 들리는 경우에는 귀신은 그 여자를 완전히 소유하고 있다는 것입니다. 즉 영, 혼과 몸을 다 소유하였다는 말입니다. 그러나 그 여자는 그리스도인이었습니다. 그래서 마귀는 그 여자가 그리스도를 의도적으로 부인한 것이 아니었으므로 그 여자의 영을 붙잡을 수는 없었습니다.

특별히 그 여자의 경우와 같이 정신이 나간 상태에 있는 사람을 어떻게 다루어야 할까요? 그 당시, 나는 어떻게 다루어야 할지 알지 못했습니다. 나는 이런 사람을 다루어 본 적이 없었습니다. 그래서 나는 아내에게 이렇게 말했습니다. "여보, 실비아 자매를 불러옵시다."

실비아 자매는 우리 교회의 평신도였는데 그 여자는 하늘과 땅을 흔드는 기도를 할 수 있는 사람이었습니다. 우리가 차에서 실비아 자매가 준비하는 것을 기다리는 동안 나는 주님께 지금 방금 일어난 일에 대하여 말씀드렸습니다. 나는 그 여자가 단지 정신에만 문제가 있는 것이라면 나는 그 여자를 위하여 기도할 수 있는 것을 알았습니다. 그 여자에게 기름을 바르고 안수하고 기도하면 그 여자는 나을 것이었습니다.

억눌림, 사로잡힘, 완전히 점령됨의 차이를 구별하기

그러나 만일 악한 영이 정신이상의 원인이라면 성령의 능력과 인도로만 다루어야 한다는 것도 알았습니다. 나는 주님께서 나를 도와주셔야만 한다고 말씀드렸습니다. 나는 무엇을 어떻게 해야 할지 몰랐습니다. 나는 실비아 자매가 준비하는 동안 계속 기도했습니다. 그리고 우리들은 모두 목사관으로 돌아왔습니다.

우리는 모두 같이 기도를 시작하였고 곧 방언으로 기도하였습니다. 우리는 하나님께 방향을 제시하여 달라고 2시간 이상 기도하였습니다. 마귀를 대적하는 기도를 하지는 않았습니다. 우리는 악한 영들을 대항하여 싸우지도 않았습니다. 우리는 하나님께 그 여자에게 어떻게 사역을 하여야 할 것인지 방향을 제시해 달라고 기도하였습니다.

여기에 또 당신이 이해해야 할 것이 있습니다. 믿음의 기도가 모든 상황에서 역사하는 것은 아닙니다. 이것은 믿음의 기도가 역사할 상황은 아니었습니다. 왜냐하면 이 여자는 자신의 믿음으로 우리와 동의할 만한 정신적 상태가 아니었기 때문입니다.

아닙니다. 오해하지는 마십시오. 믿음의 기도는 역사할 상황에서는 반드시 역사합니다. 그러나 다른 사람의 의지가 관련되어 있을 때는 상대방이 당신과 동의하지 않으면 믿음의 기도를 할 수가 없는 것입니다(마 18:19).

내가 이 여자를 위하여 믿음의 기도를 하기 전에 나는 이 여자의 참여와 동의가 필요했는데 그 여자는 정신 상태로 인하여 그렇게 할 수 없었습니다. 그러므로 그 여자 자신의 믿음의 역사를 통하여서는 구원이 올 수가 없었던 것입니다.

어떤 사람들은 믿음의 기도를 모든 상황과 환경에서 역사시키려고 노력합니다. 그리고 어떤 경우에는 이것은 마치 동그란 구멍이 난 곳에 네모난 것을 넣으려는 것과 같습니다. 그것은 될 수 없는 일입니다. 다른 말로 하면, 기도에는 여러 가지 기도가 있고 성공적인 기도를 하려면 기도마다 그 기도에 따르는 법칙을 따라야 하는 것입니다.

그래서 우리는 하나님께 방향을 구하였습니다. 우리는 마귀에게 소리를 지르지도 않았고 귀신을 내쫓으려고 하지도 않았습니다. 우리는 이 정신이상 된 여자를 어떻게 다루어야 하는지에 대해 성령님의 인도하심이 필요했습니다.

우리는 이런 경우에 성령님께 의지할 수밖에 없습니다. 우리는 자주 "…이는 힘으로 되지 아니하며 능력으로 되지 아니하고 오직 나의 영으로 되느니라"(스 4:7)라는 말씀을 읽으면서도 우리 자신의 힘과 능력과 실력으로 무엇을 하려고 시도하지만 아무 일도 일어나지 않습니다. 그렇게 해서는 안 됩니다. 우리는 삶에서 성공하기 위하여 하나님의 말씀, 그의 능력과 권세와 그의 영에 의지하는 것을 배워야 합니다.

사실 우리가 우리 자신의 능력과 실력에 의지할 때 우리는 수고하고 또 수고하지만 거의 아무 일도 성취하지 못합니다. 그러나 만일 우리가 우리 안에 계신 더 크신 분으로 하여금 우리를 위하여 일하시게 하면 그는 우리 안에서 크게 일어나 우리의 마음을 비추어 주시고 우리 영에게 다른 어디에서도 얻을 수 없는 방향을 주십니다. 그리고 그는 항상 거룩한 하나님의 말씀과 일치하게 우리를 인도하십니다.

그래서 우리가 모두 하나님께 방향을 구하고 있는 중에 나는 이렇게 기도했습니다. "주님 어떻게 이 여자에게 사역을 하여야 할지 보여주십시오." 내가 그렇게 말했을 때 성령의 기름부음이 내게 임했습니다. 그리고 성령님이 내게 이렇게 말씀하셨습니다. "가서 그 여자 앞에 서서 '이 더러운 영아, 예수의 이름으로 나와라' 라고 말하라."

나는 이런 상황에 처해본 적이 없었으므로 그렇게 말하는 것을 꺼려했습니다. 내가 하나님께 순종을 하지 않았을 때 기름부음은 나에게서 떠나 버렸습니다. 그리고 나는 아무것도 할 수 없었습니다. 이런 상황에서 귀신을 쫓아내는 것은 성령의 능력과 기름부음 아래서 해야 합니다.

그리고 성령님은 내가 불순종하는 것에 대하여 꾸짖으셨습니다. 나는 주님께 이렇게 말씀드렸습니다. "주님, 그 기름부음을 다시 내게 부어주세요. 그러면 제가 순종하겠습니다." 나는 성령의 기름부음 없이 거기 서서 '나와라!' 라고 소리 지르는 것이 아무 소용이 없을 것을 알았습니다. 내가 내 힘으로 귀신을 내쫓으려고 한다면 나는 아무 일도 일어나지 않을 것이라는 것을 알았습니다. 그러나 성령님의 기름부음이 다시 내게 왔고 나는 하나님께 순종하였습니다. 그리고 악한 영에게 이렇게 말했습니다. "예수 그리스도의 이름으로 더러운 영들아 나와라."

그 후에도 그 여자는 달라진 것이 없는 것 같이 보였습니다. 그 여자는 올 때와 마찬가지로 보기에나 행동에도 여전하였습니다. 달라진 것이 하나도 없었습니다. 그 여동생은 옷을 입혀서 언니를 집에 다시 데리고 갔습니다. 그 여자는 보기에 달라진 것이 하나도 없었지만 나는 그 여자가 해방받은 것을 알았습니다. 아무도 그렇지 않다고 나에게 말할 수는 없었습니다.

이것이 때때로 우리가 놓치는 부분입니다. 나는 믿음의 명령이 성령님의 지시와 감동으로 말해진 것을 알았고 그 여자가 해방받은 것을 알았습니다. 믿음의 은사가 역사할 때는 당신에게 무엇이든지 성령님이 하라고 하는 것을 할 수 있는 믿음을 주시는 것이며 그것은 항상 응답을 받는 것입니다.

우리가 이 여자의 경우와 같이 동의나 협조를 받을 수 없는 경우, 다른 사람의 삶에서 마귀의 역사를 다뤄야 할 때 우리는 반드시 성령님께 무엇을 할지 인도를 받아야 합니다. 만일 성령님이 당신에게 무엇을 하라고 하지 않았는데 당신 자신이 자신의 힘으로 무엇을 한다면 큰 코 다치게 될 것입니다. 그러나 만일 사람이 당신에게 도움을 원하고 그들이 허락하면 당신은 그들의 삶에 있는 마귀 위에 당신의 권세를 예수 그리스도의 이름으로 사용할 수 있습니다(막 16:17).

어떤 사람이 악한 영으로부터 해방받은 후에 당신은 그들 자신이 마귀에게 어떻게 대적해야 하는지에 대하여 가르쳐야 합니다. 물론 당신 자신의 삶에서 마귀를 다룰 때는 당신을 위하여 다른 사람이 마귀를 쫓을 필요가 없습니다. 만일 당신이 하나님께 순종한다면 당신은 마귀를 대적하여 서서 꾸짖을 권세가 있고 그는 도망갈 수밖에 없는 것입니다(눅 9:1; 엡 6:13; 약 4:7).

그 여자는 그 토요일에 믿음의 명령으로 말미암아 자유롭게 해방되었습니다. 다음 월요일 오후 그 여동생이 돌아와서 우리들에게 이렇게 말했습니다. "제발 기도해주세요. 우리 언니가 처음 정신이상이 올 때와 같이 포악한 공격을 받고 있습니다." 내가 대답했습니다. "어떻게요?" 나는 내가 너무 침착한 것에 아주 놀랐습니다. 나는 무슨 일이 일어나고 있는지 분명히 알았습니다. 토요일 오후에 내가 그 귀신에게 나가라고 했고 그는 떠나야 한다는 것을 알았던 것입니다. 그는 떠나면서 드러내는 것이었습니다.

나는 이것을 그 여동생에게 설명했습니다. 그리고 예수님이 사람 안에 악한 영을 꾸짖을 때 귀신이 나가며 "소리 지르며" 혹은 "경련을 일으키게 하며"라는 성경 구절을 보여 주었습니다. 나는 여동생에게 이렇게 말했습니다.

"마귀는 그가 가야만 하는 것을 압니다. 그러므로 가면서 드러내는 것입니다. 이런 것이 끝나면 그녀는 괜찮을 것입니다."

정말 그렇게 되었습니다. 그 공격이 끝났을 때 이 여자의 마음은 완전히 회복이 되었던 것입니다. 믿음의 명령이 성령님의 권능과 감동에 의하여 말해졌을 때 즉각적으로 나타나지 않더라도 항상 결과를 가져오는 것은 확실합니다.

이 여자의 마음이 회복되는 순간 그녀는 예전과 같은 사람이 되었고 주님과 동행하는 영적인 삶도 여전했습니다. 그녀는 2년 반 동안이나 정신이 나갔던 기억이 전혀 없었습니다. 그리고 자신과 다른 사람을 죽이려고 했던 기억도 전혀 없었습니다. 남아 있는 것은 그 여자의 기억 속에 남은 공간뿐이었습니다. 얼마 지나지 않아 그 여자는 건강하다고 선언되었고 병원으로부터 퇴원하게 되었습니다.

악한 영이 그 여자의 정신을 사로잡아 그녀의 몸을 통하여 역사했던 것입니다. 그러나 그 여자의 영에 마귀가 있었던 것은 아닙니다. 그 여자는 그 당시 상당히 불안정하고 신경 과민한 상태였으므로 악한 영에게 순종을 하였고 그것은 그녀의 생각을 사로잡았던 것입니다. 그 여자는 악한 영들이 그녀의 생각 속에 더욱 많은 자리를 잡도록 허락하였고 그렇게 계속 내어주는 동안 악한 영은 결국 그 여자의 혼, 즉 마음과 의지 그리고 감정을 모두 사로잡았던 것입니다.

그 여자가 자유함을 받은 지 19년 후에 우리는 그 여자를 찾아보았습니다. 그 여동생이 우리에게 이렇게 말했습니다. "우리 언니의 정신은 건강합니다. 좋은 직장을 가지고 있고 주일학교에서 가르치고 있습니다."

완전한 점령당함(Full Possession) : 영, 혼과 몸

우리가 본 것과 같이 사람은 그의 혼에 억눌림을 당하기도 하고 사로잡힐 수도 있습니다. 즉 그가 그리스도인이라도 그의 정신이나 감정적인 영역에서 그렇게 될 수 있다는 것입니다. 그리스도인도 귀신이나 악한 영에게 그의 몸 속으로부터 혹은 겉으로부터 억압을 받을 수가 있습니다. 그러나 그것은 귀신에게 완전히 점령당한 것과는 다른 것입니다.

완전한 점령은 영, 혼과 몸을 악한 영이 모조리 점령한 것을 의미한다는 것을 기억하십시오. 왜냐하면 점령한다는 것은 소유하다는 것을 의미하기 때문입니다. 그러므로 그리스도인들이 악한 영에게 완전히 점령될 수 있다는 말은 성경적이 아니고 잘못된 말입니다. 확실히, 그리스도인은 아무도 그의 영에 마귀를 가질 수 없습니다. 혹시 영에 마귀를 가진 사람이 있다면 당신은 더 이상 그를 그리스도인이라고 부를 수 없을 것입니다. 우리는 사용하는 단어에 조심해야 하며, 어떤 표현을 쓸 때 그 표현의 확실한 의미를 정의해야 합니다.

우리는 억압을 당한 것, 영향을 받는 것, 귀신에게 내어주는 것, 그들에게 사로잡히는 것, 그리고 귀신에 의해 완전히 점령되는 것들에 상당한 차이가 있다는 것을 알아야 합니다. 완전히 점령되는 것은 사람이 그의 전부를 악한 영이 점령하고 가질 수 있게 일임하였다는 말입니다. 그리고 사람은 세 가지 차원을 가지고 있기 때문에 – 그는 영이고 혼을 가지고 있고 몸 안에 살고 있습니다 – 그가 영, 혼과 몸을 다 일임하지 않았다면 완전한 점령이라고 할 수 없습니다.

"점령(possessed)"이라고 번역된 희랍어 원어는 귀신의 권능이나 영향 아래 있다는 뜻을 가지고 있습니다. "귀신 들렸다"는 말의 성경적 사용법은 더 넓은 의미를 가지고 있는 것 같습니다. 그리고 이것은 귀신에 의하여 '괴롭을 당하다' 혹은 '영향을 받는다' 는 뜻도 포함하고 있습니다. "귀신이 들렸다"라는 말의 넓은 사용법에는 점령만을 포함한 것이 아니라 억눌림과 사로잡힘도, 사람에게 영향을 미치는 귀신들의 활동도 사실적으로 포함될 수 있습니다.

다른 말로 하면, 사람들이 마귀에 의하여 억눌림 당하고 사로잡히고 점령되었을 때 그들은 "귀신 들린 것"입니다. 그러므로 가장 넓은 뜻으로는 "귀신 들렸다"는 말은 '마귀의 역사로 괴롭힘을 당하다' 라는 뜻이기도 합니다.

우리들이 사용하는 단어와 그 의미가 분명하지 않기 때문에 이 분야에 대한 우리들의 생각이 분명하지 못합니다. 예를 들어서, 만일 어떤 사람이 "그리스도인들도 마귀에게 점령(possessed)당할 수 있습니까?"라고 물을 수 있습니다. 이 사람이 물어보려는 질문은 "그리스도인들도 귀신 들릴(demonized) 수 있습니까?"일 것입니다. 다른 말로 하면, 그리스도인들도 악한 영에게 억압을 당하고 사로잡히고 영향을 받고 내어줄 수 있느냐는 질문일 것입니다.

그렇게 묻는 것이라면 대답은 '있습니다' 입니다. 그리스도인들도 악한 영들에게 "귀신 들릴 수" 있습니다. 그러나 그리스도인들은 악한 영에게 영, 혼과 몸을 완전히 점령당할 수는 없습니다. 확실히 마귀는 사람이 계속하여 그에게 자꾸 더 많은 자리를 내어준다면 사람의 어떤 부분이라도 완전히 소유할 수 있습니다. 내가 이것이 어떻게 그리스도인들에게 적용이 되는지 나중에 더 다루려고 합니다.

어떤 경우, 완전한 점령인 경우에도 점령의 정도가 있을 수 있습니다. 다른 말로 하면, 어떤 사람은 더 많이 지배당할 수도 있고 또 어떤 사람은 조금 덜 지배당할 수도 있다는 것입니다. 어떤 사람이 그의 마음과 혼만 악한 영에게 점령당했다면 이것은 부분적인 점령이 될 것입니다. 그리고 부분적인 점령에서도 그 점령의 정도에 차이가 있는 것입니다. 사람이 조금 더, 혹은 덜 마귀에게 점령되고 통제될 수 있습니다. 다른 말로 하면, 사람이 그 자신이 일을 조금 더 혹은 조금 덜 통제할 수 있다는 말입니다.

성경에서 완전한 점령을 당한 경우를 살펴보겠습니다. 거라사의 광인은 귀신에게 점령되었습니다. 영, 혼과 몸이 다 점령되었던 것입니다. 1952년 환상에서 예수님이 내게 나타났을 때, 예수님은 당신이 땅에 계셨을 때 있었던 이 경우의 귀신에게 점령됨에 대하여 오랫동안 이야기하셨습니다.

막 5:1-20
1 예수께서 바다 건너편 거라사인의 지방에 이르러
2 배에서 나오시매 곧 **더러운 귀신 들린** 사람이 무덤 사이에서 나와 예수를 만나니라
3 그 사람은 무덤 사이에 거처하는데 이제는 아무도 그를 쇠사슬로도 맬 수 없게 되었으니
4 이는 여러 번 고랑과 쇠사슬에 매였어도 쇠사슬을 끊고 고랑을 깨뜨렸음이러라 그리하여 아무도 그를 제어할 힘이 없는지라
5 밤낮 무덤 사이에서나 산에서나 늘 소리 지르며 돌로 자기의 몸을 해치고 있었더라
6 그가 멀리서 예수를 보고 달려와 절하며
7 큰 소리로 부르짖어 이르되 지극히 높으신 하나님의 아들 예수여 나와 당신이 무슨 상관이 있나이까 원하건대 하나님 앞에 맹세하고 나를 괴롭히지 마옵소서 하니
8 이는 예수께서 이미 그에게 이르시기를 **더러운 귀신아** 그 사람에게서 나오라 하셨음이라

9 이에 물으시되 **네 이름이 무엇이냐** 이르되 **내 이름은 군대니** 우리가 많음이니이다 하고
10 자기를 그 지방에서 내보내지 마시기를 간구하더니
11 마침 거기 돼지의 큰 떼가 산 곁에서 먹고 있는지라
12 이에 간구하여 이르되 우리를 돼지에게로 보내어 들어가게 하소서 하니
13 허락하신대 **더러운 귀신들이** 나와서 돼지에게로 들어가매 거의 이천 마리 되는 떼가 바다를 향하여 비탈로 내리달아 바다에서 몰사하거늘
14 치던 자들이 도망하여 읍내와 여러 마을에 말하니 사람들이 어떻게 되었는지를 보러 와서
15 예수께 이르러 그 **귀신 들렸던** 자 곧 군대 귀신 **지폈던** 자가 옷을 입고 정신이 온전하여 앉은 것을 보고 두려워하더라
16 이에 **귀신 들렸던** 자가 당한 것과 돼지의 일을 본 자들이 그들에게 알리매
17 그들이 예수께 그 지방에서 떠나시기를 간구하더라
18 예수께서 배에 오르실 때에 **귀신 들렸던 사람이** 함께 있기를 간구하였으나
19 허락하지 아니하시고 그에게 이르시되 집으로 돌아가 주께서 네게 어떻게 큰 일을 행하사 너를 불쌍히 여기신 것을 네 가족에게 알리라 하시니
20 그가 가서 예수께서 자기에게 어떻게 큰 일 행하셨는지를 데가볼리에 전파하니 모든 사람이 놀랍게 여기더라

우리는 이 사건으로부터 배울 것이 많습니다. 그리고 우리는 거라사의 광인으로부터 흥미로운 관찰을 할 수 있습니다. 그러나 이 사람이 그리스도인이 아니었다는 것을 아는 것은 매우 중요합니다. 예수님이 아직 십자가에서 인류의 구원을 이루시지 못하셨으므로 이 사람은 거듭나지 못했던 것입니다.

우리는 또 자유함을 받기를 원했던 거라사의 광인의 경우와 또 다

른 사람이 매번 의지를 사용하여 사단에게 내어주고 구원받기를 원치 않았던 다른 사람의 경우와는 많은 차이가 있다는 것을 이해해야 합니다. 사단의 권세로부터 벗어나려고 노력을 하는 사람과 그 자신을 의도적으로 사단에게 여러 번씩 내어주고 사단의 통제에서 벗어나기를 원치 않는 사람과는 굉장한 차이가 있는 것입니다.

나는 경험으로 자유함 받기를 원하는 사람을 자유롭게 하는 일은 상대적으로 쉽다는 것을 알고 있습니다. 해방받기를 원하는 사람은 해방받을 수 있습니다. 그러나 계속하여 의도적으로 사단의 능력에 내어주고 자유함 받기를 원치 않는 사람들을 도와주는 것은 상당히 어렵습니다.

주님은 이 거라사의 광인에 대해 큰 연민을 가지고 만났습니다(막 5:19). 예수님은 명령하심으로 사람에게 자유함을 주셨습니다(막 5:13; 눅 8:32). 즉각적으로 이 사람의 모습이 변했습니다. 전에는 그의 옷을 찢고 그 자신을 돌로 치는 거친 광인이었는데 예수님의 명령 후에 그 사람은 정상이 되었습니다. "예수께 이르러 그 귀신 들렸던 자 곧 군대 귀신 지폈던 자가 옷을 입고 정신이 온전하여 앉은 것을 보고 두려워하더라"(막 5:15).

그 사람이 자유함을 받았을 때 그는 구원자 되신 예수님께 매달렸습니다. 그는 예수님과 함께 가기를 원했습니다(눅 8:38). 그러나 예수님은 즉각적으로 이 사람을 그 친구들에게 보내서 예수님께서 하신 일을 말하도록 하였습니다(눅 8:39).

예수님은 그 사람 자신을 위하여 주님을 섬기는 것을 시작하는 것이 좋다는 것을 알았습니다. 예수님은 이 사람이 새로 생긴 믿음을 고백하고 증인이 되는 것에 훈련이 필요하다는 것을 알았습니다. 그래서 예수님은 이 사람을 자기 고향에 이 기쁜 소식을 전하도록 보냈던 것입니다. "…주께서 네게 어떻게 큰일을 행하사 너를 불쌍히 여기신 것을 네 가족에게 알리라"(막 5:19). 예수님께서는 빛을 향하여 행하는 진보가 이 사람에게 새롭게 발견한 주님과의 동행에 확신과 능력을 줄 것을 아셨습니다.

우리는 가끔 새로운 신자들에게 가장 담대하고 어려운 봉사의 일을 맡길 수 있어야 합니다. 이런 일은 그들이 그리스도인으로서의 간증을 강화시키고 그들의 믿음을 강하게 합니다. 나는 방금 구원받은 사람들이나 혹은 자유함을 받는 사람들을 권세의 자리에 놓으라고 하는 말은 아닙니다. 그렇지만, 어린 성도들도 봉사와 주님이 그들을 위해서 하신 일에 대해 담대한 간증을 할 수 있도록 해야 합니다.

질병이나 마귀의 영향으로부터, 혹은 사단의 묶임으로부터 자유함을 받은 사람은 누구나 이런 원칙을 기억하는 것이 좋습니다. 사단의 묶임으로부터 벗어난 사람에게는 즉각적으로 고백, 간증, 봉사의 훈련을 받는 것이 특별히 중요합니다. 왜냐하면 이것들은 놀랍게 그를 강건하게 하여 주님의 구원하시는 능력에 대하여 담대하게 말할 수 있게 되기 때문입니다.

예수님은 또 머지않아 데가볼리 지방이 이 한 사람의 간증으로 흥분되어져서 그 지방에 예수님이 갈 수 있게 되는 길을 준비할 수 있다는 것을 아셨습니다. "그가 가서 예수께서 자기에게 어떻게 큰 일 행하셨는지를 데가볼리에 전파하니 모든 사람이 놀랍게 여기더라" (막 5:20).

이 정신이상의 경우들은 그 특성에서 예수님의 때나 지금이나 같은 것 같습니다. 예수님의 시대에는 정신이상은 직접적 혹은 간접적인 귀신의 활동이라고 알려져 있었습니다. 이 사람의 특별한 경우에는, 악한 영의 실제적 임재가 이 사람의 정신이상의 직접적인 원인이었습니다.

자, 그러면 돌아가서 마가복음 5장의 이 구절에서 주요한 요소들을 자세히 주목해보겠습니다. 마가복음 5장 13절에는 악한 영들은 더러운 영이라고 불렸습니다. "…더러운 귀신들이 나와서 돼지에게로 들어가매…"

"깨끗한" 악한 영은 없습니다. 그들은 타락한 영들로서 모두 그 본성이 더럽습니다. 그러므로 일반적으로 이야기 할 때 "더러운 영"이라는 것은 타락한 영원한 영적 존재인 악한 영의 본성을 말합니다. 특별히 말할 때, 거라사의 광인의 경우에는 더러운 영이라는 것은 영의 유형이나 종류를 말하고 있습니다.

마가복음 5장에서 기억해야 할 다른 요소는 악한 영이 더 이상 사람을 억압하거나 몸을 빌리거나 점령할 수 없을 때 두 번째 선택으로 동물의 몸을 빌리기를 원한다는 것입니다. 이 귀신들은 예수님께 돼지에게 들어가게 허락해 달라고 구했습니다(막 5:12).

영원한 악한 존재들로서 만일 악한 영들이 사람의 몸에 들어왔다면 그들은 그 사람을 자신들과 같이 만들 것입니다. 다른 말로 하면, 그 사람은 자신에게 영향을 주고 있는 종류나 유형의 악한 영의 개성과 품성을 가지게 되는 것입니다.

나는 넓은 의미에서 "더러운 영"이란 것은 타락한 존재들을 의미한다고 말했습니다. 그러나 마가복음 5장에서와 같이 특별한 의미로 사용되면 "더러운 영"이란 것은 악한 영의 종류나 유형을 말하고 있는 것입니다. 이것들의 종류에 관하여 예수님은 이렇게 말씀하셨습니다. "이는 예수께서 이미 그에게 이르시기를 더러운 귀신아 그 사람에게서 나오라 하셨음이라"(막 5:8).

우리는 이것이 그 영의 이름이 아니라는 것을 압니다. 왜냐하면 9절에서 예수님은 이것의 이름을 묻습니다. "…네 이름이 무엇이냐 이르되 내 이름은 군대니 우리가 많음이니이다"(막 5:9).

이 사람이 이 더러운 영의 개성을 가진 것은 분명하였습니다. 이 더러운 영은 이 사람으로 하여금 그 옷을 찢게 하고 벗고 돌아다니게 하고 돌로 자신의 몸을 해하게 하였습니다(막 5:5; 눅 8:27).

이 악한 영은 이 사람을 통하여 성적인 취향을 나타내었던 것 같습니다. 이 사람은 아마도 육체적인 고통으로부터 성적인 만족을 얻는 피학대음란증환자(masochist)였을 것입니다.

우리는 이 더러운 영이 거라사의 광인을 이렇게 만들었다는 것을 알 수 있습니다. 왜냐하면 이 사람이 자유함을 받자마자 그의 정상적인 마음이 돌아왔고 그는 옷을 입었습니다. "예수께 이르러 그 귀신 들렸던 자 곧 군대 귀신 지폈던 자가 옷을 입고 정신이 온전하여 앉은 것을 보고 두려워하더라"(막 5:15).

그리고 이 사람이 바른 정신이 돌아오자 그는 예수님의 발 앞에 앉아서 예수님께 배웠습니다. 사단과 죄에서 자유함을 받은 사람들은 그들의 바른 정신이 회복 받고는 예수님의 발치에 앉아 예수님으로부터 배웠습니다.

이 구절에서 다른 또 중요한 요소가 마가복음 5장 2절에 있습니다. 한 마귀만 점령을 했던 것입니다. 성경이 말하는 것을 주의하십시오. "배에서 나오시매 곧 더러운 귀신 들린 사람이 무덤 사이에서 나와 예수를 만나니라." 여기서 "귀신 들린"의 귀신은 단수입니다. 이것이 오직 한 영만 점령한다는 첫 증거가 됩니다.

예수님이 이 사람을 만난 지 얼마 안 된 후에 예수님은 더러운 영에게 이 사람에게서 나오라고 말씀하십니다. "이는 예수께서 이미 그에게 이르시기를 더러운 귀신아 그 사람에게서 나오라 하셨음이라"(막 5:8). 그러나 더러운 귀신은 그 사람에게서 나오지 않았습니다. 그래서 예수님은 물었습니다. "네 이름이 무엇이냐?" 더러운 영이 대답했습니다. "…내 이름은 군대니 우리가 많음이니이다"(9절).

이것은 오직 한 영이 점령했음을 나타내는 것인데 그 영은 군대라는 이름의 더러운 영이었습니다. 이 경우에 "군대"라는 말은 더러운 영의 이름일 뿐만 아니라 이것의 숫자도 나타냅니다. 이 한 악한 영은 더러운 영으로 그 이름은 군대였고 이것의 이름으로 우리는 이 악한 영이 자신과 함께 많은 더러운 영들을 데리고 이 사람에게 와서 사는 것을 알 수가 있습니다.

어떻게 또, 한 영만이 점령하는 것을 알 수 있습니까? 마가복음 5장 15절에서 성경은 이렇게 말합니다. "예수께 이르러 그 귀신 들렸던 자 곧 군대 귀신 지폈던 자가 옷을 입고 정신이 온전하여 앉은 것을 보고 두려워하더라." 다른 말로 하면, 비록 군대같이 많은 마귀들이 그 사람 안에 있기는 했지만 온 군대가 그 사람을 점령했던 것은 아닙니다. 오직 한 영이 점령하였고 그는 그와 함께 다른 많은 마귀들을 군대같이 데리고 왔던 것입니다. 이것은 아주 전형적인 것입니다. 온 군대들의 귀신들에게 점령함을 받는 것은 가능하지 않습니다.

예수님은 이렇게 말씀하셨습니다. "거라사에 있었던 미친 사람의 경우처럼 항상 어둠의 세상 주관자들이 사람을 점령하는 것이다. 어떤 사람들은 이천 명의 귀신들이 그를 점령하였다고 말하지만 그것은 옳지 않다."

"이 성경 구절을 다시 읽어보아라. 악한 영 중에서 하나만 그 사람을 소유한 것이다. 그리고 항상 그렇다. 점령하고 있는 영이 다른 영들을 데리고 오지만 점령하는 것은 하나의 영이다."

악한 영에 대한 성경적 통찰

마태복음 12장은 우리들에게 악한 영과 그들의 활동에 대한 통찰을 주고 있습니다.

> 마 12:43-45
> 43 더러운 귀신이 사람에게서 **나갔을 때에** 물 없는 곳으로 다니며 쉬기를 구하되 쉴 곳을 얻지 못하고
> 44 이에 이르되 내가 나온 내 집으로 돌아가리라 하고 와 보니 **그 집**이 비고 청소되고 수리되었거늘
> 45 이에 가서 저보다 더 악한 귀신 일곱을 **데리고 들어가서 거하니** 그 사람의 나중 형편이 전보다 더욱 심하게 되느니라 이 악한 세대가 또한 이렇게 되리라

무엇보다도 더러운 영이 44절에서 말한 것을 살펴보십시오. "이에 이르되 내가 나온 내 집으로 돌아가리라 하고 와 보니 그 집이 비고 청소되고 수리되었거늘."

우리는 악한 영들의 확실한 기원은 모르지만 그들이 영원한 타락한 영 혹은 영원히 악한 품성을 가졌다는 것은 알고 있습니다.

1. 귀신은 말을 할 수 있습니다. "그가 (더러운 영) 말하되"(마 12:44). 예수님은 내게 말씀하셨습니다. "사람이 완전히 점령을 당한 경우에는 귀신은 그 사람을 통하여 말한다."
2. 귀신은 생각을 할 수 있고 의지가 있습니다. "내 집으로 돌아가리라" (마 12:44). 악한 영들은 그 전에 살던 곳으로 돌아가려고 결정을 했던 것입니다.

3. 귀신은 다른 악한 영들과 교통할 수 있습니다. "이에 가서 저보다 더 악한 귀신 일곱을 데리고"(마 12:45).

악한 영들이 소위 그들이 말하는 "집"으로 – 그들이 나왔던 사람 – 돌아갔을 때 그들은 이것이 소제되고 비고 수리된 것을 발견했습니다. 그래서 그는 가서 일곱 귀신을 더 데리고 와서 그들과 같이 거기 살려고 왔습니다.

이것은 악한 영들의 계급들에 따라 얼마만큼의 지적능력이 있는지를 말해주고 있습니다. 그리고 에베소서 6장 12절에서 사단의 왕국에 다른 분야와 계급이 나누어져 있는 것을 볼 수 있으므로 그들이 연대별로 잘 조직되어 있는 것을 알 수 있습니다.

마태복음 12장은 또 마귀가 그의 공격에 있어서 대단히 끈질기다는 것을 보여주고 있습니다. 마귀는 우리에 대한 공작을 그치지 않습니다. "이에 이르되 내가 나온 내 집으로 돌아가리라 하고 와 보니 그 집이 비고 청소되고 수리되었거늘"(마 12:44). 마귀는 사람으로부터 내쫓긴 후에 항상 돌아오려고 하는 것입니다. 그는 그가 두고 온 "집"으로 돌아가려고 합니다. 그는 그 사람에게 질병과 연약함을 가져옴으로, 혹은 사람이 잘못을 행하도록 함으로 그 사람에게 돌아오려고 시도를 합니다.

우리는 이런 원칙들이 역사하는 것을 구원받지 못한 사람의 경우에서 볼 수 있습니다. 만일 어떤 사람이 구원을 받으면 마귀는 항상 그의 삶에 다시 들어가려고 노력을 합니다. 사단은 유아기의 그리스도인들에게 그들이 구원받기 전에 하던 대로 행하게 하여서 그들이 전에 살던 생활방식대로 돌아가게 영향을 미치려고 할 것입니다. 그렇기 때문에 새로 거듭난 자들은 말씀 위에 굳건히 뿌리를 잘 박아 서서 마귀를 대적할 수 있어야 합니다.

그리고 마태복음 12장 43절부터 45절까지의 원칙들이 연약함과 질병들로부터 자유함을 받은 사람들에게 역사하는 것을 볼 수 있습니다. 성경은 질병과 연약함을 사단의 억압이라고 부릅니다(행 10:38). 많은 경우에 마귀는 사람들이 치유를 받은 후에 같은 질병과 연약함을 도로 가져다주려고 합니다. "이에 가서 저보다 더 악한 귀신 일곱을 데리고 들어가서 거하니 그 사람의 **나중 형편이 전보다 더욱 심하게 되느니라**. 이 악한 세대가 또한 이렇게 되리라"(마 12:45).

물론, 모든 질병과 연약함이 다 악한 영의 직접적인 임재의 결과로 생기는 것은 아닙니다. 그러나 때때로 질병과 연약함이 괴롭게 하는 악한 영의 직접적인 임재의 결과이기도 합니다.

그렇기 때문에, 만일 악한 영의 임재의 직접적인 결과라면 질병과 연약함 때문에 괴롭힘을 당하는 사람에게서 그 악한 영을 내쫓는 것만으로는 충분하지 못합니다. 그 사람이 하나님의 말씀을 배워서 그 자신이 마귀에게 대적하여 설 수 있어야 하는 것입니다. 왜냐하면 사단은 항상 같은 질병과 연약함, 그리고 죄 같은 것으로 돌아오려고 노력할 것이기 때문입니다.

그러므로 믿는 자는 말씀으로 어떻게 자유함을 받는지를 배워야 할 뿐 아니라, 하나님의 말씀을 적용하여 자유로운 상태를 유지할 수 있는 방법도 배워야 합니다. 하나님의 말씀은 마귀의 전략과 그의 군대에 대하여 우리를 보호해 줍니다.

이것이 그리스도인의 삶에서 마귀의 영향을 다루는 일과 그들의 삶에 하나님의 말씀을 받아들이는 것이 매우 중요한 이유입니다. 그리스도인들은 우리가 그리스도 안에서 어떤 사람인지, 그들이 예수의 이름으로 어떤 권세를 가졌는지 잘 알 필요가 있습니다(요 14:13-14; 빌 2:9-10). 그렇지 않으면, 우리가 그들의 몸과 마음에서 악한 영을 내쫓는 것이 더 나쁘게 될 수도 있습니다. 왜냐하면 성경은 그들이 전에 상태보다도 일곱 배나 더 나빠질 수 있다고 말하고 있기 때문입니다.

믿는 자들은 단순히 그리스도 안에서 그들의 권세의 자리를 차지해야 합니다. 믿는 자들은 계속하여 마귀로부터 도망치거나 마음과 몸에 괴롭힘을 당할 필요가 없습니다. 그리스도 안에서 믿는 자의 권세는 승리의 자리이고 정사와 권세보다 훨씬 높은 곳에 있는 승리입니다!

그리스도인으로서, 우리는 하늘의 그리스도 안에 앉아 있으므로 우리는 사단과 그의 군대를 두려움이나 패배의 자리에서가 아니라 승리의 자리에서 내려다보아야 합니다(엡 1:3; 2:5-6). 그리고 우리가 어두움의 왕국을 성경적으로 다루려면 우리는 항상 그리스도와 공동 상속자로서 그 승리의 자리를 기억해야 합니다. 이것은 그리스도 안에서 우리를 대적하는 마귀와 그의 모든 역사와 활동에 대한 승리의 자리입니다.

제 5 장

그리스도인들 안에 귀신이 있을 수 있습니까?

그리스도인들 안에 귀신이 있을 수 있습니까? 이것은 그리스도인의 세계에서 번번히 다루어지는 토론의 주제입니다. 나는 어떤 목사들이 이 주제에 대하여 말하는 것을 들었는데, 그때 그것들이 성경적이 아니었기 때문에 내 속에서 거부감이 있었습니다. 그들은 모든 그리스도인들이 그 속에 귀신들이 있어서 주기적으로 그것들을 내쫓아야 하는 것 같은 인상을 주었습니다. 그런 말은 여러 가지 이유에서 잘못된 것입니다.

첫째, 그리스도인들의 영에는 귀신이 있을 수가 없습니다. 그것은 불가능한 일입니다. 성숙한 그리스도인들은 그들의 의지로 미리 생각해서 일부러 그리스도를 부인하여야 귀신들로 하여금 그의 영에 들어올 자리를 주게 됩니다. 왜냐하면 만일 그가 그리스도인이라면 귀신이 아니라 성령님이 그의 영에 거하시기 때문입니다. 만일 성숙한 그리스도인이 그리스도를 부인한다면 그는 더 이상 그리스도인이 아닌 것입니다. 그리스도인이라는 말은 그리스도와 비슷하다는 말입니다. 이것은 하나님의 생명과 본성이 그의 영에 거한다는 뜻입니다(고후 5:17).

그리스도인이 그의 영에 악한 영을 가지고 있는 것이 불가능한 이

유는 그리스도인의 영이 성령님에 의하여 재창조되었기 때문입니다
(고후 5:17). 그러므로 그리스도인의 영은 성령님이 거하시는 장소
입니다(요 14:23; 고전 6:17). 그리고 이것은 악한 영이 거하는 곳이
될 수 없습니다(고후 6:14-16; 약 3:11-12).

그리스도인들에게도 "귀신이 있을 수 있다"고 말하는 사람들은
그들이 사용하는 단어를 합당하게 정의하지 못하고 있습니다. 그들
은 사람을 바르게 분리하고 있지 않습니다. 그들은 사람이 영이고
혼이 있으며 몸 안에 산다는 것을 인정하지 않습니다. 그리고 그들
은 귀신이 사람의 혼이나 몸에 괴로움을 입히지만 그들의 영에는 그
렇게 할 수 없다는 것을 분명하게 구분하지 않습니다.

만일 사람들이 믿는 자들의 몸과 혼이 귀신의 억압을 받는다던지
혹은 사로잡힘을 당하는 것을 의미한다면 그것은 다른 말입니다. 그
렇습니다. 그리스도인들도 그들의 혼과 몸이 귀신에게 억압을 당하
고 사로잡힘을 당할 수가 있습니다. 그러나 그리스도인들이 귀신에
의하여 영, 혼과 몸이 다 점령될 수 있다고 하는 것은 전혀 다른 문
제인 것입니다.

또한 그리스도인들이 귀신에게 억압을 당하거나 사로잡힘을 당했
다하더라도 귀신을 가진 것은 아닙니다. 그것은 극단적인 가르침이
므로 피해야 할 것입니다. 어떤 분야에서든지 극단적인 가르침은 성
경적이 아닙니다.

사실, 사복음서에서 귀신을 쫓아냄을 당한 사람 중 어느 누구도
그리스도인이 아니었습니다. 그들은 그리스도인일 수가 없었습니
다. 왜냐하면 예수님이 아직 인류를 위하여 죽어서 그의 피를 흘리
지 않았기 때문에 그들은 예수의 피로 거듭날 수 없었던 것입니다.

예수님이 죽으시고 장사되고 부활하셔서 새로운 탄생이 올 때까

지 많은 사람들이 예수님을 따르는 자였고 제자들이었습니다. 그들은 새로운 탄생이 올 때까지 약속을 갖고 있었던 것입니다. 그러나 복음서에서 악한 영이 쫓아내어진 사람들은 거듭나지 못한 사람들이었습니다. 그들은 그리스도인들이 아니었습니다.

믿는 자들의 삶에서 귀신에 대한 성경적 균형을 찾기 위하여 복음서에서 예수님께서 어떻게 제자들에게 귀신을 내쫓는 일에 대하여 지시하였는지를 공부하십시오. 예수님께서 제자들에게 서로에게서 귀신을 쫓아내라고 가르쳤습니까? 아닙니다. 예수님은 그렇게 하지 않았습니다. 예수님이 하늘로 승천하시기 전에 그의 제자들에게 믿는 자에게서 귀신을 쫓아내는 방법을 주었습니까? 아닙니다. 예수님은 그렇게 하지 않았습니다!

사도행전에서도, 마귀를 쫓아냄으로 자유함을 받았던 사람들은 그리스도인들이 아니었습니다. 사실 성경 어디에서도 그리스도인으로부터 악한 영을 쫓아냈다든지 혹은 그리스도인이 귀신에게 점령되었다는 말은 없습니다.

그렇지만 이런 것은 내가 이미 이야기한 대로 그리스도인들이 악한 영에게 억압을 당하거나 사로잡힘을 당할 수 없다는 말은 아닙니다. 성경은 질병과 연약함이 사단의 억압의 결과라고까지 말하고 있습니다(행 10:38). 예를 들어서, 때때로 병든 사람을 다룰 때 나는 그 사람의 몸을 억압하고 괴롭히는 귀신을 먼저 다루어야 할 때가 있는 것을 발견할 수 있습니다.

항상 그런 것은 아니지만, 가끔 악한 영이 그 몸에 있어서 질병과 연약함을 더 심하게 만드는 경우도 있습니다. 그리고 그것은 그 사람의 병이 치유함을 받기 전에 성령의 능력으로 먼저 다루어져야 하는 것입니다. 그 귀신이 쫓겨날 때 그 사람은 치유함을 받게 됩니다.

반면에, 다른 아픈 사람들은 그들에게서 귀신을 쫓아낼 필요가 없습니다. 그들은 치유만을 필요로 하는 것입니다. 그러므로 우리는 이 분야에 변함없는 단단한 규칙을 가질 수는 없습니다. 우리는 성령님의 인도하심에 의지하여서만 질병과 연약함이 악한 영의 임재 때문인지 아닌지를 알 수 있습니다.

구원받지 못한 사람과 마찬가지로 그리스도인은 그가 원하는 것을 선택할 수 있는 것입니다. 왜냐하면 구원을 받았든지 안 받았든지 모든 사람은 자유의지가 있기 때문입니다. 우리가 거듭났다고 자유의지를 잃어버리는 것이 아닙니다. 만일 그렇다면 우리들은 로봇이 될 것입니다. 그렇지만 하나님은 우리를 로봇으로 창조하시지는 않았습니다.

어떤 사람이 성령으로 충만함을 받은 후에도 그는 선택을 할 수 있습니다. 그는 마귀의 생각을 할 수도 있고 만일 그가 원한다면 마귀의 생각에 자신을 내어줄 수도 있습니다. 마귀는 항상 사람의 마음과 의지와 감정을 통하여 역사하여 사람으로 잘못을 저지르게 하므로 그가 그 사람에게 들어갈 자리를 찾는 것입니다. 그러나, 그리스도인은 악한 영이나 육신에게 자신을 내어줄 필요가 없습니다. 믿는 자는 성령님께 자신을 내어드리는 것을 배워야 하는 것입니다.

나는 성경에 나오지 않는 것을 가르치고 실천하는 것에 대하여 의심합니다. 어떤 목사들이 모든 그리스도인들은 그 안에 마귀가 있기 때문에 계속하여 내쫓아야 한다고 가르친다면 그것은 성경적이 아닙니다. 그런 극단적인 가르침이나 실천하는 일을 성경 어디에서도 찾을 수 없습니다. 우리는 성경에 기초하여 극단과 과잉으로부터 멀리 해야 합니다. 구원을 받은 사람이든 구원받지 못한 사람이든 누구나 마귀에게 귀를 기울이고 그의 제안에 순종할 수 있습니다. 그러나 잠깐 동안 악한 영에게 순종하는 것과 몸 안이나 밖에서 역사하는 귀신에게 억압당하는 것에는 큰 차이가 있습니다. 그리고 귀신에게 사로잡힘을 당하는 것과 점령당하는 것에는 또한 큰 차이가 있는 것입니다.

나의 58년 이상의 사역에서, 나는 그리스도인의 영으로부터 마귀를 쫓아낸 적이 한 번도 없습니다. 그리고 다른 사람도 그런 적이 없습니다. 왜냐하면 악한 영은 믿는 자의 영에 거할 수가 없기 때문입니다. 만일 악한 영이 믿는 자에게 있다면 그것은 그들의 몸이나 혼입니다. 즉 그들의 마음이나 의지, 혹은 감정에 있는 것입니다. 대부분의 경우 그들이 마음을 새롭게 하지 않았음으로 마귀가 그들의 혼과 몸을 이용합니다. 그러나 대부분의 믿는 자들은 귀신이 문제가 아니라 그들의 육신이 문제일 뿐입니다.

사실, 우리나라에서도 비록 그 숫자가 마술의 실천으로 말미암아 늘어나고 있긴 하지만 아주 적은 수의 구원받지 못한 사람들만이 귀신에 점령되어 있습니다. 나의 사역기간 동안 온전히 귀신에 점령된 사람은 한 사람밖에 보지 못했습니다. 그는 영, 혼과 몸이 다 점령되어 있었습니다.

1952년 환상 : 영광의 구름에 싸여서

1952년 환상에서 예수님께서 내게 나타났을 때, 주님은 나에게 귀신이 어떻게 사람을 사로잡는가에 대한 주제로 상당히 오래 말씀하셨습니다. 1952년 환상은 세 부분으로써 예수님이 나에게 어떻게 귀신이 사람에게 자리를 잡는지에 대해 말씀해 주셨습니다.

나는 1952년에 교회에서 집회를 인도하고 있었습니다. 나는 그 교회의 목사관에 거하고 있었고 집회 후에 그 목사와 나는 교제의 시간을 갖곤 했습니다.

어느 날 저녁 집회 후에 그 목사와 내가 기도하기 시작했습니다. 나는 내가 달에 처음 착륙하는 사람이 되는 것을 기대하지 않는 만큼 그날 저녁 어떤 이상한 일이 일어날 것을 기대하지 않았습니다! 나는 아주 보통 때와 다름없이 평범하게 느꼈습니다. 그러나 내가 무릎을 꿇고 기도하려는 순간 마치 하얀 구름이 내려와 나를 둘러싼 것 같았습니다. 그리고 나는 영광의 구름 위에 무릎을 꿇고 있는 나를 발견하였습니다. 나는 아무것도 볼 수 없었고 나의 육신의 오감은 정지되었습니다. 나는 눈을 크게 뜨고 있었지만 내 앞에 있던 난로, 탁자, 혹은 부엌에 있던 어떤 것도 보이지 않았습니다.

구약에서는 여러 번 하나님의 영광이 구름으로 나타났습니다(출 40:34-35; 왕상 8:10-11; 대하 5:13-14 을 보십시오). 그것은 성경적입니다. 천정이 있던 곳을 눈을 들어서 바라보았을 때 나는 예수님이 거기 서 계신 것을 보았습니다. 내가 영광의 구름으로 둘러싸여 있을 때 예수님과 나는 한 시간 반 동안 말씀을 나누었습니다.

예수님은 이런 말로 대화를 시작하셨습니다. "나는 너에게 마귀, 귀신들, 그리고 귀신에게 완전히 점령당하는 것에 대하여 가르쳐 주려고 한다. 오늘 밤 이후로 네가 성령 안에 있을 때 나의 말씀에서 말하는 영분별의 은사가 네게 역사할 것이다."

예수님은 또 이렇게 말씀하셨습니다. "나는 네가 어떻게 귀신과 악한 영들이 사람들을 사로잡아서 주관하고 점령하는지 보여주겠다. 그리스도인들도 만일 그들이 허락한다면 귀신과 악한 영들은 그리스도인들도 사로잡아서 주관하려고 할 것이다." 예수님은 내게 오랫동안 영분별의 은사에 대하여 말씀하셨습니다. 예수님께서 내게 말씀하신 것 중의 하나는 영분별은 영적인 영역 안에서의 초자연적인 통찰이라는 것입니다.4)

아직도 영광의 구름에 싸여있는 중에 예수님께서 영적인 영역을 열어서 내게 보여주셨습니다. 나는 그 영역을 보기 시작했습니다. 나는 한 여자를 보았습니다. 그리고 예수님은 다음에 보이는 장면을 설명하여 주셨습니다. 나는 이것이 되어지는 장면들을 보았습니다. 예수님이 내게 말씀하셨습니다. "예를 들면, 이 여인은 나의 딸이다. 그리고 이 여자는 그의 남편과 같이 사역을 하던 사람이다. 그리고 이 여자는 아름답게 노래를 할 수 있는 목소리를 가지고 있었다."

환상에서, 나는 그 여자를 알아보았습니다. 나는 그 여자가 누구인지 알았습니다. 나는 그 여자를 개인적으로는 잘 몰랐습니다. 나는 그 여자가 다른 남자 때문에 목사이던 그의 남편을 떠났다는 것을 알았습니다. (사실 그 여자의 전 남편은 목사관 부엌에서 나와 같이 기도하는 바로 그 목사였습니다.)

예수님이 보여주시지 않으면 우리는 일어난 일의 결과만 볼 수 있습니다. 우리는 왜 그런 일이 일어났는지 알 수 없습니다. 나는 그 여자가 그 남편을 떠난 것을 알았지만 자세한 내용은 몰랐습니다. 우리는 자연적으로 일어난 상황을 보지만 우리는 대개 영적인 영역에서 이런 일들이 일어나게 된 동기를 알지 못합니다.

주님은 내게 이렇게 말씀하셨습니다. "이 여인은 나의 종이었다. 그의 남편은 목사였고 그 여자는 남편과 같이 사역을 하였었다. 그러다가 마귀가 그 여자에게 다가온 것이다." 그리고 예수님이 설명

---

4) 이 주제에 대해 더 알기 원하면, 케네스 해긴 목사님의 '성령님과 그의 은사들' 이란 책을 보십시오.

을 하실 때 나는 작은 도깨비 같은 것을 보았습니다. - 이것은 거의 작은 원숭이 같았습니다. 나는 이것이 와서 그 여자의 어깨에 앉아서 그 여자의 귀에 속삭이는 것을 보았습니다.

주님은 계속하여 내게 말씀하셨습니다. "이 악한 영이 이 여자에게 속삭였다. '당신은 너무 아름다운 여자입니다. 당신은 인생을 도둑질 당한 것이지요. 당신은 정당한 대우를 받지 못했습니다. 당신이 세상에 나가면 명성, 재산과 인기를 누렸을 것입니다.'"

나의 마음속에 그 여자의 노래하는 능력에 대하여는 조금도 의심이 없었습니다. 그 여자는 훌륭한 가수가 될 수 있었습니다. 그렇지만 여기 내가 당신이 보기를 원하는 것이 있습니다. 마귀가 한 말은 어느 정도 맞는 말이었지만 '세상에서 당신은 명성, 재산과 인기를 누렸을 것입니다' 라고 말한 것은 빌립보서 4장 8절에 의하면 하나님의 말씀과 일치하지 않습니다.

빌 4:8
끝으로 형제들아 무엇에든지 **참되며** 무엇에든지 **경건하며** 무엇에든지 **옳으며** 무엇에든지 **정결하며** 무엇에든지 **사랑 받을 만하며** 무엇에든지 **칭찬 받을 만하며** 무슨 덕이 있든지 **무슨 기림이** 있든지 **이것들을 생각하라**

귀신이 한 말은 성경과 일치하지 않습니다. 왜냐하면 이것은 진실되지 않고, 정직하지 않고, 공정하지 않고, 순수하지 않고, 사랑스럽지 않고, 좋은 보고를 하는 것이 아니었기 때문입니다. 이것은 확실히 덕이 없는 말이었습니다. 그러므로 이것은 성경적으로 옳지 않은 말입니다.

어떤 사람들은 사단의 목소리를 구별하는 방법에 대해 궁금해 합니다. 이렇게 구별하는 것입니다. 당신이 듣는 것이 하나님의 말씀과 일치해야 합니다. 성경은 우리가 무엇을 생각해야 하는지 명확히 말해주고 있습니다. "…이런 것들을 생각하라." 그리고 성경은 우리가 생각해야 할 생각들을 열거하고 있습니다. 성경은 우리의 생각에 표준입니다.

예수님은 계속 말씀하셨습니다. "그 여자는 마귀가 그런 생각들을 자신에게 주고 있는 것을 알았다. 그래서 그 여자는 이렇게 말했다. '사단아 내 뒤로 가라.'" 그리고 나는 그 작은 귀신이 뛰어내려 그 여자를 떠나 뛰어가는 것을 보았습니다.

예수님은 아직도 이렇게 말씀하며 설명을 하고 있었습니다. "여러 번 반복하여 이 귀신은 그 여자에게 돌아왔고 그녀의 어깨에 앉아 그 여자의 귀에 속삭이기 시작하였다."

이 시점에서, 이 악한 영은 그 여자 안에 있는 것이 아니었습니다. 그러나 밖에서 그 여자의 마음을 억압하고 있었던 것입니다. 그래서 그 여자의 마음속에 생각으로 들어가려고 하는 것이었습니다. 그러나 그 여자는 아직도 그것 위에 권세가 있었습니다. 성경은 "…이는 너희 안에 계신 이가 세상에 있는 자보다 크심이라"(요일 4:4)고 말하고 있습니다. 성경은 그 여자가 마귀를 대적할 수 있다고 했기 때문에 그녀는 마귀를 대적할 수가 있었습니다(약 4:7). 그리고 그 여자는 그 생각 속에서 마귀에게 자리를 내어줄 필요가 전혀 없었습니다(엡 4:27).

예수님은 말씀하셨습니다. "여러 번 반복하여 귀신이 돌아와서 그 여자의 어깨에 앉아서 말하였던 것이다. '당신은 아름다운 여인입니다. 그러나 당신은 정당한 대우를 받지 못했습니다. 당신은 인생을 도둑맞은 것이지요. 당신이 세상에 나가면 명성, 재산과 인기를 누렸을 것입니다.' 그러나 그 여자는 그것이 마귀인 것을 알았다. 그래서 그 여자는 이렇게 말했다. '내 뒤로 물러가라 사단아' 그러면 귀신은 그 여자를 잠시 동안 떠나곤 했다."

그 여자가 마귀에게 합법적인 권세로 예수님의 이름을 사용했을 때 귀신은 떠나야 했던 것입니다. 그러나 잠시 후에 그는 돌아와서 그 여자를 유혹하기 시작했습니다.

사단을 한 번 대적했다고 해서 그가 다시 돌아오지 않는 것은 아닙니다. 성경은 그렇게 가르치고 있지 않습니다. 예수님이 시험을 받으신 것을 보기 바랍니다. 성경은 마귀가 잠깐 예수님 곁을 떠났다고 했습니다(눅 4:1-13). 그리고 환상에서 나는 마귀가 다시 이 그리스도인 여자에게 돌아와 유혹하는 것을 보았습니다.

예수님이 설명하고 계시는 동안 나는 그 작은 도깨비 같은 것이 돌아와서 그 여자의 어깨 위에 앉아서 그 여자의 귀에 속삭이는 것을 보았습니다. 예수님은 이렇게 말씀하셨습니다. "다시, 또 다시 그 악한 영이 돌아와서 그 여자의 귀에 속삭였다. '당신은 아름다운 여인입니다. 그러나 당신은 정당한 대우를 받지 못했습니다. 당신이 세상에 있다면 당신은 명성, 부귀와 인기를 누렸을 것입니다.'"

이 시점에서 예수님이 설명하셨습니다. 이 여인은 아직도 마귀에 의하여 억압만 당하고 있었습니다. 어떤 그리스도인들도 악한 영들에게 억압을 당할 수 있습니다. 어떤 그리스도인이라도 사단의 암시와 억압에 면역이 될 수 없습니다. 그러나 우리는 그들의 암시에 자신을 양보하여 순종할 필요가 없는 것입니다. 그리고 우리는 그가 우리에게 가져오는 어떤 억압에도 대항할 수 있는 권세가 있는 것입니다.

그리고 예수님은 이렇게 말씀하셨습니다. "그러나 이번에는 그 여자가 사단의 생각을 따라 생각하기 시작했다. 그 여자는 '나는 아름답다'고 생각하기 시작했다. 왜냐하면 그 여자는 그렇게 생각하는 것을 좋아했기 때문이다. 그리고 그 여자는 '나는 내 인생에서 정당한 대우를 받지 못하고 있어' 라고 생각하기 시작했다."

그 여자의 그 생각은 성경과 일치하지 않았습니다. 그 여자는 그 마음을 예수님께 고정시키고 있지 않았습니다. 성경은 이렇게 말하고 있습니다. "주께서 심지가 견고한 자를 평강하고 평강하도록 지키시리니 이는 그가 주를 신뢰함 이니이다"(사 26:3). 그러나 그 여자는 생각을 주님께 고정시키지 않고 사단의 생각에 거하며 그 생각을 즐거워하기 시작했던 것입니다.

그 여자는 아름다운 여인이었습니다. 그러나 그 여자는 자신의 생각을 하나님과 하나님의 말씀과 자신을 향한 하나님의 뜻에 고정시키지 않고 자신의 아름다움에 대하여 생각하게 되었습니다. 그 여자가 마귀의 생각을 생각하기 시작할 때 마귀는 그 여자가 자만으로 높아졌다고 생각했습니다. 성경은 이렇게 말합니다. "교만은 패망의 선봉이요 거만한 마음은 넘어짐의 앞잡이니라"(잠 16:18).

암시 : 사단의 도구

많은 믿는 자들이 어떻게 사단이 자신들의 삶에서 자리를 잡는지 의아해 합니다. 사단이 첫 번째로 역사하려는 곳은 사람들의 마음입니다. 그리고 사단의 가장 놀랍고 능력 있는 무기는 암시라는 무기입니다. 무엇보다도 그것이 사단이 에덴동산에서 하와에게 사용한 무기입니다(창 3:1-7). 그리고 그것으로부터 하와는 기만당하였고 속임을 당한 것입니다(창 3:13). 오늘날 사단의 주된 전략은 아직도 사람을 기만하는 것입니다. 그는 그의 암시로 사람을 속이고 착각하게 만드는 것입니다.

그러나 우리는 사단의 암시에 먹이가 될 필요가 없습니다. 왜냐하면 성경은 우리가 마귀에게 우리 안의 어떤 자리도 내어주지 말라고 했기 때문입니다. 그것은 우리의 생각에 어떤 자리도 내어주지 말라는 뜻입니다. 만일 마귀가 당신의 생각에 자리를 잡을 수 있으면 당신 안에 자리를 잡을 수 있게 됩니다.

예수님은 이 여자가 사단의 생각으로 생각하기 시작하고 마귀의 암시를 따르기 시작할 때 그 여자는 그런 생각으로 사로잡히게 되었다고 내게 말씀하셨습니다. 그 여자는 그런 생각을 좋아하기 시작했습니다. 그리고 환상에서, 그 여자는 변화되어 마치 유리로 만든 사람처럼 투명하게 보였습니다. 그리고 나는 그 여자의 머리에 50전짜리 동전만한 검은 점을 볼 수 있었습니다.

예수님은 내게 설명하여 주셨습니다. "처음에 이 여인, 나의 종은 그냥 밖에 있는 악한 영으로부터 억압을 당하고 있었을 뿐이다. 그 여자는 그 악한 영을 꾸짖었다. 왜냐하면 그 여자는 나의 딸로서 마귀에 대한 권세를 가지고 있었기 때문이다. 그 여자는 몇 번이나 대적을 하였다. 그리고 악한 영은 떠나가곤 했다. 그러나 결국은 그 여자가 그 악한 영의 말을 듣기 시작하였다. 그리고 계속하여 그의 생각을 하게 되었고 그의 암시를 듣기 시작했다. 왜냐하면 그 여자는 그런 생각들을 하는 것을 좋아했기 때문이다. 그리고 그 여자는 마귀의 생각에 사로잡히게 된 것이다."

예수님은 내게 이렇게 말씀하셨습니다. "그 여자는 그런 종류의 생각으로 사로잡히게 되었다. 그러나 아직도 너무 늦은 것은 아니었다. 그 여자는 아직도 내 딸이었다. 그 여자는 어떻게 해야 하는지 알았다. 만일 그 여자가 그런 생각들을 그 마음에서 버리려고 했다면 그 여자는 그렇게 할 수 있었을 것이다. 그 여자는 이렇게 말할 수 있었을 것이다. '나는 그렇게 생각하기를 거부한다. 그것은 마귀로부터 온 것이다. 그리고 나는 너를 대적한다. 마귀야, 나는 너를 예수의 이름으로 대적한다.' 그러나 그 여자는 그런 생각을 하기를 좋아했던 것이다. 그래서 그 여자는 계속하여 그런 생각을 하였고 드디어 그 여자는 그 생각으로 사로잡히게 되었다."

믿는 자의 생각이 마귀의 생각으로 사로잡히는 일은 가능한 일입니다. 그러나 나는 여러분이 이것을 이해하기 바랍니다. 그 여자는 어느 때라도 마귀를 꾸짖을 수 있었습니다. 왜냐하면 그 여자는 자신의 생각 속에서라도 예수님의 이름으로 사단을 대적할 권세가 있었기 때문입니다.

예수님은 이렇게 설명하셨습니다. "그 여자는 자신이 무엇을 하고 있는지 알고 있었다. 그 여자는 그런 생각에 자신이 사로잡혀 있는 것도 알고 있었다. 어느 때라도 그 여자는 이렇게 말할 수 있었다. '이런 생각들은 마귀로부터 오는 것이다. 나는 그렇게 생각하는 것을 거부한다. 사단아 내가 명령하노니 나를 떠나라. 예수의 이름으로 나를 떠나라.' 그렇게 했다면 사단은 그 여자에게 순종했을 것이다. 그러나 그 여자는 '나는 아름답다'고 생각하기를 좋아했다. 그래서 그 여자는 계속하여 '나는 정당한 대우를 받지 못했다. 내가 세상에 있었다면 명성, 부귀와 인기를 누릴 수 있었다'라고 생각했던 것이다."

예수님은 또 설명하셨습니다. "그 여자가 마귀가 말하는 것을 듣고 그의 생각을 받아들이기 전까지는 그 여자는 잘못된 것이 아니다."

"결국 그 여자는 남편을 버리고 다른 남자와 결합하였다. 그 남자로부터 그 여자는 또 다른 남자에게로 갔다. 그리고 그 남자로부터 또 다른 남자에게로 갔던 것이다. 그래서 그 여자는 남자를 다섯 명이나 거쳤으나 그 중 누구하고도 결혼을 하지 않았다. 그 여자는 그들과 같이 살았을 뿐이다."

예수님은 이렇게 말씀하셨습니다. "그러나 아직도 너무 늦지는 않았다. 만일 그 여자가 회개하고 내게로 와서 구한다면 나는 그 여자를 용서하였을 것이다. 그 여자는 마귀를 그 여자에게서 쫓아내 줄 사람이 필요 없었다. 혼자서도 할 수 있는 일이었다."

예수님께서 잘못된 일을 승인하거나 너그럽게 봐주시는 것이 아니었습니다. 그러나 하나님께 감사합니다. 예수님은 만일 우리가 진심으로 회개하고 용서를 구하고 그의 죄에서 돌아서면 잘못된 일을 용서해 주십니다(요일 1:9).

그리고 또 예수님이 말씀하신 것을 주의해 보십시오. "그 여자는 마귀를 그 여자에게서 쫓아내 줄 사람이 필요 없었다. 혼자서도 할 수 있는 일이었다."

그리스도 안에 권세를 가진 것만으로는 충분하지 못합니다. 믿는 자는 마귀들 위에 그들의 권세를 사용하여야 그들에게 유익이 될 수 있는 것입니다.

그리고 환상에서 나는 특정한 순복음 교단의 지도자가 호텔로 가는 것을 보았습니다. 환상에서 나는 호텔 바깥에 서 있었습니다. 나는 그 호텔의 이름을 보았습니다.

그리고 나서 나는 그 순복음 교단의 지도자와 함께 호텔 내부로 들어간 것 같았습니다. 그는 안내 창구로 가서 그 호텔에 아무개 부부가 등록되었는지에 대하여 물었습니다. 그들은 등록이 되어 있었습니다. 그 여자가 그 남자의 부인으로 등록이 되어있었던 것입니다.

그 교단의 목사가 그들의 호텔 방으로 올라갔습니다. 그리고 환상에서 나는 영으로 복도에 서 있었습니다. 나는 어떤 일이 일어나고 있는지 다 보았습니다. 그 목사는 문을 두드렸습니다. 그 여자는 문을 열기 위하여 거의 옷을 입지 않은 상태로 나왔습니다. 그 여자가 문을 열었을 때 그녀는 그 목사를 알아보았습니다.

그 여자는 이렇게 말했습니다. "나는 당신이 왜 왔는지 알아요." 그 목사는 그 여자를 회복시키고 같이 기도하여 하나님께로 돌아가게 하며 남편에게로 돌아가게 하려고 온 것입니다.

그 여자는 이렇게 말했습니다. "그렇지만 나는 예수 그리스도에 관하여는 할 말이 없습니다. 지옥에나 가라고 하십시오." 그리고 그 여자는 그 목사의 면전에서 문을 닫아 버렸습니다.

예수님은 내게 이렇게 말씀하셨습니다. "그 여자는 나를 더 이상 원치 않는다."

예수님은 계속하여 이렇게 말씀하셨습니다. "자, 만일 그 여자가 지나치게 유혹을 받았거나 큰 유혹 중에, 혹은 화가 나서 '나는 예수님을 원치 않아' 라고 말했다면 '나는 그것을 너그럽게 보고 그 여자를 용서하였을 것이다. 그러나 그 여자는 자신이 무엇을 하는지 분명히 알고 있었다. 그 여자는 의지를 가지고 신중하게 '나는 예수님을 원치 않아' 라고 말한 것이다."

그리고 그 여자가 그렇게 말을 했을 때 나는 그 여자의 머리에 있던 50전짜리 동전 크기 만한 검은 점이 머리에서 가슴으로 내려가 그 여자의 심령에 들어가는 것을 보았습니다. 그리고 예수님은 내게 이렇게 말씀하셨습니다. "이제 그 여자는 그 마귀에 의해 점령되었다. 그 마귀는 그 여자가 허락했기 때문에 그 여자를 통제하고 있는 것이다."

억눌림(억압), 사로잡힘, 완전히 점령당함

억눌림과 사로잡힘과 완전히 점령당함에는 상당한 차이가 있습니다. 이 여자는 남편과 함께 사역을 한 이십 년간 했습니다. 그 여자는 유아기의 그리스도인이 아니었습니다. 그 여자는 처음에는 억압을 받았고 사로잡힘을 받았던 것입니다. 그러나 그 여자가 성숙한 그리스도인으로 의지를 가지고 신중하게 그리스도를 부인하였을 때 그 여자는 그 귀신에게 점령을 당했던 것입니다. 그러나 그 여자의 허락을 통해서만 그 여자는 귀신에게 점령당할 수 있었습니다. 그 여자가 그리스도를 부인했을 당시 그 여자는 더 이상 그리스도인이라고 불릴 수가 없었습니다.

나는 예수님께 이렇게 말했습니다. "주님, 왜 이것을 내게 보여주십니까? 주님은 내가 그 귀신을 쫓아내기를 원하십니까?"

예수님은 이렇게 대답하셨습니다. "아니다. 너는 그 마귀를 그 여자에게서 쫓아낼 수가 없다. 그 여자가 마귀가 떠나는 것을 원하지 않기 때문에 아무도 마귀를 쫓아낼 수 없다. 그 여자는 그것을 원한단다. 아무도, 너도, 교회 장로들도, 다른 믿는 자들도 이 땅에 아무도 인간의 영에게 권세를 행사할 수 없다. 내가 지상에 있었을 때, 나는 악한 영에게 권세를 행사하였다. 그러나 인간의 영에는 권세를 행사하지 않았다. 하나님 아버지께서도 인간의 영에는 권세를 행사하시지 않는다.

"나는 악한 영과 귀신들에게는 나의 권세를 행사하였다"라고 예수님께서 말씀하셨습니다. "그리고 교회 안에 믿는 자들도 악한 영과 귀신에게 권세를 행사할 수 있다. 그러나 어떤 인간이라도 그런 상태에 남아 있기를 원한다면 어떤 사람도 아무 일도 할 수 없는 것이다. 그냥 그대로 두어야 하는 것이다. 만일 이 여자가 마귀를 가지고 있는 것을 좋아하면 그렇게 지내야 한다. 그리고 너는 악한 영을 그녀에게서 내쫓을 수 없는 것이다."

"나의 말씀은 이렇게 말한다. '…또 **원하는 자**는 값없이 생명수를 받으라 하시더라' 그리고 '…너희가 섬길 자를 오늘 **택하라**…' (계 22:17; 수 24:15). 사람은 자유의지가 있어서 이 땅에서 마음대로 선택할 수 있다. 하나님은 사람의 의지를 무시하시지 않는다."

예수님이 설명하시기를 만일 그 여자가 그리스도를 부인하기 전에 자유로워지기를 원했다면 내가 예수님의 이름으로 그 여자의 몸이나 마음에서 그런 영들을 쫓아낼 수 있었다고 하셨습니다. 그렇지만 그 여자도 언제든지 원하기만 하면 마귀를 다루고 꾸짖을 수 있었다고 말씀하셨습니다. 그러나 그 여자가 자유로워지기를 원치 않았기 때문에 아무도 그 여자를 도와줄 수 없었다는 것입니다.

물론, 성숙한 그리스도인으로 그 여자가 그리스도를 부인한 후에는 그 여자에게서 악한 영을 쫓아내는 일은 더 이상 가능하지 않았습니다. 그 여자는 어떤 주인을 섬길 것을 선택하였고 그 여자는 마귀를 선택했던 것입니다(롬 6:16). 하나님 자신도 인간의 의지를 넘어 하나님의 권세를 행사하시지 않습니다. 만일 사람들이 사단의 생각을 하는 것을 원하고 그에게 순종한다면 하나님은 그들의 의지를 무시하고 마음대로 역사하지 않습니다. 그리고 당신도 그렇게 할 수 없는 것입니다.

당신이 다른 사람들의 생각을 하나님의 말씀과 일치하여 생각하게 만들 수 없고, 하나님께서 그들에게 원하는 것을 그들이 원하도록 만들 수도 없는 것입니다. 당신이 사람들로 하여금 악한 영보다 성령을 더 많이 원하도록 만들 수는 없습니다. 당신은 하나님의 말씀이 무엇을 말하는지 사람들에게 가르칠 수 있습니다. 그리고 그들에게 하나님의 말씀을 믿고 행할 수 있도록 격려할 수는 있습니다. 그러나 당신은 사람들에게 무슨 일을 하라고 강요할 수는 없는 것입니다.

용서 받지 못하는 죄 – 죽음에 이르는 죄

내가 예수님께 물었습니다. "주님은 내가 이 여자를 위하여 기도하기를 원하십니까?

예수님이 대답하셨습니다. "아니다. 기도하지 말아라." 나는 그 말을 듣고 너무 놀랐습니다! 당신은 사람들을 위하여 기도하지 말라는 말을 들어본 일이 있습니까? 나는 말씀을 고지식하게 믿는 사람입니다. 만일 어떤 사람이 무슨 말을 하면 나는 그가 누구든지 상관없이 그것을 말씀에서 찾으려고 합니다. 나는 예수님께 말했습니다. "왜요, 주님? 나는 그런 일을 들어본 적도 없습니다. 이것도 성경적입니까?"

예수님이 대답하셨습니다. "너는 나의 말씀에서 이런 것을 읽어본 적이 없느냐? '누구든지 형제가 사망에 이르지 아니하는 죄 범하는 것을 보거든 구하라 그리하면 사망에 이르지 아니하는 범죄자들을 위하여 그에게 생명을 주시리라 **사망에 이르는 죄가 있으니 이에 관하여 나는 구하라 하지 않노라**'(요일 5:16)라고 한 것을 읽어 본 적이 없느냐?"

예수님은 이렇게 말씀하셨습니다. "죽음에 이르는 죄가 있으며 성경은 그것을 범한 자를 위하여 기도하지 말라고 하였다."

사람이 죽음에 이르는 죄를 지었는지 안 지었는지 하나님이 신령한 계시로 보여주시지 않았다면 알 수 없습니다. 나의 사역 중에 세 번 주님께서 어떤 사람을 위하여 기도하지 말라고 하였습니다. 왜냐하면 그 남자나 그 여자가 죽음에 이르는 죄를 범했기 때문입니다. 이 여자는 주님이 나에게 그렇게 말씀하신 첫 번째 사람이었습니다.

예수님은 나에게 이 여자를 위해 기도하지 말라고 하셨습니다. 왜냐하면 이 여자는 용서받지 못할 죄, 즉 죽음에 이르는 죄를 지었기 때문입니다. 나는 주님께 아직도 만족스럽지는 않다고 말했습니다. 나는 이렇게 말했습니다. "내가 예수님을 내 눈으로 보고 있더라도 당신이 하시는 말씀이 신약으로 증거 될 수 없다면 환상이나 경험으로는 받아들이지 않겠습니다. 당신이 다른 성경 구절을 주어 내가 이 여자를 위해 기도하지 말아야 되는 것을 증명해 주시지 않는다면 받아들일 수 없습니다."

나는 예수님께 "…두세 증인의 입으로 말마다 확증하게 하라"(마 18:16)는 성경 구절을 상기시켜 드렸습니다. 예수님은 다음의 성경 구절을 주시고 나와 같이 토론하기 시작했습니다.

> 히 6:4-6
> 4 한 번 **빛을 받고** 하늘의 **은사를 맛보고 성령에 참여한 바 되고**
> 5 하나님의 **선한 말씀과 내세의 능력을 맛보고도**
> 6 **타락한 자들은** 다시 새롭게 하여 회개하게 할 수 없나니 이는 그들이 하나님의 아들을 다시 십자가에 못 박아 드러내 놓고 욕되게 함이라

예수님은 그리스도인이 죽음에 이르는 죄를 범하는 것에는 이 구절에서 말하는 다섯 가지 조건이 모두 그 사람에게 적용되어야 한다고 말씀하셨습니다.

첫째는 이렇게 말하고 있습니다. "한 번 빛을 받고"(히 6:4). 예수님은 그 당시 많은 사람들이 "죄의 자각"이라고 불렀던 것을 말하고 있다고 했습니다. 하나님의 말씀을 설교하면 죄인들에게 빛을 조명하여 줍니다. 이것은 마치 탕자가 '스스로 돌이켜'라고 한 것과 같은 것입니다(눅 15:17). 하나님의 말씀의 설교를 통하여 죄인은 그가 잃어버린 죄인이라는 것을 깨닫게 되는 것입니다. 그는 하나님의 말씀의 진리에 빛을 받고 그가 구세주가 필요하다는 것을 알게 되는 것입니다.

둘째, 히브리서 6장 4절은 "…하늘의 은사를 맛보고…"라고 말합니다. 예수님은 "죄의 자각"을 한 사람은 아직 하늘의 은사를 맛보지 못했다고 말씀하셨습니다. 예수님이 하늘의 은사이기 때문입니다.

예수님은 요한복음 3장 16절을 인용하셨습니다. "하나님이 세상을 이처럼 사랑하사 독생자를 주셨으니 이는 저를 믿는 자마다 멸망치 않고 영생을 얻게 하려 하심이라." 그래서 "하늘의 은사를 맛보는 것"은 구원을 말하는 것입니다. 예수 그리스도를 구원자로 받아들이는 것입니다.

그리고 셋째는 "…성령에 참여한바 되고"입니다(히 6:4). 예수님은 이것은 거듭난 것 이상이고, 속에 내재하시는 성령님의 임재로 성령님과 개인적으로 알아진 것을 말한다고 말씀하셨습니다 (요 14:16-17). 이것은 성령 충만, 즉 성령의 세례를 받은 것을 말합니다(행 1:5; 2:4).

그리고 넷째는 "하나님의 선한 말씀을 맛보고"입니다(히 6:5). 예수님은 이것은 유아기의 그리스도인에게는 적용되지 않는다고 말씀하십니다. 그들은 하나님의 말씀의 선한 것을 맛보지 못했습니다. 유아기의 그리스도인들은 "말씀의 신령한 젖"을 먹고 있습니다. 베드로전서 2장 2절은 이렇게 말하고 있습니다. "갓난아기들 같이 순전하고 신령한 젖을 사모하라 이는 그로 말미암아 너희로 구원에 이르도록 자라게 하려 함이라."

다른 번역본은 이것을 "하나님 말씀의 단단한 고기"라고 부릅니다. 다른 말로 하면, 그리스도 안에 갓난아기들은 용서받지 못할 죄를 지을 수 있는 능력이 없다는 것입니다. 왜냐하면 그들은 하나님 말씀의 단단한 고기를 아직 맛보지 못했기 때문입니다. 그들은 말씀의 젖만을 먹고 있기 때문입니다.

어느 정도의 영적인 성장을 한 사람만이, 그리고 그리스도를 부인하는 것의 심각성을 이해하는 사람만이, 그리고 하나님 말씀의 단단한 고기의 맛을 경험한 사람만이 이런 죄를 범할 수 있다는 것입니다.

예수님은 영적인 성장과 육체적인 성장의 유사점을 보여주셨습니다. 예수님은 갓난아기 그리스도인은 용서받지 못하는 죄를 범할 수 없다고 말씀하셨습니다. 왜냐하면 그들은 그들이 하는 일이 무엇인지 알 만큼 성숙하지 못하기 때문입니다.

용서받을 수 없는 죄를 범하는 다섯 번째 조건은 사람이 "내세의 능력을 맛보고도"입니다(히 6:5). 예수님은 나에게 이것이 무슨 뜻인지를 설명해 주셨습니다. 예수님은 "내세의 능력을 맛보는 것"은 영적인 은사라고 말했습니다.

예수님은 다음과 같이 설명하셨습니다. "내세의 능력을 맛본 사람들은 영적인 은사가 그들의 삶이나 사역에서 역사하는 성숙한 그리스도인들이다." 예수님은 성령 세례와 그 결과로 주어지는 은사들은 오는 세상의 우리의 성실한 유산이라고 말씀하셨습니다(엡 1:13,14; 고후 5:5).

그러므로 믿는 자들이 용서받지 못할 죄를 범하기 전에 갖추어야 할 다섯 가지 성경적인 조건이 있습니다. 당신은 아주 적은 숫자의 믿는 자들이 이런 죄를 지을 수 있는 조건이 된다는 것을 알 것입니다.

예수님께서는 환상에서 본 그리스도를 부인한 그 여자가 용서받지 못할 죄를 범할 조건을 갖추었다고 말씀하셨습니다. 그리고 예수님께서 왜 그런지를 설명하셨습니다. 예수님은 그 여자에게 빛이 비추어졌었다고 말씀하셨습니다. 그 여자는 구세주의 필요를 알았습니다. 그 여자는 천국의 은사를 맛보았습니다. 왜냐하면 그 여자는 거듭났기 때문입니다. 예수 그리스도는 오랫동안 그 여자의 구세주였습니다.

그 여자는 또 성령으로 충만함을 받았고 그 남편과 같이 오랫동안 사역을 해 왔습니다. 그 여자는 하나님의 말씀을 알았습니다. 그 여자는 충분히 영적인 성장을 경험하여서 더 이상 말씀의 젖만 먹는 영적인 갓난아이가 아니었습니다. 그 여자의 삶에서 영적인 은사가 역사하고 있었습니다. 그러므로 그 여자는 용서받지 못할 죄를 범하는 모든 성경적 조건을 다 갖추고 있었던 것입니다.

예수님은 그 여자가 그냥 유혹을 받고 마귀로부터 정복을 당했다면 얼마든지 용서를 했을 것이라고 내게 말씀하셨습니다. 예수님은 그 여자가 다른 남자와 살려고 집을 나왔기 때문에 용서받지 못할 죄를 범한 것이 아니라고 말했습니다. 예수님은 그 여자가 100명의 남자들과 살았다 하더라도 예수님께 돌아서서 회개만 했더라면 용서하셨을 것이라고 말했습니다. 그러나 예수님은 그 여자가 유혹에 의해 또는 정복당한 것이 아니라 그 여자의 의지로 신중하게 결정하여 예수님을 더 이상 원하지 않는다고 말했다고 했습니다. 그것은 죽음에 이르는 죄, 즉 용서받을 수 없는 죄입니다.

성숙한 그리스도인들이 주님께 어떻게 했느냐가 그가 죽음에 이르는 죄를 범한 것인지 아닌지를 결정하는 것입니다. 만일 성숙한 그리스도인이 아주 신중하게 생각하여 의지로 그리스도를 부인한다면 그것은 용서받지 못할 죄, 즉 죽음에 이르는 죄를 짓는 것이라고 성경은 말합니다. 죽음에 이르는 죄는 영적인 죽음으로 인도합니다.

잠시 생각해 보십시오. 어떤 사람이 그들의 심령에 예수 그리스도를 영접함으로 구원을 받습니다. 사람이 그들의 구원을 잃어버릴 수 있는 유일한 방법은 그들이 예수님을 어떻게 하느냐에 달려 있는 것입니다. 예수님은 구원의 중심적 근원입니다. 그렇기 때문에 사람들이 "그리스도인이 귀신 들릴 수 있습니까?"라고 물을 때 그들은 그것이 무슨 뜻인지 잘 정의해야 하는 것입니다. 사실, 내가 이미 말한 대로 그리스도인은 자유의지가 있기 때문에 그들이 원하는 것은 무엇이든지 가질 수 있는 것입니다.

만일 그들이 계속하여 마귀에게 순종한다면 성숙한 그리스도인들은 그들이 결국은 이 여자와 마찬가지로 그리스도를 부인하는 지점에 올 수도 있습니다. 그러나 그렇게 되면 그들은 더 이상 그리스도인이 아닙니다. 왜냐하면 그들은 더 이상 "그리스도와 같지" 않고 예수님을 따르려고 하지 않기 때문입니다. 그리스도의 영이 떠나고 나면 그 사람은 다시 그리스도인이라고 불릴 수가 없는 것입니다. 그렇게 되는 시점에서 그들은 점령당하게 된 것입니다.

그래서 그 여자가 한 번 그리스도인이 되었다고 해서 계속 그리스도인이 되는 것은 아닙니다. 그 여자가 마귀를 따라가기로 결정하고 주 예수 그리스도를 부인하였을 때 그 여자는 그리스도와 같게 되는 것을 포기한 것입니다. 예수님은 "…너희가 **내 말에(계속하여) 거하면** 참으로 내 제자가 될 것이다"라고 말씀하셨습니다(요 8:31). 이 여자는 하나님의 말씀에 계속하여 거하지 않았습니다. 그 여자는 예수님과 관계 맺기를 더 이상 원하지 않았습니다.

내가 여기서 다른 말을 좀 하겠습니다. 사람들이 그리스도인이라고 주장을 한다고 해서 그것이 그들의 거듭난 증거는 아닙니다. 다시 거듭나고 재창조된 영의 열매가 그들의 삶에 없다면 나는 그들의 구원의 경험에 대하여 심각하게 의심을 해 보겠습니다. 당신은 사람들에게 아무 이름이나 붙일 수 있지만 그렇게 붙인다고 해서 그들이 그 이름대로 되는 것은 아닙니다.

예를 들어, 한 여자가 그녀의 남편이 자신은 그리스도인이라고 주장을 하지만 그 사람은 모든 종류의 마귀의 일에 관여하고 있다고 내게 말한 적이 있습니다. 그는 그리스도 안에서 새로운 피조물이 된 어떤 증거도 보이지 않았습니다. 그 여자는 남편이 정말 그리스도인일 수가 있는지 알고 싶어 하였습니다.

내가 이렇게 대답했습니다. "아닙니다. 그 사람은 그리스도인이 아닙니다. 그리스도인이란 뜻은 그리스도와 비슷한 것을 말합니다. 그 사람이 그리스도와 같이 행합니까? 아닙니다. 그는 그렇지 않습니다. 그 사람은 그리스도를 따르고 말씀의 빛을 따라 행하고 있습니까? 아닙니다. 그렇지 않습니다. 그는 마귀를 쫓고 있습니다. 그러므로 그를 그리스도인이라고 부르지 마십시오."

그리고 환상에서 예수님은 내게 히브리서 10장을 주셨습니다. 그리고 예수님은 죽음에 이르는 죄에 대하여 더 설명해 주셨습니다.

> 히 10:26-29
> 26 우리가 진리를 아는 지식을 받은 후 **짐짓 죄를 범한즉** 다시 속죄하는 제사가 없고
> 27 오직 무서운 마음으로 심판을 기다리는 것과 대적하는 자를 태울 맹렬한 불만 있으리라
> 28 모세의 법을 폐한 자도 두세 증인으로 말미암아 불쌍히 여김을 받지 못하고 죽었거든
> 29 하물며 **하나님의 아들을 짓밟고** 자기를 거룩하게 한 **언약의 피를 부정한 것으로 여기고** 은혜의 성령을 욕되게 하는 자가 당연히 받을 형벌은 얼마나 더 무겁겠느냐 너희는 생각하라

26절은 이렇게 말하고 있습니다. "우리가 진리를 아는 지식을 받은 후 짐짓 죄를 범한 즉…" 여기서 죄는 아무 죄나 말하는 것이 아닙니다. 만일 이것이 아무 죄나 말하는 것이라면 요한일서 1장 9절은 진리가 될 수 없습니다. 요한일서 1장 9절은 만일 우리가 우리의

죄를 고백하면 하나님은 미쁘시고 공의로우시므로 모든 불의로부터 우리를 용서하시고 깨끗이 하시겠다고 약속하고 있습니다.

그러므로 히브리서 10장 26절의 죄는 그리스도를 거부하는 죄에 대하여 말하고 있는 것입니다. 바울(나는 바울이 히브리서의 저자라고 믿고 있습니다)은 이 구절을 히브리에 있던 그리스도인들에게 처음 썼던 것입니다. 그렇지만 여기에 이 원칙들은 물론 모든 그리스도인들을 위한 것입니다. 그러나 신약 시대에는 유대인인 그리스도인들이 그리스도를 따르는 어려움 때문에 유대교로 다시 돌아가도록 많은 유혹을 받고 있었습니다.

이 히브리 사람들이 그리스도인들이 되었을 때 그들은 배척을 당하고 그들의 가족들로부터 분리되었던 것입니다. 그들은 서로 뭉쳐서 서로를 돕고 있었지만 재정적으로 뿐만 아니라 커다란 핍박 때문에 어려운 삶을 살고 있었습니다.

그들 중 몇은 그 전의 유대교의 삶으로 돌아가도록 유혹을 받았습니다. 그러나 그러기 위해서는 그들은 그리스도가 하나님의 아들이라는 것을 부인해야 했습니다. 히브리서 10장 29절은 용서받지 못할 죄는 "하나님의 아들을 짓밟는 것"이라고 했습니다.

다른 말로 하면, 만일 그 유대 그리스도인들이 유대교로 되돌아갔다면 그들은 그리스도가 메시아라는 것을 부인했어야 합니다. 만일 그렇게 했다면 그들은 예수가 처녀로부터 잉태되었다는 것을 부인했어야 합니다. 그리고 그들이 유대교로 돌아갔다면 그것은 그들이 자기들을 거룩하게 한 언약의 피를 부정한 것으로 여긴다는 것입니다(히 10:29). 만일 예수님이 하나님의 아들이 아니고 메시아가 아니라면 그의 피는 다른 어떤 사람의 피와 마찬가지 일 것입니다. – 그렇다면 그것은 거룩한 것이 아닙니다.

그리스도가 하나님의 아들이라는 것을 부인하는 죄를 히브리서 10장에서 말하고 있는 것입니다. 이것은 "나는 예수님을 더 이상 원하지 않아"라고 말하면서 예수님을 거부하고 예수님으로부터 돌아서는 것과 마찬가지입니다. 성경은 성숙한 믿는 자가 자신의 의지로 신중하게 그리스도를 부인한다면 그들의 죄를 위해 더 이상 희생은 없다고 말합니다.

무엇보다도, 무엇이 당신을 새로운 피조물로 만들었습니까? 이것은 그리스도를 당신의 구세주로 받아들임으로 그렇게 된 것입니다. 당신의 심령으로 하나님께서 예수님을 죽은 자 가운데서 살리신 것을 믿는 것이고, 예수님이 하나님의 아들 됨을 믿는 것입니다. 당신은 성경 말씀에 순종하여 당신의 심령으로 믿고 당신의 입으로 그리스도가 당신의 주이시며 구세주임을 고백하였습니다(롬 10:9-10).

그러므로 여기서 성경이 말하고 있는 죄는 그리스도인이 그들의 삶에서 짓는 다른 죄를 말하는 것이 아니고 그리스도를 부인하는 것입니다. 그렇지만 그리스도의 몸 안에서 사단은 용서받지 못할 죄에 관하여 큰 혼란을 만들어 놓았습니다. 많은 정신병원이 사단에 의하여 그들이 용서받지 못할 죄를 범했다고 강력하게 설득을 당한 믿는 자들을 포함한 많은 사람들로 가득 차 있습니다.

사단은 히브리서의 이 성경 구절을 하나님의 온전한 사역에 대한 지식이 없는 사람들에게 사용하여 왔습니다. 사단은 사람들이 무지한 것을 이용하여 그들에게 거짓말을 하여 그들이 "의지적으로" 죄를 지었으므로 용서받지 못할 죄를 범했다고 말함으로 그들을 묶어 놓은 것입니다.

수 세기 동안 사람들이 예수를 믿는 믿음을 철회하지 않기 때문에 죽었습니다. 만일 그들이 너무 큰 협박 때문에 믿음을 취소하였다면 하나님은 그들에게 이것을 문제 삼지 않았을 것입니다. 그러나 그들이 의지를 가지고 자원하여 취소하였다면 물론 그것은 전혀 다른 문제입니다.

예수님은 환상에서 이 여자가 히브리서 10장 26-29절의 구절들을 바탕으로 하여도 용서받지 못할 죄를 지은 것이라고 하셨습니다. 성숙한 그리스도인으로서 자신이 하는 것을 충분히 이해하고 그 여자는 의지를 사용하여 예수 그리스도를 발로 짓밟고 그의 피를 부정한 것이라고 생각했던 것입니다(29절). 그러므로 그 여자의 죄를 위해서는 더 이상 희생제물이 있을 수 없는 것입니다.

마귀는 믿는 자에게 그들이 용서받지 못할 죄를 범했다고 생각하게 하려고 애를 씁니다. 오랜 시간동안 나는 사람들이 내게 와서 그들이 죽음에 이르는 죄를 범했다고 말하는 것을 들었습니다.

나는 그들에게 묻습니다. "당신은 예수님의 피를 짓밟고 그가 하나님의 아들이 아니고 평범한 사람이었다고 말했습니까? 당신은 예수님이 처녀로부터 태어나지 않았다고 말했습니까? 당신은 그의 피가 부정하다고 말했습니까? 그리고 다른 사람의 피와 다를 바가 없다고 말했습니까? 당신은 완전히 예수님을 부정하였습니까?"

이런 모든 질문에 그 사람들은 다 이렇게 대답하였습니다. "아닙니다. 물론 아닙니다."

"그렇다면 그 구절은 당신에게 적용되지 않습니다"라고 나는 대답합니다.

사람들은 용서받지 못할 죄에 대하여 성경적으로 이해할 필요가 있습니다. 그래서 마귀로 하여금 사람들을 이용할 수 없게 해야 합니다. 성숙한 그리스도인이 히브리서 6장에 있는 다섯 가지의 조건을 다 만족시키지 못한다면 그리고 의지적으로 "예수는 하나님의 아들이 아니다" 혹은 "나는 예수를 더 이상 원치 않아"라고 말하지 않았다면 그는 이런 죄를 범하지 않은 것입니다. 갓난아기 그리스도인들은 화가 나서 혹은 성격이 불같기 때문에 혹은 정열 때문에 그런 말을 했다고 해서 이런 죄를 범할 수는 없다는 것입니다. 이 구절에서 성경은 의지로 의식적으로 하는 결정을 말하고 있습니다.

그리스도인들이 무슨 일을 하였든지 그리고 하나님으로부터 얼마나 멀리 방황했던지 만일 그들이 화가 났을 때 예수님께 반대하여 무슨 말을 했더라도 만일 그들이 회개하고 그 죄를 주님께 고백하고 잘못된 것에서 돌아선다면 예수님은 그것을 그들에게 죄로 삼지 않을 것입니다. 죄는 잘못된 것이기 때문에 죄를 옹호하려는 것이 아니라 믿는 자에게는 그들이 죄를 짓고 잘못했을 때 하나님께서 준비해 놓은 것이 있습니다(요일 1:9).

그렇기 때문에 당신이 하나님과 교제에서 멀어졌으면 당신은 될 수 있는 대로 빠른 시일 내에 주님과의 교제로 돌아와야 합니다. 당신이 마귀의 영역에 들어가면 마귀는 당신의 삶을 멸망시키려고 하기 때문에 대단히 위험합니다(요 10:10).

사실, 예수님을 거부하는 죄는 두 가지 형태로 범할 수 있습니다. 사람들이 복음이 전파되는 것을 듣고 예수님을 거절하고 계속하여 거부할 수 있습니다. 그리고 그렇게 오랜 시간이 지나면 성령님은 다시 예수님을 구세주로 모시는 일에 대하여 그들을 더 이상 다루시지 않습니다(창 6:3). 그리고 그런 사람들은 죽으면 영원토록 지옥에서 보내게 될 것입니다. 또 사람들이 예수를 거부할 수 있는 다른 방법은 성숙한 그리스도인이 의지로 신중하게 생각하여 예수님을 거부하는 것입니다.

나는 주님께 이 여자가 어떻게 될지 물었습니다. 예수님은 그 여자가 영원토록 유황불 못에서 보내야 할 것이라고 말씀하셨습니다. 그 환상에서 나는 그 여자가 그곳으로 가는 것을 보았고 또 그녀의 끔찍한 울부짖음도 들었습니다.

나는 용서받지 못할 죄를 범한 또 다른 사람을 알고 있습니다. 성령님은 그를 오랜 시간동안 다루었습니다. 그러나 그는 계속하여 성령의 다루심을 거부하였습니다. 그는 결코 하나님께 순종하지 않았습니다. 나는 개인적으로 한 번 이상 그에게 하나님에 대하여 이야기했습니다. 그는 내게 그가 거듭났었고 설교하라는 소명을 받았다고 자신이 말을 했지만 그는 설교하기를 싫어했습니다.

결국 그는 주님으로부터 떠나 교회 가는 것도 그만 두고 죄를 짓기 시작했습니다. 나는 주님에 대하여 그 사람과 이야기하고 하나님께 돌아오게 하려고 했습니다. 그 당시 그는 죄에 깊이 빠져 있었고 당신이 말할 수 있는 모든 나쁜 일이란 나쁜 일은 모두 하고 있었습니다. 내가 그에게 주님에 대하여 말할 때, 그는 울며 확신 때문에 떨었습니다. 나는 계속하여 그를 위하여 기도하였고 15년이라는 기간 동안 기회가 되는 대로 주님께 돌아오도록 그를 권면했습니다.

내가 이 사람과 마지막으로 이야기했을 때 그는 이렇게 말했습니다. "나는 당신이 말하는 모든 것이 진리인 줄 압니다. 그렇지만 나는 그것에 대해 아무것도 하지 않을 것입니다." 그리고 또 이렇게 말했습니다. "그렇지만 나를 포기하지는 마세요. 나를 위하여 계속하여 기도해 주세요." 그래서 나는 계속하여 그를 위하여 기도했습니다. 특별히 어느 날 밤, 나는 그를 위하여 무릎을 꿇고 기도하고 있었습니다. 그리고 주님은 내게 이렇게 말씀하셨습니다. "일어나라!" 이것은 너무 실제와 같아서 나를 놀라게 했습니다. 그래서 나는 일어났습니다. 주님은 "그를 위하여 기도하지 말아라"라고 말씀하셨습니다.

"그렇지만 주님,"하고 내가 말했습니다. "그가 어렸을 때는 주님을 알았다고 말했습니다. 그는 당신이 그에게 설교하라고 소명을 주셨다고 했습니다. 그래서 나는 그 사람이 하나님과 다시 교제하기를 원하고 탕자같이 당신께 다시 돌아가라고 기도하고 있습니다." 주님은 내게 대답하셨습니다. "아니다. 그를 위해 더 이상 기도하지 말아라."

"내게 그를 위해 더 이상 기도하지 말라고 말씀하시는 것입니까?" 나는 물었습니다. "그렇지만 그는 아직 죽지 않고 이 땅에 살고 있습니다. 아직 그에게는 희망이 있습니다."

주님은 내게 이렇게 말했습니다. "아니다. 그는 결코 구원을 받지 못할 것이다. 그는 죽어서 지옥으로 갈 것이다!" 나는 그것을 듣고 너무 놀랐습니다. 나는 주님께 말했습니다. "주님, 나는 그것을 이해할 수 없습니다."

주님은 내게 말씀하셨습니다. "너는 구약에서 에브라임에 대하여 쓴 것을 읽어본 적이 있느냐? 너는 내가 '에브라임을 그냥 놔두어라. 그를 더 이상 건드리지 말아라. 그냥 놔 두어라.'라고 말한 것을 알지 못하느냐? 내가 왜 그렇게 말했겠느냐? 왜냐하면 에브라임은 그의 우상에게로 돌아갔기 때문이다(호 4:17). 너도 이 사람을 그냥 놔 두어라."

영적인 면에서 보면, 이 사람은 그의 우상과 연합되어 있는 것입니다. 그는 마귀에게 문을 넓게 열었고 주님은 그가 결코 회개하지 않을 것을 알았습니다. 나는 그 후로 그에 대하여 더 이상 기도하지 않았습니다. 나는 기도할 수가 없었습니다. 다른 사람들은 그를 위해 기도했지만 주님은 내게 기도하지 말라고 하셨고 그 사람은 젊은 나이에 죽었습니다. 그가 죽을 때 그의 나이는 55세쯤 되었습니다.

나는 그의 친척에게 그가 어떻게 죽었는지 물어 보았습니다. 그가 죽을 때 그는 하나님을 저주하고 죽었다고 그들이 말해주었습니다. 그렇지만 한 때는 그도 믿는 사람이었습니다. 끔찍한 일이 아닙니까! 그러나 그런 일은 당신이 마귀에게 문을 넓게 열고 죄 짓는 것을 계속하여 고집하면서 절대로 돌아서지 않고 회개하지 않으면 일어날 수 있습니다.

그것이 하나님의 뜻이었습니까? 물론 그렇지 않습니다! 그렇지만 사단의 영역에 거하는 것은 위험한 일입니다. 마귀는 사람들을 잘못 인도하여서 사람들이 의지적으로, 의도적으로 하나님과 아무런 상관없이 살기 원하는 곳에 가게 할 수도 있습니다.

마귀의 거짓말을 듣고 하나님과의 교제를 떠나 죄로 빠지는 것은 위험한 일입니다. 그리고 만일 믿는 자들이 사단의 영역에 있다면, 그들이 하나님과 무엇을 하는데 냉정해져서 신중하게 무관심해지는 것이 가능한 일입니다.

그러나 하나님과 같이 동행하기를 원하면서 고의적이 아니지만 가끔 넘어지고 죄를 짓는 믿는 자들과 또 의지적으로, 신중히 그리고 지속적인 죄를 짓고 의도적으로 하나님으로부터 떠나 하나님을 부인하는 자들과는 큰 차이가 있습니다.

마지막 기회

나는 1945년에 텍사스 서부지방에서 집회를 하고 있었습니다. 교회의 이사 한 분이 내게 이렇게 말했습니다. "해긴 목사님, 내가 목사님께 질문 하나를 하고 싶습니다." 그리고 그는 그 교회의 전임목사가 그 건물을 지었고, 이곳 15,000명의 도시에서 30년간 목회를 하였다고 설명하였습니다. 그러나 그는 그의 아내를 떠나 이 작은 도시에서 다른 여자와 만나서 살았습니다. 그는 그 여자와 결혼하지 않고 같이 살았습니다.

내가 그 교회에 설교를 하러 갔을 때는 그 전임목사가 다른 여자와 함께 그 교회를 떠난 지 수년이 지난 후였습니다. 그 목사가 떠난 후에는 매년 다른 목사가 오지만 한 일 년 쯤 있다가는 또 떠나버리곤 했습니다. 교회는 그 전임목사가 다른 여자와 도망간 것 때문에 생긴 나쁜 소문을 소멸시키려고 노력했습니다. 그 전임목사는 아직도 같은 도시에 그 여자와 함께 살고 있었고 그는 도박장을 운영하며 그 외에도 옳지 않은 사업들을 하고 있었습니다. 그의 삶의 방식이 교회에 대한 나쁜 소문을 만들고 있었던 것입니다.

아무튼 이 이사는 내게 말했습니다. "해긴 목사님, 한 3주쯤 전 주일날 아침 그 전임목사가 갑자기 교회의 주일예배에 온 것입니다. 교회의 한 여자가 공중에서 방언을 말했습니다. 그리고 이 전임목사가 일어나서 방언 통변을 하였습니다. 이것이 옳은 일입니까? 이것이 하나님이 한 일일까요?"

내가 말했습니다. "당신은 구약에서 사울이 타락하여 하나님으로 멀어졌을 때 선지자들과 함께 하면서 예언하기 시작(사무엘상 19장을 읽어보십시오)했다는 것을 읽어보지 못했습니까? 성경은 하나님의 은사와 소명에는 후회가 없다고 말합니다(롬 11:29). 그렇지만 그것은 하나님이 사울의 죄를 눈 감아 준다는 말은 아닙니다. 그래서 내가 통변이 하나님으로부터 온 것인가를 판단하기 전에 그 메시지가 무엇이었는지 말해주십시오."

그 이사는 말했습니다. "우리들은 모두 놀랐습니다. 처음 부분은 기억할 수 없지만 끝은 이렇게 맺었어요. '이것이 너를 마지막 부르는 소리이다. 나는 너에게 마지막 기회를 주고 있는 것이다'"

이 일이 일어났을 때는 그 전임목사가 하나님과 교제가 있은지 한 3년쯤 되는 때였습니다. 그 이사는 내게 말했습니다. "그가 그 통변을 마치자 큰 소리로 '나는 여기 있는 모든 사람들이 내가 예수님은 지옥에나 가라고 말한다는 것을 알기 원합니다!' 라고 말하고는 돌아서서 교회에서 나가 버리고 말았습니다."

그 이사는 이렇게 말했습니다. "그 전임목사가 그 메시지를 통변하면서 '이것이 너를 부르는 마지막 소리이다. 너의 마지막 기회이다' 라고 한 것이 옳은 통변이었습니까?"

나는 말했습니다. "그렇습니다. 그것은 하나님께로 온 것입니다. 하나님은 이 사람에게 초자연적으로 말하고 있었습니다. 이 사람은 그의 영으로부터 성령이 그에게 말하는 것을 말한 것입니다. 그 통변은 몸 된 교회를 위한 것이 아닙니다. 하나님은 그에게 말씀하고 있었습니다. 그리고 그는 그 말씀을 들었습니다. 자비로우신 하나님께서 마지막 기회를 그에게 주어서 회개하고 죄에서 돌아서게 하려고 하셨습니다. 그러나 그 사람은 그것을 거절한 것입니다. 그는 성령이 그에게 하시는 말씀을 잘 통변한 것입니다. 그러나 그는 그의 결정을 하고 그리스도를 그의 의지로 신중하게 부인한 것입니다."

그것은 슬픈 일입니다. 그러나 이런 일은 일어날 수 있습니다. 여기서 우리가 배워야 할 교훈이 있습니다. 이 환상에서 주님은 내게 "내가 마귀들이 어떻게 사람에게, 믿는 자들이라도 그들이 허락만 한다면 사로잡는지를 보여 주겠다"라고 말함으로 대화를 시작했다는 것을 기억하십시오.

만일 당신이 마귀가 당신의 마음에 먹이는 것을 다 듣고, 그의 생각을 생각하기 시작하고, 그의 암시를 따르고 있다면 당신은 상당히 위험한 곳에 있는 것입니다. 잘못된 것을 생각하므로 당신은 마귀에게 문을 열어 놓을 수가 있습니다. 만일 당신이 마귀에게 문을 열어 놓는다면, 그가 곧 당신의 마음을 주장하려 할 것이고 그러면 당신은 그의 생각으로 사로잡히게 되는 것입니다.

믿는 자들은 그들의 생각에서 마귀에게 어떤 자리도 내어주지 말아야 합니다. 성경은 "마귀에게 틈을 주지 말라"(엡 4:27)고 말하고 있습니다.

그것은 믿는 자들이 허락하지 않는다면 마귀는 그들을 잡을 수가 없다는 말입니다. 그러나 그들이 마귀에게 허락할 수도 있습니다. 그렇지만 믿는 자들은 사단으로 그들의 생각을 주관하게 할 필요가 없습니다. 왜냐하면 그들은 예수님의 이름으로 마귀들 위에 권세가 있기 때문입니다. 사단은 우리의 주가 아닙니다. 그러므로 우리는 우리의 생각 속에서 사단으로 왕 노릇하게 할 필요가 없습니다.

그리스도인들에게는 하나님도 침범하지 않는 우리 자신의 의지가 있습니다. 사단도 우리의 의지를 침범할 수 없습니다. 믿는 자들은 마귀에게 순종할 필요가 없습니다. 하나님은 그리스도의 몸 된 교회가 주님 안에서 하나님의 생각을 따라 생각하므로 강건하여질 수 있도록 장비를 갖추어 주셨습니다. 우리는 마귀와 그의 생각의 먹이가 될 필요가 없습니다. 마귀가 우리의 주가 아니고 예수님께서 우리의 주님이시기 때문입니다. 우리는 사단 위에 승리했습니다. 그러나 우리는 그리스도 안에서 우리가 가진 권세를 행사할 뿐만 아니라 하나님의 말씀과 일치한 생각을 하므로 우리의 생각의 문을 마귀에게 닫아 놓아야 합니다. 그렇게 함으로써 우리는 사단에게 어떤 자리도 내어주지 않고 승리하는 교회의 지체들로서 강하게 설 수 있는 것입니다.

제 6 장
악한 영을 다루는 방법

마귀의 생각은 어두움, 우울증, 억압과 결국은 잘못된 것을 가져오기 때문에 마귀의 생각을 생각하는 것은 위험한 일입니다. 1952년 환상에서 그 여인은 자신의 마음을 보호하지 못했습니다. 그래서 그 여자가 잘못하게 된 것입니다. 그 여자가 예수님을 거부하였기 때문에 그 여자는 영원을 유황불 못에서 보낼 것입니다 (계 20:15).

나는 아직도 그 목사관 부엌에서 무릎을 꿇고 내가 집회를 하는 교회의 담임목사님과 같이 기도하고 있었습니다. 내가 전에 말한 대로 이 목사가 바로 그 여자의 전 남편이었습니다.

내가 예수님께 왜 이 환상을 내게 보여주시는지 물었을 때 예수님은 이렇게 말씀하셨습니다. "나는 무엇보다도 네게 어떻게 마귀, 귀신 혹은 악한 영들이 사람들을, 믿는 자들까지도 허락만 한다면 사로잡는지를 보여 주기 원했다. 그러나 둘째로, 나는 네가 이 여자 안에 있던 마귀가 나의 종 아무개를 못 살게 하고, 협박하고, 목회를 방해하는 것을 중지하도록 명령하기 원한다." 그리고 주님은 내가 같이 기도하고 있던 그 여자의 전 남편의 이름을 불렀습니다.

이 목사는 내게 그 전 부인에 대하여 이야기한 적이 없었습니다. 나는 그의 아내가 수년 전에 떠나 버린 것을 알았지만, 그 상황에 대하여는 그 부엌에서 기도하며 이 환상을 볼 때까지 아무것도 몰랐습니다.

환상 안에서, 사람들에게는 자유의지가 있기 때문에 아무도, 하나님일지라도 다른 사람의 영에 권세를 행사할 수 없으므로 내가 그녀 위에 권세를 행사할 수 없지만, 내가 이 여자에게 영향을 미치는 악한 영들 위에 권세를 행사할 수는 있다고 말씀하셨습니다.

예수님은 이 여자에게 영향을 미치는 악한 영들을 내가 다룰 수 있다고 말씀하셨습니다. 왜냐하면 그 귀신은 하나님의 종이 사역하는 것을 방해하고 있었기 때문입니다. 나는 나중에서야 그 여자가 그 전 남편인 이 목사에게 전화를 걸어서 이 도시에 와서 그에게 문제를 일으키겠다고 협박해 온 것을 알게 되었습니다.

그리스도의 몸의 지체로서, 나는 주의 종인 이 목사에 대하여 방해하는 마귀에 대하여 권세를 가지고 있었습니다. 그러나 그것이 이 여자가 악한 영들에게서 자유로워지게 할 수 있다는 뜻은 아닙니다. 그 여자는 잘못된 것을 포기하기를 원치 않았습니다. 더군다나 그 여자는 벌써 그리스도를 부인함으로 용서받지 못할 죄를 범한 것입니다. 그러나 그 여자에게 영향을 미치는 악한 영을 다룸으로써 그 귀신이 더 이상 하나님의 종인 이 목사를 괴롭히거나 협박할 수 없도록 하는 것입니다.

내가 예수님께 물었습니다. "주님, 어떻게 이 여자 안에 있는 영들을 다룰 수 있습니까?"

주님은 대답하셨습니다. "너는 간단히 이렇게 말해라. '아무개(주님은 그 여자의 이름을 불렀습니다.)의 인생에서 너 자신을 나타내고 활동함으로써 아무개(주님은 그 목사의 이름을 불렀습니다)의 사역을 위협하고 괴롭히는 이 악한 영아, 나는 네게 이 목사에 대한 활동을 중지할 것을 명령한다. 나는 너의 작전을 중지하고 단념할 것을 주 예수 그리스도의 이름으로 명한다."

나는 주님께 물었습니다. "그게 내가 해야 할 일의 전부입니까?"

나는 내가 큰 전쟁이나 혹은 그 일을 위하여 나 자신을 단단히 준비하여야 한다고 생각했습니다. 가끔 우리들의 종교적인 가르침 때문에 우리가 귀신들 위에 우리의 권세를 행사하기 위하여 일주일은 기도를 해야 한다고 생각합니다. 혹은 우리들이 마귀를 다루는 것을 시도하기 전에 몇 끼라도 금식을 해야 한다고 생각합니다.

그러나 마귀 위에 우리의 권세는 그리스도 안에 있는 우리의 권리와 특권에 근거하여 예수의 이름 안에 있는 것입니다. 다른 면으로 본다면, 기도와 금식은 우리가 성령의 인도함에 더욱 예민하게 되도록 도와 줄 것입니다.

예수님은 대답하셨습니다. "그것이 네가 해야 할 일의 전부이다."

"네. 그러나 주님 그 여자는 다른 주에 있고 나는 지금 여기 있습니다." 나는 항의를 하였습니다. 주님은 대답하셨습니다. "영적인 영역에서는 거리가 없다. 너는 다른 주에 있는 사람을 위협하고 괴롭히고 방해하는 마귀에게 활동을 중지하라고 명령할 수 있다. 그리고 마귀는 그 사람에 대한 활동을 중지해야 하는 것이다."

그래서 나는 예수님이 말씀하신 대로 그 여자를 통하여 역사하는 악한 영을 다루었습니다. 그리고 내가 그 귀신에게 말을 했을 때 예수님이 나에게 대답하셨습니다. 예수님은 나에게 내가 영적인 영역에 있는 것을 듣고 보기 시작할 것이라고 하셨습니다. 그것은 영분별의 은사가 활동하는 것입니다. 그 목사는 아무것도 보지 못하고 듣지도 못했습니다. 그러나 나는 그 악한 영이 내게 말할 때 보고 들었습니다.

그 악한 영은 그 목사에 대한 활동을 중지하고 싶지 않다고 말했습니다. 그러나 그는 내가 말하면 그렇게 해야 하는 것을 알고 있었습니다. 나는 예수 이름으로 그가 그렇게 해야 한다고 말했습니다. 그리고 아직도 영적인 영역에서 나는 그 악한 영이 매 맞은 강아지처럼 도망가는 것을 보았습니다. 그가 도망갔을 때 나는 웃기 시작했습니다. 그것은 성령 안에서의 웃음이었습니다. 그리고 이것은 승리의 표시였습니다.

그리고 나는 자연적인 영역으로 돌아왔습니다. 그리고 나는 그 목사가 나와 함께 웃고 있다는 것을 알았습니다. 나는 우리가 영으로 얼마나 오랫동안 그렇게 웃고 있었는지 모르겠습니다. 다 끝난 후, 나는 내가 영광의 구름에 쌓여 정신없이 영적인 영역에 있었다고, 그리고 내가 그 목사의 웃음소리도 들었다고 그 목사에게 말했습니다. 그 목사는 그가 웃고 있었다고 대답했습니다. 그 목사는 자신은 아무것도 듣지도 보지도 못했지만 그는 내가 무엇을 보고 듣고 있었다는 것을 알았다고 말했습니다.

나는 그 목사에게 왜 웃었는지 물었습니다. 그는 바로 그날 그 전 부인으로부터 전화와 편지를 받았는데 그 여자는 그 도시에 와서 그와 그의 사역에 문제를 일으키겠다고 했습니다. 우리가 기도를 할 때 그 목사는 그의 영에서 전 부인을 통하여 역사하던 마귀가 다루어진 것을 알았다고 했습니다. 믿음으로 그 목사는 그 마귀가 도망간 것을 볼 수 있었습니다. 나는 그에게 실제로 이것에 역사하는 영을 보았고 또 그것이 매 맞은 강아지같이 도망가는 것을 보았다고 말했습니다. 그것으로 우리 둘이 다 같이 웃고 있었던 것입니다. 우리는 둘 다 성령 안에 있었던 것입니다.

영적인 계시들과 환상들을 점검하는 것

나는 내가 받는 환상과 영적인 계시가 성경적으로 그리고 자연적으로 맞는지 점검해 보는 것을 좋아합니다. 다른 말로 하면, 나는 환상이나 계시가 주어졌다고 하여 그냥 받아들이지 않습니다. 나는 내가 환상에서 본 것을 자세하게 묘사해 주었습니다. 나는 어떤 목사가(그 여자의 교단의 지도자가 되는 목사) 이 목사의 전 부인이 다른 남자와 함께 묵고 있던 어떤 호텔에 갔던 것을 말해 주었습니다. 나는 그의 전 부인이 그 목사에게 말했던 것을 다 말했습니다.

이 목사는 감탄하였습니다. "정확하게 그런 일이 있었어요. 당신이 환상에서 본 남자는 우리가 속해 있는 교단의 지역 담당 감독이었습니다. 그리고 그분이 말해준 것과 똑같습니다."

나는 자연적으로 그런 지식이 전혀 없었습니다. 주님의 성령님이 아니고는 내가 그것을 알 수 있는 방법은 전혀 없었습니다. 그러나 나는 내가 영 안에 있을 때 본 것을 점검하여 확실히 하는 것을 좋아합니다. 나는 영에서 일어난 일을 다 그냥 받아들이는 것을 좋아하지 않고 그것을 받아들여서 그 위에 교리를 세우려고 하지 않습니다.

그 여자의 전 남편인 그 목사는 그 후로 새로 결혼을 하였습니다. 나는 그 전 부인이 그 목사에게 문제를 주려고 협박을 하는 것을 전혀 몰랐습니다. 물론, 이 여자 안에 있던 마귀가 그 목사와 교회와 그 지역에서 문제를 일으켜서 사역을 못하게 하려고 방해하고 싶어 하였습니다. 그것이 주님이 말씀하신 악한 영이 이 여자를 통하여 활동하며 그의 종을 협박하고 괴롭게 한다는 것이었습니다.

이 목사가 결국은 새로 결혼을 했을 때, 그의 교단은 그가 이혼했으므로 그를 인정하지 않으려고 했습니다. 그러나 주님이 환상에서 내게 말씀하셨을 때 주님은 이 목사를 "나의 종"이라고 불렀습니다. 이 교단의 그리스도인들이 이 목사를 '형제'라고도 부르지 않았다는 것은 이상하지 않습니까!

교회를 협박하는 것

환상 가운데, 예수님께서 마귀가 그리스도의 몸 된 지체를 괴롭히고, 협박하고, 방해할 때 마귀를 다루기 위하여 영분별의 은사를 활용해야만 하는 것은 아니라고 설명하셨습니다. 그런 상황에서 우리는 믿는 자들에게 역사하는 마귀의 작전을 중지하도록 명령할 권세가 있는 것입니다.

이런 경우에, 마귀에 대하여 당신의 권세를 행사하는데 성령의 은사가 필요한 것이 아닙니다. 예수님은 또 믿는 자가 마귀에 대하여 권세를 행사하는 데 지식의 말씀이 필요한 것이 아니며 혹은 목사만이 할 수 있는 것도 아니라고 했습니다. 모든 믿는 자는 예수의 이름을 사용할 권세가 있고 마귀에 대하여 대적할 권세가 있는 것입니다 (마 18:18; 막 16:17; 눅 10:19; 빌 2:9-10).

예수님은 이렇게 설명하셨습니다. "어느 때, 교회 안의 누구라도, 혹은 교회 밖의 누구라도, 무엇을 하든지, 혹은 어떤 말을 하든지, 혹은 어떤 행동을 하든지, 만일 그것이 교회를 곤란하게 하든지, 훼방을 하든지, 괴롭게 하든지, 협박을 하든지, 방해를 하든지, 혹은 교회의 사역을 지체하는 것이면 영분별의 은사나 지식의 말씀이 없어도 문제를 일으키는 것이 마귀이다."

"너는 믿는 자 뒤에서 활동하는 영에게 내 이름, 즉 예수의 이름으로 그의 작전을 당장 중지하라고 명령만 하면 된다. 너는 그 사람을 다룰 필요가 없다. 그 작전 뒤에 있는 악한 영만 다루면 되는 것이다."

많은 사람들이, 믿는 사람이나 안 믿는 사람이나 똑같이 무의식적으로 마귀에게 자신을 내어주어 사단의 도구가 될 수 있습니다. 그뿐 아니라 믿는 자들을 포함한 모든 사람들은 또 의식적으로 사단에게 순종할 수도 있습니다.

믿는 자들에게는 사람에게 영향을 미쳐 그리스도의 몸을 괴롭게 하는 악한 영을 다루는 권세가 있지만, 그 문제를 일으키는 사람들을 다루는 권세는 없습니다. 우리는 사람의 의지에 대하여 권세가 없기 때문에 우리의 권세는 그렇게까지 미치지 못하는 것입니다. 그리고 그 사람이 악한 영을 원할 수도 있습니다. 만일 그 사람이 악한 영을 가지기를 원한다면 아무도 그를 자유롭게 할 수는 없는 것입니다.

그렇기 때문에 뒤에서 역사하는 악한 영을 묶는 것이 문제를 일으키는 사람을 그 악한 영들로부터 자유롭게 할 수는 없는 것입니다. 왜냐하면 그는 자유로운 선택을 할 수 있고 그가 그 악한 영을 그대로 가지고 싶어할 수도 있기 때문입니다. 그러나 우리의 권세를 행사함으로 믿는 자들에 대한 악한 영의 술책을 중지할 수는 있습니다.

믿는 자들이 영적인 영역에서 사람들에게 영향을 미치는 악한 영들을 다루지 않고 자연적인 영역에서 사람들을 다루려고 할 때 이런 분야에 문제가 일어나게 됩니다. 많은 경우에 우리들은 악한 영을 다루어야 할 때에 사람들을 다루려고 하므로 문제를 엉망으로 만들어 놓곤 합니다.

나를 오해하지는 마십시오. 자연적인 영역에서 사람을 다루어야 할 때와 시간이 있습니다. 그러나 예수님은 적이 사람들을 통하여 그리스도의 몸인 교회를 방해하려는 경우를 말하고 있는 것입니다. 만일 사람이 교회를 방해하고, 괴롭히고, 그리고 훼방을 한다면 이 것은 사람을 통한 악한 영의 역사입니다.

사람들의 삶에서 귀신의 역사로부터 자유로워지게 하는 일은 다른 경우의 문제입니다. 대부분의 경우, 그들 자신의 의지가 관련되어 있습니다. 그들이 이 문제를 어떻게 하기 원합니까? 그들이 자유로워지기 원합니까? 어떤 사람들은 그대로 있는 것을 좋아합니다. 그들은 귀신들로부터 자유로워지는 것을 원치 않습니다. 그런 경우에는 당신은 아무 일도 할 수 없는 것입니다. 그러나 사람들이 정말 구원받기를 원할 때 당신은 성령의 인도함으로 그들 안에 있는 악한 영들을 다루어야 합니다.

이런 문제의 다른 면에서, 우리는 우리의 인생의 모든 문제가 귀신의 역사에 의한 것만이 아니라는 것과 인생에서 잘못 되어가는 모든 일들이 직접적인 귀신의 역사가 아니라는 것을 알아야 합니다. 그러나 우리가 사단이 신인 이 세상에 살기 때문에 문제와 시험과 환난은 일어나게 되어있는 것입니다(고후 4:4).

예수님은 이렇게 말씀하셨습니다. "이것을 너희에게 이르는 것은 너희로 내 안에서 평안을 누리게 하려 함이라 세상에서는 너희가 환난을 당하나 담대하라 내가 세상을 이기었노라"(요 16:33). 예수님은 또 우리에게 모든 경우에 승리를 약속하셨습니다. "우리 주 예수 그리스도로 말미암아 우리에게 승리를 주시는 하나님께 감사하노라"(고전 15:57).

나는 사람들이 자연적인 영역에서 관여된 사람들로 인해 다루어져야 할 때가 있다고 말했습니다. 왜냐하면 모든 일어난 일들이 악한 영이 한 것이 아니기 때문입니다. 예를 들어, 부모들은 그들의 자녀들을 영적으로 기도하며 잘 관리해야 할 뿐 아니라 자연적인 영역에서 훈련시키고 가르쳐야 하는 것입니다.

그러나 반대로 다른 면도 있습니다. 많은 경우에, 거듭나고 성령 충만한 좋은 사람들마저도 무의식적으로 마귀에게 순종하여서 교회에 문제를 일으킬 수가 있습니다. 그런 경우에, 당신은 그리스도 안에 권세를 행사하여서 문제를 일으키는 악한 영들을 다루어야 하는 것입니다.

대부분의 경우에, 당신은 악한 영들을 개인적으로 다루어야 합니다. 그러나 때때로 목사가 그의 공적인 모임에서 사람을 통하여 역사하는 마귀를 다루어야 할 때도 있습니다.

그러나 대부분은 당신의 기도 골방에서 개인적으로 이렇게 말할 수 있습니다. "아무개의 삶에서 역사하여 이 교회를 방해하고 창피하게 하는 이 더러운 영아 나는 예수님의 이름으로 너의 작전을 중지하고 포기할 것을 명하노라."

나는 순복음 교회에서 이런 부분을 가르치고 있었습니다. 그런데 그 근처 더 큰 도시의 목사가 그의 회중 가운데 한 교인 때문에 문제를 가지고 있었습니다. 내가 집회를 하던 교회의 목사가 이런 주제에 대한 나의 설교 테이프를 들으라고 그 목사에게 건네주었습니다.

이삼 년 후에 그 근처 교회 목사님이 내게 이렇게 말했습니다. "나의 교회의 세 가정이 내 교회에서 모든 문제를 일으켰습니다. 사실 그 중의 하나는 교회의 집사였고, 다른 하나는 주일학교 교장이었고, 다른 하나는 교회의 이사였습니다. 그 집사는 나를 교회에서 쫓아내려고 서명운동을 하고 있었습니다."

"나는 자연적인 영역에서 이 세 가정을 다루려고 오랫동안 애를 써 왔습니다. 그러나 나는 아무런 진전도 없었습니다. 내가 한 어떤 일도 효과가 없었습니다. 그들은 아직도 교회에 온갖 문제를 만들고 있었습니다. 내가 당신의 설교 테이프를 듣고 나는 이것은 악한 영이 그들에게 영향을 미치고 모든 문제를 일으키고 있다는 것을 알았습니다."

마귀는 그리스도인들의 마음에 대고 이야기할 수 있습니다. 그리고 그들은 마귀가 말한 것을 되풀이해 말할 수 있습니다. 그래서 분쟁과 싸움을 일으키게 되는 것입니다(약 3:14-16). 성경은 사단이 형제를 고소하는 자라고 했습니다. 그리고 사단은 믿는 자들에게 영향을 주어서 서로를 고소하게 하는 것입니다(계 12:10).

그 목사는 나에게 그의 서재에서 혼자서 단순히 그의 권세를 행사하여 그의 교회에 문제를 일으키고 있는 악한 영에게 그들의 작전을 중지하라고 명령을 했다고 말했습니다.

그 목사는 나중에 나에게 이렇게 말했습니다. "삼 년 동안 문제를 일으키던 사람들이 하룻밤 사이에 변화되었습니다. 그들은 근본적으로 선한 그리스도인들이었습니다. 그들은 그들이 마귀에게 무의식적으로 사용되고 있다는 것을 몰랐습니다. 그리고 마귀는 그들을 이용하여 교회에 역행하도록 사용한 것입니다. 그러나 내가 문제를 일으키는 영들을 한 번 다룬 후에는 같은 사람들이 지금 나를 절대적으로 지지하는 사람들이 되었습니다."

나는 그리스도의 몸 된 교회가 지금까지 우리가 행사하였던 것보다는 더 많은 권세가 있다고 확신합니다. 우리가 일어나 우리에게 속한 권세를 사용하지 않고 우리는 종종 떠내려가면서 언젠가는 모든 일이 다 잘 될 것이라고 소망합니다.

그러나 우리는 성경이 우리가 혈과 육에 대하여 싸우는 것이 아니라고 말했다는 것을 기억해야 합니다(엡 6:12). 너무 많은 경우, 우리는 문제를 일으키는 악한 영과 싸우기 보다는 혈과 육, 즉 사람들과 싸우려고 하고 있는 것입니다.

나를 오해하지 마십시오. 내가 말한 대로, 혈과 육과 싸워야 할 때가 있습니다. 그때는 당신이 자연적인 영역에서 사람들을 다루어야 하는 것입니다. 그러나 너무 많은 경우에 우리는 모든 것을 자연적인 영역에서 육신의 힘으로 혈과 육에 대하여 싸우려고 합니다. 그러나 예수 이름과 예수님께서 어둠의 능력으로부터 이미 승리하신 것을 인하여 하나님께 감사합니다!

1952년의 환상에서의 남자

내가 말한 대로 1952년의 환상에는 세 부분이 있었습니다. 환상의 처음 부분에서 예수님은 그리스도인인 여자가 억압당하고 사로잡힘을 당하고 나중에는 그 여자가 그리스도를 부인함으로 완전히 점령되는 것을 보여 주었습니다.

환상의 두 번째 부분에서는, 예수님은 사람 안에서 역사하는 악한 영들을 어떻게 쫓아내는 지를 보여 주었습니다. 두 번째 부분에서 나는 한 남자를 보았습니다. 내가 모르는 사람이었지만 나는 그가 믿는 자가 아닌 것을 알았습니다. 그는 거듭나지 못한 사람이었습니다. 환상에서 예수님이 내게 말씀하셨습니다. "내가 어떻게 귀신이나 악한 영들이 사람을 사로잡는지를 보여주고 그것들을 쫓아내는 것을 보여 주겠다."

환상에서 나는 악한 영이 이 구원받지 못한 사람의 어깨에 와서 앉아서 그의 귀에 속삭이는 것을 보았습니다. 나는 그 악한 영이 그의 귀에 무엇이라고 했는지는 예수님이 설명해 주시지 않았기 때문에 모릅니다. 예수님은 나에게 이렇게 말씀하셨습니다. "이 사람은 마귀에게 귀를 기울이기 시작했다." 그 사람은 마귀의 말에 귀를 기울일 뿐만 아니라 마귀의 생각으로 묵상하기 시작하였습니다. 그가 마귀의 생각으로 계속 즐거워하자 악한 영이 그 사람의 마음으로 들어갔습니다.

그리고 환상에서 그 남자의 몸은 그 전에 그 여자의 몸이 그랬던 것처럼 마치 유리로 된 것처럼 투명해지기 시작했습니다. 나는 그 남자의 머리에서 25전짜리 동전만한 검은 점을 볼 수 있었습니다. 예수님은 이 악한 영이 처음에는 밖에서 와서 그 사람의 생각 속에서 억압을 통하여 그 사람의 마음을 공격하는 것이라고 설명해 주셨습니다. 그것이 마귀가 사람에 대하여 그의 생각에서 활동을 시작하는 방법입니다. 그는 사단의 생각에 거하는 것을 좋아했습니다.

그리스도인 여자가 사로잡히고 점령되었던 경우에 예수님이 설명하셨던 것과 마찬가지로 이 사람이 믿는 자가 아닐지라도 마귀에 대하여, 그리고 그런 생각을 하는 것에 대하여 그 자신이 무엇인가를 할 수 있다고 하셨습니다.

이 사람이 믿는 자가 아닐지라도 그는 자유롭게 선택할 권리가 있었습니다. 그리고 그는 그런 종류의 생각을 할 필요가 없었던 것입니다. 언제든지 그는 그것이 마귀의 생각이라는 것을 깨닫지 못한다 할지라도 그런 생각을 안 하도록 선택을 할 수 있었습니다. 언제라도 그는 생각을 변화시킬 수 있었습니다. 그는 다른 사람으로 하여금 그의 생각을 변화하도록 할 필요는 없었던 것입니다.

구원을 받았든지 못 받았든지 상관없이 사람들은 그들이 원하는 생각을 선택할 수 있습니다. 선한 생각이나 혹은 악한 생각을 선택할 수 있습니다. 왜냐하면 그들은 선택의 자유가 있기 때문입니다.

그러나 그 사람은 마귀의 생각에 사로잡힐 때까지 계속하여 마귀의 생각에 순종하였습니다. 그때 예수님은 내게 이렇게 말씀하셨습니다. "지금 그는 그런 종류의 생각으로 사로잡혔고 마귀는 그의 마음을 지배하게 된 것이었다."

당신이 무엇을 생각할지를 선택합니다

우리는 사람들이 항상 "나는 이렇게 생각할 수밖에 없었어"라고 말하는 것을 듣습니다. 그러나 당신이 원한다면 당신은 무엇을 생각할지를 선택할 수 있습니다. 성경은 당신이 할 수 있다고 말하고 있습니다. 하나님이 아니고, 그리고 분명히 마귀도 아닙니다. 바로 당신이 당신 자신의 생각을 주장하여야 합니다.

당신이 생각하는 것이 큰 차이를 만들어 내는 것입니다. 하나님께서는 우리의 생각을 하나님 말씀과 하나님께 고정시키기를 원하십니다(사 26:3). 그러나 만일 당신이 잘못된 생각을 즐기기 원한다면, 하나님께서는 당신을 막으시지 않습니다. 하나님은 당신의 의지를 무시하시지 않는 것입니다. 그러나 당신이 잘못된 생각을 즐긴다면 당신은 당신의 삶에 마귀에게 문을 열어놓은 것입니다.

나를 오해하지는 마십시오. 하나님은 잘못된 생각을 묵인하시는 것이 아닙니다. 하나님은 그의 말씀에 우리가 생각해야 할 것을 지시하셨습니다(빌 4:8). 그러나 당신이 끈질기게 잘못된 생각을 한다면 하나님은 그것을 중지하지 않을 것입니다. 당신이 무엇을 생각하느냐는 하나님이 아니라 당신에게 달려 있습니다. 당신이 원하면 잘못된 생각을 할 수도 있고 혹은 잘못된 생각을 대적하고 나쁜 것을 생각하는 것에서 돌아설 수도 있습니다.

가끔 믿는 자들이 의식적으로 혹은 무의식적으로 문을 열어주어서 사단을 초청할 수도 있습니다. 혹은 그들은 하나님의 말씀에 대한 지식이 없어서 무지하기 때문에 그렇게 할 수도 있습니다. 그럼에도 불구하고 그들은 사단에게 그들의 생각을 통하여 그들의 삶에 들어오는 것에 동의해 준 것입니다. 모르고 동의한 것도 동의한 것입니다.

어떻게 악한 영이 다른 악한 영들을 들어오게 하는가?

환상에서, 그 사람이 사로잡힌 후 예수님은 이렇게 설명하셨습니다. "이 사람을 사로잡은 악한 영은 악한 영들 중의 높은 계급의 하나인 이 세상 어둠의 주관자 가운데 하나다. 이 세상 어둠의 주관자들이 사람을 사로잡는 영들이며 그들은 결국 그 사람이 허락한다면 그 사람을 온전히 점령할 것이다. 그리고 점령에도 정도의 차이가 있는 것이다."

예수님은 악한 영의 높은 계급인 이 세상의 어둠의 주관자들이 구원받지 못한 사람을 사로잡으면 그들은 다른 악한 영들을 들어오게 하는 것이라고 설명하셨습니다. 예수님은 이렇게 말씀하셨습니다. "이 높은 계급의 악한 영들이 다른 악한 영들을 들어오게 하는 것을 보여주겠다." 그리고 환상에서 나는 악한 영이 이 사람의 마음에 뚜껑이나 문 같은 것을 그 사람의 머리 위에 들고 있는 것을 보았습니다.

나는 점령을 한 그 귀신이 다른 많은 악한 영들을(그들은 큰 파리와 같이 보였습니다) 그 사람의 머리에 뚜껑 문을 열어서 그 마음에 들어오게 하는 것을 보았습니다. 아주 많은 큰 파리와 같은 악한 영들이 그 뚜껑 문을 통해 그의 마음속으로 들어 왔습니다. 그 수는 셀 수 없을 정도였습니다. 그들은 큰 파리 같이 보였습니다. 그러나 그 주관하는 영은, 처음에 그 사람의 귀에 속삭이던 영은 그 모양이 마치 작은 원숭이나 꼬마요정 같았습니다.

예수님은 큰 파리 같이 보이는 악한 영들에 대해서 내게 말씀하셨습니다. 예수님은 그들은 낮은 계급의 악한 영들이라고 하셨고 그들은 주로 명령에 복종하며 그들은 자신의 지식이 별로 없다고 하셨습니다.

성경에서 큰 파리 같은 낮은 계급의 악한 영들을 찾아 볼 수 있습니까? 그렇습니다. 우리는 찾을 수 있습니다. 예수님은 마태복음 12장 24절에 나오는 것을 내게 상기시키셨습니다. 그때 바리새인들은 예수님이 하나님의 손으로가 아니라 바알세불을 힘입어 마귀를 쫓아낸다고 예수님을 비난하였습니다. 예수님은 내게 바알세불이라는 것은 "파리들의 주" 혹은 "똥더미의 주"라는 뜻이라고 말씀하셨습니다 (마 12:24-28). 다른 말로 하면, 바알세불 혹은 사단은 모든 귀신과 악한 영의 주이고 주관을 한다는 뜻입니다.

환상에서 예수님은 악한 영 중에서 높은 계급인 이 세상의 어둠의 주관자들은 사람들에게 들어갈 길을 찾기 위하여 처음에 접근하고 그리고 그 사람이 허락하면 주관하려고 한다고 설명하셨습니다. 이 어둠의 세상 주관자가 사람들에게 들어가면 다른 낮은 계급의 악한 영들을 들어오게 하는 것입니다.

어둠의 세상 주관자들이 다른 악한 영들을 들어오게 한 후 환상에서 나는 더 높은 계급의 악한 영들이 그 사람의 영으로 내려가는 것을 보았습니다. 예수님은 이렇게 설명하셨습니다. "지금 이 사람은 이 악한 영들에 의하여 점령되었다."

예수님은 이 구원받지 못한 사람의 경우에서라도 그 사람은 처음에 악한 영들이 마귀의 생각을 그의 마음에 속삭임으로 그들에게 억압을 받는 상태였다고 설명하셨습니다. 그 사람이 계속하여 그런 생각에 자신을 내어놓음으로 그는 마귀의 생각으로 사로잡히게 되었던 것입니다. 그 사람은 계속하여 그 악한 영에게 그의 생각을 내어주었고 결국은 그 사람 자신의 동의로 악한 영이 그 사람의 영을 점령하게 했던 것입니다.

그리고 예수님은 이렇게 나에게 설명하셨습니다. "더 높은 계급의 귀신인 어둠의 세상 주관자가 처음에 그 사람을 주장하였고 그리고 그것이 그 사람을 나중에 점령하게 된 것이다. 사람을 점령하는 것은 항상 이 어둠의 세상 주관자들이다. 그리고 더 높은 계급의 악한 영이 다른 것들을 들어오게 하는 것이다." 이 모든 악한 영들은 그 사람 안에 물론 있었습니다. 그러나 더 높은 계급의 귀신이 처음에 사람을 유혹하여 그의 마음에 들어왔고 그를 완전히 점령한 것입니다.

완전한 점령

주님이 어떻게 악한 영들이 사람에게 들어오는지를 보여주신 후에 내게 말씀하셨습니다. "오늘 밤 이후 네가 완전히 점령을 받은 사람 앞에 있을 때에 그 악한 영은 너를 알아보게 될 것이다. 그들은 네가 그들 위에 권세가 있는 것도 알 것이다."

예수님은 모든 믿는 자들이 예수 이름으로 갖는 권세에 대하여 말씀하셨습니다. 예수님은 이렇게 말씀하셨습니다. "사람이 완전히 점령되었을 때 그 사람 안에 있는 귀신은 그 사람의 목소리를 사용할 수 있다. 그 귀신은 '나는 네가 누구인지 알아'라고 말할 수 있고, 악한 영들은 그들이 내가 누구인지 알았던 것과 같이 너도 누구인지 알 것이다. 빌립보의 젊은 여인에게 있던 귀신이 바울과 실라가 누구인지 알아보았던 것과 같이 그 귀신은 네가 누구인지 알 것이다(행 16:17)."

예수님께서는 마가복음 5장 6-7절을 내게 주셨습니다. 그리고 예수님이 이것을 증명하기 위해 거라사의 광인을 어떻게 다루었는지 보여주셨습니다. "그가 멀리서 예수를 보고 달려와 절하며 **큰 소리로** 부르짖어 이르되 지극히 높으신 하나님의 아들 예수여 나와 당신이 무슨 상관이 있나이까 원하건대 하나님 앞에 맹세하고 나를 괴롭히지 마옵소서 하니."

그 사람을 점령한 귀신은 예수님이 누구인지 정확히 알았습니다. "…지극히 높으신 하나님의 아들 예수여 나와 당신이 무슨 상관이 있나이까…"(막 5:7). 자연적으로 그 광인은 예수님이 누구인지 알 수 없었을 것입니다. 왜냐하면 그는 무덤 사이에 거하였고 사회와 잘 섞이지 않았기 때문입니다.

환상에서 예수님이 내게 이렇게 말씀하셨습니다. "특별히 네가 완전히 점령을 당한 사람 가운데 있을 때 악한 영은 너를 알아보고 그 사람의 목소리를 사용하여 '나는 당신이 누군지 압니다' 라고 네게 말을 할 것이다."

예수님은 사람이 완전히 점령된 경우에는 그 사람을 통하여 말하는 귀신의 목소리는 자연적인 영역에서도 들을 수 있다고 설명하였습니다. 이것은 영분별의 은사가 있어야 들을 수 있는 것이 아닙니다. 왜냐하면 점령한 귀신은 그 사람의 목소리를 통하여 자연적인 영역에서 말을 할 것이기 때문입니다.

예수님은 내게 이렇게 말했습니다. "만일 네가 거기 그날 있었다면 자연적인 영역에서 네 귀로 이 사람이 내게 말하는 것을 들을 수 있었을 것이다. 그러나 실제로는 그 사람을 점령한 귀신이 말을 하는 것이었고 그 사람이 말하는 것이 아니었다."

다른 말로 하면, 거라사의 광인 안에 있었던 귀신이 커다란 소리로 부르짖었습니다. "지극히 높으신 하나님의 아들 예수여 나와 당신이 무슨 상관이 있나이까. 원하건대 하나님 앞에 맹세하고 나를 괴롭히지 마옵소서"(막 5:7). 이 부르짖음은 자연적인 영역에서 들을 수 있었던 것입니다. 어둠의 세상 주관자는 이 사람을 통하여 이 사람의 목소리를 사용하여 말하고 있었고 거기 있던 모든 사람들이 그가 그렇게 말하는 것을 들었던 것입니다.

예수님은 또 내가 만일 그날 거기 있었다면 나도 그 점령한 귀신이 예수님께 대답하는 것을 들었을 것이라고 설명하셨습니다. "나의 이름은 군대입니다. 우리가 많기 때문입니다"(막 5:9). 군대라는 이름의 점령한 귀신은 그 사람의 목소리를 통하여 예수님께 말하고 있었던 것입니다.

예수님은 이렇게 말씀하셨습니다. "그러나 네가, 혹은 다른 어떤 사람이라도 그날 거기 있었다면 너는 그 사람 안에 있는 모든 귀신들이 내게 이렇게 말한 것은 듣지 못했을 것이다. '우리를 돼지 떼에게로 보내시옵소서. 우리가 그들에게 들어가겠나이다'(막 5:12). 그것은 오직 영적인 영역에서 영분별의 은사가 나타나야 들을 수 있었다."

이 모든 귀신들이 합쳐서 예수님께 말할 때 그들은 그 사람을 통하여 그 사람의 목소리를 사용하여 말하는 것이 아니었습니다. 그들은 영적인 영역에서 말을 하고 있었던 것입니다. 그러나 예수님의 삶에는 영분별의 은사가 활동하고 있었으므로 그것을 들을 수 있었습니다.

예수님은 나에게 영분별의 은사가 활동하고 있기 때문에 내가 영에 있을 때 가끔은 영적인 영역에서 듣고 볼 수가 있을 것이라고 말씀하셨습니다. 어떤 사람들은 이런 것을 무서워하지만 무서워할 필요가 없습니다. 왜냐하면 성경은 "…너희 안에 계신 이가 세상에 있는 자보다 크심이라"(요일 4:4)고 말하기 때문입니다.

때때로 내가 치유의 줄에서 사역을 하고 있을 때, 사람 안에 있는 악한 영들이 내가 그 사람에게 아무 말도 하기 전에 나한테 말을 한 적이 있습니다. 나는 영적인 영역에서 그 악한 영들이 말하는 것을 들은 것입니다. 사람들은 내가 그들에게 떠나라고 말하는 것을 들을 수 있었습니다. 그러나 악한 영들이 말하는 것은 아무도 듣지 못합니다. 왜냐하면 그들은 영적인 영역에서만 영분별의 은사를 통하여 들을 수 있기 때문입니다.

예를 들어, 어떤 때 치유의 줄에서 악한 영이 내게 아주 강조적인 어조로 이렇게 말했습니다. "나는 안 갈거야!" 나는 말합니다. "너는 예수님의 이름으로 떠나야만 한다. 예수님의 이름으로 이 사람에게서 떠나라." 그리고 악한 영은 언제나 떠나고 사람들은 해방을 받습니다. 내가 영에 있는 많은 경우에 나는 비록 겉으로 보기에는 아무 것도 나타나는 것이 없더라도 그들이 떠나는 것을 보았습니다. 하나님의 말씀은 역사하십니다. 우리는 마귀의 능력보다 더 큰 권세가 있습니다(눅 10:19).

예수님과 거라사의 광인

예수님은 이렇게 말씀하셨습니다. "악한 영을 다루는 데 있어서 너는 계시로써, 지식의 말씀으로나 혹은 영분별의 은사로써 어떠한 영을 다루고 있는지 알게 될 것이다. 내가 거라사에서 그 귀신 들린 사람에게로 걸어갔을 때 나는 어떤 종류의 악한 영이 그 사람을 소유 하였는지 분별하였다. 이것은 더러운 영이었다. '이는 예수께서 이미 그에게 이르기를 더러운 귀신아 그 사람에게서 나오라 하셨음이라'"(막 5:8).

예수님께서 나에게 이렇게 설명하셨습니다. "내가 하나님의 아들이기 때문에 가지고 있는 본래의 능력으로 사역을 한 것이 아니었다. 나는 성령님이 나를 통하여 그분이 나타나기를 의지하여야 했다. 이 경우에는 성령님이 내게 영분별의 은사가 나타나게 했던 것이다. 그래서 나는 그 사람을 주관하고 있는 것이 더러운 영이라는 것을 알았던 것이다."

만일 당신이 지식의 말씀을 통하여 무슨 종류의 영이 그 사람 속에 있는 것을 계시 받았다면 당신은 무슨 종류의 영이 그 안에 있는지 알 것입니다. 만일 당신이 영분별의 은사의 활동이 나타나므로 그 사람 속에 있는 것이 무슨 영인지 알았다면 어떤 종류의 악한 영인지 듣고 볼 수가 있을 것입니다.

예수님은 이렇게 내게 설명하셨습니다. "보통의 경우 만일 거기 하나의 영이 있었고 네가 그것에게 명령하여 나오라고 하면 나올 것이다." 그리고 예수님께서 나를 놀라게 하는 말을 하셨습니다.

"나는 이미 그 사람 안에 있는 것이 더러운 영이라는 것을 알았고 분별하였다. 그러나 내가 그 더러운 영에게 나오라고 명령했을 때 이것은 나오지 않았다. 그래서 나는 그의 이름이 무엇이냐고 물어본 것이다"(막 5:8-9).

우리는 누가복음에서 예수님이 더러운 영에게 나오라고 명령하였지만 그 귀신은 예수님이 그 이름과 그 수를 알아낼 때까지 나오지 않았던 것을 볼 수 있습니다.

눅 8:28-30
28 예수를 보고 부르짖으며 그 앞에 엎드려 큰 소리로 불러 이르되 지극히 높으신 하나님의 아들 예수여 당신이 나와 무슨 상관이 있나이까 당신께 구하노니 나를 괴롭게 하지 마옵소서 하니
29 이는 예수께서 이미 **더러운 귀신을 명하사** 그 사람에게서 나오라 하셨음이라 (귀신이 가끔 그 사람을 붙잡으므로 그를 쇠사슬과 고랑에 매어 지켰으되 그 맨 것을 끊고 귀신에게 몰려 광야로 나갔더라)
30 예수께서 **네 이름이 무엇이냐** 물으신즉 이르되 군대라 하니 이는 많은 귀신이 들렸음이라

예수님은 그 더러운 영이 예수님께서 그 이름을 물어보기까지 나오지 않았다고 내게 설명하였습니다. 더러운 영은 그의 이름을 대었습니다. "내 이름은 군대니 우리가 많음이니이다"(막 5:9). 예수님은 이 경우에는 이것의 이름과 숫자가 같았다고 설명하였습니다. 군대는 이것의 이름이었지만 이것의 숫자이기도 했습니다. 이 거라사의 귀신 들린 사람을 다루는 데 예수님 자신도 그것을 내쫓기 전에 그의 이름을 알아야 했던 것이었습니다.

예수님은 영분별의 은사나 혹은 지식의 말씀을 통하여 내가 영에 있을 때(혹은 이런 은사가 어떤 믿는 자에게든 활동하며 그들이 영에 있을 때), 어떤 종류의 영이 사람을 점령했는지 알 수 있을 것이라고 하셨습니다. 그러나 어떤 경우에는 그 악한 영의 이름을 아는 것이 필요할 때도 있고 혹은 그들의 숫자를 알아야 내쫓을 수 있을 때도 있다고 설명하셨습니다. 내가 나오라고 명령을 하였을 때 그 악한 영이 나오지 않으면 이름과 숫자를 물어보아야 한다고 했습니다. 몇 명의 악한 영이 그 안에 있는지를 물어보아야 한다고 했습니다.

그리고 아직도 환상에 있을 때, 예수님께서 내가 환상에서 보고 있던 구원받지 못한 사람에게로 걸어가라고 말씀하셨습니다. 내가 그에게 다가갔을 때 그 사람 안에 있는 악한 영이 예수님께서 말씀하셨던 대로 "나는 너를 알아! 나는 네가 누구인지 알아!"라고 말하는 것이었습니다.

나는 말했습니다. "그래 나는 네가 내가 누구인지 아는 것을 안다. 그리고 너는 내가 예수의 이름으로 너보다 큰 권세가 있다는 것도 알지!"

그러니까 예수님께서 내게 이렇게 말했습니다. "악한 영에게 조용히 하라고 해라. 그로 말을 못하게 하라."

성경 어디에도 예수님이 귀신들과 대화를 했다는 말이 없습니다. 예수님은 언제나 그들에게 이렇게 말했습니다. "조용하여라!" (막 1:25; 눅 4:35) 예수님은 당신이 악한 영을 내쫓으려 할 때 그것이 나오지 않으면 악한 영의 이름과 숫자를 물어보아야 하므로 그때만이 예외라고 설명하셨습니다. 그것이 예수님께서 악한 영과 더 많은 대화를 한 유일한 경우입니다. 그리고 그것은 그들의 이름을 묻는 것뿐이었습니다(막 5:9).

이 환상에서, 나는 악한 영에게 예수님의 이름으로 조용히 하라고 명령했습니다. 나는 내 속에서 성령님의 계시로 어떤 종류의 악한 영이 이 사람을 점령하고 내게 말하고 있는지 알았습니다. 이것은 속이는 영이었습니다. 그래서 나는 이렇게 말했습니다. "너 더러운 속이는 영아 나는 예수님의 이름으로 이 사람에게서 나올 것을 명령한다." 그러나 아무 일도 일어나지 않았습니다. 악한 영은 나오지 않았습니다.

그리고 환상에서 예수님은 다시 내게 강조하셨습니다. "네가 무슨 종류의 악한 영인지 알아도 아직 나오지 않는다면 그러면 너는 그것의 숫자를 알아야 한다." 그래서 환상에서 나는 그 사람을 점령하고 있는 영에게 물었습니다. "너의 이름이 무엇이며, 몇 명이나 있냐?" 속이는 것은 그 영의 이름이 아니었습니다. 그 영의 종류가 속이는 영이었습니다.

그 사람 안에 있던 악한 영은 대답했습니다. "나 외에도 열아홉이나 여기 더 있어요." 그 숫자를 아는 것이 내가 필요한 전부였습니다. 나는 이렇게 말했습니다. "나는 너와 같이 있는 열아홉 명의 다른 영에게 예수님의 이름으로 나올 것을 명한다." 그리고 나는 영적인 영역에서 그 악한 영들이 그 사람을 떠나는 것을 보았습니다.

악한 영들은 어디로 쫓겨나는가?

당신은 마가복음 5장 13절에서 마귀들이 돼지들에게로 들어간 것을 기억할 것입니다. 그리고 그 돼지들은 언덕에서 치달아 바다로 빠져 죽었습니다. 성경은 또 악한 영들이 "무저갱으로 들어가라 하지 마시기를 간구하더니"(눅 8:31)라고 말합니다.

그래서 내가 예수님께 물었습니다. "이 악한 영들은 사람에게서 쫓겨났을 때 어디로 갑니까?" 나는 목사들이 악한 영들을 무저갱으로 쫓아내려고 한 것을 들었습니다(계 20:3). 그래서 나는 예수님께 내가 이 영들을 지옥이나 무저갱으로 쫓아내야 할지 물었습니다.

예수님은 이렇게 대답했습니다. "아니다. 너는 악한 영들을 지옥이나 무저갱으로 쫓아낼 수 없다. 성경은 내가 회당으로 들어갈 때 귀신들이 '이에 그들이 소리 질러 이르되 하나님의 아들이여 우리가 당신과 무슨 상관이 있나이까. **때가 이르기 전에** 우리를 괴롭게 하려고 여기 오셨나이까' 라고 소리 지른 것을 말하고 있다."

예수님은 말씀하셨습니다. "그들의 때가 아직 이르지 않았다. 만일 악한 영들을 무저갱으로 쫓아내는 것이 가능했다면 내가 땅에 있을 때 내가 할 수 있는 대로 그들을 다 그리로 내쫓았을 것이다. 그렇다면 너희들이 상대할 것은 그만큼 적어졌을 것이다."

왜 악한 영들을 무저갱으로 쫓아 보낼 시간이 아직 오지 않은 것일까요? 왜냐하면 사단이 사용하고 있는 아담의 때가 다 끝날 때까지 사단은 지금 여기서 "이 세상의 신"이기 때문입니다(고후 4:4). 사단은 여기에 있을 도덕적인 권리는 없어도 법적인 권리가 있는 것입니다.

나는 예수님께 물었습니다. "사람들에게서 내쫓김을 당한 악한 영들은 어떻게 되는 것입니까?"

예수님은 이렇게 대답하셨습니다. "너는 나의 말씀에서 '더러운 귀신이 사람에게서 나갔을 때에 물 없는 곳으로 다니며 쉬기를 구하되 쉴 곳을 얻지 못하고'(마 12:43)라고 한 것을 읽어보지 못했느냐?" 그리고 환상에서 나는 그 사람을 점령했던 귀신이 마른 곳에서 걷고 있는 것을 보았습니다.

예수님은 계속하여 말씀하셨습니다. "네가 사람에게서 악한 영을 내쫓을 때 그들은 마른 곳에서 걸어 다닌다. 그들은 아직도 땅에서 쉴 곳을 구하고 있는 것이다. 그리고 쉴 곳을 찾지 못할 때 그들은 그 사람이 허락만 한다면 나온 '집'으로 돌아가려고 하는 것이다(마 12:44). 그들은 다시 쫓겨나거나 그 사람이 죽을 때까지 거기 있는 것이다."

그 사람의 몸과 혼은 그 귀신의 '집'이 되는 것입니다. 그래서 그 사람이 죽을 때 그 귀신은 그 '집'을 떠나 다른 사람에게 들어가 거하려고 찾는 것입니다.

이 환상을 본지 몇 년 후에, 심각한 위장병이 있는 사람이 죽어가는 병원에 병실 앞에 서 있었습니다. 그가 죽었을 때, 그 사람으로부터 무엇인가 나와서 내게로 왔습니다. (위장에 문제가 있는 것이 모든 사람이 다 귀신이 있기 때문은 아닙니다. 그러나 귀신이 있기 때문일 수도 있습니다.) 그것은 내 배를 마치 누가 공기총으로 쏜 듯이 쳤습니다. 그리고 내 배는 불이 타는 듯하였습니다. 나는 "아니다, 이 귀신아! 너는 예수의 이름으로 내 안에 들어오지 못한다!"고 말했습니다. 그리고 그 귀신은 곧 나를 떠났습니다.

조심해야 할 것들

우리가 영적인 일들에 대하여 알아야 할 것이 있습니다. 모든 계시와 환상은 하나님의 말씀의 빛에 따라 점검되어져야 합니다. 다른 말로 하면, 당신이 환상을 보았다 해도 그냥 받아들이거나 그것을 가지고 성급하게 그 위에 교리를 세워서 가는 곳마다 그것을 가르쳐서는 안 된다는 말입니다. 그것을 하나님의 말씀에 비추어보고 말씀과 일치하는지 보아야 합니다.

나는 어떤 영적 계시를 보면, 즉시 나가서 그것을 실천하고 가르치기 시작하지 않습니다. 나는 내가 배운 것을 사용하거나 가르치기 전에 본 것을 하나님의 말씀에 비쳐 묵상하고 멈추어서 생각합니다. 주님은 한때 나에게 너무 빠른 것보다는 너무 느린 것이 낫다고 말씀하신 적이 있습니다.

예수님은 사람들이 조금 받은 계시를 가지고 달려가므로 많은 잘못이 행해진다고 말씀하셨습니다. 그들은 대개 모든 일을 엉망으로 만들어 놓습니다. 작은 계시를 가지고 하나님보다 앞서 가는 것보다 어떻게 영적인 계시를 사용할 것인지 주님의 인도함을 받으며 조심하는 것이 유익합니다.

이 환상을 본 지 두 달쯤 후에 나는 귀신을 다루는 것을 환상에서 배운 대로 사용할 기회가 있었습니다. 나는 텍사스의 한 교회에서 집회를 하고 있었습니다. 그 근처에 있는 교회의 한 이사가 그곳에 집회가 끝나는 대로 자기 교회에 와서 집회를 해달라고 부탁했습니다. 그래서 집회가 끝난 후 나는 그 근처 도시로 차를 몰고 가서 그 교회에서 나를 위해 마련하여준 호텔에 들어갔습니다.

그날 오후에 나하고 이야기를 했던 그 이사가 내게 전화를 걸었습니다. 그는 나에게 이렇게 물었습니다. "해긴 목사님, 나를 좀 도와주실 수 있습니까? 당신은 내 아들을 만난 적이 없습니다. 그는 38세인데 아직도 구원을 받지 못했습니다. 그는 술을 마시고 마약을 합니다. 그는 우리와 함께 살려고 가끔 옵니다. 그렇지만 우리들은 아무것도 그에게 해줄 수 없습니다. 그는 아주 난폭하게 되어서 집에 있는 가구들을 부수기도 합니다. 우리는 우리를 보호하기 위해 경찰을 불러서 그를 감옥에 넣은 적도 있습니다." 마치 마귀가 이 젊은이를 미치게 만드는 것 같았습니다.

그 이사는 이렇게 말했습니다. "그는 지금 우리 집에 와 있습니다. 그리고 그는 벌써 한 번 난폭하게 성질을 부렸습니다. 그는 아주 큰 가구를 두 손으로 들어 두 동강이를 내었습니다. 그것은 너무 커서 두세 사람도 부서뜨릴 수 없는 것입니다. 그는 마치 우리가 책을 들어 던지듯이 피아노를 들어서 벽에다 던졌습니다."

그것은 초자연적인 힘입니다! 성경이 거라사의 광인이 모든 쇠사슬과 고랑을 부셨다고 말한 것을 기억하십시오(막 5:4). 왜냐하면 그는 초자연적인 힘을 가지고 있었기 때문입니다. 그 이사는 내게 물었습니다. "오셔서 좀 도와주시겠어요?"

나는 그의 집으로 차를 몰고 갔습니다. 내가 그 집에 갔을 때 그 사람과 아내가 나를 그들의 아들이 앉아 있는 곳으로 데리고 갔습니다. 그 아들은 소파에 그의 두 손에 머리를 묻고 늘어져 앉아있었습니다. 두 내외가 방에 들어갈 때 아무런 소개도 하지 않았습니다. 그 아들은 그들이 전화를 건 것도 모르고 내가 누구인지도 알지 못했습니다. 우리는 전에 만난 적이 없었습니다. 그러나 내가 방으로 들어가는 순간 그 아들은 곧 눈을 들어 나를 바라보고 이렇게 말했습니다. "나는 당신을 알아! 나는 당신이 누군지 알아! 나는 당신이 오늘 오후 2시 10분쯤 이 도시로 들어올 때 알았어!"

그리고 그는 내가 이 도시에 무슨 길로 들어 왔는지 그리고 길의 이름을 대면서 무슨 길에서 어떻게 돌아서 들어왔는지 말하기 시작했습니다. 그리고 그는 내가 있는 호텔의 이름도 말해 주었습니다. 그는 내가 어떤 길을 거쳐서 이 도시로 왔는지 정확하게 말했습니다. 그리고 정확하게 내가 몇 시에 도착했는지도 말했습니다. 어떤 사람도 이런 일을 알 수는 없었을 것입니다.

그 사람을 점령한 귀신이 그 사람의 목소리를 사용하여 이런 모든 일들을 그에게 보여 준 것이었습니다. 나는 대답했습니다. "그래. 나는 네가 나를 아는 것을 안다. 그러나 예수님의 이름으로 조용히 하여라! 예수님의 이름으로 명하노니 그에게서 나오라!"

눈 깜짝할 사이에 그 사람의 안색과 그 사람의 성격이 완전히 변화되었습니다! 그는 밝아졌고 완전히 정상으로 보였습니다. 그가 자유롭게 해방된 것이 겉으로 나타난 것은 없었습니다. 나는 어떤 영이 그를 떠나는 것을 보지도 못했습니다. 그리고 눈에 보이는 것은 아무것도 없었습니다. 그러나 그 사람은 온전히 자유함을 받았습니다.

우리는 사람이 악한 영으로부터 자유함을 받을 때 항상 어떤 종류의 나타남이 있어야 한다고 잘못 생각합니다. 당신이 악한 영이 떠나는 것을 보든지 안 보든지 중요한 것은 그 사람이 해방되어 자유로워졌다는 것입니다.

1952년의 환상의 세 번째 부분

귀신과 악한 영에 대한 1952년의 환상에는 세 번째 부분이 있었는데 이것은 그 귀신과 악한 영들을 다루는 방법에 관한 것이었습니다. 환상의 세 번째 부분에서, 예수님은 어떻게 귀신을 다루는지에 대하여 더 많은 지시를 하셨습니다. 이런 일이 있었습니다. 예수님께서 환상에서 내게 말씀하고 있을 때 갑자기 한 귀신이 우리 사이로 뛰어왔습니다. 이것은 아주 원숭이와 비슷했는데 그의 얼굴은 사람 같아 보였습니다.

예수님과 나 사이에 끼어든 귀신은 공중에서 뛰어 오르락내리락 했습니다. 그가 그렇게 하면서 검은 구름이나 연기 같은 것을 뿜어내었습니다. 그가 그렇게 할 때 나는 예수님을 보는 것이 어려워졌습니다. 그리고 그 작은 도깨비 같은 것이 뛰어 오르락내리락 하면서 손과 발을 내밀었고 아주 높은 음성으로 소리 지르기 시작했습니다. "약키디 약 약! 약키디 약 약!"

이런 일들이 일어나는 중에도 예수님은 계속하여 말씀하고 계셨습니다. 나는 예수님이 말씀하시고 있는 것을 들을 수 있었지만 그 단어들을 구별하기가 어려워졌습니다. 그리고 그 연기 때문에 나는 결국 예수님을 볼 수 없게 되었습니다. 이것은 아마도 수 초 동안 일어난 일이겠지만 몇 분이나 된 것 같이 느껴졌습니다.

나는 혼자서 이렇게 생각했습니다. '예수님은 말씀하시는 것을 내가 잘 들을 수 없는 것을 모르시나! 예수님은 당신이 말씀하시는 것을 내가 알아듣지 못하고 있다는 것을 모르시나!' '왜 예수님은 그에게 그만 하라고 말씀하시지 않는가! 예수님은 내가 알아듣지 못하고 있다는 것을 모르시나?'

결국, 나는 절망 속에서 생각도 없이 내 손가락으로 이 작은 귀신을 가리키면서 이렇게 말했습니다. "나는 예수님의 이름으로 너에게 중지하고 그만두라고 명령한다!" 내가 이런 말을 했을 때 이 작은 귀신은 바닥에 쓰러졌습니다. 툭! 검은 구름은 사라졌습니다. 그리고 그는 바닥에서 매 맞은 강아지처럼 끙끙거리며 흔들고 떨면서 쓰러져 있었습니다.

예수님은 그를 보시고 또 나를 바라보고는 귀신을 가리키면서 이렇게 말씀하셨습니다. "네가 이 악한 영에게 아무것도 안 했다면 나는 할 수 없는 일이었다."

"주님, 내가 잘못 들었음에 틀림없습니다. 주님은 내가 이 귀신에 대하여 아무 일도 안 했다면 주님이 할 수 없었다고 말씀하시지 않았지요? 당신은 당신이 하시지 않겠다고 말씀하셨지요?"라고 내가 물었습니다.

예수님은 아직도 바닥에서 떨고 있는 귀신을 가리키면서 되풀이해 말씀하셨습니다. "아니다. 나는 '만일 네가 이 악한 영에게 아무 일도 하지 않았다면 나는 할 수 없었다.' 라고 말했다."

나는 내 귀가 잘못된 것인가 하여 머리를 흔들었습니다. 나는 다시 말했습니다. "내 귀에 문제가 있는 것 같습니다. 내가 잘 알아듣지 못한 것이 분명합니다. 주님은 내가 이 악한 영에게 아무것도 하지 않았다면 당신이 아무것도 할 수 없었다고 말씀하시지 않았지요. 주님은 당신이 아무것도 하지 않으시겠다고 말씀하셨지요?"

그는 같은 말을 되풀이했습니다. "아니다. 나는 '만일 네가 이 악한 영에게 아무것도 하지 않았다면 나는 아무것도 할 수 없었다.' 라고 말했다."

나는 이렇게 말했습니다. "주님, 무엇인가 잘못되었습니다. 내가 잘못 들은 것 같습니다." 그리고 나는 나의 질문을 세 번째 되풀이했습니다. 나는 예수님이 화가 나서 노끈을 가지고 성전에서 장사하는 자들을 내쫓았을 때 어떤 모습이었는지 알 것 같았습니다(막 11:15). 이것은 마치 예수님의 눈이 작은 번개 불이 치는 것 같았습니다. 그리고 예수님은 또 말씀하셨습니다. "아니다! 나는 아무것도 할 수 없었다!"

나는 말했습니다. "나는 그것을 받아들일 수 없습니다. 주님, 그것은 내가 설교하고 배운 어떤 것과도 다릅니다. 주님, 그것은 나의 신학을 완전히 거꾸로 하는 것입니다. 우리 종교적인 사람들 사이에서는 우리는 언제나 '하나님, 당신은 마귀를 꾸짖으십니다' 혹은 '예수님, 당신은 마귀를 꾸짖으십니다' 라고 기도하곤 했습니다."

주님이 대답했습니다. "가끔 너의 신학을 거꾸로 해야 할 필요가 있다."

나는 이렇게 말했습니다. "주님, 나는 그런 것을 일생동안 들어본 적이 없습니다. 나는 어떤 환상도, 어떤 신령한 방문도, 내가 주님을 보고 있다 해도 그리고 내가 당신의 말씀하는 것을 듣고 있다 해도, 자연적인 영역에서 사람을 보듯이 분명하게 보고 있다 해도 상관이 없습니다. – 나는 주님께서 내게 말하고 있는 것을 거룩한, 쓰여진 하나님의 말씀으로 증거해 주시지 않으면 받아들일 수 없습니다. 성경은 '만일 듣지 않거든 한 두 사람을 데리고 가서 두 세 증인의 입으로 말마다 확증하게 하라' (마 18:16)고 말하고 있습니다. 나는 당신이 말씀하시는 것을 신약으로부터 두 세 증인을 주실 수 없다면 믿을 수 없습니다."

우리는 신약 혹은 새로운 언약 아래 살고 있는 것입니다. 나는 옛 언약에는 별로 관심이 없습니다. 나를 오해하지는 마십시오. 물론 나는 구약의 가치를 믿고 이해합니다. 그러나 나는 구약으로 다시 돌아가서 그의 법칙과 규칙 밑에 살려고 하지 않습니다. 왜냐하면 구약은 영적으로 죽은 사람들을 위하여 쓰여졌기 때문입니다. 그들은 거듭나지 못했었습니다. 새로운 언약 아래서는 우리는 새로운 피조물로 만들어졌고, 우리 인간의 영은 재창조되었습니다.

예수님은 내게 아주 다정스럽게 웃으시면서 말했습니다. "내가 하나 더해서 네 개의 성경 구절을 네게 주지."

예수님은 내게 이렇게 말씀하셨습니다. "나, 주 예수 그리스도나 혹은 하나님 아버지께 마귀에 대해 어떻게 해달라고 기도하는 것은 시간의 낭비다."

나는 이렇게 말했습니다. "오, 나는 많은 시간을 낭비했습니다!" 아주 많은 사람들이 오늘날 그들의 시간을 낭비하고 있습니다!

그리고 예수님은 이렇게 말했습니다. "아버지 하나님과 나는 하나님의 천사가 하늘로부터 와서 마귀를 사슬에 묶어 무저갱에 천 년 동안 가둘 때(계 20:1-3)까지 우리들이 마귀에 대하여 할 일을 이미 다 한 것이다. 그때까지 천국에서는 마귀에 대하여 아무 일도 하지 않을 것이다."

하나님께서 예수님을 보내셨고 예수님은 벌써 마귀에 대한 일을 끝내신 것입니다. "죄를 짓는 자는 마귀에게 속하나니 마귀는 처음부터 범죄 함이라 하나님의 아들이 나타나신 것은 **마귀의 일을 멸하려 하심이라**"(요일 3:8). 예수님은 그의 죽으심, 장사하심, 그리고 부활로써 마귀를 패배시키셨습니다(골 2:15). 이제 믿는 자들도 그들의 법적인 권위를 마귀에게 행사하도록 기대하고 있는 것입니다.

예수님은 이렇게 말씀하셨습니다. "교회에 - 믿는 자에게 - 쓰여진 모든 서신서에는 만일 그 서신서의 저자가 마귀에 대하여 어떤 말을 하였다면 그는 항상 믿는 자에게 그들이 마귀에 대하여 무엇을 하라고 하였다. 나는 네게 믿는 자들이 마귀에 대하여 권위가 있다는 것을 증거하는 네 개의 관련 성경 구절을 주겠다."

하나님이 권세를 행사하는 것이 아니고 믿는 자들이 마귀에 대해 그의 권세를 행사해야만 한다

예수님은 마태복음 28장 18절로부터 나에게 믿는 자들이 이 땅에서 마귀에 대하여 권세가 있다는 것을 보여 주시기 시작하였습니다.

> 마 28:18
> 예수께서 나아와 말씀하여 이르시되 하늘과 **땅의 모든 권세를 내게 주셨으니**

예수님은 이렇게 말씀하셨습니다. "내가 죽은 자 가운데서 일어났을 때 나는 곧 제자들에게 '하늘과 땅의 모든 권세를 내게 주셨으니'(마 28:18)라고 말했다. 여기서 권세라고 번역된 희랍어는 신약의 다른 곳에서는 권능이라고도 번역되었다. 그래서 너는 이 구절을 '하늘과 땅의 모든 권능을 내게 주셨으니'라고 읽을 수도 있다."

예수님은 계속하여 내게 말씀하셨습니다. "네가 18절에서 읽기를 그친다면 너는 나에게 이렇게 말할 것이다. '주 예수님, 당신께서 이 모든 귀신과 마귀들에 대하여 권능을 다 가지고 있습니다. 그러므로 당신은 이 땅 위에서 마귀에게 무엇인가를 하실 수 있습니다. 왜냐 하면 이 구절은 당신이 모든 권능을 가지고 있다고 말하고 있기 때 문입니다.' 그러나 나는 나의 권세를 이 땅 위에 있는 믿는 자들, 즉 교회에게 준 것이다. 나는 '너희는 가서…' 라고 말했다."

> 마 28:19-20
> 19 그러므로 너희는 **가서** 모든 민족을 제자로 삼아 아버지와 아들과 성령의 이름으로 세례를 베풀고
> 20 내가 너희에게 분부한 모든 것을 가르쳐 지키게 하라 볼지어다 내가 세상 끝날까지 너희와 항상 함께 있으리라 하시니라

> 막 16:15,17
> 15 또 이르시되 너희는 **온 천하에 다니며** 만민에게 복음을 전파하라
> 17 믿는 자들에게는 이런 표적이 따르리니 곧 그들이 **내 이름으로 귀신을 쫓아내며** 새 방언을 말하며

예수님은 내게 이렇게 말했습니다. "믿는 자들을 따르는 첫 표적은 내 이름으로 마귀를 쫓아내는 것이다. 믿는 자가 마귀에 대하여 권세가 없었다면 마귀를 쫓아낼 수 없었을 것이다. 나는 교회에게 그 권세를 주었다. 사실 더 나은 방법으로 그것을 말한다면 '믿는 자는 내 이름으로 마귀에 대하여 권세를 행사할 것이다' 라고 말할 수 있다."

많은 경우에, 그리스도인들은 이렇게 물어봅니다. "왜 하나님은 마귀로 하여금 이렇게 끔찍한 일을 이 땅에서 행하도록 허락하셨습니까? 왜 하나님은 마귀를 어떻게 좀 하지 않으십니까?"

인생에 일어나는 많은 일들을 우리는 이상하게 생각합니다. 그러나 하나님께서는 우리들이 권세를 행사하기를 그리고 마귀에 대하여도 무엇을 하도록 기다리고 있습니다. 하나님의 말씀은 그가 우리에게 주신 권세 뒤에 서 있는 것입니다.

그러나 많은 경우에 우리가 말씀에 서서 마귀를 대적하고 그를 도망하게 해야 할 때, 우리는 하나님께서 마귀에게 무엇인가를 해 주시기를 기다리며 마귀에게 우리를 마음대로 하도록 놓아두는 것입니다. 우리는 우리의 삶의 역경에서 사단에 대한 우리의 권세를 행사함으로 말씀에 온전히 서서 우리에게 속한 것을 주장해야 합니다.

그리고 예수님은 믿는 자가 마귀에 대하여 이 땅에서 권세가 있다는 두 번째 성경의 증거로 야고보서 4장 7절을 주셨습니다.

> 약 4:7
> 그런즉 너희는 하나님께 복종할지어다 **마귀를 대적하라** 그리하면 너희를 피하리라

야고보는 마귀를 대적하라고 교회에, 믿는 자에게 편지를 쓰고 있었던 것입니다. 예수님은 내게 이렇게 말씀하셨습니다. "야고보는 '당신의 목사를 불러서 마귀를 대적하게 하라'고 하지 않았고, '다른 그리스도인들을 불러 마귀를 대적하게 하라'고 하지도 않았다. 그는 너에게 마귀를 대적하라고 한 것이다. 만일 네가 마귀에 대한 권세가 없었다면 너는 마귀에게 대적할 수 없을 것이다."

나는 이 진리를 알게 되었습니다. 야고보는 "예수님을 불러서 마귀를 꾸짖으라"고 말하지 않았고, "하나님을 불러서 너를 대신하여 마귀를 대적하게 하라"고도 말하지 않았습니다. 야고보는 "마귀를

대적하라 그리하면 너희를 피하리라"고 말한 것입니다(약 4:7). 여기서 '너희는' 이 문장의 주어입니다.

나는 사전에서 "피하다"라는 말을 나중에 찾아보았는데, 그것에 대한 정의 중 하나는 '두려움에 쌓여 도망가다' 라는 뜻이었습니다. 귀신들과 악한 영들은 우리를 무서워하지 않습니다. 그러나 그들은 우리가 대표하는 예수님을 무서워합니다. 그러므로 우리가 그리스도 안에 있기 때문에 우리가 예수님의 이름으로 우리의 권세를 취할 때 그들은 우리들로부터 도망갈 것입니다.

어떤 사람들은 이렇게 말했습니다. "나는 그냥 기도제목들을 써서 목사님에게 나를 위해 기도해 달라고 해야지. 나는 해긴 목사님 사역팀에게 기도를 부탁해야지. 해긴 목사님은 믿음이 있으니까, 나를 위해 기도하시면 마귀가 나를 괴롭히지 않을거야." 아닙니다. 믿는 자는 각자가 그 자신을 위해 마귀에게 권세를 행사해야 하는 것입니다. 우리는 다른 사람으로 우리에게 역사하는 마귀를 제어하기 위해 기도해 달라고 할 필요가 없습니다.

사단은 당신이 권세를 주지 않는 이상 당신의 삶에서 어떤 권세도 행사할 수 없습니다. 물론, 당신이 당신에게 환란과 시험을 가져오는 마귀에게 대적하지 않으면 그 상황은 달라지지 않을 것입니다. 왜냐하면 당신이 이 땅에서 예수 이름을 통하여 권세를 가진 자이기 때문입니다.

벧전 5:8-9
8 근신하라 깨어라 너희 대적 마귀가 우는 사자 같이 두루 다니며 삼킬 자를 찾나니
9 너희는 **믿음을 굳건하게 하여 그를 대적하라** 이는 세상에 있는 너희 형제들도 동일한 고난을 당하는 줄을 앎이라

성경은 "너희 대적 마귀"라고 말하고 있으므로 우리는 적이 있는 것을 압니다. "대적"이라는 단어는 적이나 반대편이 되는 사람을 뜻합니다. 이것은 우리에 대항하여 전투준비를 하고 있는 자들을 뜻합니다.

그렇지만 이 대적은 이미 패배한 적인 것을 기억하십시오. 그러므로 그는 우는 사자같이 걸어 다닐 뿐입니다. 성경은 그가 우는 사자라고 말하지 않습니다. 이것은 당신의 대적이 실재가 아니라는 말이 아닙니다. 그는 정말 실재하는 존재이지만 예수 그리스도에 의하여 이미 패배되었습니다.

왜 사단은 우는 사자같이 걸어 다니는 것일까요? 왜냐하면 그는 삼킬 자를 찾기 때문입니다. 그는 불신자들은 삼키려고 하지 않습니다. 그들은 이미 자신들의 편이 되었으니까요. 그는 그리스도인들을 삼키려고 찾고 있는 것입니다. 그리고 그들이 허락만 하면 그들을 삼킬 것입니다.

당신은 이 마귀들에게 어떻게 할 것입니까? 당신은 타조같이 머리를 모래에 박고 그가 사라져주기만 소망하고 있겠습니까? 당신은 그로 하여금 당신을 삼키도록 하겠습니까? 아닙니다. 천 번이나 아닙니다. 당신의 자리를 지키고 성령의 검과 예수님의 이름으로 그들로 하여금 도망가게 하십시오! 예수님이 이미 그들을 이기셨습니다.

1952년 환상에서 예수님이 내게 나타났을 때는, 치유의 부흥이 한창이던 때였습니다. 그리고 그 당시 어떤 사람들은 지금도 어떤 사람들이 그렇듯이 마귀와 악한 영들에 대하여 극단적으로 치우쳐 있었습니다. 이러한 잘못 때문에 예수님은 귀신론에 대한 잘못을 수정하여서 그리스도의 몸이 치우치지 않고 정로를 걷게 해야 했던 것입니다.

우리의 문제는 다른 사람들이 우리를 위해 마귀를 처리해 주기를 바라는데 있었습니다. 베드로가 그의 서신서를 그리스도인들에게 쓴 것을 주목하시기 바랍니다. 그는 죄인들에게 이 편지를 쓴 것이 아닙니다. 그는 그것이 만일 불가능한 일이었다면 믿는 자들에게 마귀를 대적하라고 하지 않았을 것입니다.

예수님께서 믿는 자들이 마귀에 대하여 권세가 있는 것을 증명하는 성경 구절을 꺼내 보여주신 후에 나에게 이렇게 말했습니다. "만일 베드로가 요즘 그리스도인들 같았더라면 그는 아마 이렇게 말했을 것이다. '우리들에게 하나님께서 우리의 사랑하는 형제 바울을 아주 특별한 방법으로 사용하신다는 말을 들었습니다. 바울이 헝겊과 손수건에 안수를 하면 질병과 악한 영들이 사람들로부터 떠나갑니다. 그러므로 나는 당신들이 바울에게 편지를 써서 그 손수건을 하나 얻기를 권합니다.' 그러나 베드로는 믿는 자들에게 그렇게 말하지 않았다. 베드로는 믿는 자들에게 '당신 자신들이 마귀에 대하여 무엇을 하십시오!' 라고 말했다."

베드로전서 5장 9절을 다시 보기 바랍니다. "믿음을 굳건하게 하여 그를 대적하라…" 이 문장의 주어가 "너희"라는 것은 우리가 다 아는 바입니다. "너희는 마귀를 대적하라 그리하면 너희를 피하리라." "너희는 믿음을 굳건하게 하여 하나님 말씀으로 그를 대적하라." 이것은 당신 삶에서 마귀를 대적할 수 있는 유일한 사람은 바로 당신이라는 사실로 다시 돌아오는 것입니다. 당신은 당신의 믿음으로 하나님께서 그 말씀에서 하신 대로 마귀를 대적하여야 합니다.

예수님은 내게 이렇게 말했습니다. "그렇기 때문에 네가 그 귀신에게 아무것도 안 했다면 나는 아무것도 할 수 없었던 것이다." 그때

서야 나는 깨달았습니다. 그리스도의 몸 안에 속한 지체로서 나는 예수님과 나 사이에서 뛰던 그 귀신에 대하여 권세가 있었던 것입니다. 그리고 만일 내가 그 악한 영에게 내 권세를 행사하지 않았더라면 아무 일도 그 악한 영에게는 일어나지 않았을 것입니다.

그렇기 때문에 당신은 하나님 말씀으로 마귀를 도망가게 해야 하는 것입니다. 그렇지만 당신의 마음이 말씀으로 새로워지지 않았다면 당신은 그리스도 안에서 당신의 법적인 위치를 어떻게 잡아야 하는지, 당신의 적에게 어떻게 대항해야 하는지 모르기 때문에 당신은 문제를 만나게 될 것입니다. 그리고 당신의 지식의 부족함 때문에 당신은 대적으로 하여금 당신을 패배시키도록 만들 것입니다. 왜냐하면 당신은 그리스도 안에서 당신이 누구인지 당신이 정말로 가지고 있는 권세가 어떤 것인지 알지 못하기 때문입니다.

예수님은 또 믿는 자가 마귀에 대한 권세가 있는 것을 증거하는 네 번째 성경 구절로 에베소서 4장 27절을 주셨습니다.

엡 4:27
마귀에게 틈을 주지 말라

바울은 그리스도인에게 "마귀들에게 틈을 주지 말라"고 편지를 썼습니다. 만일 성경이 당신에게 마귀들에게 틈을 주지 말라고 했다면 당신이 삶에서 마귀들에게 틈을 줄 수도 있다는 말입니다. 다른 편으로 보면, 당신이 마귀에게 틈을 주지 않을 수 있다면 당신은 그들 위에 권세가 있어야 할 것입니다.

사실, 마귀는 당신이 자신의 권세를 모르거나 무지함으로 인해 권세를 행사할지 몰라서 당신이 허락하지 않는 한 당신 안에 아무 자리도 잡을 수 없습니다.

그러면 어떻게 당신은 마귀가 당신 안에 자리 잡을 수 없게 할 수 있을까요? 당신은 먼저 하나님께 순종해야 합니다. 그런 후에야 마귀를 대적할 수 있는 자리에 들어갈 수 있는 것입니다. 그리고 당신이 마귀를 대적할 때 그는 당신을 피할 것입니다(약 4:7).

예수님이 이 성경 구절들을 내게 주었을 때 나는 우리가 어떻게 이런 것들을 놓치고 있었는지 알게 되었습니다. 교회는 하나님으로 마귀를 꾸짖으시게 하려고 하고 있었던 것입니다. 또 우리는 예수님으로 우리의 삶에서 마귀를 다루어 주시도록 하려고 했었던 것입니다. 우리는 다른 어떤 사람들이 우리를 위하여 마귀를 향해 우리의 권세를 대신 행사해 주기를 바랐던 것입니다. 그렇지만 예수님께서 이미 그 권세를 우리들 각자에게 위임하였기 때문에 그렇게는 할 수 없는 것입니다.

그리고 예수님은 또 내게 말씀하셨습니다. "이것들이 내가 네게 준다고 하였던 네 개의 성경 구절의 증거이다. 내가 말한 것이 첫 번째이고, 야고보가 말한 것이 두 번째이고, 베드로가 말한 것이 세 번째이고, 바울이 말한 것이 네 번째이다."

"이 성경 구절들은 내가 마귀에 대한 나의 권세를 그리스도의 몸에게 위임하였기 때문에 믿는 자들이 땅에서 권세가 있다는 사실을 잘 받쳐주는 것이다. 만일 믿는 자들이 마귀에 대하여 아무것도 하지 않는다면 그들의 삶을 변화시킬 것은 아무것도 없는 것이다."

하나님은 우리의 삶에서 마귀에 대하여 하실 모든 일들을 이미 다 해 놓으신 것입니다. 왜냐하면 하나님은 예수님을 보내셔서 사단을 패배시켰기 때문입니다! 그래서 우리가 사단을 우리 위에 마음대로 역사하게 한다면 이것은 우리가 말씀으로 우리의 자리를 차지하지 않았기 때문입니다.

다른 성경적 "증인들"

롬 6:14
죄가 너희를 주장하지 못하리니 이는 너희가 법 아래에 있지 아니하고 은혜 아래에 있음이라

바울은 믿는 자들에게 쓰면서 "죄가 너희를 주장하지 못하리니"라고 말했습니다(롬 6:14). 다른 번역본은 "죄는 너희들 위에 제왕이 되지 못하리니"라고 말합니다.

만일 어떤 것이 당신을 주장한다면 이것이 당신 위에 군림한다는 말입니다. 성경은 죄가 당신 위에 군림하지 못한다고 합니다. 죄와 사단은 동의어로 쓰입니다. 이것은 "사단이 너희들 위에 군림하지 못하리니"라고 읽어도 좋을 것입니다.

왜 사단이 여러분을 주장하지 못해야 합니까? 왜냐하면 당신은 거듭나고 당신은 죄와 죽음의 법에 있지 않고 은혜 아래 있기 때문입니다(롬 6:14; 8:2). 그리고 사단이 당신의 주가 아니고 예수님이 당신의 주이십니다(골 1:13). 그러므로 죄와 사단은 당신이 허락하지 않는 한 당신을 주장할 수 없습니다.

요한도 믿는 자들에게 편지를 썼습니다. 그도 같은 주제에 대하여 말하고 있습니다.

요일 4:1-4
1 사랑하는 자들아 **영을 다 믿지 말고 오직 영들이 하나님께 속하였나 분별하라** 많은 거짓 선지자가 세상에 나왔음이라
2 이로써 너희가 하나님의 영을 알지니 곧 예수 그리스도께서 육체로 오신 것을 시인하는 영마다 하나님께 속한 것이요

> 3 예수를 시인하지 아니하는 영마다 하나님께 속한 것이 아니니 이것이 곧 적그리스도의 영이니라 오리라 한 말을 너희가 들었거니와 지금 벌써 세상에 있느니라
> 4 자녀들아 너희는 하나님께 속하였고 또 그들을 이기었나니 이는 너희 안에 계신 이가 세상에 있는 자보다 크심이라

1절은 "사랑하는 자들아 영을 다 믿지 말라"고 말하고 있습니다. 이 구절은 정말로 요즈음에 잘 맞는 말입니다. 많은 사람들이 모든 영을 믿고 모든 영적인 경험, 환상과 나타남을 믿습니다. 그렇지만 그래서는 안 됩니다. 우리는 영적인 체험을 하나님의 말씀의 빛으로 점검해 보아야 하는 것입니다. "예수를 시인하지 아니하는 영마다 하나님께 속한 것이 아니니 이것이 곧 적그리스도의 영이니라…"(요일 4:3).

아무 영이나 다 믿지 마십시오. 요한은 이렇게 말합니다. "영을 다 믿지 말고 오직 영들이 하나님께 속하였나 분별하라 많은 거짓 선지자가 세상에 나왔음이라"(1절).

성경은 악한 영과 관련하여 거짓 선지자에 대하여 말하고 있는 것을 주목하십시오. 선지자는 영적인 영역에 활동하고 그들이 성령에 의하여 움직여져야 하지만 그러나 그들은 영적인 분별력이 없기 때문에 너무 많은 경우에 잘못된 영에 의하여 움직여지고 있는 것입니다.

4절은 "자녀들아 너희는 하나님께 속하였고…"라고 말하고 있습니다. 이것은 그리스도 안에서의 우리의 위치와 하나님과의 옳은 관계를 말하고 있습니다. 그리고 이것은 또 우리는 하나님의 자녀로서 그리스도와 함께 천국에 앉아 있기 때문에 마귀에 대한 우리의 권세도 같이 말하고 있는 것입니다.

그러면 그 다음 성경 구절에서는 무엇이라고 말하고 있습니까? "자녀들아 너희는 하나님께 속하였고 또 그들을 이기었나니…"

(요일 4:4). 여기서 "그들을"이란 누구를 말하고 있는 것입니까? 믿는 자들이 무엇을 이기었다고요? "그들을"이란 말은 그 전 구절에서 요한이 말하던 악한 영들을 말하고 있는 것입니다. 다른 말로 하면, 우리가 그리스도 안에 있기 때문에 예수님께서 사단을 이기셨을 때 사단에 대한 예수님의 승리는 우리의 승리입니다! 그리스도 안에서 우리는 삶에서 하나님의 말씀으로 마귀를 대적함으로 사단의 패배를 한 번 더 확증해야 하는 것입니다.

성경은 "악한 영과 귀신들을 너희가 천국에 갈 때 이길 것이다"라고 말하고 있지 않습니다. 성경은 이렇게 말하고 있습니다. "그들을 이기었나니 이는 너희 안에 계신 이가 세상에 있는 자보다 크심이라"(4절).

성경은 "너희 안에 있는 그리스도시니 곧 영광의 소망이니라"라고 말하고 있습니다(골 1:27). 예수님은 통치자들과 권세들을 무력화하여 드러내어 구경거리로 삼으시고 십자가로 그들을 이기셨습니다(골 2:15). 그러므로 예수님이 마귀와 모든 악한 영들을 이기셨고 당신은 그리스도 안에 있으므로 당신도 이긴 것입니다. 이것은 과거의 시제로 쓰여 있는 사실입니다!

예수님이 사단과 그의 군대인 악한 영들과 귀신을 이기셨을 때, 하나님께서 모든 믿는 자들이 이긴 것으로 만들어 놓으신 것입니다. 왜냐하면 우리는 그리스도 안에 있기 때문입니다. 예수님은 우리의 대속물이셨습니다. 예수님은 예수님 자신을 위하여서가 아니라 우리를 위하여 사단을 패배시키신 것입니다.

그러므로 만일 당신이 거듭났다면 당신 안에 더 크신 분, 즉 사단을 이기신 분이 살고 계신 것입니다.

잔 지 레이크는 항상 돌아다니며 귀신에 대하여 이야기하며 마귀를 확대시키는 사람들에게 너무 화가 나서 그는 정말 욕을 하고 싶을 정도였다고 말했습니다. 그들은 마귀에 대하여 항상 그들의 삶과 이 땅에서 마귀가 무엇을 하는지 그리고 얼마나 그들의 능력이 큰지를 항상 이야기함으로 마귀들을 확대시키고 있었습니다. 레이크는 어떤 사람들이 마귀는 아주 큰 거인인 듯 이야기를 하고 하나님은 마치 70cm 정도의 작은 사람인 것 같이 말한다고 했습니다. 그렇게 말하는 사람들은 '마귀를 조심해야 해요' 라고 말합니다. 이 사람들은 아주 마귀를 잘 의식하고 있으며 예수님에 대하여는 거의 이야기를 하지 않습니다. 그러나 당신이 더 마귀를 확대시킬수록 당신의 삶에서 그는 더 커질 수밖에 없는 것입니다.

어떤 믿는 자들은 마귀와 그의 능력에 대하여 더 존경심을 가지고 하나님을 믿는 것보다 그들을 더 믿는 듯합니다!

그리스도 안에서 당신의 자리를 찾으십시오. 하나님 말씀 위에 서십시오. 항상 마귀에 대한 말을 하는 사람들과 혹은 하나님을 확대하지 않는 사람들과 같이 하는 것을 조심하십시오. 그리고 돌아가는 모든 영적인 "유행"을 따르지 마십시오. 말씀에 거하십시오. 마귀가 무엇을 하는지 설교하지 말고 말씀을 설교하십시오. 그리고 교리적으로 정로에 거하고 마귀에 대하여도 극단적이 되는 것을 피하십시오.

당신은 귀신을 찾아다닐 필요가 없습니다. 그러나 그가 나타나더라도 내쫓아버리십시오. 당신은 예수 안에서 그들 위에 권세가 있습니다. 말씀으로 그를 도망가게 하십시오. 당신이 그리스도 안에서 자신이 누구인지를 잘 알고 당신의 합법적인 위치를 찾아서 그 위에 권세를 행사하면, 마귀도 알게 되고 마귀는 더 이상 당신을 그의 손 안에 누르고 있을 수 없게 되는 것입니다.

제 7 장
하나님의 지혜

하나님께서는 모든 믿는 자들에게 영광스러운 유산을 준비하셨습니다. 그 유산은 모든 어둠의 역사와 죄, 질병, 연약함 그리고 영적인 죽음을 지배하는 것을 포함하고 있습니다.

그러나 우리가 예수 안에서 우리의 권세를 사용하여서 모든 상황에서 마귀의 궤계에 대하여 성공적으로 대적하려면 영적인 이해의 눈이 밝아져야 합니다.

그리스도 안에 믿는 자의 유산은 하나님의 지혜입니다. 이것은 전 세대부터 지금까지 숨겨오던 것인데 예수 그리스도를 통하여 나타났습니다. 이 진리를 붙잡고 성도로서 우리를 위한 하나님의 유산의 실재 안에 행하는 것이 승리하는 교회로서 이 땅의 삶에서 바른 위치를 차지하고 왕 노릇하며 사는 열쇠입니다.

우리의 유산의 풍부함은 성경의 다른 어떤 곳보다 에베소서에 더 자세히 계시되어 있습니다. 에베소서 1장과 3장은 어느 곳에 있든지 모든 믿는 자들에게 적용되는 성령의 영감을 받은 기도입니다. 왜냐하면 이것은 성령님이 그리스도의 몸에 주신 것이기 때문입니다.

엡 1:16-23
16 내가 기도할 때에 기억하며 너희로 말미암아 감사하기를 그치지 아니하고

17 우리 주 예수 그리스도의 하나님, 영광의 아버지께서 **지혜와 계시의 영을 너희에게 주사** 하나님을 알게 하시고
18 너희 **마음의 눈을 밝히사** 그의 부르심의 소망이 무엇이며 성도 안에서 그 기업의 영광의 풍성함이 무엇이며
19 그의 힘의 위력으로 역사하심을 따라 믿는 우리에게 베푸신 능력의 지극히 크심이 어떠한 것을 너희로 알게 하시기를 구하노라
20 그의 능력이 그리스도 안에서 역사하사 죽은 자들 가운데서 다시 살리시고 하늘에서 자기의 오른편에 앉히사
21 **모든 통치와 권세와 능력과 주권과 이 세상뿐 아니라** 오는 세상에 일컫는 모든 이름 위에 뛰어나게 하시고
22 또 만물을 그의 발아래에 복종하게 하시고 그를 만물 위에 교회의 머리로 삼으셨느니라
23 교회는 그의 몸이니 만물 안에서 만물을 충만하게 하시는 이의 충만함이니라

엡 3:14-21
14 이러므로 내가 하늘과 땅에 있는 각 족속에게
15 **이름을 주신 아버지 앞에 무릎을 꿇고 비노니**
16 그의 영광의 풍성함을 따라 **그의 성령으로 말미암아 너희 속사람을 능력으로 강건하게 하시오며**
17 믿음으로 말미암아 그리스도께서 너희 마음에 계시게 하시옵고 너희가 사랑 가운데서 뿌리가 박히고 터가 굳어져서
18 능히 모든 성도와 함께 지식에 넘치는 그리스도의 사랑을 알고
19 그 너비와 길이와 높이와 깊이가 어떠함을 깨달아 하나님의 모든 충만하신 것으로 너희에게 충만하게 하시기를 구하노라
20 우리 가운데서 역사하시는 **능력대로** 우리가 구하거나 생각하는 **모든 것에 더 넘치도록** 능히 하실 이에게
21 교회 안에서와 그리스도 예수 안에서 영광이 대대로 영원무궁하기를 원하노라 아멘

만일 당신이 믿는 자라면 당신은 이 기도들을 바울이 "너"와 "너희의"라고 한 곳에 "나", "나에게", "나의"를 붙이면서 당신 자신을 위하여 기도할 수 있습니다.

이 기도들 중에서 성령님은 믿는 자들에게 "그리스도를 아는 일에 있어서 지혜와 계시의 영"을 계시해주고 싶어 하십니다(엡 1:17). 그러면 하나님이 믿는 자들에게 예수 그리스도에 대하여 계시하려는 지혜와 지식은 무엇일까요?

성령님은 우리의 이해의 눈이 열려서 예수님께서 십자가에서 사단에게 한 완전한 승리를 이해하기를 원하십니다. 하나님께서는 우리가 예수님과 함께 높은 곳에 앉은 것이 믿는 자들에게 어떤 의미를 가지고 있는지 우리가 알기를 원합니다. 성령님의 지혜와 지식이 우리들에게 나타내시기를 원하는 것은 구속의 유익으로서 믿는 자들이 그리스도와 같이 앉아 있다는 것입니다. 그리스도와 같이 앉아 있다는 것은 사단에게 승리한 승리와 권세의 자리입니다. 하나님은 우리들이 그리스도 안에 있는 사람들로서 권리와 특권이 있는 것을 알기를 원합니다.

하나님의 말씀과 일치하는 계시

1949년 내가 마지막으로 목회를 하던 교회에서 나는 많은 기도로 하나님께 구했습니다. 나는 기회만 있으면 에베소서와 빌립보서에 있는 기도들을 나를 위하여 했습니다. 성경은 성령님에 의하여 주어진 것이므로 결코 영감과 능력을 잃어버리지 않습니다.

성령님은 바울을 통하여 쓰시면서 당신이 믿는 자로서 당신의 이해의 눈이 밝아지기를 원하는 것입니다. "밝아지다"라는 단어는

'빛이 비치다' 혹은 '빛이 홍수같이 오다' 라는 뜻입니다. 다른 번역본은 "당신의 심령의 눈에 빛이 홍수같이 오기를 기도하라"고 말하고 있습니다.

이런 기도를 몇 달 동안 하고 난 후, 하루는 강단에서 기도를 하고 있었습니다. 그런데 주님이 "나는 네게 계시와 환상을 보여 주겠다"라고 말씀하셨습니다. 이것은 내가 그런 기도들을 수천 번이나 나를 위하여 한 것의 결과였습니다. 하나님의 말씀으로부터의 계시가 내게 오기 시작하였고 계속하여 오는 것이었습니다. 나는 하나님의 말씀과 일치되는 계시를 말하고 있는 것입니다.

마침내 나는 나의 아내에게 "세상에 그동안 내가 무엇을 설교하고 있었는지 모르겠어요"라고 말하게 되었습니다. 나는 그때 이미 사역을 14년 동안이나 하고 있었는데, 나를 위하여 그 기도를 6개월간 하는 동안 나는 하나님의 말씀으로부터 너무 많은 계시를 받아서 마치 아주 새로운 사람이 된 것 같았습니다.

그것이 에베소서 1장이 말하고 있는 것입니다. - 예수의 지식에 대한 통찰과 하나님의 말씀의 지식에 대한 이해입니다.

이것은 1947년 겨울부터 1948년 사이에 하나님의 말씀과 일치된 이해력이 성령님에 의하여 내게 오기 시작한 것입니다. 그리고 1950년대에 환상이 오기 시작했습니다. 1950년부터 1959년까지 주 예수님 자신이 내게 여덟 번이나 나타나셨습니다. 여덟 번 중에 세 번은 예수님께서 나와 한 시간 반 정도 이야기를 하셨습니다. 그리고 그것은 하나님의 말씀에 관하여 더욱 깊은 계시를 내게 가져왔던 것입니다.

하나님의 영이 내게 가져온 계시 중 하나는 믿는 자는 그리스도 안에서 사단 위에 권세가 있다는 것입니다. 사실 1952년 환상에서 예수님이 내게 한 시간 반 동안 말씀하실 때 나는 귀신과 악한 영에 대하여 깊은 이해를 갖게 되었습니다. 이런 이해는 나의 이해의 눈을 밝혀달라는 기도를 하고 나서 온 것입니다. 교회의 머리되시는 예수 그리스도께서 성경적 진리를 그 환상에서 내게 주신 것입니다. 그래서 믿는 자들이 사단의 궤계와 작전에 대하여 눈이 밝아짐으로서 잘못되지 않도록 할 수 있게 하신 것입니다.

믿는 자들은 사단의 궤계에 대하여 무지하였습니다. 그래서 마귀는 사람을 이용할 수 있었습니다. 그러나 하나님의 영은 믿는 자들이 지혜와 예수님의 지식의 계시와 하나님의 말씀을 갖기 원하셨고 그래서 그들의 이해의 눈이 밝아져서 그리스도 안에 그들의 권세를 알기를 원하시는 것입니다.

하나님은 믿는 자들이 더 이상 사단의 먹이가 되지 않아도 된다는 것을 알기를 원하십니다. 왜냐하면 그들은 사단의 권세와 통치에서 벗어났기 때문입니다(골 1:13). 하나님은 우리가 그리스도의 몸이 패배한 교회가 아니라는 것을 알기 원하십니다. 우리는 승리하는 교회입니다. 우리는 예수 그리스도를 통하여 이 땅에서 왕 노릇해야 하는 것입니다. 왜냐하면 우리는 마귀에 대하여 권세의 자리에 있기 때문입니다. 우리의 이해의 눈이 밝아지면 우리는 이 땅에서 승리하는 교회로서 권세의 자리에 설 수 있는 것입니다.

예수님의 권세

예수님이 그의 공생애를 시작하실 때 예수님은 곧 귀신의 세력과 악한 영을 만나게 되었습니다. 귀신과 악한 영들은 수 세대를 통하여 아무 방해 없이 악한 일들을 해 왔던 것입니다. 사단과 그의 군대들은 영적인 영역에서 왕 노릇하고 있었고 사람들을 영적인 죽음으로 묶고 있었던 것입니다. 아무도 사단과 그의 군대들을 패배시킬 수 없었고 그들을 통치할 수도, 혹은 이 땅에서 그들의 권세나 주관함을 도전할 자도 없었습니다.

예를 들어, 구약에서, 우리는 아무도 악한 영들을 어떤 사람에게서 내쫓는 것을 보지 못했고 마귀에게서 권세를 취하는 것도 못했습니다. 왜냐하면 옛 언약 아래서는 아무도 마귀나 악한 영들에게 권세가 없었기 때문입니다. 그러나 예수님께서 이 땅에 오셔서 행하시기 시작할 때 이것은 전혀 다른 이야기였습니다. 악한 영들과 사람들은 예수님이 이 땅에서 행하시기 시작하자 곧 예수님의 권세를 알아차렸던 것입니다.

> 막 1:21-24
> 21 그들이 가버나움에 들어가니라 예수께서 곧 안식일에 회당에 들어가 가르치시매
> 22 뭇 사람이 그의 교훈에 놀라니 이는 **그가 가르치시는 것이 권위 있는 자와 같고** 서기관들과 같지 아니함일러라
> 23 마침 그들의 회당에 **더러운 귀신 들린 사람이** 있어 소리 질러 이르되
> 24 나사렛 예수여 우리가 당신과 무슨 상관이 있나이까 우리를 멸하러 왔나이까 나는 **당신이 누구인 줄 아노니** 하나님의 거룩한 자니이다

신약 전체를 통하여, 우리는 귀신들과 악한 영들이 곧 예수님을 알아보고 인정하는 것을 볼 수 있습니다. 여기 마가복음에서 이 사람 안에 더러운 영이 예수님을 알 뿐만 아니라 곧 예수님의 권세를 알아차린 것입니다.

서기관들과 바리새인들까지도 그리고 성전에 있던 사람들도 예수님의 권세를 알았던 것입니다. 그들은 놀라고 이상하게 여겼습니다. 왜냐하면 예수님이 서기관들이 가르치는 것 같지 않고 권세를 가지고

가르쳤기 때문입니다. 사람들과 귀신들이 예수님의 권세를 인정하고 그 앞에서 절하였습니다.

예수님이 마귀 위에 주님 되심을 증거하셨기 때문에 귀신들은 예수님을 두려워했습니다. 예수님이 처음 마귀를 만났을 때도 예수님은 사단 위에 승리자가 되심을 증거하였습니다.

예수님이 사단을 패배시킴

예수님이 처음 마귀를 만난 기록은 예수님이 요단강에서 요한에게 세례를 받고 난 후였습니다. 예수님이 세례를 받으신 직후 성경은 이렇게 말하고 있습니다. "그때에 예수께서 성령에게 이끌리어 마귀에게 시험을 받으러 광야로 가사"(마 4:1). 많은 경우 사람들은 성령님은 우리를 절대로 어렵지 않고 좋고 쉬운 곳으로만 인도한다는 생각을 가지고 있습니다. 그러나 항상 그렇지는 않습니다. 우리가 그리스도 안에서 성장하고 성숙해 가면서 우리는 가끔 정말 어려운 곳에서 가장 많이 성장한다는 것을 알 수 있습니다.

예수님은 하나님의 성령에 인도되어 광야로 나가서 마귀에게 시험을 받았습니다. 그렇지만 하나님 감사합니다. 그의 시험에서도 예수님은 마귀 위에 주님이 되심을 증거하셨습니다. 예수님은 이 시험에서 하나님의 말씀으로 사단을 이기셨습니다. 세 번이나 예수님은 사단을 "기록되었으되"라는 말씀으로 이겼던 것입니다(마 4:4,7,10; 눅 4:4,8,12). 예수님은 사단과 "전쟁"을 한 것이 아닙니다. 예수님은 간단히 그 자리를 지키시고 말씀만으로 사단을 이겼던 것입니다.

예수님이 이 땅에서 행하셨을 때, 예수님이 성령님에 이끌리어 광야에 나가서 마귀로부터 시험을 받을 때부터 예수님의 의지로 하나님의 뜻에 온전히 순종할 때까지 예수님은 마귀를 만날 때마다 패배시키셨습니다. 예수님이 사단에게 완전하고 전체적인 승리를 한 것이 하나님의 말씀 전체에 나타나고 있습니다.

> 히 2:14
> 자녀들은 혈과 육에 속하였으매 그도 또한 같은 모양으로 혈과 육을 함께 지니심은 죽음을 통하여 **죽음의 세력을 잡은 자 곧 마귀를 멸하시며**

킹 제임스 흠정역은 예수님께서 죽음 – 영적인 죽음 혹은 하나님으로부터의 분리 – 의 권세를 가지고 있던 사단을 "파괴시켰다"고 말합니다. 예수님이 사단을 멸했다는 것은 사단의 존재를 없앴다는 뜻은 아닙니다. 그 뜻은 미국표준번역본에 좀 더 분명합니다. 이것은 예수님이 사단을 "아무것도 아닌 것으로" 하였다고 썼습니다. 다른 말로 하면, 예수님이 사단을 정복하고 그의 권능과 권세를 다 벗겨버렸다는 말입니다.

히브리서 2장 14절에서 예수님이 죽음의 세력을 가진 사단을 멸했다고 말할 때 성경은 육신적인 죽음을 말하고 있지 않습니다. 육신적인 죽음을 결국은 발밑에 두게 될 것이지만(고전 15:54), 그렇게 될 때까지 사람은 육신적으로 죽을 수밖에 없습니다.

성경에는 세 가지의 죽음을 말하고 있습니다. 첫째는 영적인 죽음(요 5:24; 엡 2:1) 혹은 하나님으로부터의 분리입니다. 둘째, 성경은 육신적인 죽음을 말하고 있습니다(빌 1:20,21). 셋째, 성경은 하나님으로부터의 영원한 분리인 둘째 사망을 말하고 있습니다. 이것은 유황불이 타는 못에 영원히 던져지는 것을 말하는 것입니다(계 20:13-15).

히브리서 2장 14절은 영적인 죽음에 대하여 말하고 있습니다. 이것은 예수님이 죽음의 세력을 가진 혹은 하나님으로부터의 영원한 분리를 가진 사단의 권세를 멸하였다고 말하고 있습니다. 예수 그리스도를 자신의 구세주로 받아들이는 사람은 "죽음의 주관자"나 영원히 하나님으로부터 분리되는 것을 절대로 무서워할 필요가 없습니다.

히브리서 2장 14절을 다른 번역본으로 보는 것은 예수님이 사단에게 승리한 것에 대하여 더 빛을 비추어 줍니다. 예를 들어서 모펫의 번역본은 이렇게 말하고 있습니다. "죽으심으로 예수님은 죽음의 세력을 휘두르는 마귀를 밟아 뭉개버렸다."

코니베어의 번역본은 예수님이 "죽음의 주관자"의 권세를 멸하였고 우리로 하여금 마귀에 대한 예수님의 승리에 같이 참가하는 자가 되도록 하셨다고 말하고 있습니다. 미국표준번역본은 우리가 마귀에 대한 예수님의 승리를 같이 나누는 자들이라고 했습니다.

우리는 같이 참여하는 자들일뿐 아니라 우리는 예수님이 사단에 대해 승리한 것을 나누는 자들입니다. 그것은 우리가 하나님의 부활의 능력을 같이 나누는 자들이라는 말입니다. 그리고 지금 하나님은 우리들에게 이 세상에 예수님의 승리의 복음을 같이 나누는 자들이 되어 달라고 청하고 계신 것입니다. 그래서 사단에 묶인 자들이 그의 포로된 것으로부터 자유를 얻을 수 있게 말입니다.

요한계시록의 다른 구절은 예수님이 죽음의 주인 사단을 완전히 패배시킨 것을 보여줄 뿐만 아니라 예수님이 죽음과 지옥의 열쇠를 마귀로부터 빼앗아 가지신 것을 보여 주고 있습니다. 죽음과 지옥은 더 이상 사단의 통치구역이 아닙니다.

계 1:17-18
17 내가 볼 때에 그의 발 앞에 엎드러져 죽은 자 같이 되매 그가 오른 손을 내게 얹고 이르시되 두려워하지 말라 나는 처음이요 마지막이니 18 곧 살아 있는 자라 내가 전에 죽었었노라 볼지어다 이제 세세토록 살아 있어 **사망과 음부의 열쇠를 가졌노니**

예수님이 그의 죽으심, 장사되심 그리고 부활로서 사단을 정복했을 때 예수님께서는 사단에게서 영적 죽음에 대한 그의 모든 권세를 빼앗았습니다. 예수님은 지금 "세세토록 살아 있어 사망과 음부의 열쇠를 가지셨습니다"(계 1:18).

다른 말로 하면, 예수 그리스도를 그의 주와 구세주로 받아들이는 사람은 누구나 영적인 죽음의 권세를 가지고 있던 사단의 통치로부터 구원함을 받았다는 말입니다. 믿는 자들은 영적인 죽음 자체로부터 속량되었습니다. 그리고 그들이 죽을 때 더 이상 하나님으로부터 분리되지 않는 것입니다. 그들은 영원히 하나님과 함께 있을 것입니다 (고후 5:6,8).

우리들은 예수님이 사단에게 승리하신 것을 또 골로새서 2장 15절에서 볼 수 있습니다.

골 2:15
통치자들과 권세들을 **무력화하여** 드러내어 구경거리로 삼으시고 십자가로 그들을 이기셨느니라

"통치자들과 권세들을 무력화하여"라는 구절은 우리들에게는 잘 알아듣기 힘든 구절입니다. 물론 예수님이 무력화한 통치자들과 권세들은 마귀적인 존재들을 말하고 있습니다. 골로새서 2장 15절의 다른 번역본을 좀 더 살펴보아서 예수님이 통치자들과 권세들을 무력화했을 때 무엇을 이루신 것인지를 잘 이해하도록 하겠습니다.

골 2:15 (코니베어 번역본)
예수님이 통치자와 권세의 **무장을 해제**하였다.

골 2:15 (필립스 번역본)
예수님이 그의 마지막 영광스런 승리의 활동으로 **그들을 다 드러내셨고, 부서뜨리고, 비우고, 패배시켰다!**

골로새서 2장 15절은 사단과 그의 악한 군대들이 주 예수 그리스도에 의하여 손상되었고, 무장해제 되었고, 그들의 권세를 빼앗겼고, 드러내어졌고, 부서뜨려지고, 비워지고, 패배되었다고 말합니다. 그리고 예수님은 그들의 완전한 패배를 열어놓고 보여주셨습니다. 이 구절은 또 사단의 영원한 패배를 보여주는 것입니다.

우리가 "손상되다"라는 단어가 성경 시대에 어떻게 사용되는지를 이해할 때 예수님이 죽은 자 가운데서 살아나심으로 어둠의 세력들에 대하여 이루신 완전한 승리가 더 잘 보일 것입니다. 성경 시대에는 한 왕이 다른 왕과 싸워서 전쟁에서 그를 패배시킬 때 그 패배한 왕을 "손상되었다"라고 표현합니다. 승리자는 포로 된 왕과 중요한 포로들을 승리의 기념품으로 도시에 행렬을 시킵니다. 승리자는 적의 패배를 모든 사람 앞에, 공중에게 전시하듯이 보여주는 것입니다.

성경은 예수님이 사단에게 그렇게 하였다고 말하고 있는 것입니다. 예수님은 예수님의 승리와 사단의 패배를 세 가지 세상, 즉 하늘, 땅과 지옥에 전시함으로써 사단을 "손상시키신 것입니다"(빌 2:9-10). 예수님은 사단을 무장해제 시키시고 그의 권세를 빼앗고 죽음과 지옥의 열쇠를 그로부터 취한 것입니다(계 1:18). 그러므로 사단으로부터 영적인 죽음에 – 하나님으로부터의 영원한 분리에 – 대한 권세를 빼앗은 것입니다.

골로새서 2장 15절의 다른 번역은 이렇게 말합니다. "통치자와 권세를 아무것도 아닌 것으로 만들고 예수님은 그들을 십자가에서 모든 사람에게 승리를 보여주신 것입니다."

"아무것도 아닌 것으로 만든다"는 말은 "아무것도 없을 때까지 줄이다"라는 뜻입니다! 예수님은 통치자와 권세를 아무것도 없을 때까지 줄어들게 한 것입니다. 요한일서 3장 8절은 이렇게 말합니다. "죄를 짓는 자는 마귀에게 속하나니 마귀는 처음부터 범죄 함이라 하나님의 아들이 나타나신 것은 마귀의 일을 멸하려(아무것도 아닌 것으로 만들다 혹은 아무것도 아닌 것으로 줄어들게 하다) 하심이라." 예수님이 이 땅에 오신 이유는 마귀의 일을 아무것도 아닌 것으로 만들고 그를 아무것도 아닌 것으로 줄어들게 하기 위한 것입니다.

폐위당한 권세들

그리스도의 몸은 그들의 이해의 눈이 밝아져서 예수님이 완전히 사단을 패배시킨 것에 대하여 분명히 알아야 합니다. 하나님께서는 모든 믿는 자들이 하나님의 지혜로 이것을 이해하기를 원하십니다.

고전 2:6-7
6 그러나 우리가 **온전한** 자들 중에서는 **지혜**를 말하노니 이는 이 세상의 지혜가 아니요 또 이 **세상에서 없어질 통치자들**의 지혜도 아니요
7 오직 은밀한 가운데 있는 **하나님의 지혜**를 말하는 것으로서 곧 감추어졌던 것인데 하나님이 우리의 영광을 위하여 만세 전에 미리 정하신 것이라

6절에 "온전한"이라는 단어를 버리지 마십시오. "온전한"의 다른 말은 '온전히 성장한 혹은 성숙한' 이란 말입니다. 육신에 있는 사람은 아무도 완전하지 않습니다. 그렇지만 하나님은 우리가 영적으로 성장하여 성숙한 데 이르기를 기대하시는 것입니다.

고전 2:6-7 (모펫번역본)
6 우리는 "지혜"가 **성숙한** 자들과 말한다; 이것은 세상의 지혜가 아니고 혹은 이 세상을 다스리는 **폐위된 권세**의 지혜를 말하는 것이 아니다.
7 우리가 말하는 것은 숨겨졌던 것으로 하나님의 **신령한 지혜**로 이것은 하나님이 우리의 영광을 위해 영원부터 미리 정하신 것이라

6절은 우리들에게 사단이 폐위되었음을 말해주고 있습니다. 성령님에 의하여 이해가 밝아진 성숙한 자 또는 온전히 성장한 그리스도인의 지혜는 사단이 벌써 폐위당했고 믿는 자는 그리스도 안에서 승리를 가지고 있다는 것입니다. 이것을 유의하시기 바랍니다!

사단과 그의 모든 귀신의 군대는 폐위된 것입니다. "폐위"란 말은 왕좌로부터 혹은 권세 있는 자리로부터 물러남, 즉 해임되었다는 뜻입니다. "해임되다"라는 말은 직임, 위치 혹은 권세 특별히 높은 직임으로부터 면직되는 것을 말합니다.

사단은 갈보리에서 십자가와 그의 부활로 말미암아 예수 그리스도에 의해 폐위된 것입니다. 사단은 그의 왕좌, 그의 두드러짐 혹은 그의 권세의 자리에서 물러난 것입니다. 그리고 그의 높은 직임으로부터 면직이 된 것입니다. 예수님은 이미 모든 믿는 자들을 위하여 그 일을 하셨습니다.

사단은 믿는 자들이 하나님의 말씀에 대한 지식이 없기 때문에, 혹은 불순종으로, 혹은 그리스도 안에서 그의 권세를 행사하지 못함으로 자리나 권세를 내어주지 않는다면 믿는 자 위에 어떤 권세도 없는 것입니다.

사단이 폐위되었고 권세를 빼앗겼다는 사실이 성령님께서 그리스도의 몸에 - 승리하는 교회에 - 에베소서에 있는 성령의 영감을 받은 기도들을 통해 전해 주려는 지혜인 것입니다.

하나님의 지혜는 믿는 자들이 예수님의 승리 안에 있기만 하면 되는 것입니다. 왜냐하면 그들은 그리스도 안에 있기 때문입니다. 예수님께서 마귀에게 승리한 것이 믿는 자들의 승리입니다. 그렇기 때문에 믿는 자들은 이미 패배한 적과 전쟁을 할 필요가 없습니다.

하나님의 지혜, 즉 성경의 지혜는 사단이 패배한 적이라는 것입니다. 그러나 그것은 세상의 지혜가 아닙니다. 이 세상의 신인 사단은 사람들이 그것을 아는 것을 원치 않습니다. 이 세상 신의 지혜는 믿는 자들이 아직도 어둠의 주권자들과 투쟁하고 전쟁을 해야 그들을 패배시킬 수 있다고 말합니다.

사단은 믿는 자들이 그들의 시간을 예수님께서 이미 싸워서 이긴 "전쟁"을 하려고 하는데 사용하기를 원합니다. 왜냐하면 마귀는 믿는 자들이 그렇게 한다면 시간만 낭비한다는 것을 알기 때문입니다.

물론 사단은 아직도 세상에 구원받지 못한 사람들에게는 권세를 휘두릅니다. 왜냐하면 그들은 마귀가 폐위된 것을 모르기 때문입니다. 사단의 "지혜"는 그가 사람들의 모든 일들을 아직도 주장하고 왕 노릇한다고 말합니다.

사단은 그리스도인들의 마음의 눈을 혼미케 해서 그들도 그렇게 믿게 만들려고 합니다. 이것이 믿는 자들의 이해의 눈이 밝아져야 할 이유입니다. 진리와 이미 이루신 십자가의 능력을 보기 위해서입니다.

그리스도의 왕 노릇함과 그 자리

예수님이 죽은 자 가운데 살아난 후에, 성경은 하나님께서 예수님을 높이셔서 아버지 하나님의 오른편 영예의 자리로 그를 앉히셨고 예수님께 세상 모든 이름 위에 뛰어난 이름을 주셨다고 말합니다.

빌 2:9-11
9 이러므로 하나님이 그를 **지극히 높여** 모든 이름 위에 **뛰어난** 이름을 주사
10 **하늘에 있는 자들과 땅에 있는 자들과 땅 아래에 있는 자들**로 모든 무릎을 예수의 이름에 꿇게 하시고
11 **모든 입으로** 예수 그리스도를 주라 시인하여 하나님 아버지께 영광을 돌리게 하셨느니라

엡 1:19-22
19 그의 힘의 위력으로 역사하심을 따라 믿는 우리에게 베푸신 능력의 지극히 크심이 어떠한 것을 너희로 알게 하시기를 구하노라
20 그의 능력이 그리스도 안에서 역사하사 죽은 자들 가운데서 다시 살리시고 **하늘에서 자기의 오른편에 앉히사**
21 **모든 통치와 권세와 능력과 주권과** 이 세상뿐 아니라 오는 세상에 일컫는 **모든 이름 위에 뛰어나게 하시고**
22 또 만물을 그의 발아래에 복종하게 하시고 그를 **만물 위에 교회의 머리로 삼으셨느니라**

하나님은 예수님에게 모든 이름 위에 뛰어난 이름을 주셨을 뿐만 아니라 세 분야의 세상에 – 하늘, 땅과 지옥 – 있는 모든 것들이 예수 이름 앞에 무릎을 꿇고 예수님이 주되심과 그들을 주관하심을 고백하게 하셨습니다. 하나님은 당신의 우편, 모든 우주 위에 가장 높은 자리에 예수님을 앉히시고 예수님으로 모든 일의 머리가 되게 하신 것입니다(22절).

그 구절은 "하나님은 예수를 죽은 자 가운데서 살리시고 모든 통치자, 권세, 능력, 주관자 위에 예수님을 두셨습니다"라고 말하고 있지 않습니다. 성경은 하나님이 예수님을 모든 통치자, 권세, 능력, 주관자 그리고 이름이 있는 것은 무엇이든지 그들보다 훨씬 높은 곳에 앉혔다고 말하고 있습니다.

그리스도 안에 당신의 위치

예수님의 이 우주 안에서의 가장 높은 위치가 믿는 자로서 당신에게 어떤 영향을 미치는 것입니까? 당신이 그리스도 안에 있다면 당신의 위치는 무엇입니까?

엡 2:1,2,4-6
1 그는 허물과 죄로 죽었던 너희를 살리셨도다
2 그때에 너희는 그 가운데서 행하여 이 세상 풍조를 따르고 공중의 권세 잡은 자를 따랐으니 곧 지금 불순종의 아들들 가운데서 역사하는 영이라
4 긍휼이 풍성하신 하나님이 우리를 사랑하신 그 큰 사랑을 인하여
5 허물로 죽은 **우리를 그리스도와 함께 살리셨고** (너희는 은혜로 구원을 받은 것이라)
6 또 함께 일으키사 그리스도 예수 안에서 함께 하늘에 앉히시니

에베소서 2장 6절에 의하면 믿는 자들은 하늘에 그리스도와 함께 앉아 있습니다. 그리스도와 같이 앉아 있다는 것은 모든 통치자들과 어둠의 권세들보다 "훨씬 더 위에" 있는 것입니다. 악한 영들은 그리스도와 함께 모든 통치자들과 권세들보다 "훨씬 더 위에" 있는 믿는 자들에게 영향을 미칠 수 없는 것입니다!

우리가 하늘나라의 영역에서 그리스도와 함께 왕 노릇하고 앉아 있는 것은 권세와 영예와 승리의 자리입니다. 실패나 우울이나 패배의 자리가 아닙니다. 믿는 자로서 그리스도와 함께 앉은 것은 현재 당신이 가지고 있는 유산의 일부입니다. 예수님이 승리하시고 그 자리에 앉으셨을 때 당신은 예수님과 함께 앉았기 때문에 지금 당신이 거기 앉아 있는 것입니다.

6절의 동사는 과거형입니다. 하나님은 벌써 당신을 그리스도와 함께 올리시고 그리스도 예수와 함께 하늘나라의 영역에서 영예와 승리의 위치에 당신을 앉히신 것입니다. 당신은 이 삶에서 지금 그리스도와 함께 통치하고 왕 노릇하는 것입니다. 당신이 합법적인 권세를 행사하기만 한다면 말입니다.

그러므로 그리스도 안에 통치자와 권세들보다 훨씬 높은 당신의 위치는 벌써 이루어진 일입니다. 그러나 이것이 당신에게 유익이 되기 위해서는, 당신은 그리스도와 함께 모든 통치자들과 권세들 위에 왕 노릇하는 당신의 위치에서 당신에게 속한 권세를 행사해야 합니다.

믿는 자로서 우리의 위치는 하늘나라의 영역에서 그리스도와 함께 앉은 것입니다. 항상 우리의 환경은 그렇지 않을 수 있지만 그것이 우리의 위치입니다.

당신이 당신의 환경을 극복하기 원한다면, 그리스도 안에 있는 당신의 위치를 사용하십시오.

이 구절을 와이머스 번역본으로 보겠습니다.

엡 2:4-6 (와이머스 번역본)
4 그러나 하나님이 풍부하신 자비로 우리를 강렬하게 사랑하시기 때문에
5 우리의 죄로 인하여 죽었지만 **그리스도와 함께 살도록 하셨고** – 우리가 구원받은 것은 은혜로 된 것이라
6 그리스도 예수 안에 있는 자는 죽은 자 가운데서 **그와 함께 일으키셔서 하늘 영역에서 주와 함께 보좌에 앉히시니**

하나님께서 우리를 하늘나라의 영역에서 예수님과 함께 왕위에 앉히셨습니다. 이런 것이 패배하여 아직도 전쟁을 해서 사단을 물리

쳐야 할 교회같이 들립니까? 아닙니다. 하나님은 주 예수 그리스도의 교회가 승리하도록 만드신 것입니다. 그리스도가 사단 위에 승리한 것을 같이 나누고 참여하는 자들이기 때문입니다.

믿는 자는 그리스도 안에 있기 때문에 그리스도께서 통치자와 권세들보다 훨씬 더 높이 앉았을 때, 믿는 자는 그리스도와 함께 앉았습니다. 그리스도의 몸인 교회는 그리스도 안에 있습니다. 몸은 머리와 연결이 되어 있습니다. 예수님은 그의 몸인 그의 교회의 머리이십니다.

만일 머리이신 예수님이 마귀에게 승리하셨다면 우리가 그리스도 안에 있는데 그리스도의 몸은 덜 승리했을까요? 물론 그렇지 않습니다. 하늘나라의 영역에서 그리스도와 함께 통치자와 권세들보다 훨씬 높은 권세와 승리의 자리에 앉은 것을 즐기는 것은 우리의 합법적인 권한입니다. 당신이 그리스도와 함께 앉은 당신의 자리를 사용한다면 당신은 당신의 삶에서도 성공하기 시작할 것입니다!

믿는 자들은 통치자와 권세들보다 훨씬 더 높이 앉으려고 노력할 필요가 없습니다. 그들은 하늘나라의 영역에 그 자리를 얻으려고 끝까지 기도할 필요가 없고 혹은 귀신들과 싸워서 그리스도와 함께 승리의 자리에 앉으려고 노력할 필요도 없습니다.

그리스도 안에서 믿는 자의 위치와 앉은 자리는 이미 이루어진 사실입니다. 이것은 이미 되어진 일입니다. 이 자리는 주 예수 그리스도를 통하여 우리를 위해 이미 얻어놓은 것입니다. 이제 우리가 해야 될 일은 그리스도와 공동 상속자로서 우리들에게 이미 속한 권리와 특권을 누리는 것입니다.

이런 성령의 영감으로 된 기도에서, 성령님은 그리스도의 몸에게 그리스도와 함께 어둠의 영역보다 훨씬 높은 곳에 앉은 것이 우리의 합법적인 유산이라고 전해주려고 애쓰고 계시는 것입니다.

그러나 믿는 자들이 그들의 이해의 눈이 밝혀져서 그들의 삶에서 무엇이 자기 것인지 볼 수 없다면 그리스도 안에서 합법적으로 그들에게 속한 유산을 사용할 수 없습니다. 우리에게 속한 것이 무엇인지 모른다면 우리는 그것들을 소유할 수 없는 것입니다.

믿는 자들이 그리스도 안에서 그들의 위치에 대한 계시를 받게 되면 그들의 삶에 놀라운 차이를 만들어 낼 것입니다. 그들은 더 이상 패배한 교회가 아닐 것입니다. 그들은 세상이 창조될 때부터 하나님의 계획이신 승리하는 교회로서의 자리를 잡을 것입니다.

너무나 많은 믿는 자들의 변화 받지 못한 생각으로 그들이 마귀에 대하여 아무것도 할 수 없다는 것과 그들은 항상 패배와 실패를 할 수밖에 없다고 생각합니다. '마귀는 항상 나를 쫓아다녀요', '마귀가 역사할 거야', '우리는 이 땅의 삶에서는 별것 없다하더라도 천국에 갈 때는 우리에게 얼마나 영광스러운 미래가 있는가' 하고 생각합니다.

그렇습니다. 믿는 자는 영광스러운 미래를 바라볼 수 있습니다. 왜냐하면 그들은 영원히 주님과 함께 할 것이기 때문입니다. 그러나 성령님은 믿는 자들이 그리스도 안에 있는 그들의 위치 때문에 영광스러운 현재를, 바로 지금 가지고 있다는 것을 알기를 바랍니다! 믿는 자들은 그리스도 안에서 그들에게 속한 것들을 사용해야 합니다.

그리스도 안에 있는 우리의 위치 때문에 하나님께서 우리의 삶의 힘이 되는 것입니다. 시편 기자는 이렇게 질문하고 있습니다. "여호와는 나의 빛이요 나의 구원이시니 내가 누구를 두려워 하리요"(시 27:1). 우리는 예수님이 십자가에서 승리하셨기 때문에 사단이나 귀신 혹은 악한 영을 포함하여 아무것도 두려워 할 필요가 없습니다.

롬 8:37-39

37 그러나 이 모든 일에 우리를 사랑하시는 이로 말미암아 **우리가 넉넉히 이기느니라**
38 내가 확신하노니 사망이나 생명이나 **천사들이나 권세자들이나** 현재 일이나 장래 일이나 능력이나
39 높음이나 깊음이나 **다른 어떤 피조물이라도** 우리를 우리 주 그리스도 예수 안에 있는 하나님의 사랑에서 끊을 수 없으리라

그리스도의 몸인 승리하는 교회는 적의 모든 권세들 위에 선 정복자 이상인 것입니다. 왜냐하면 우리들은 그리스도 안에 있기 때문입니다(눅 10:19; 롬 8:37). 아마도 믿는 자들이 이런 찬송을 너무 많이 한 것 같습니다. "오, 주여 저를 십자가 곁에만 두십시오."

아닙니다. 당신은 십자가에 거하지 마십시오. 당신은 보좌에 올라와 하늘나라의 영역에서 그리스도와 함께 당신의 합법적인 자리에 앉으십시오(엡 2:6; 갈 4:7; 롬 8:17). 당신은 통치자와 권세들보다 훨씬 위에 당신의 권세의 자리를 잡기 원해야 합니다. 그래야 당신이 그리스도와 함께 인생에서 통치하고 왕 노릇할 수 있습니다.

십자가를 통해서 들어오십시오. 그러나 그냥 십자가에 머물러 있지는 마십시오. 오순절에 와서 성령 충만을 받으십시오. 그러나 거기도 그냥 머물러 있지 마십시오. 그리스도와 함께 앉은 보좌로 와서 그리스도 안에서 당신의 권세를 사용하십시오. 이것은 당신 때문이 아니라 그분 때문에 주어진 권세의 위치입니다.

그리스도의 몸은 하늘나라의 영역에 통치자와 주관자보다 훨씬 더 높은 곳에 그들 자신의 힘으로 앉아 있습니까? 아닙니다. 우리들은 하늘나라 영역에 하나님의 놀라운 능력으로 앉게 된 것입니다 (엡 1:20-22; 6:10).

에베소서 1장 22절을 미국표준번역본으로 보겠습니다. 나는 당신이 이 구절에서 진리를 보기 원합니다.

에베소서 1:22 (미국표준번역본)
그는 모든 일을 그의 발아래 복종하게 하시고 그는 모든 일에 교회에 머리가 되게 하셨느니라.

이 성경 구절은 모든 일들 – 그것이 사단이든, 통치자, 권세, 보좌 혹은 주관자든지 – 그것들은 모두 주 예수 그리스도의 아래에 있다는 것입니다. 그리고 우리가 그리스도 안에 있기 때문에 악한 영들은 예수님의 이름으로 우리 아래 있는 것입니다.

하나님이 얼마나 많은 것들을 예수님의 발아래 두셨습니까? 모든 것들입니다! 그것은 사단, 귀신, 악한 영들, 죄, 질병, 가난, 그리고 연약함들을 모두 포함합니다. 우리들이 이 땅에서 그리스도의 몸입니다. 그것은 모든 일들이 우리의 발아래 복종했다는 말이기도 합니다.

하나님은 모든 일을 예수님의 발아래 복종하게 하실 것이고 그러므로 그것들은 우리의 발아래도 두실 것이라고 하셨습니까? 아닙니다. 그것은 미래형입니다. 하나님은 이미 "모든 일을 그 발아래 복종하게 두셨습니다"(고전 15:27; 엡 1:22). 그것은 과거형입니다. 사단은 이미 예수님 발아래 있습니다. 그러므로 우리는 그리스도 안에 있기 때문에 그는 우리의 발아래도 있는 것입니다.

사단이 우리의 발아래 있다면 그는 우리에게 아무런 권세도 없다는 뜻입니다. – 우리가 그 위에 권세를 가지고 있습니다. 믿는 자들이 이것을 얻으려고 노력해야 합니까? 아닙니다, 이것은 믿는 자들이 그리스도와 함께 앉아 있기 때문에 이미 이루어진 일입니다.

믿는 자들이 이것이 무슨 뜻인지 정말로 안다면 사단은 절대로 그들 위에 주권자가 될 수 없습니다. 그리고 이런 진리가 교회에 알려진다면 그들은 승리하는 교회로서 이곳의 삶에서 왕 노릇하며 그들의 합법적인 위치를 잡을 것입니다.

우리가 그리스도와 같이 앉아서 왕 노릇 하는 것이 그리스도의 구원의 절정입니다. 부활한 후, 예수님은 우주에서 가장 높은 곳에 앉으셨습니다. 예수님께 모든 것에 대한 통치와 권세가 주어졌습니다. 그것 뿐 아니라, 모든 통치, 권세와 능력은 예수님의 발아래 놓여졌습니다. 그것은 우리가 그리스도 안에 있으면 그것들은 우리의 발아래 있다는 말이기도 합니다.

이것이 당신이 무지해서 그리스도 안에 있는 당신의 권리와 특권을 그에게 내어주지 않는 한, 혹은 당신이 문을 열어서 사단을 들어오게 초청하지 않는 한, 사단이 당신을 주관할 수 없는 이유입니다.

사단이 우리의 발아래 있기 때문에 우리가 사단 위에 권세가 있음을 보여주는 다른 성경 구절이 또 있습니다.

눅 10:19
내가 너희에게 뱀과 전갈을 밟으며 원수의 모든 능력을 제어할 권능을 주었으니 너희를 해칠 자가 결코 없으리라

누가복음 10장 19절에서는 예수님은 적의 능력을 상징하는 단어로서 "뱀"과 "전갈"이라는 말을 사용하였습니다. 예수님은 사단과 그의 귀신과 악한 영들의 군대들을 말하고 있습니다. 우리는 예수님이 "내가 너희에게 원수의 모든 능력을 제어할 권능을 주었으니"라고 말했기 때문에 이것을 알 수 있습니다.

예수님은 어떤 적의 능력도 - 통치자, 권세, 어둠의 세상 주관자들

이나 높은 곳에 있는 악한 영들 – 우리가 그리스도 안에 우리의 권세의 자리를 잡으면 우리를 상하게 할 수 없다고 말씀하십니다. 그들이 우리 발아래 있기 때문에 사단과 그의 군대를 밟을 수 있습니다.

누가복음 10장 19절을 보면 "능력"이라고 번역된 두 개의 희랍어가 있는 것을 알 수 있습니다. 처음 것은 'exousia'로 '권세'를 말합니다. 두 번째 말은 "능력"으로 'dunamis'인데 그 뜻은 '힘'이나 '할 수 있는 능력'이라는 말입니다.

사실, 이 구절을 이렇게 읽으면 더욱 바른 번역이 될 것입니다. "나는 모든 적들의 능력 위에 너에게 권세를 준다." "능력"이라고 번역된 말을 사람들은 이렇게 생각할 수 있습니다. "그것은 내가 능력이 있다는 말이구나." 그리고 그들은 곧 알아차립니다. "그러나 나는 아무 능력도 느낄 수 없는데."

당신 자신 안에는 아무 능력이 없습니다. 그러나 당신은 그리스도 안에서 권세가 있습니다. 그것은 다른 것입니다. 믿는 자들 자신 안에는 마귀에 대한 아무런 능력도 없습니다. 그러나 그들은 마귀에 대하여 권세가 있습니다.

그리스도 안에 있는 우리의 권세는 마치 길에 서서 교통을 정리하는 경찰과도 같은 권세입니다. 그 경찰은 그 많은 차들을 막을 어떤 능력도 없고, 개인적으로 힘도 없습니다. 그는 그런 것을 할 수 있는 능력이 없습니다. 그러나 그는 그렇게 할 수 있는 권세가 있습니다. 그리고 사람들은 그의 권세를 알아차리고 그를 인정하는 것입니다.

그래서 예수님은 사실 누가복음 10장 19절에서 이렇게 말하는 것입니다. "나는 마귀, 귀신, 악한 영들과 모든 적들의 능력을 밟을 권세를 너희에게 준다. 그리고 내 이름의 권세로 말미암아 어떤 적의 능력도 너희를 상치 못할 것이다."

하나님 자신이 그리스도 안에 있는 당신의 권세 뒤에 있는 능력과 힘입니다. 자신 뒤에 있는 신령한 능력과 그리스도 안에 있는 자신의 권세를 온전히 의식하는 믿는 자는 두려움이나 머뭇거림 없이 적을 대할 수 있는 것입니다.

그리스도 안에 거하는 지혜

이제 돌아가서 고린도전서 2장 6절을 읽어 봅시다. 그러면 당신은 하나님의 지혜를 더욱 분명하게 깨달을 수 있을 것입니다.

고전 2:6-7 (모펫번역본)
6 우리가 **성숙한 자들 가운데서** 지혜를 논하나니 이것은 세상의 지혜가 아니요 이 세상을 통치하던 **폐위된 권세의 지혜가 아니요**
7 이것은 신령한 **하나님의 지혜를** 말하는 것으로 이것은 숨겨졌다가 하나님이 영원으로부터 우리의 영광을 위하여 정하신 것이라

하나님 말씀 안에서 영적으로 성숙한 사람들이 보고 이해할 하나님의 지혜란 무엇일까요? 이것은 하나님이 그리스도 안에 준비하신 유산에 대한 지식입니다. 그것은 그리스도 안에서 우리가 누구인지를 아는 지혜인 것입니다. 하나님의 지혜는 믿는 자가 십자가에서 다 마치신 일을 가지고 귀신에 대하여 대적만 하면 된다는 것입니다. - 예수 그리스도께서 벌써 그들을 위하여 이겨놓으신 승리 안에서 말입니다.

만일 믿는 자들이 그리스도 안에 있는 그들의 권세의 자리에 서서 벌써 폐위되고 패배한 적에 대적하기를 시작한다면 그렇게 하는 것이 그들의 많은 문제를 해결해 줄 것입니다.

많은 좋은 뜻을 가진 믿는 자들이 그들이 마귀를 이기기 위하여 무

엇을 하여야 한다는 그릇된 생각을 하고 있습니다. 그들은 어떻게든지 자신들이 마귀를 "싸워서" 정복해야 된다고 생각하는 것 같습니다.

고린도전서 2장 6절에 따르면 믿는 자들이 이런 잘못에 빠진 이유는 그들이 말씀에 성숙하지 않기 때문이라는 것입니다. "우리는 성숙한 자들과 하나님의 지혜를 말하노니"라고 말했습니다.

자신들의 힘으로 마귀와 싸우고 있는 사람들과 항상 이미 "폐위된 능력"을 패배시키려고 하는 사람들은 아직도 성숙하지 못했고 말씀에 온전히 성장하지 못한 것입니다. 내가 그렇게 말하는 것이 아니고 성경이 그렇게 말하고 있습니다. "우리가 온전한 자들 중에서는 지혜를 말하노니 이는 이 세상의 지혜가 아니요 또 이 세상에서 없어질 통치자들의 지혜도 아니요 오직 은밀한 가운데 있는 하나님의 지혜를 말하는 것으로서 곧 감추어졌던 것인데 하나님이 우리의 영광을 위하여 만세 전에 미리 정하신 것이라"(고전 2:6-7).

하나님의 지혜는 하나님의 말씀의 지혜입니다. 당신의 마음은 하나님의 지혜로 새로워져야 합니다. - 하나님 말씀의 지혜로 말입니다. - 예수님이 이미 당신의 구속을 통해 당신에게 가져온 것을 볼 수 있어야 합니다. 그래야 그리스도 안에 있는 당신의 지식이 당신을 성숙하게 하는 것입니다.

믿는 자들이 그들의 이해의 눈이 밝아질 때, 그들은 정말 얼마나 구속의 계획이 완전한 것인가를 이해하게 될 수 있습니다. 아직도 마귀와 싸우고 있는 사람은 그들의 이해의 눈이 밝아지지 않아서 하나님의 지혜를 볼 수 없는 사람들인 것입니다. 그러나 당신이 말씀으로 성숙해지고 하나님의 말씀인 성경의 지혜를 가지게 되면 당신은 사단과 그의 군대들이 이미 정복되고 패배되고 폐위되고 그들의 능력이 없어진 것과 당신이 그리스도 안에서 승리한 자임을 알 것입니다.

그렇지만 당신은 사단에 대하여 하나님 말씀으로 당신의 자리에 서야 합니다. 왜냐하면 사단의 궤계는 속이는 것이고, 그는 당신의 눈을 보지 못하게 하여 아직도 그가 당신에게 능력과 권세가 있는 것 같이 생각하도록 할 것이기 때문입니다. 사단은 당신이 하나님의 말씀을 의심하게 함으로써 하나님을 의심하게 하고 하나님이 당신에게 말씀하신 것을 의심하게 함으로 믿음의 영역에서 끌어내리려고 할 것입니다. 그렇기 때문에 마귀와의 싸움은 믿음의 영역에서 하나님을 믿는 믿음과 하나님의 말씀을 믿는 믿음의 싸움이고 이미 패배한 적을 다시 패배시키려고 할 필요가 없는 것입니다.

많은 믿는 자들이 마귀에 대하여 많은 문제를 갖는 이유 중 하나는 예수님이 이미 마귀에게 승리하셨다고 말하는 말씀으로 행동을 하는 대신, 항상 그들 자신이 마귀에 대하여 무엇을 하려고 하는 것입니다. 그것은 그들이 말씀을 행하는 자가 아니라는 것을 의미합니다. 그들은 "마귀와의 전쟁을 선포합시다!"라고 말하고 마귀에 대하여 어떤 전쟁을 하려고 합니다.

그러나 당신이 사단이 이미 폐위되었다는 것을 안다면 당신은 전쟁이 이미 선포되었던 것과 승리는 예수님이 거두었다는 것을 압니다. 예수 그리스도는 승리자로 일어나셨습니다! 그러므로 그리스도께서 마귀 위에 승리한 자리에 같이 당신의 자리를 잡으십시오.

만일 사단과 그의 군대들이 폐위되었다면 왜 이렇게 많은 믿는 자들이 어둠의 주관자들에 의하여 주관되어지고 있는 것일까요? 믿는 자들이 그리스도 안에 있는 그들의 권세를 모르거나 그들이 그리스도 안에 있는 그들의 권세를 행사하지 않고 있기 때문입니다.

거듭나지 않은 사람들은 아무것도 모르기 때문에, 물론 사단은 그들을 계속하여 주관할 것입니다. 그러나 만일 믿는 자들이 구원받지 못한 사람들에게 복음을 전파한다면 그들은 구원을 받게 될 것이고 사단의 통치하에서 벗어나게 될 것입니다.

교회는 모든 사람에게 복음을 전파하고 그들이 더 이상 마귀의 주관하에 있지 않아도 된다고 말해주어야 합니다. 그것이 우리가 마귀와 "싸움을 하는" 방법입니다! 사람들이 그리스도 안에 복음을 붙잡고 거듭난다면 사단은 그들을 더 이상 지배할 수 없습니다. 믿는 자들은 이렇게 사단의 왕국을 힘이 없게 만들고, 아무것도 아닌 것으로 줄어들게 해야 합니다.

예수 이름의 권세

어둠의 세력에 대한 우리의 영광스런 권세와 유산의 열쇠는 예수님의 이름입니다. 믿는 자는 마귀에 대하여 그들 자신으로서가 아니라 예수의 이름으로 권세가 있는 것입니다. 그러나 내 생각에는 순복음 교파 사람들까지도 예수의 이름을 악의 세력을 막는 마술의 장식같이 생각하는 것 같습니다. 믿는 자들은 그 이름으로 인하여 그들이 어떤 유산을 가지고 있는지 전혀 이해하지 못하고 있습니다.

예수님이 가진 모든 권세와 능력은 그의 이름에 들어있습니다. 믿는 자들은 그의 이름을 사용하도록 위임받은 것입니다(요 14:13-14).

우리는 기도에서 예수님의 이름을 사용하도록 위임을 받은 것을 압니다. 왜냐하면 예수님이 이렇게 말씀하셨기 때문입니다. "…너희가 무엇이든지 아버지께 구하는 것을 내 이름으로 주시리라"(요 16:23).

하나님의 말씀대로 기도하는 것은 이 땅에서 그리스도 안에 권세의 자리를 잡는 방법 중의 하나입니다.

그러나 예수님은 믿는 자들에게 이렇게 또 말했습니다. "믿는 자들에게는 이런 표적이 따르리니 곧 그들이 내 이름으로 귀신을 쫓아내며 새 방언을 말하며"(막 16:17). 그러므로 우리는 예수님의 이름으로 마귀에 대하여 권세가 있습니다.

> 빌 2:9-10
> 9 이러므로 하나님이 그를 지극히 높여 **모든 이름 위에 뛰어난 이름을 주사**
> 10 하늘에 있는 자들과 땅에 있는 자들과 땅 **아래에 있는** 자들로 모든 **무릎을 예수의 이름에 꿇게 하시고**

예수님의 이름은 세 가지 영역에서 권위가 있습니다. 하늘과 땅과 지옥입니다. 마귀는 예수님의 이름의 권세를 압니다. 마귀도 그 이름에 무릎을 꿇어야 하는 것을 압니다. 그리고 마귀는 또 그 이름으로 그리스도 안에서 당신이 가진 권세도 압니다. 그러나 당신이 당신의 권세를 알아 행사하므로 예수님의 이름으로 마귀에게 대적해야 하는 것입니다.

그리스도 안에 모든 영적인 축복으로 축복을 받음

마귀에 대한 이 권세는 모든 하나님의 자녀들에게 속한 소유물입니다. 이것은 우리 모두에게 속한 것이고 그리스도 안에 있는 성도로서 우리의 유산의 영적인 축복인 것입니다.

> 엡 1:3
> 찬송하리로다 하나님 곧 우리 주 예수 그리스도의 아버지께서 그리스도 안에서 하늘에 속한 **모든 신령한 복을** 우리에게 주시되

예수의 구속 안에 예수님이 가져오신 모든 것 – 예수님이 사단에게 승리함으로 구매하시고 보장해 놓은 모든 것 – 은 예수님이 그리스도의 몸인 당신을 위하여 하신 것입니다. 예수님의 승리와 승전은 모든 믿는 자 개개인의 것입니다.

우리가 모든 영적인 축복으로 축복받았으므로, 그것은 분명히 사단 위에 승리와 권세를 포함하고 있습니다. 그렇지 않다면 모든 영적인 축복이 될 수 없겠지요.

미국표준번역본은 이렇게 말합니다. "축복하리로다 하나님 곧 우리 주 예수 그리스도의 아버지께서 모든 영적 축복으로 하늘의 그리스도 안에서 축복하셨다." 이것은 당신이 그리스도 안에서 사단과 그의 군대에게 승리하는 것을 포함하고 있습니다. 다른 말로 하면, 그리스도 안에서 모두 각각 영적인 축복이 지금 당신에게 속해 있다는 말입니다. 당신은 모든 영적 축복을 받기 위해 일을 하거나 고생을 하거나 귀신과 싸울 필요가 없습니다. 당신이 말씀 안에서 믿음으로 사용하고 당신에게 합법적으로 속한 것을 행사하면 그것들은 이미 당신 것입니다. 그러나 모든 영적인 축복은 우리가 그 안에 있을 때만 우리의 것이 되는 것입니다.

당신은 어떤 사람들이 이렇게 말하는 것을 듣습니다. "아무개는 나보다 더 많이 축복을 받는 것 같아." 우리들은 어떤 사람을 쳐다보고 그들은 하나님으로부터 특별한 축복을 받았다고 생각합니다. 그러나 당신은 그런 것을 성경 어디서도 찾아볼 수 없습니다. 하나님은 특별히 사랑하는 사람이 없습니다.

하나님의 축복을 즐기고 그들이 가지고 있는 마귀에 대한 합법적인 권세를 사용하는 사람들은 하나님의 축복을 사용할 줄 모르는 사람들보다 그들에게 속한 것을 더 많이 사용하는 방법을 알고 있을 뿐입니다. 당신이 그리스도 안에 당신의 유산과 권세에 대하여 잘 알지 못한다면 당신에게 합법적으로 속한 것들을 가질 수 없을 것입니다.

그리스도의 몸에 있는 우리 모두는 그리스도 안에서 모든 영적인 축복으로 축복을 받았습니다. 그러므로 아무도 예수님의 이름으로 마귀에 대한 권세를 더 많이 가지지 않았습니다. 그리스도의 몸에서 가장 작은 지체라도 그는 그리스도 안에 있기 때문에 귀신, 마귀와 악한 영들을 대함에 있어서 두려움이 없이 대면할 수 있는 것입니다. 그리스도의 몸 안에 누구도 다른 사람보다 더 많은 영적인 축복을 받지 않았습니다.

그리스도의 몸의 모든 지체들이 그들에게 속한 권세를 다 사용하지 못하는 것은 대단히 유감스러운 일입니다. 왜냐하면 그가 알든지 모르든지 마귀에 대한 그의 권세는 그에게 속한 것이기 때문입니다. 그러나 그가 알지 못하고 행사하지 못하는 것을 사용할 수는 없습니다.

당신이 행동한 진리만 당신을 자유롭게 합니다

당신의 이해의 눈이 밝아져야만 그리스도 안에서 당신의 권세를 알고 행사할 수 있게 되고 이것이 당신에게 유익이 되는 것입니다. 다른 말로 하면, 당신에게 속한 것을 알 수는 있지만 그것에 대해 행동하지 않을 수도 있습니다. 당신은 말씀이 말하는 것을 알지만 말씀을 행하는 자가 아닐 수도 있는 것입니다.

어떠한 축복, 권리, 특권 혹은 권세들이 당신에게 속할 수 있습니다. 그러나 당신이 알지 못하면 당신은 그대로 행동을 할 수 없습니다. 만일 당신이 아는 것에 대하여 행동하지 않고, 행사하지 않고, 당신에게 주어진 것을 사용하지 않는다면 당신에게는 아무런 유익이 없는 것입니다. 그것들이 법적으로 당신의 소유이긴 하지만 이것들이 당신에게 현실이 될 수는 없는 것입니다.

그렇기 때문에 당신은 그리스도 안에서 당신에게 속한 것에 대하여 알아야 합니다. 그러나 당신에게 속한 것을 아는 것만으로는 충분하지 않습니다. 아는 것을 행동으로 옮겨야만 결과를 가져옵니다.

마귀는 하나님의 사람들이 그리스도 안에서 사실적으로 그들에게 속한 권세에 대하여 알아내는 것을 원치 않습니다. 이렇게 함으로써 사단이 하나님의 자녀를 패배시키게 할 수 있습니다. 마귀는 하나님의 자녀들이 그리스도 안에서 그의 법적인 것을, 합법적인 권세를 알아낸다면 그들이 자기들에게 승리할 것을 알고 있습니다.

그렇기 때문에 사단은 이 지식을 흐릿하게 만들려고 하고 사람들의 눈과 이해를 가림으로 이 놀라운 지식을 그들로부터 가리는 것입니다. 그러나 하나님의 자녀가 그 진리를 알고 그 지식대로 행하면 더 이상 마귀로부터 통치를 당할 필요가 없습니다.

요 8:32
진리를 알지니 진리가 너희를 자유롭게 하리라

당신이 진리를 알아야만 그 진리가 당신을 자유롭게 합니다. 이 구절이 그것을 말하고 있습니다. 당신이 그리스도 안에서 누구인지 하나님의 말씀의 진리를 알게 되고 당신이 알고 있는 그 진리를 따라 행동해야 그것이 당신을 자유롭게 하는 것입니다.

이것은 아주 중요합니다. 나는 당신이 이 의미를 잘 붙잡을 수 있도록 다른 말로 말해 보겠습니다.

당신은 말씀을 알아야 그 말씀이 당신을 자유롭게 할 수 있습니다. 그리고 당신은 당신이 아는 말씀에 따라 행동을 해야 합니다.

당신이 행동하는 그 아는 말씀이 당신을 자유롭게 합니다.

당신이 아는 말씀에 따라 행동하면 당신은 인생의 모든 상황에서 사단의 힘으로부터 승리를 할 것입니다.

고후 2:14
항상 우리를 그리스도 안에서 **이기게 하시고** 우리로 말미암아 각처에서 그리스도를 아는 냄새를 나타내시는 하나님께 감사하노라

하나님은 우리에게 인생의 모든 상황에서 승리를 약속하셨습니다. 그러므로 시험과 환난이 당신을 이길 필요가 없습니다. 성경은 "가끔 우리를 이기게 하시는 하나님께 감사하노라"라고 말하지 않았습니다. 왜냐하면 예수는 이런 모든 마귀적인 힘에 대하여 승리하였기 때문입니다. – 그의 승리는 당신이 그 안에 있기 때문에 당신의 승리가 됩니다.

고후 2:14 (코니베어번역본)
그러나 하나님께 감사하리로다. 그는 나를 그의 승리의 기차로 이곳에서 저곳으로 인도하시며 **그리스도의 적에 대한 승리를 축하하려 함이로다**

이러한 사실들을 감안할 때, 마귀와 그의 일에 대한 우리의 태도는 어떠해야 될까요? 마귀에 대해 두려움으로 움츠러들어야 하겠습니까? 아닙니다! 우리는 우리를 사랑하시는 자를 통하여 정복자보다 더 큰 사람들입니다(롬 8:37).

그리스도의 몸으로 우리는 이 땅에서 예수님의 자리를 대신하는 것입니다. 예수님은 머리이시고 우리는 몸입니다. 우리는 이 땅에서 인생의 모든 일에서 예수님을 위해 일합니다. 예수님은 적의 권세를 부서뜨린 자이시고 우리는 이 땅에서 그 패배를 강화해야 합니다.

사단은 믿는 자들을 주관할 수 없다

우리는 그리스도 안에서 우리의 유산의 풍부함을 말하고 있습니다. 성경은 우리가 어둠의 왕국에서 하나님의 사랑하는 아들의 왕국으로 옮겨졌다고 말합니다(골 1:13). 그러므로 우리의 유산에 대하여 어둠의 역사는 아무런 법적 권세도 없고 우리들을 주관할 수도 없다는 말입니다.

바울은 로마에 있는 믿는 자들에게 이렇게 말했습니다. "죄가 너희를 주장하지 못하리니 이는 너희가 법 아래에 있지 아니하고 은혜 아래에 있음이라"(롬 6:14). 어떤 면에서 죄와 사단은 비슷한 말입니다. 그러므로 우리는 이 구절을 "사단이 너희를 주장하지 못하리니"라고 읽을 수 있습니다.

다른 번역본은 "죄는 너희들에게 주가 되지 못하리니"라고 말합니다. 당신은 "사단은 너희들에게 주가 되지 못하리니"라고 읽을 수도 있습니다.

왜 사단은 믿는 자에게 주가 되지 못합니까? 왜냐하면 그는 우리의 주가 아니기 때문입니다. 그는 우리 발아래 있습니다! 예수님께서 우리의 주이시고, 사단이 아니라 예수님이 교회의 머리이십니다.

예수님만이 우리를 주관하실 수 있는 분입니다! 예수님이 그리스도의 몸으로서 우리 전체뿐만 아니라 우리 개인들도 통치하십니다.

예를 들어, 우울증이나 그 어떤 것이든지 적으로부터 무엇인가 내 몸이나 내 마음을 공격하면 나는 이렇게 말합니다. "아니다. 너 사단아, 너는 나에게 그것을 가져올 수 없다. 예수님은 나를 주장하시는 분이다. 예수님은 나를 고치시고 나를 구원하시는 분이다. 예수님은 멸망시키시는 분이 아니다."

"예수님은 내게 생명을 주시는 분이며 그는 나의 주님이시다. 사단아, 너는 나의 주가 아니다. 너는 내 위에 승리할 수 없다. 나는 너에게 속한 어떤 것도 받아들이거나 허락할 수 없다. 너는 내게 우울증, 억압함, 질병과 연약함을 가져올 수 없다. 나는 예수님의 이름으로 허락하는 것을 거부한다."

내가 예수님의 이름으로 사단을 향하여 나의 자리에 서서 나의 법적인 권세를 사용할 때, 적은 그의 악한 일을 나에게 할 수 없는 것입니다. 내가 말씀을 행하는 자가 될 때 사단은 나를 패배시킬 수 없고, 패배시키지 않고, 패배하게 할 수 없는 것입니다. 왜냐하면 예수님이 나의 주가 되는 것이 말씀에 선포되어 있기 때문입니다. 그리고 나는 그리스도 안에서 나의 권리와 특권을 가지고 나의 자리에 섭니다. 예수님이 나를 주관하시는 것은 사실이고 나는 예수님만 주로 모시고 순종합니다.

그것이 진리를 따라 행동하는 것입니다. 그리고 그것은 당신을 자유롭게 합니다.

사망의 음침한 골짜기

우리가 사단의 통제에서 벗어난 것을 알게 되면 우리는 더 이상 사단의, 혹은 영적 죽음의 주관 아래 있지 않게 됩니다. 그러면 우리는 시편 23편이 우리에게 말하는 것을 더 분명하게 이해할 수 있습니다.

시 23:1, 4-6
1 여호와는 나의 목자시니 내게 부족함이 없으리로다
4 내가 **사망의 음침한 골짜기**로 다닐지라도 해를 두려워하지 않을 것은 주께서 나와 함께 하심이라 주의 지팡이와 막대기가 나를 안위하시나이다

5 주께서 내 원수의 목전에서 내게 상을 차려 주시고 기름을 내 머리에 부으셨으니 내 잔이 넘치나이다
6 내 평생에 **선하심과 인자하심이** 반드시 나를 따르리니 내가 여호와의 집에 영원히 살리로다

시편 23편에는 그리스도의 몸이 받아들이지 못하고 그들의 삶을 위하여 사용하지 못한 진리가 있습니다. 물론, 많은 시편이 예언적이고 메시아적인 것을 당신은 이해할 수 있습니다. 그러나 우리는 지금 시편 23편에 살고 있습니다.

시편 23편은 이렇게 말하고 있습니다. "내가 사망의 음침한 골짜기로 다닐지라도 해를 두려워하지 않을 것은 주께서 나와 함께 하심이라 주의 지팡이와 막대기가 나를 안위하시나이다"(4절). 이 시편은 늘 장례식에서 인용됩니다. 그러나 사실 이 시편은 이 땅에서 사단의 주관함을 말하고 있고 이것은 육신적인 죽음이 아니라 영적인 죽음을 말하고 있습니다.

당신과 나는 이 삶에서 사망의 음침한 골짜기로 걸어 다니고 있습니다. 왜냐하면 사단이 이 세상의 신이기 때문입니다. 영적인 죽음과 그 효능은 모든 면에 있습니다. 죄, 질병, 연약함, 가난, 그리고 사단이 삶에서 우리를 둘러싸고 가져오는 모든 것들입니다.

그러나 예수님은 우리가 이 세상에 있지만 이 세상에 속하지 않았다고 선언하셨습니다(요 17:16,18). 그것은 시편 23편 5절에서 찾을 수 있는 가치 있는 진리와 관련이 있는 것입니다. "주께서 내 원수의 목전에서 내게 상을 차려 주시고 기름을 내 머리에 부으셨으니 내 잔이 넘치나이다."

누가 우리의 적입니까? 마귀 자신이 확실히 우리의 적입니다. 성경은 그를 우리의 적이라고 부릅니다(벧전 5:8). 악한 영들, 귀신,

질병, 연약함 그리고 가난은 모두 우리의 적입니다. 우리를 방해하고 묶는 모든 것은 우리의 적입니다.

준비하신 상

시편 23편에서 하나님께서는 사단이 역사하는 가운데에, 마귀가 이 세상의 신으로 어둠을 지배하는 곳에서, 영적인 죽음의 효과가 우리를 둘러싸고 있는 곳에서, 바로 적 앞에서 우리에게 상을 베푸시는 것입니다!

그렇습니다. 귀신, 마귀, 그리고 악한 영들은 여기 있고 우리는 가끔 그들의 임재와 효과를 느낍니다. 그러나 그럼에도 불구하고 하나님은 그들 가운데 우리들을 위하여 상을 베푸십니다!

왜 하나님은 우리의 적 앞에서 우리에게 상을 베푸시는 것일까요? 왜 우리는 우리의 적을 그냥 없애 버릴 수 없을까요? 우리는 그렇게 할 수 없습니다. 내가 말한 대로, 그들은 여기에 있을 권리가 있는 것입니다. 그리고 그들은 이 땅의 아담의 전세가 다 끝날 때 까지는 여기 있을 것입니다. 그렇기 때문에 믿는 자가 그들의 승리의 자리에 서서 주님이 준비하신 상에 같이 참여하는 것이 그렇게 중요한 것입니다. 왜냐하면 그 악한 영들은 여기에 있어 우리를 방해하고, 유혹하고, 우리가 하나님의 최고의 축복을 우리의 삶에서 받지 못하게 하려고 하기 때문입니다.

그러나 우리의 적이 있는 중에 – 귀신과 악한 영들이 – 하나님은 우리에게 풍부한 것으로 상을 베푸신 것입니다. – 그의 성도들의 유산의 풍부한 것으로 – 그리스도의 몸 안에 있는 모든 믿는 자에게 그렇게 한 것입니다.

많은 그리스도인들이 삶에서 패배하는 이유는 그들이 하나님이 풍부하게 준비하신 하늘에서 그리스도와 같이 앉아 있지만 그들은 상에서 그들에게 속한 것들을 사용하지 않기 때문입니다. 그리스도 안에 있는 모든 풍부한 것은 주님이 준비하신 상에 다 포함되어 있습니다.

많은 믿는 자들은 하나님이 말씀에서 그들을 위해 준비한 것을 들여다보지도 않습니다. 그리스도 안에 있는 마귀에 대한 그들의 권세를 포함한 그들의 특권과 권리를 들여다보는 대신 그들은 적을 보고 있는 것입니다. 그들의 인생의 초점은 예수님과 그의 구속의 다 끝내신 일들이 아니라 마귀와 그의 일들입니다.

그들은 하나님의 풍요한 은혜의 부나, 그리스도 안에서 그들에게 속한 영적인 축복보다는 항상 마귀, 귀신 그리고 마귀적인 활동에 대해 말합니다. 그들은 승리하는 교회에서 십자가에서 다 마치신 일에 서 있지 않고, 예수 그리스도를 통하여 삶에서 왕 노릇하지 못하고 있습니다.

그렇게 해서는 안 됩니다. 적을 쳐다보는 것을 멈추십시오. 당신의 눈을 그에게 집중시키지 마십시오. 그렇습니다. 귀신과 악한 영들이 여기 있습니다. 우리는 그들이 있다는 것을 부정하는 것이 아닙니다. 그러나 하나님께 감사합니다. 하나님은 그들이 모두 있는 중에 우리들 앞에 풍부히 준비한 것으로 상을 차리셨습니다.

주님이 우리들에게 준비한 상은 풍부하게 준비된 풍요의 상입니다. 예를 들어, 그 준비한 상 위에는 새로운 탄생, 성령의 세례, 마귀와 악한 영들에 대한 권세, 치유함 등이 있습니다. 이 준비한 상 위에는 우리가 인생에서 승리하는 데 필요한 모든 것이 있는 것입니다.

이 준비한 상에는, 세상의 어떤 것이라도 우리를 묶고 방해하고 인생을 성공하는 데 방해되는 것으로부터의 승리와 구원함이 있습니다. 그 축복과 은혜의 상에는 승리와 승전이 있습니다. 실패와 패배가 아닙니다. 그 준비된 상에는 우리가 거듭났을 때부터 영원으로 발을 들여 놓는 순간까지 필요한 모든 것이 있습니다.

"그렇다면 왜 나는 하나님의 축복이 없지요?"라고 당신은 물어볼 수 있습니다. 상은 당신을 위하여 준비되어 있지만 당신은 상에 있는 당연히 당신의 것인 축복에 대하여 잘 모를 수가 있습니다. 그리스도 안에서 당신의 유산인 재산에 대하여 모를 수 있습니다. 혹은 당신은 당신을 위해 준비된 상이 당신 앞에 있다는 것을 모를 수도 있습니다. 왜냐하면 당신의 이해의 눈이 당신을 위한 하나님의 풍요와 풍부한 준비를 보도록 밝혀지지 않았을 수도 있기 때문입니다.

아마 당신은 승리의 상에 앉아 있다는 것도 모를 수가 있습니다. – 패배의 상이 아닙니다. – 그래서 당신은 사단이 당신을 온통 짓밟게 하고 있는 것입니다. 혹은 당신은 그 준비한 것이 – 모든 영적인 축복 – 상에 있는 것을 알지만 당신은 당신의 삶에서 그것들을 사용하지 않는 것입니다. 당신은 마귀에 대하여 가지고 있는 당신의 권세를 하나님의 말씀의 능력을 믿음으로 사용하지 않는 것입니다.

그냥 손을 내밀어 상에서 당신의 것을 잡으십시오. 당신의 하늘 아버지가 당신을 위하여 모든 것을 준비하셨습니다. 예수님 이름에 권세가 있기 때문에 당신은 예수님의 이름을 사용하십시오.

우리는 마귀와 그가 무엇을 하는 것보다는 하나님과 하나님이 준비하여 주신 것에 생각을 집중해야 합니다. 우리는 그리스도 안에서 우리의 유산의 풍부한 것과 그리스도 안에 있음으로 우리에게 속하게 된 권리와 특권에 집중해야 합니다. 그리스도 안에 있음으로 얻은 풍부한 것을 당신 자신을 위하여 사용하십시오. 그리스도 안에 하늘나라의 영역에 있는 우리의 위치에 집중하십시오. 우리는 모든 권세와 통치자와 모든 적의 악한 일들보다도 훨씬 더 높이 앉아 있는 것입니다.

우리가 예수 그리스도를 우리의 구세주로 받아들이기 전에 우리는 패배하고 정복되어 있었다는 것은 맞는 말입니다. 우리가 예수님을 알기 전에, 우리는 사단에 의하여 통치되었습니다. 우리는 만왕의 왕이요, 만주의 주님이 사단과 그의 귀신들을 다 패배시키고 폐위시키신 것을 몰랐던 것입니다.

인생에서 왕 노릇하기

십자가에서 예수님이 사단에게 패배당하거나, 정복당하거나 혹은 통치되지 않고 승리했기 때문에 지금 우리는 그리스도 안에서 왕으로서 이 세상의 삶에서 왕 노릇하는 것입니다. 우리가 그리스도 안에 있기 때문에 사단은 우리의 발밑에 있는 것입니다. 그 전에는 우리가 사단과 영적인 죽음에게 노예였으나, 지금은 예수 그리스도를 통하여 왕 노릇하는 것입니다. 이것은 그리스도 안에 있는 우리의 풍성한 유산의 일부입니다.

> 롬 5:17
> 한 사람의 범죄로 말미암아 사망이 그 한 사람을 통하여 왕 노릇 하였은즉 더욱 은혜와 의의 선물을 넘치게 받는 자들은 **한 분 예수 그리스도를 통하여 생명 안에서 왕 노릇 하리로다**

교회가 귀신과 악한 영들에게 통치되고 주관된다는 말처럼 들립니까? 아닙니다! 성경은 언제 우리가 사단과 그의 악한 궤계에 대하여 왕 노릇한다고 했습니까? 우리가 죽을 때입니까? 우리가 모두 천국에 갈 때입니까? 아닙니다. 믿는 자들은 지금 이 삶의 영역에서 왕 노릇을 하는 것입니다. 다시 거듭난 우리들은 그리스도 예수 안에서 새로운 피조물이 되었습니다. 그리고 우리는 지금 패배한 사람이 아니고 승리하는 사람입니다. 우리는 패배한 교회가 아니고 승리하는 교회인 것입니다.

우리는 예수 그리스도를 통하여 지금 이 삶에서 왕 노릇하는 것입니다. 이것은 성령님이 에베소서에서 성령으로 감동된 기도를 통하여 그리스도의 몸에게 전하려는 지혜의 일부입니다. 과거에 우리는 사단에게 노예로 봉사하였습니다. 그러나 지금 우리는 인생의 새 삶을 살고 있습니다(롬 6:4). 하늘에 그리스도와 함께 앉은 것으로 말미암아 지금 우리는 주 예수 그리스도를 통하여 왕 노릇 합니다.

이것이 바울을 통하여 그리스도의 몸에 전하려고 노력하시는 성령님의 메시지입니다. 하나님은 우리의 이해의 눈이 밝아져서 우리가 그리스도와 함께 이 땅 위의 삶에서 왕 노릇 한다는 것을 우리가 알기를 원하십니다.

하나님은 예수님이 이 땅에 계실 때 사단에게 모든 것에서 승리하신 것과 같이 우리가 사단에게 모든 싸움과 모든 환경에서 승리한 것을 알기를 원하십니다. 우리는 승리하기 위하여 애쓸 필요가 없습니다. 우리는 패배한 적에게 그리스도 안에서 우리가 이미 가지고 있는 것에 따라서 말씀으로 우리의 자리에 서기만 하면 되는 것입니다. 그리스도 안에서의 당신의 권세를 안다면 당신은 악한 영을 대항하여 서는 데 하루를 소요할 필요가 없습니다. 그들에게 예수님의 이름으로 말씀을 말하면 그들은 가야만 하는 것입니다. 당신은 그들과 싸울 필요가 없습니다. 왜냐하면 그들은 이미 패배되고 폐위되었기 때문입니다. 그들에 대항하여 말씀에 바로 서는 것은 예수님의 승리 안에 서는 것입니다.

나는 여러분에게 정직하게 말하겠습니다. 나의 의분이 나를 흔들어 주는 것인지 혹은 내가 그냥 화를 내는 것인지 모르겠습니다만 나는 어떤 목사들이 사람들에게 마귀를 무서워하라고 말하는 것을 들으면 내 안에서 무엇이 올라오는 것 같습니다. "당신들은 조심하여야 합니다! 마귀가 당신이 말하는 것을 들을 수도 있습니다" 혹은 "당신은 조심하여야 합니다! 마귀가 당신에게 질병이나 연약함을 가져올지 모릅니다"라고 그들이 말할 때 나는 화가 납니다.

나는 나 자신과 내 집에 대하여 권세를 가지고 있습니다. 만일 마귀가 내 집에 질병이나, 가난이나, 부족함 혹은 억압을 가지고 와서 문을 두드리면 나는 이렇게 말합니다. "내 집에는 오지 말아라. 나는 그것을 받지 않을 것이니 다른 곳에나 가서 그 쓰레기 같은 것을 팔아야 할 것이다!"

그렇지만 나는 당신의 삶에 대해서는 마귀에 대하여 아무 권세가 없습니다. 결국은 당신이 자신을 위하여 마귀에 대적하는 것을 배워야 합니다. 물론 당신이 갓난아이 그리스도인이라면 나는 내 믿음으로 당신을 위하여 역사하게 할 수 있습니다. 그렇지만 마침내 하나님께서는 당신 자신이 마귀에게 권세를 사용할 것을 기대하십니다!

만일 당신이 벌써 질병이나 연약함(혹은 마귀가 당신에게 가져오려는 무엇이든지)을 받아들였다면 당신의 손에 문제를 가지고 있는 셈입니다. 그렇다면 당신은 무엇인가를 해야 합니다. 그러나 하나님께 감사합니다. 우리는 예수님의 이름으로 무엇인가를 할 수 있습니다.

만일 당신이 다른 사람에게 허락을 한다면 그들이 믿음으로 당신을 위해 기도할 수 있습니다. 그렇지만 정말로, 당신 자신이 사단 위에 당신의 권세를 취하여 무엇인가를 해야 합니다. 이렇게 하는 것이 그리스도 안에서 당신이 누구인지 아는 것에 성장하는 방법입니다. 사단이 당신이 받아들이도록 가져오는 질병이나, 연약함 혹은 그것이 무엇이든지 그것에 대하여 당신은 당신의 권세를 취하십시오. 예수님의 이름으로 당신이 대적하십시오. 믿는 자들은 마귀들이 그들에게 가져오는 것을 받아들이는 실수를 합니다.

당신 안에 누가 있는지 모른다면, 그리고 그리스도 안에서 당신의 권세를 모른다면 당신은 패배할 수밖에 없습니다. 더 크신 분이 당신 안에 있다는 것을 인식하지 못한다면 당신은 마귀로 하여금 당신을 이용할 수 있게 하는 것입니다.

사단이 어둠의 왕국에 있는 구원받지 못한 사람을 통치하는 것은 어쩔 수 없는 일입니다. 그들은 그의 권세 밑에 있기 때문입니다. 그러나 사단과 그의 군대들이 자신들의 권세를 알지 못하는 혹은 그들의 권세를 행사하지 못하는 많은 그리스도인들을 지배하고 있습니다.

그렇기 때문에 믿는 자들은 예수님에 의해 이런 영적인 힘들이 다 패배되었다는 것을 자신이 이해할 수 있도록 기도해야 합니다. 믿는 자들이 기도할 때, 그들은 패배한 적을 내려다보며 승리의 자리에서 기도해야 합니다. 왜냐하면 그는 그리스도와 함께 하늘나라의 영역에 앉아있기 때문입니다.

당신이 기도할 때, 통치자와 권세들보다 훨씬 높이 앉으신 그리스도와 함께 앉은 자리에서 기도하십시오. 예수님의 승리가 당신의 승리입니다. 예수님이 하신 일 때문에, 당신은 사단의 통치에서 자유로울 수 있습니다.

너무나 많은 경우, 그리스도인들이 그리스도 안에서 그들의 유산으로 무엇을 할 수 있다는 것을 모르고 자신이 할 수 있는 최선을 다

하려고 애쓰며 매달려 있습니다. 그들은 그리스도 안에서 승리자로서의 법적인 자리를 잡는 대신 마귀를 확대시키고 마귀에게 그들의 삶에서 자리를 내줍니다.

당신은 부정적인 생각에 거할 수 있고, 그렇게 하면 당신이 거하던 부정적인 것과 같이 될 것입니다. 당신이 생각하고 거하는 것이 당신이 믿는 것입니다. 당신이 믿는 것이 당신이 말하는 것입니다. 그리고 결국은 당신이 믿고 말하는 것대로 당신은 될 것입니다.

이것은 귀신과 귀신들의 활동에도 적용됩니다. 당신이 마귀의 생각을 한다면, 우울해지고, 억압을 받고, 잘못된 행동을 할 수 있습니다. 혹은 당신이 말씀을 생각하면 당신의 생각은 밝아지고 빛이 비추이고 빛이 홍수같이 비췰 것입니다.

당신은 돌아다니면서 마귀가 얼마나 능력이 있는지 떠들고 다닐 수도 있고, 혹은 당신의 이해의 눈이 밝아져서 하나님의 지혜를 보게 될 수 있도록 긍정적인 자리에 설 수도 있습니다. 이렇게 긍정적인 자리에 서 있을 때, 당신은 그리스도 안에서 승리하였기 때문에 당신의 자리인 영적인 자리에 있는 것이고 승리하는 곳에 있는 것입니다.

나는 예수님이 마귀를 패배시킨 것을 알기 때문에 그것을 생각하고 말합니다. 그러면 더 크신 그분이 나로 인생에서 승리하게 하고 성공하도록 만드십니다. 왜냐하면 나는 마귀가 아니라 하나님과 그의 말씀에 자리를 내어드리기 때문입니다.

그리스도인들이 "내 안에 있는 이보다 세상에 있는 이가 더 크다"고 믿기 때문에 패배하는 것입니다. 그들은 그들의 생각 속에 거꾸로 잘못 알고 있습니다. 그래서 잘못된 것을 고백합니다.

많은 사람들이 그들의 부정적인 고백 때문에 인생에서 패배하고 있습니다. 그들은 항상 부정적인 면을 말하고 있습니다. 그리고 그것은 그들의 삶에서 마귀에게 문을 열어 주는 것입니다.

그들은 항상 그들이 아닌 것과 없는 것과 그들의 연약함, 실패와 부족을 말하고 있습니다. 틀림없이 그들은 그들의 고백과 같이 그 수준으로 내려가 살게 되는 것입니다.

만일 당신이 마귀의 능력이 하나님의 능력보다 더 크다고 고백하고 믿는다면 사단은 당신을 패배시킬 것입니다. 그러나 당신이 그리스도 안에서 피 값 주고 사신 자리를 지키고 고백한다면 당신은 당신의 고백과 유산의 수준으로 올라갈 것입니다.

모든 시험과 환난에서 당신이 모든 적의 공격에 대하여 하나님의 말씀 안에서 당신의 자리를 지키면 당신의 삶에 얼마나 놀라운 변화가 일어날 것인지요! 당신이 그리스도 안에서 긍정적인 고백을 계속한다면, 그래서 당신의 삶에서 마귀에게 조금도 자리를 주지 않는다면 얼마나 놀라운 변화가 일어날 것인지요!

그러면 당신은 당신의 고백의 자리로 올라갈 것입니다. 당신이 그리스도 안에서 당신의 합당한 자리를 취하고 그리스도께서 당신을 위하여 벌써 이루어놓은 일을 소유하게 될 것입니다. 당신은 모든 마귀의 능력 위에 주 예수 그리스도의 승리하는 교회로서 당신의 합법적인 자리를 차지할 수 있을 것입니다.

승리하는 교회 – 지금 투쟁하고 있거나 패배한 교회가 아닙니다

어떤 사람들은 오늘날 투쟁하는 교회들에 대하여 말하고 있습니다. 그들 중에는 주 예수 그리스도의 교회가 성공을 하려면 마귀와 싸울 필요가 있다고 말하는 사람들이 있습니다.

그러나 나는 오히려 승리하는 교회에 대하여 말하려고 합니다. 그것이 성경적이기 때문입니다. 예수님이 사단에게 승리한 것은 모든 믿는 자들의 승리이기도 합니다. 그리고 모든 믿는 자들은 그들이 그리스도 안에서 그의 유산의 빛 안에서 행한다면 그 승리와 승전을 즐길 수 있습니다.

항상 투쟁하는 교회를 말하고 있는 사람들은 언제나 마귀와 싸우려고 하는 사람들입니다. "우리는 마귀와 싸우고 있습니다. 이것은 어려운 일입니다! 우리는 전쟁을 하고 있는 것입니다!"라고 그들은 말합니다.

항상 그렇게 말하고 있는 사람은 그들의 이해의 눈이 밝아져서 그 전쟁이 벌써 예수 그리스도께서 이긴 것이라는 것을 볼 수 있어야 합니다. 이제 그들은 승리 위에 서기만 하면 되는 것입니다.

우리들의 이해의 눈이 밝아져서 그리스도 안에서 우리의 합법적인 자리를 볼 수 있게 될 때, 이것이 승리의 위치라는 것을 알 때, 당신이 마귀의 능력을 만난다 해도 당신은 무엇을 해야 하는지 알 수 있게 되는 것입니다. 그리스도 안에서 악한 영들에 대한 당신의 권세 때문에 당신은 하나님의 말씀으로 그들에 대하여 대적할 수 있고 그들이 있어야 할 곳에 그들을 놓을 수 있습니다.

그리스도의 몸은 승리합니다. 우리가 그리스도 안에 살기 때문에 죄와 질병과 연약함과 가난과 나쁜 습관으로부터 승리할 수 있으므로 하나님께 감사합니다. 그리고 우리는 마귀나 악한 영, 그리고 적이 우리를 묶으려는 어떤 것으로부터도 승리할 수 있습니다. 왜냐하면 예수님이 벌써 우리를 위하여 그들을 패배시켰기 때문입니다.

우리가 아니었더라면 우리를 구원하기 위하여 적의 손에서 그런 끔찍한 싸움을 할 필요가 전혀 없었습니다. 예수님이 교회를, 믿는 자들을 구원하기 위하여 하신 일로 인해 하나님께 감사합니다. 교회가 그리스도 안에서 유산에 참여하여 승리와 승전으로 인생의 모든 일에서 마귀에 대하여 왕 노릇하고 통치하도록 하신 것입니다.

그리스도 안에서 우리들에게 주어진 것들은 믿음으로 취해 우리 것이 되게 하는 것 외에는 더 이상 할 일이 없습니다. 이미 우리들에게 속한 것들을 믿으려고 애쓸 필요가 없는 것입니다. 그러나 우리는 이것들이 우리 것이라는 것을 알아야 합니다. 그렇지 않으면 우리가 그리스도 안에서 우리의 합법적인 자리를 취할 수 없고 우리들에게 속한 것을 사용할 수 없게 됩니다.

하나님의 구속의 계획이 알려지는 곳에서는 어디서나 사람들이 구원을 받게 되고, 그들은 마귀가 그들을 통치하게 허락하는 대신 그들이 그들의 환경과 귀신들의 능력에 대하여 주관할 수 있는 사람들이 되는 것입니다.

그리스도의 몸은 사단의 통치에 순종하거나 어둠의 세력에 질 필요가 전혀 없습니다. 그렇습니다. 우리는 승리하는 교회로 가장 높으신 하나님의 자녀로서 담대하게 일어나 예수님의 이름으로 우리의 유산의 자리를 차지해야 합니다!

제 8 장

영적인 전쟁 : 당신은 싸우고 있습니까? 아니면 쉬고 있습니까?

오늘날 영적 전쟁은 어떤 그리스도인들이 하나님의 말씀과 일치하지 않는 방법으로 너무 강조하는 주제입니다. 사실 그리스도의 몸에서 영적인 전쟁과 귀신들에 대하여 가르쳐주고 있는 것에는 성경적으로 잘못된 것이 많습니다. 그렇기 때문에 우리들이 사단과 그 계략을 성경적으로 다루는 것을 알기 위하여 말씀을 공부하는 것이 유익합니다.

당신이 마귀와 귀신 그리고 악한 영들과 그들의 활동에 대하여 이야기하면 많은 믿는 자들은 매우 두려워합니다. 많은 사람들은 마귀나 악한 영들을 언급하지 않는 것이 더 낫다고 생각하는 것 같습니다. 그러나 만일 당신이 믿는 자들에게 마귀를 어떻게 다룰 것인지 하나님의 말씀으로부터 성경적으로 잘 가르치지 않는다면 적은 그들의 삶에서 날뛰고 요란한 잔치를 할 것입니다. 왜냐하면 그들이 성경적인 그들의 권세에 대하여 모르기 때문입니다.

고후 2:11
이는 우리로 사탄에게 속지 않게 하려 함이라 우리는 그 계책을 알지 못하는 바가 아니로라 우리는 우리의 적을 알 필요가 있습니다. 성경은 우리가 사단의 계획에 무식해서는 안 된다고 말하고 있습니다. 사단은 조금도 변하지 않았습니다. 마귀는 항상 있던 그대로이고 항상 사용하던 계략들을 지금도 사용하고 있습니다. 바울이 우리들에게 마귀의 궤계에 대해 무지하지 말라고 하던 그 마귀들과 같은 것입니다. 그리고 사단의 궤계는 사람들을 극단으로 몰아 영적인 전쟁을 하더라도 그들이 하나님의 왕국에서 열매를 맺지 못하게 하는 것입니다.

어떤 성경 주제라도, 그리스도의 몸이 정로 가운데로 행하는 것이 가장 힘든 것 같습니다. 많은 믿는 자들이 이쪽 웅덩이로 빠지지 않으면 저쪽 웅덩이로 빠지곤 합니다. 어느 쪽 웅덩이든지 간에 믿는 자들의 하는 일이 효과가 없도록 만드는 것입니다. 왜냐하면 극단과 과다는 하나님의 영광을 위해 결코 어떤 열매도 맺지 못하기 때문입니다.

사실, 교회를 도둑질하는 가장 큰 적은 귀신론과 영적 전쟁의 분야에서도 잘못된 생각과 잘못된 믿음입니다. 그것이 처음에 마귀에게 문을 열어 주는 것입니다. 그리고 사실 어떤 사람들은 영적인 전쟁이란 주제에 대하여 잘못 생각하고, 잘못 믿고 있습니다. 이것은 우리가 하나님의 말씀으로 돌아가지 않는 이상 그리스도의 몸으로 하여금 정로에서 벗어나게 할 것입니다.

잘못된 생각과 잘못된 믿음은 결국은 잘못된 행동으로 가게 합니다. 예를 들면, 하나의 잘못된 생각과 잘못된 믿음이 어떤 믿는 자들에게 그들이 마귀와 싸우려고 애쓰고 있으며 도시들과 나라들로부터 견고한 진을 끌어내고 있다고 생각하게 합니다. 우리들은 그런 것들을 하나님의 말씀의 빛에 비추어 이것이 성경적인지 잘 점검해야 할 것입니다. 우리는 하나님의 말씀이 어떤 주제에 대하여 무엇이라고 말하고 있는 것을 알아야 하고 하나님의 말씀과 일치하게 생각하고 믿고 행동해야 합니다. 그렇게 하면 우리는 성경에 있는 결과를 볼 것입니다.

물론, 합법적인 영적 전쟁이 있습니다. 영적 전쟁은 성경에 나오는 주제이고 우리들이 관심을 가져야 할 주제입니다. 왜냐하면 우리들 모두는 적어도 한번은 영적 전쟁에서 우리가 그리스도인으로서 삶에서 우리의 자리를 지켜야 할 경우가 있기 때문입니다.

더군다나 우리들에게 대항하여 진을 치고 있는 적이 있다는 사실과 우리들은 주님의 군대라는 사실은 진리입니다. 그러나 사람들은 종종 그런 진리를 가지고 너무 극단과 과다로 치우칩니다. 그들의 생각은 이런 것 같습니다. '군대들은 적을 패배시키려고 싸우는 것이니까 우리도 마귀와 싸워서 이기자.'

그러나 예수님은 벌써 마귀와 "싸우셨고" 이기셨습니다. 그렇기 때문에 예수님은 우리들에게 "내가 올 때까지 장사하라(occupy)"고 하셨습니다(눅 19:13). 우리는 이미 패배된 적에게 말씀에 서서 우리의 자리를 취해야 하는 것입니다. 그러므로 우리는 주님의 군대에 있기는 합니다만 이것은 이미 점령하고 있는 군대(occuping Army)입니다. 점령하고 있는 군대는 전쟁을 하고 있는 것이 아닙니다. 점령하는 군대는 우리의 총 책임자인 예수 그리스도가 이미 이겨놓은 승리를 강화하기만 하면 됩니다. 이것이 믿는 자들이 전쟁을 확대할 것이 아니라 승리를 강조해야만 하는 이유입니다.

서신서에 나오는 "전쟁"과 "전투"

어떤 사람들은 영적인 전쟁을 너무 강조해서 당신은 이것이 성경에서 가르치는 유일한 주제같이 생각될 수도 있습니다. 그렇지만 당신은 진정한 영적인 전쟁은 많은 사람들이 생각하고 있는 것하고는 많이 다른 것을 발견하게 될 것입니다. 예를 들어, 당신이 신약을 공부해 보면 특별히 서신서에는, "전쟁"이나 "전투"라는 말이 몇 번 밖에 언급되지 않았다는 것을 알고 놀랄 것입니다.

그리고 서신서에서 "전쟁"이나 "전투"라는 말이 사용될 때, 한 번도 "마귀"나 "사단"이라는 것과 연결되어 사용되어진 적이 없다는 것은 참으로 놀라운 일입니다. 그리스도의 몸인 우리들에게 쓰여진 서신서에서 사용된 "전쟁"이나 "전투"라는 단어를 살펴보겠습니다.

고린도전서 9장 7절에 바울은 이렇게 질문을 하고 있습니다. "누가 자기 비용으로 군 복무를 하겠느냐 누가 포도를 심고 그 열매를 먹지 않겠느냐 누가 양 떼를 기르고 그 양 떼의 젖을 먹지 않겠느냐." 여기서 바울은 마귀와 전쟁하는 것을 말하고 있지 않습니다. 바울은 간단히 사역자들이 적당한 사례를 받아야 된다는 말을 하고 있을 뿐입니다.

고린도후서 10장 3-5절은 또 다른 "전쟁"이나 "전투"라는 말이 쓰인 구절입니다.

> 고후 10:3-5
> 3 우리가 육신으로 행하나 육신에 따라 싸우지 아니하노니
> 4 우리의 **싸우는** 무기는 육신에 속한 것이 아니요 오직 어떤 **견고한 진**도 무너뜨리는 하나님의 능력이라 모든 이론을 무너뜨리며
> 5 하나님 아는 것을 대적하여 높아진 **것**(Imagination)을 다 무너뜨리고 모든 **생각**을 사로잡아 그리스도에게 복종하게 하니

당신이 이 문장을 문맥에서 떼어낸다면 이 구절들로 당신이 원하는 무엇이라도 말할 수 있습니다. 고린도후서 10장 3-5절은 도시와

나라들 위에서 역사하는 마귀와 싸우는 것에 적용하여 널리 쓰여 온 구절입니다. 그러나 이것은 문맥으로 보아서 바울이 아주 다른 것을 말하고 있는 것이 분명합니다.

바울은 어떤 지역적인 영역에서 귀신들의 군대와 싸우고 있는 것을 말하고 있지 않습니다. 바울은 믿는 자에게 그들의 생각과 상상을 잘 통제해서 마귀들이 거짓말로서 그들의 마음에 강력한 진을 만들지 못하게 하라고 권면하고 있습니다.

마귀는 문이 열려있지 않은 이상 믿는 자들에게 들어올 수 없습니다. 통제되지 않은 마음과 잘못된 생각은 잘못된 믿음과 잘못된 말과 마찬가지로 마귀에게 문을 열어 놓는 것과 많은 관련이 있습니다. 믿는 자들은 그들의 삶에 있어 그것이 주된 전쟁터인 것을 알아야 합니다.

성경은 이렇게 말하고 있습니다. "스스로 속이지 말라 하나님은 업신여김을 받지 아니하시나니 사람이 무엇으로 심든지 그대로 거두리라"(갈 6:7). 이 구절을 가지고 불신자들에게 그들이 죄로 심는 것의 결과를 추수할 것이라고 말하는 것은 약간의 진리가 될 수 있습니다. 그러나 사실 바울은 이 편지에서 믿는 자들에게 이 말을 한 것입니다.

믿는 자들은 좋은 것을 심든지, 나쁜 것을 심든지 그들이 심은 것을 거둔다는 것입니다. 믿는 자들은 말과 행동과 행위로 좋은 것을 심든지, 나쁜 것을 심든지 그들이 매일 심는 것으로 결국은 추수를 거둘 것입니다. 그리고 귀신들의 활동과는 상관없을 수도 있습니다.

가장 중요한 것은 당신이 심은 말들입니다. 왜냐하면 성경에서는 죽고 사는 것이 혀의 권세에 달렸다고 말하고 있기 때문입니다(잠 18:21). 잘못된 생각, 잘못된 믿음, 그리고 잘못된 말은 믿는 자들이 알게 모르게 마귀에게 그들의 삶에서 문을 열어 주게 되는 것입니다. 그렇게 믿는 자들이 마귀로 하여금 그들의 마음과 삶에서 견고한 진을 지을 수 있게 허락하는 것입니다.

그러므로 고린도후서 10장 3절부터 5절까지는 모든 문맥으로 보면, 이것은 믿는 자들에게 하나님의 말씀의 진리는 사단이 우리 마음에 가져와서 우리를 묶어두려고 하는 모든 거짓과 속임수를 극복하기에 충분한 강력한 영적인 능력이라고 말하고 있는 것입니다.

서신서에서 "전쟁"과 "전투"라는 말에 대하여 또 어떻게 말하고 있습니까?

> 딤전 1:18-19
> 18 아들 디모데야 내가 네게 이 교훈으로써 명하노니 전에 너를 지도한 예언을 따라 그것으로 **선한 싸움**을 싸우며
> 19 **믿음과 착한 양심을 가지라** 어떤 이들은 이 양심을 버렸고 그 믿음에 관하여는 파선하였느니라

바울은 디모데에게 어떻게 좋은 싸움을 싸우라고 하였습니까? 믿음과 착한 양심을 붙잡으라고 하였습니다. 다른 말로 하면, 바울은 간단히 디모데에게 이렇게 말하고 있는 것입니다. "믿음의 싸움에 거하여라. 너의 삶에 하나님의 부르심을 이루어 드려라. 그렇게 하는 것이 이 인생에서 좋은 싸움을 싸우는 것이다."

이 구절에서 마귀는 아예 언급도 되지 않았습니다. 이 구절은 간단히 젊은 목사인 디모데에게 그의 사역을 이루고 그가 앞으로 만날 어떤 반대에도 제지되지 말고 도전하라는 것입니다. 바울은 디모데에게 다른 권고로 디모데후서 2장에서 싸우라고 하고 있습니다.

딤후 2:3-4
3 너는 그리스도 예수의 좋은 병사로 나와 함께 고난을 받으라
4 병사로 **전쟁에 임하는** 자는 자기 생활에 얽매이는 자가 하나도 없나니 이는 병사로 모집한 자를 기쁘게 하려 함이라

우리가 이 구절을 전체 문맥 안에서 읽어볼 때 이것은 마귀와는 아무 상관도 없는 것을 발견할 것입니다. 바울은 간단히 "대가가 무엇이든 간에 네 인생에 하나님의 부르심에 충성하라"고 말하고 있는 것입니다. 바울은 믿는 자들에게 예수 그리스도의 좋은 군사가 되려면 우리는 대가를 지불해야 한다고 말하고 있습니다. 훈련과 헌신이 필요하다는 말입니다.

바울은 디모데에게 이 세상의 근심으로부터 자유로워지도록, 그리고 세상이 그가 하나님을 섬기는 일을 못하게 하도록 하는 것으로부터 자유로워지도록, 그래서 효과적으로 사역을 할 수 있도록 실례를 들어서 상기시키고 용기를 북돋아 주고 있는 것입니다.

그리고 야고보서 4장 1,2절에서 우리는 "전쟁"이나 "전투"라는 단어들이 믿는 자들의 통제되지 못한 육신의 문제 때문에 일어나는 일들과 관련하여 '싸우다', '논쟁하다', '분쟁하다' 라는 말로 사용되는 것을 볼 수 있습니다.

약 4:1-2
1 너희 중에 **싸움**(Wars)이 어디로부터 **다툼**(Fightings)이 어디로부터 나느냐 너희 **지체** 중에서 싸우는 정욕으로부터 나는 것이 아니냐
2 너희는 욕심을 내어도 얻지 못하여 살인하며 시기하여도 능히 취하지 못하므로 다투고 **싸우는**(War)도다 너희가 얻지 못함은 구하지 아니하기 때문이요

여기서 "전쟁"이라는 말은 제한받지 않는 육신의 활동 때문에 일어난 결과를 표현하려고 사용되었습니다. 그리고 이것은 마귀와는 아무 상관도 없습니다. 야고보에 의하면 영적인 전쟁은 우리의 영적인 발전을 소멸시키고 그리스도 안에서 우리의 성장을 방해하려는 육신의 욕망과 가장 관계가 있는 것이라고 말합니다.

우리는 지난 날 그리스도인들이 그랬듯이 오늘도 육신을 십자가에 못 박아야 합니다(갈 5:24). 우리가 우리의 육신을 십자가에 못 박지 않으면 그리고 "우리의 몸을 쳐서 복종시키는 것"(고전 9:27)을 하지 않는다면 우리의 인생에 계속 문제가 있을 것을 기대해야 합니다. 그리고 그것은 귀신이 활동하여 일어나는 일이 아닐 수도 있습니다.

마지막으로, 베드로는 베드로전서 2장 11절에서 전쟁에 대하여 말하고 있습니다. "사랑하는 자들아 거류민과 나그네 같은 너희를 권하노니 영혼을 거슬러 싸우는 육체의 정욕을 제어하라." 여기 성경 구절에서도 마귀에 대한 어떤 언급도 전혀 없습니다. 야고보가 했던 것처럼 베드로는 "싸운다(War)"라는 말을 육체의 정욕과 혼, 즉 마음과 감정에 대한 싸움을 분명하게 표현하기 위하여 사용하였던 것입니다.

바울은 새로워지지 않은 육신이 마음과 싸우는 것에 대하여 로마서 7장에 이렇게 말하고 있습니다.

> 롬 7:23
> 내 지체 속에서 한 다른 법이 내 **마음**의 법과 **싸워** 내 지체 속에 있는 죄의 법으로 나를 사로잡는 것을 보는도다

우리는 서신서에서 "전쟁"이나 "전투"라는 말이 사용된 곳을 살펴보았습니다. 이런 성경 구절에서 마귀라는 말은 한 번도 언급되어

있지 않습니다. 그렇지만 어떤 사람들의 말하는 것을 들으면 당신은 영적인 전쟁이 성경에서 언급되고 있는 단 한 가지의 주제라고 생각될 정도입니다!

교리적으로 말할 때, 어떤 사람들은 개미가 만들어 놓은 흙더미를 산으로 만들어 놓은 것입니다. 아마도 그리스도인들이 모든 것을 마귀에게 탓하기를 원하기 때문이 아닌가 생각합니다. 그러나 서신서에는 "전쟁"과 "전투"라는 말이 육신을 순종하게 하는 일과 생각을 통제하는 일과 관련하여 주로 사용되고 있습니다. 그것은 하나님의 말씀으로만 가능한 것이고 하나님의 성령의 도움으로만 할 수 있는 것입니다.

많은 믿는 사람들은 인생의 승리를 다른 방법으로 얻으려고 합니다. 그러나 그 영적인 전쟁은 주로 마음이나 육신과 해야 하는 것이고 믿음의 선한 싸움을 해야 한다는 것을 깨달아야 합니다(딤전 6:12). 전쟁을 잘 싸우는 사람들은 그들의 마음을 새롭게 하고 육체를 잘 점검하고 하나님의 말씀에서 약속하신 것 위에 믿음으로 어떻게 잘 서야 하는지를 잘 아는 사람들입니다.

육체를 잘 순종하게 하고 우리의 생각을 잘 통제하는 것은 그리스도의 몸에서 넓게 가르쳐지고 있는 일이 아닙니다. 그래서 많은 그리스도인들이 그들의 육체의 정욕을 그냥 제멋대로 하도록 내버려 두고 통제하지 않고 있습니다. 많은 그리스도인들은 죄를 짓는 것에 대하여 마귀를 탓합니다. 그렇지만 그들이 자신들의 마음이나 육신을 잘 다스렸다면 그들은 절대로 죄를 짓지 않았을 것입니다. 그들은 사단이 그들을 죄에 빠지게 하였다고 주장할지 모르지만 사실 사단은 열려 있는 문을 발견하고 그것을 통하여 그들의 삶에 들어올 수 있었던 것입니다. 그들은 잘못된 생각을 하였든지 혹은 그들의 육체를 십자가에 못 박지 않았던 것입니다.

은사주의 운동의 가장 큰 실패 중의 하나는 성화되어 가는 것에 대하여 그리고 세상의 정욕에 물드는 것으로부터 구별되어져야 하는 것에 대하여는 거의 가르치지 않았다는 것입니다(고후 6:17; 벧후 1:4). 많은 믿는 자들이 마귀를 탓하는 대부분의 것들은 그들이 성화하지 못한 것과 세상과 구별되지 못한 결과입니다. 우리는 로마서 12장 1절과 2절 말씀의 지시를 따라 순종함으로써 세상으로부터 우리 자신을 구별해야 합니다. 만일 믿는 자들이 이 성경 구절에 순종한다면 대부분의 우리 인생에서 만나는 영적 전쟁은 벌써 끝이 났을 것입니다.

나는 마귀의 존재를 부인하는 것도 아니고 그가 우리의 적이 아니라고 부인하는 것이 아닙니다. 그러나 믿는 자들이 하나님의 말씀으로부터 그의 생각과 그의 육신을 통제하는 것을 배웠다면 그는 마귀에 대하여 놀라운 승리를 하는 데 아무런 어려움도 없을 것입니다. 왜냐하면 그는 이미 거의 2000년 전에 우리 주 예수 그리스도에 의하여 패배하였고, 능력을 빼앗겼고, 무력화 되었고, 아무것도 아닌 것으로 되었기 때문입니다.

나는 여러분들에게 영적 전쟁에 대하여 하나님의 말씀이 무엇이라고 말하고 있는지에 대하여 말하고 있습니다. 우리가 항상 무엇에 대하여 대적하려고 노력하는 대신 우리가 이런 것들에 대하여 바로 선다면 어떻게 될까요? – 하나님의 말씀의 진리 위에 또 예수님이 갈보리 십자가에서 사단에게 이긴 승리 위에 똑바로 선다면 어떻게 될까요? 우리가 하나님의 말씀을 우리 속에 넣고 진리에 바로 선다면 우리의 삶에 상황은 고쳐지고 회복되기 시작할 것입니다. 우리는 계속하여 패배된 적과 싸워서 "패배"를 시켜야만 되는 것같이, 그리스도께서 우리를 위해 이미 하신 승리를 또 다시 찾아와야만 되는 것같이, 방어하기보다 계속하여 말씀을 전파하는 공격적인 자세에 머물러 있어야 합니다.

그리스도인들은 귀신들과 씨름을 해야 합니까?

그래서 우리는 서신서들에서 "전쟁"이나 "전투"라는 단어들은 육신과 마음 사이에 그리고 육신과 재창조된 영 사이에 갈등을 표현하는 데 사용한다는 것을 살펴보았습니다. 그렇다면 성경은 "씨름을 하는 것"에 대하여는 무엇이라고 말하고 있습니까? 신약에서 믿는 자들이 귀신들과 씨름하여야 한다고 가르치고 있습니까?

> 엡 6:10-17
> 10 끝으로 너희가 **주 안에서와 그 힘의 능력으로 강건하여지고**
> 11 마귀의 간계를 능히 **대적하기 위하여** 하나님의 전신 갑주를 입으라
> 12 우리의 **씨름은** 혈과 육을 상대하는 것이 아니요 통치자들과 권세들과 이 어둠의 세상 주관자들과 하늘에 있는 악의 영들을 상대함이라
> 13 그러므로 하나님의 전신 갑주를 취하라 이는 악한 날에 너희가 **능히 대적하고** 모든 일을 행한 후에 **서기 위함이라**
> 14 그런즉 **서서** 진리로 너희 허리 띠를 띠고 의의 호심경을 붙이고
> 15 평안의 복음이 준비한 것으로 신을 신고
> 16 모든 것 위에 믿음의 방패를 가지고 이로써 능히 악한 자의 모든 불화살을 소멸하고
> 17 구원의 투구와 성령의 검 곧 하나님의 말씀을 가지라

씨름한다는 것은 아주 힘든 노력을 말하는 것입니다. 그렇지요? 성경 구절에 의하면 우리는 마귀와 "씨름을 합니다." 우리는 인생에서 마귀를 다루어야 하는 것입니다. 그렇지만 이 성경 구절을 하나님의

말씀 전체가 말하는 문맥에서 읽어보십시오. - 예수님이 사단을 우리를 위하여 패배시키고 우리를 사단의 지배자로부터 구속하였다는 전체적인 성경의 맥락으로 보십시오.

이 성경 구절이 말하는 "씨름을 한다는" 말은 전쟁을 의미합니까? 아닙니다. 확실히 아닙니다. 전쟁과 씨름을 한다는 말에는 상당한 차이가 있습니다. 만일 당신이 씨름을 하는 것을 본 일이 있다면 당신은 씨름을 한다는 것과 전쟁을 한다는 것에는 상당한 차이가 있다는 것을 알 것입니다.

W.E 바인즈의 성경 사전을 찾아보면 "씨름을 한다는" 말의 의미 중에 한 가지는 '동요하게 하다' 라는 뜻입니다. 만일 우리가 허락한다면, 그는 우리를 패배시키기 위하여 우리를 대적하고 와서 우리를 동요시켜 믿음에서 떠나서 하나님의 말씀에 대하여 의심과 불신앙으로 가게 할 것입니다. 그렇지만 우리가 우리의 믿음의 자리를 지키면 그는 우리를 말씀으로부터 떨어지도록 동요시킬 수 없는 것입니다. 그러므로 우리가 하는 "씨름"은 종종 마귀와 싸우는 것이 아니라 하나님 말씀 안에 믿음을 굳게 잡는 "싸움"입니다.

히브리서 12장 1절에서 "경주"라는 말이 상징적으로 사용되었듯이 에베소서 6장 12절에 "씨름"이란 말은 상징적으로 사용된 것입니다. "…모든 무거운 것과 얽매이기 쉬운 죄를 벗어 버리고 인내로써 우리 앞에 당한 경주를 하며"(히 12:1). 성경은 "씨름하다"라는 말을 믿는 자들에게 굉장한 영적인 전투이며 기도할 때 마귀와 씨름하라는 뜻으로 사용하고 있지 않습니다.

그렇습니다. 성경은 믿는 자들에게, 우리의 인생의 역경들은 영적인 영역에서 오는 것이며 우리는 혈과 육으로 싸우는 것이 아니라 하나님의 말씀에 온전히 서서 이미 패배한 적에 대한 승리를 강화해야 한다는 것을 가르쳐주려고 하는 것입니다.

우리가 예수 그리스도께서 이미 이루어 놓으신 승리를 받아들이고 모든 상황에서 사단의 패배를 강화하지 않는다면 우리는 믿음의 싸움에서 질 수 있습니다. 하나님은 우리들이 믿음을 잃어버리기를 원하지 않습니다. 그렇지만 하나님의 말씀을 믿지 못한다면 - 우리가 그리스도 안에서 누구인지 또 그리스도 안에서 무엇을 가지고 있는지 - 또 그리스도 안에 우리가 이미 가지고 있는 마귀에 대한 권세를 행사하는 일에 실패한다면 우리는 사단에게 어떤 상황에서든지 우리 위에 역사할 수 있도록 허락하는 것입니다.

그러므로 우리가 에베소서 6장을 전체의 문맥을 가지고 읽지 않고 12절에만 집중한다면 당신은 혼란스럽게 되고 패배하게 될 수 있습니다. 왜냐하면 당신은 '나는 이제 해야 한다! 나는 모든 통치자, 권세 그리고 모든 어둠의 세상 주관자들을 패배시키기 위하여 씨름을 하여야 한다' 고 생각하게 될 것이기 때문입니다.

그러나 언제든지 우리가 성경의 한 부분만 지나치게 강조하여 문맥의 흐름에서 벗어나면 성경이 말하고 있지 않은 것을 말하게 되는 것은 너무 쉽게 있을 수 있는 일입니다. 그리고 우리가 다른 구절들은 **빼놓고** 너무 한 구절만 강조하다보면 우리는 그 주제에 대한 하나님의 전체적인 의도를 다 알아들을 수 없게 되는 것입니다. 우리가 해야 할 일은 우리의 생각을 바로 하고 하나님의 말씀의 전체적인 의도에 일치된 것을 믿기 시작하는 일입니다.

예를 들어, 12절만 읽는다면 당신은 사람들이 그들이 악한 영들과 싸워서 이겨야 된다고 생각하며 그 생각에 휩싸이게 되는 것을 이해할 수 있을 것입니다. 그렇게 사람들이 귀신에 대하여 지나치게 의식을 하게 되는 것입니다. 그리고 이미 다 완성된 십자가의 역사를 인식하는 대신 그들은 적이 이미 패배되었다는 것을 잊어버리고 그 적과 씨름을 하려고 하는 것입니다! 그것은 마귀에게 자리를 주어서 그들의 마음과 몸과 삶에 역사하게 만드는 것입니다. 왜냐하면 그들은 하나님의 말씀에 예수님께서 그들을 위하여 그것들을 다 이루었다는 것을 믿지 않기 때문입니다.

온전한 하나님의 말씀 대신에 한 구절만 너무 강조하므로 사람들은 예수님이 믿는 자들을 위하여 이미 하신 일을 강조하기보다는, 그리스도인들이 아직도 마귀에 대하여 승리를 얻기 위하여 해야 할 일을 강조하게 되는 것입니다. 그것은 비성경적입니다. 모든 믿는 자들은 예수님이 사단에게 하신 승리에 이미 다 참여하고 있기 때문입니다.

우리는 지속적으로 하나님의 전체적인 모든 말씀을 마음에 두어야 합니다. 에베소서 6장 12절에서 우리가 통치자와 권세와 씨름을 한다고 표현했지만 성경은 다른 구절들에서 우리는 이미 패배한 적과 싸우는 것이라고 말했습니다! 그러므로 에베소서 6장 12절을 읽으십시오. 그러나 거기에 머물러 항상 마귀에 대항하여 전쟁을 한다는 그 구절 하나만으로 교리를 세우려고 하는 것 보다는 – 이 주제에 대한 하나님의 말씀 전체를 생각해 보십시오.

예를 들어, 에베소서 6장 12절에서 "우리의 씨름은 혈과 육을 상대하는 것이 아니요 통치자들과 권세들과 이 어둠의 세상 주관자들과 하늘에 있는 악의 영들을 상대함이라"고 한 성경 구절을 "통치자들과 **권세들을 무력화하여** 드러내어 구경거리로 삼으시고 십자가로 **그들을 이기셨느니라**"고 말한 골로새서 2장 15절과 함께 읽으십시오.

그리고 누가복음 10장 19절을 읽으십시오. "내가 너희(그리스도의 몸)에게 뱀과 전갈(마귀와 악한 군대)을 밟으며 원수의 모든 능력을 제어할 권능을 주었으니 **너희를 해칠 자가 결코 없으리라.**"

그렇습니다. 우리는 전쟁을 하고 있습니다. 그러나 이것은 예수님이 이미 그의 죽으심과 장사되심 그리고 부활로 패배시킨 통치자와 권세들에 대항하여 하는 것입니다! 그리고 누가복음 10장 20절에서 예수님은 제자들에게 그들이 마귀들에게 권세 있음을 인해서가 아니라 그들의 하나님과의 관계로 인하여, 그리고 그들의 이름이 생명책에 이미 기록되었음을 인하여 기뻐하라고 권면하고 있습니다. 그러므로 우리의 초점은 패배한 적과의 싸움에 있지 않고, 크고 사랑이 충만한 하나님과의 관계에 있어야 합니다.

어떤 사람들은 그리스도의 몸이 마귀와 싸워야 한다고 주장하고 있습니다. 그렇지만 왜 우리들이 권세의 자리로부터 이미 폐위된 적과 싸워야 합니까!

또 어떤 사람들은 교회에 군복을 입고 와서 하나님을 경배하는 대신 예배시간 내내 소리 지르고 음성을 높이며 기도로 마귀와 "전쟁"을 하려고 하는 사람들이 있습니다. 그들은 디모데후서 2장 3,4절과 같은 성경 말씀을 가지고 자신들이 하는 일을 정당화하려고 합니다. "너는 그리스도 예수의 **좋은 병사**로 나와 함께 고난을 받으라. 병사로 **복무하는 자**는 자기 생활에 얽매이는 자가 하나도 없나니 이는 병사로 모집한 자를 기쁘게 하려함이라."

사실, 디모데후서 2장 3,4절이나 에베소서 6장 12절에서 바울은 상징적으로 말하고 있는 것입니다. 바울은 "병사", "싸우다" 그리고 "씨름하다"라는 말들을 상징적으로 사용하고 있는 것입니다. 바울은 당시의 로마 군대를 예로 들어 사람들이 자신이 말하는 것을 이해하기 쉽도록 하고 있습니다. 바울은 그 당시 사람들이 잘 이해하는 개념을 사용하여 그들의 이해를 도우려는 것이었습니다. 우리들이 이것이 쓰여진 문맥대로 이 구절들을 읽으면 이해할 수 있습니다.

> 딤후 2:3-6
> 3 너는 그리스도 예수의 **좋은 병사**로 나와 함께 고난을 받으라
> 4 병사로 **복무하는 자**는 자기 생활에 얽매이는 자가 하나도 없나니 이는 병사로 모집한 자를 기쁘게 하려 함이라
> 5 경기하는 자가 **법대로 경기하지 아니하면** 승리자의 관을 얻지 못할 것이며
> 6 수고하는 **농부**가 곡식을 먼저 받는 것이 마땅하니라

이 구절들에서 바울은 사역의 여러 가지 면을 설명하기 위하여 군사적, 운동적, 그리고 농경적인 단어들을 사용하고 있습니다. 바울은 3절과 4절에서 하나님의 소명을 이루기 위하여 요구되는 성품인 단단하고 훈련되고 헌신되는 것을 설명하기 위하여 "병사"라는 단어를 사용했습니다. 5절에서 말하는 "법대로 경기하지 아니하면 승리자의 관을 얻지 못할 것이며"라는 말은 운동 경기에서 1등으로 승리하는 것을 의미합니다. 그리고 "농부"라는 말은 농부가 곡식을 추수하는 것에 대하여 말하고 있습니다.

그러므로 이 구절들을 문맥과 상관없이 읽는다면, 만일 우리가 마귀와 싸우기 위하여 "군사적"인 교회가 되어야 한다면 – 디모데후서 2장 3-6절에 근거해서 보면 우리는 또 "운동선수" 교회가 되어야 하고 모두 운동복을 입고 교회에 와야 하거나 혹은 우리가 "농경적" 교회가 되어서 농부같이 옷을 입고 교회에 와야 할 것입니다!

얼마나 이상한 말입니까? 우리는 예화를 위해 쓰여진 구절에 근거하여 외적으로 실천하도록 권면하는 것이 아니었습니다. 이런 구

절들은 다른 면의 그리스도인의 삶과 사역을 설명하기 위해 사용된 것일 뿐입니다.

어떤 선하고 의도가 좋은 그리스도인들은 교회 기도회에 와서 마귀와 기도로 싸우려고 합니다. 우리는 마귀와 "전쟁을" 하도록 되어 있는 것이 아닙니다. 우리는 하나님의 말씀의 진리로 그리스도 안에서 승리한 자리를 잘 지키고 강화해야 합니다. 왜냐하면 사단은 갈보리 십자가에서 철저히 패배되었기 때문입니다.

항상 마귀와 전투하고 싸우는 것은 성경적일 수가 없습니다. 왜냐하면 이것은 십자가에서 예수님이 사단에게 승리한 것을 무효화하고 있는 것이기 때문입니다. 사단에 대한 예수님의 승리 때문에 믿는 자들은 이미 다 해놓은 십자가의 역사에 자신들의 권세를 사용할 수 있는 자리에 있기만 하면 되는 것입니다. 그래서 예수님이 이미 그들을 위하여 하신 일을 믿음으로 사용하면 되는 것입니다.

영적 영역에서 씨름하는 것

주 예수 그리스도의 교회는 잘 균형이 잡히도록 배워야 할 필요가 있습니다. 한 성경 구절을 너무 강조함으로 다른 성경 구절을 무시할 정도가 된다든지 혹은 하나님의 말씀 외에 다른 것을, 즉 비성경적인 일들을 너무 높이는 것은 믿는 자들을 교리적으로 벗어나게 하는 것입니다. 어떤 사람이 한 성경 주제를 취하여 너무 강조한 나머지 성경이 말하지 않는 것을 말할 수 있습니다.

어떤 믿는 자들이 마귀와 "씨름하는 것"을 그렇게 만든 것입니다. 그들은 마귀를 "패배"시키기 위하여 소리 지르고 음성을 높이는 육신적인 방법을 사용하였던 것입니다. 그렇지만 악한 군대들과의 믿는 자들의 씨름은 자연적인 영역에서 육신적인 전술로 하는 것이 아닙니다. 영적인 영역에서 하나님의 말씀 안에서 믿음으로 해야 합니다.

어떤 믿는 자들은 하늘에 악한 영(엡 6:12)들에 관한 성경 구절을 문맥과 상관없이 떼어 우리가 하늘에 있는 악한 영들과 기도로 싸우기 위해서는 육신적으로 더 강해져야 한다고 주장하는 것입니다. 그들이 정말 해야 할 일은 정말 전쟁이 있는 곳인 마음과 육신으로 내려오는 것입니다!

이런 사람들이 하고 있는 일은 하나님이 이미 우리를 하늘나라의 영역에 예수 그리스도와 함께 위치적으로 앉히신 곳(엡 2:6)에 육체적으로 도달하려고 노력하는 것입니다. 우리는 이미 통치자나 권세들 보다 훨씬 더 높이 그리스도와 함께 앉아 있습니다.

그것뿐 아니라 성경은 또 이렇게 말하고 있습니다. "…무엇이든지 너희가 땅에서 매면 하늘에서도 매일 것이요 무엇이든지 땅에서 풀면 하늘에서도 풀리리라"(마 18:18). "…너희 중의 두 사람이 땅에서 합심하여 무엇이든지 구하면 하늘에 계신 내 아버지께서 그들을 위하여 이루게 하시리라"(마 18:19). 성경은 우리들이 이런 일을 땅에서 해야 한다고 말하고 있는 것입니다. 성경에는 우리들이 영적인 영역에서 일어나서 마귀를 다루어야 한다는 언급조차도 없습니다! 예수님과 제자들이 두루 다니시며 한 일은 하늘에서가 아니라 이 땅에서 한 일들입니다.

바울과 실라는 하나님의 능력이 내려오도록 기도했습니다

당신이 어떤 영적인 경험이나 실재들이 성경적인지 알기를 원한다면 말씀을 보고 예수님이나 그 제자들도 그렇게 했는지 보면 됩니다.

예를 들면, 제자들은 큰 사단의 반대를 만나면 어떻게 했습니까?

확실히 바울과 실라는 그들이 매 맞고 감옥에 던져졌을 때 그들은 적과의 전쟁을 경험하고 있었습니다(행 16:18,22-23). 거기에는 의심할 여지가 없습니다. 마귀가 그들을 대항하여 이런 일들을 하던 사람들 안에서 역사하고 있었습니다. 하나님께서 바울과 실라를 감옥에 가둔 것이 아닙니다. 이런 상황의 뒤에서 일하는 것은 마귀였습니다. 마귀가 교회와 복음의 메시지를 거스르게 사람들을 통하여 싸우도록 역사하는 것이었습니다.

자, 바울과 실라가 이 땅의 영역에서 마귀와 싸울 수 있도록 하는 방법을 찾았습니까? 그들이 마귀와 전쟁을 하고 씨름을 하고 소리를 지르고 귀신들과 방언으로 싸웠습니까?

아닙니다. 바울과 실라가 감옥에 갇혔을 때, 그들의 발은 착고에 묶였고 그들은 가장 깊은 감옥에서 움직일 수조차 없었습니다(행 16:23-26). 그렇다면 어떻게 그들이 일어나서 하늘에 올라가 그들을 반대하는 어둠의 세력과 싸울 수 있었을까요? 그들은 그럴 필요가 없었습니다! 그들은 성령의 능력이 내려올 때까지 하나님을 찬양했습니다!

바로 이 땅 위에서 자정에, 바울과 실라는 기도하고 하나님께 찬양을 드렸습니다. 그리고 하나님은 그것을 듣고 그들을 구원하였던 것입니다(행 16:25). 기도하고 찬양하는 것은 영적인 영역에서 성경적인 "씨름"을 하는 한 가지 방법입니다. 왜냐하면 당신은 믿음에 있어야 그런 일을 할 수 있기 때문입니다! 그리고 하나님은 믿음에 반응하시기 때문에(히 11:6) 하나님은 손을 내려서 그 감옥을 흔들어서 바울과 실라를 구원했던 것입니다.

우리들은 하늘에 올라가 악한 영들을 다룰 필요가 없습니다! 우리는 어떻게 하면 이미 믿는 자들인 우리들에게 이 땅에서 사용하도록 주어진 하나님의 능력을 사용할 수 있는지에 관심을 가져야 합니다! 그렇습니다. "씨름하다"라는 단어는 믿는 자들과 마귀와 영적인 갈등이 있다는 것을 보여주시기 위하여 사용되었습니다. 그렇지만 씨름은 믿음의 영역인 영적인 영역에서 하는 것입니다. 자연적인 영역에서 하는 것이 아닙니다. 이 씨름은 하나님의 말씀의 약속 위에 서서 우리의 구속이 이미 이루어졌다는 것에 근거하여 싸우는 씨름입니다.

성경적인 "씨름"은 믿음의 싸움입니다

믿는 자들이 그리스도 안에서 그들의 권세를 이해하기만 한다면 그리고 십자가에서 이미 끝낸 일을 사용하기 시작한다면 그들은 믿는 자들이 어떤 "씨름"을 해야 하는지 잘 알게 되는 것입니다.

믿는 자들은 마귀를 이기거나 힘으로 누른다든지 혹은 자신들의 힘으로 그와 씨름할 필요가 없습니다. 우리는 이미 그리스도 안에서 귀신들에 대한 권세가 있기 때문에 하나님의 말씀을 믿음으로 그리스도와 함께 앉은 승리의 자리에서 귀신들과 "씨름"을 하는 것입니다. 그러므로 우리가 해야 할 유일한 씨름은 믿음의 싸움뿐입니다. 만일 우리가 다른 싸움을 하고 있다면 우리는 잘못된 싸움을 하고 있는 것입니다. "믿음의 선한 싸움을 싸우라…"고 성경은 말했습니다 (딤전 6:12).

우리는 가끔 "씨름"을 하여야 믿음에 거할 수 있는 것입니다. 왜냐하면 마귀가 당신을 마귀가 왕인 감각의 영역에 붙잡아 놓을 수 있는 한, 그리고 당신이 환경을 바라보고 있는 한, 그들은 당신을 매번 이길 수 있는 것입니다. 그렇지만 당신이 하나님의 말씀을 의지하며 믿음의 영역에 있기만 한다면 당신은 매번 그를 이길 수 있습니다.

믿음의 싸움 – 하나님의 말씀이 당신에게 역사한다고 신뢰하는 것 – 만이 성경이 믿는 자들이 해야 할 싸움이라고 말하고 있는 것입니다. 성경은 이렇게 말하고 있습니다. "그러므로 우리가 저 안식에 들어가기를 힘쓸지니 이는 누구든지 저 순종하지 아니하는 본에 빠지지 않게 하려 함이라"(히 4:11). 우리는 하나님을 믿는 안식에 들어오려고 노력하는 것입니다. "이미 믿는 우리들은 저 안식에 들어가는도다…"(히 4:3). 어떤 믿는 자들은 적을 패배시키려고 수고하고 또 수고합니다. 그들은 하나님의 말씀을 믿기 때문에 믿음의 안식에 들어오기만 하면 되는 것입니다.

만일 당신이 믿는 자라면 당신은 그리스도 안에 있고, 지금 당신은 사단의 군대들에 대하여 권세가 있습니다. 예수님이 통치자와 권세들을 당신을 위하여 패배시킴으로 얻어진 당신의 구속 안에 이미 당신을 위해 준비된 사단에 대한 권세가 있기 때문에 그 권세를 위하여 다시 수고할 필요가 없는 것입니다. 그래서 당신은 당신 자신이 통치자와 권세를 패배시키려는 생각으로 기도하러 올 필요가 없습니다. 예수님이 그것을 십자가에서 당신을 위하여 해 주셨습니다.

그렇습니다. 이 통치자들과 권세들은 우리의 삶에서 거슬러 역사하려고 합니다. 구약에 있는 사람들은 이같은 통치자들과 권세들과 애써 싸워야 했었습니다. 그러나 새로운 언약에서는 예수님께서 그들을 패배시키시고 아무것도 아닌 것으로 만드신 것입니다. 이것은 이미 폐위되었고, 항상 우리의 눈을 가리므로 그리스도 안에서 우리의 승리의 자리를 잘 보지 못하게 하는 이 세상의 권세의 지혜가 아니라 하나님의 지혜가 그렇게 한 것입니다(고전 2:6; 골 2:15).

그래서 당신이 기도를 하러 나올 때 에베소서 6장 12절에서 씨름을 해야 할 대상인 통치자와 권세들은 모두 우리 예수 그리스도에 의하여 우리의 삶에서는 철저히 패배되고 폐위되고 그들의 권세를 모두 빼앗겼다는 것을 이해하고 기도해야 합니다(골 2:15).

그렇다면 우리가 어떻게 다른 사람들이 마귀를 다룰 수 있도록 도와 줄 수 있을까요? 그들에게 하나님의 말씀이 가르치는 것을 말해 줌으로 그들을 도와 줄 수 있는 것입니다. 그들이 그리스도 안에서 누구인지 말해 주고, 그들의 구속을 피로 산 권리와 특권에 대하여 말해 주십시오. 마귀에 대한 그들의 권세를 말해 주고 그리스도 안에서 어떻게 그 권세를 사용하여 성경적으로 어둠의 권세들을 다루어야 하는지 말해 주십시오.

주님 안에서 강건하십시오

성경은 에베소서 6장 10절에서 믿는 자들에게 "…너희가 주 안에서와 그 힘의 능력으로 강건하여지라"고 말하고 있습니다. 당신은 사람들이 "나는 강건하여지려고 노력합니다"라고 말하는 것을 듣습니다. 그러나 성경은 당신 자신이 강건해지라고 말한 적이 전혀 없습니다. 바울은 이렇게 말했습니다. "…내가 약한 그때에 강함이라"(고후 12:10).

많은 경우 우리가 인생에 당면한 환경에서 우리는 약하고 비었고 우리는 아무것도 할 수 없는 것 같이 느낄 수 있습니다. 그렇지만 하나님께 감사합니다. 우리는 하나님의 약속에 의지할 수가 있습니다. 우리는 반석으로 다가가서 그의 말씀에 굳게 설 수 있는 것입니다. 바울은 이렇게 말했습니다. "…힘에 겹도록 심한 고난을 당하여 살 소망까지 끊어지고 우리는 우리 자신이 사형 선고를 받은 줄 알았으니 이는 우리로 자기를 의지하지 말고 오직 죽은 자를 다시 살리시는 하나님만 의지하게 하심이라"(고후 1:8-9).

하나님을 믿는 것은 곧 그의 말씀을 믿는 것입니다. 이것이 많은 믿는 자들이 놓치는 부분입니다. 그들은 그들 자신의 힘으로 강건하여지려고 합니다. 그리고 그들은 그들에게 필요한 모든 힘을 성경에서 발견할 수 있다는 것을 모르고 있습니다.

우리가 주님 안에서 강건해야 하고 그의 힘의 능력 안에서 강건해야 하는 이유는 악한 날에 마귀의 군대와 대항할 때 우리의 자리에 굳게 서기 위함입니다(엡 4:13). 악한 날이란 사단이 와서 우리를 시험하고 유혹하고 환난을 주는 날입니다. 그리고 당신은 주 안에서 그리고 그의 힘의 능력 안에 강건하여야 그에 대하여 믿음의 자리에 굳게 설 수 있는 것입니다.

주 안에서 강건하여지는 유일한 방법은 하나님의 전신 갑주를 입는 것입니다(엡 6:11-18). 당신은 하나님의 전신 갑주를 두 가지 이유로 입어야 합니다.

1. 하나님의 전신 갑주는 당신의 기도생활을 보호하기 위하여 입습니다. 당신이 전신 갑주를 입으면 당신은 기도할 수 있게 옷을 입은 것입니다. 갑주를 입는 목적은 당신이 기도에 들어가기 위한 것입니다.
2. 당신의 전신 갑주는 인생에서 마귀의 환난과 시험과 유혹에 대항여 바로 설 수 있게 도와주는 것입니다.

하나님의 전신 갑주

만일 하나님의 전신 갑주가 주 안에서 우리를 강건하게 하는 데 필요하다면 우리는 이것을 더욱 자세히 살펴보아야 하겠습니다. 성경이 처음에 이렇게 말하는 것을 주목해 보십시오. "마귀의 간계를 능히 대적하기 위하여 하나님의 전신 갑주를 입으라"(엡 6:11). 성경 사전에 "입는다"라는 말은 원어로 '엔두어' 라는 단어입니다. 이것은 '옷 안으로 빠져들다(sinking)' 라는 뜻이 있습니다 : '옷을 입히다(to invest)', '차려입히다(to array)' 혹은 '옷을 입다(clothe)', '입다', '가지다(to endue)', '무엇을 입다(put on)' 라는 뜻들이 있습니다.

그러므로 주 안에서 강건하려면 마귀의 간계로부터 당신을 보호하기 위하여 하나님의 전신 갑주를 입거나, 전신 갑주 안으로 빠져들어가야 하는 것입니다. 그리고 13절에 성경은 "그러므로 하나님의 전신 갑주를 취하라"고 말하고 있습니다. 스트롱의 성경 사전에 보면 "취하다"라는 말은 '들다(take up)' 라는 뜻이 있습니다. 다른 말로 하면, 당신이 하나님의 갑옷을 취하여 입은 후에 그 후에 무엇을 하여야 한다는 말입니다. - 사용해야 한다는 말입니다!

바울은 여기에서 로마 병정의 전신 갑주를 예로 들면서 하나님의 전신 갑주가 어떤 것인가를 우리들에게 설명해 주고 있는 것입니다. 구원의 투구는 그리스도 안에 있는 우리들의 구원과 구속으로 인하여 하나님 안에서 우리의 위치가 무엇인지를 아는 것입니다.

구원의 투구는 바울이 에베소서 1장 17절에서부터 22절까지 교회를 위하여 "우리 주 예수 그리스도의 하나님, 영광의 아버지께서 지혜와 계시의 영을 너희에게 주사 하나님을 알게 하시고"라고 한 기도와 직접적인 관련이 있습니다.

구원의 투구는 당신의 마음을 말씀으로 새롭게 하여 그리스도 안에서 당신의 특권과 권리를 아는 것과 당신이 그리스도 안에서 누구인지를 아는 것이 다 포함되어 있습니다. 구원의 투구는 당신의 마음을 보호합니다. - 당신의 마음은 사단의 주된 전쟁터입니다.

진리의 허리띠는 하나님의 말씀을 분명히 이해하는 것을 의미합니다. 병사의 허리띠같이, 이것은 다른 갑주들을 제자리에 잘 있게 붙들어 주는 것입니다. 당신의 허리는 하나님 말씀의 진리로 잘 매어져 있어야 합니다. 왜냐하면 당신 안에 하나님의 말씀이 거하지 않는다면 당신은 기도로 아무것도 할 수 없기 때문입니다(요 15:7). 성공적인 기도생활은 하나님의 말씀의 약속에 근거해야 하는 것입니다.

그리고 당신은 의의 흉배를 가져야 합니다. 이것은 하나님과 옳은 관계를 의미합니다. 당신이 예수님을 받아들였을 때, 당신은 그리스도 안에서 하나님의 의가 되었습니다(고후 5:21). 당신이 만일 하나님과 옳은 관계를 가지지 못했다면 당신이 마귀와 싸우는 것은 어림도 없는 일입니다. 그러나 그리스도 안에서 당신의 속량 때문에 당신은 하나님과 옳은 관계에 들어가 있게 되었고 당신은 그리스도와 함께 유산을 이어 받는 공동상속자가 된 것입니다. "자녀이면 또한 상속자, 곧 하나님의 상속자요, 그리스도와 함께 한 상속자니…"(롬 8:17).

당신의 발은 평안의 복음으로 준비한 것으로 신을 신어야 합니다. 능률적인 기도를 하려면 당신은 하나님의 말씀의 빛에 행해야 하는 것입니다(요일 1:7). 옛 시편 기자가 이렇게 말했습니다. "주의 말씀을 열면 빛이 비치어 우둔한 사람들을 깨닫게 하나이다"(시 119:130). 당신의 앞에 있는 길이 어두우면 걷기가 힘듭니다. 그러나 하나님의 말씀의 빛 가운데로 행한다면 당신은 사단의 주관 하에서 어두움에 행할 필요가 전혀 없습니다.

하나님의 말씀의 빛이 오는 즉시 믿음이 오는 것입니다. 하나님 말씀으로 먹이고 묵상을 통해 빛과 믿음이 옵니다. 왜냐하면 "믿음은 들음에서 나며 들음은 그리스도의 말씀으로 말미암았느니라"(롬 10:17)라고 했기 때문입니다. 하나님의 말씀을 믿는 것은 당신의 마음과 삶에 대한 사단의 맹공격에 중요한 방어입니다.

그리고 당신은 믿음의 방패를 들어야 합니다. 16절에서 "모든 것 위에 믿음의 방패를 가지고…"라고 말하고 있는 것을 주목하십시오. 왜 성경은 "모든 것 위에"라고 말하고 있을까요? 나머지 구절을 읽어보십시오. "모든 것 위에 믿음의 방패를 가지고 이로써 능히 악한 자의 모든 불화살을 소멸하고." 모든 것 위에 믿음의 방패를 가져야 하는 것입니다. 왜냐하면 악한 자들이 불화살로 당신을 공격할 때 당신의 믿음이 악한 자의 불화살을 소멸할 수 있기 때문입니다.

믿음의 방패는 당신의 매일의 삶에서, 그리고 기도생활에서 사용해야 합니다. 당신이 기도하고 있는 동안, 마귀는 당신이 믿음 안에 거하지 못하게 하려고 당신의 주의를 다른 곳에 집중시키기 위하여 당신의 마음에 모든 종류의 불화살을 쏠 것입니다. 당신은 그 모든 불화살을 하나님의 말씀 안에서 믿음의 방패로 소멸시켜야 할 것입니다.

그리고 당신은 매일 생활에서 마귀에 대하여 믿음의 방패를 사용할 필요가 있습니다. 왜냐하면 당신은 기도할 때뿐 아니라 매일 매일 삶에서 믿음에 거해야 하기 때문입니다. 당신 안에 조금도 마귀에게 자리를 주지 않기 위하여 당신은 계속적으로 믿음의 생각을 해야 하고 믿음의 말을 해야 합니다. 만일 당신이 하나님의 약속을 믿는 믿음의 영역에 거한다면 당신은 사단에 대해 대적할 수 있고 그를 도망가게 할 수 있을 것입니다.

성령의 검

성령에 검은 어떻습니까? 당신은 생각해 본 적이 있습니까? 전신갑주는 한 가지, 즉 성령의 검만 빼놓고는 모두 보호하거나 방어하는 것입니다. 성령의 검, 곧 하나님의 말씀은 당신이 사단과 싸우는 유일한 무기입니다.

당신은 사단과 투구로 싸울 수 없습니다. 투구는 당신을 보호해 줍니다. 당신은 사단과 믿음의 방패 혹은 진리의 허리띠로 싸울 수 없습니다. 그것들은 당신을 보호해 주는 것들입니다. 당신은 사단과 의의 흉배로 혹은 평안의 신으로 싸우지 않습니다. 그것들은 당신을 보호해 주는 것들입니다. 그렇지만 당신은 사단과 하나님의 말씀, 곧 성령의 검으로 싸웁니다. 이것은 성경이 말하는 유일한 공격무기입니다.

이 어둠의 세력을 다루는 성경적인 방법은 무엇입니까? 이것은 성령의 검으로 하는 것입니다. 예수님이 땅에 계실 때 마귀를 어떻게 다루셨습니까?

한 가지 분명한 것은 예수님은 절대로 마귀를 찾아다니며 싸움을 청하지는 않았다는 것입니다. 그렇습니다. 성경은 예수님이 마귀에 의하여 시험을 받았다고 말하고 있습니다(눅 4:1-2). 그렇지만 사단은 예수님이 인류에게 구원을 가져오는 것을 방해하기 위하여 예수님을 시험했을 때 예수님은 마귀를 향해 세 시간이나 신음하며 기도하여 사단의 견고한 진을 끌어내리려고 하지 않았습니다. 예수님은 진리와 의로 보호되어 있었기 때문에 자기 자리를 지키고 성령의 검,

곧 하나님의 말씀을 사용하셨습니다.

모든 시험에서 예수님은 "기록되었으되"(마 4:4,7,10; 눅 4:4,8,12)라고 말씀하셨습니다. 예수님 자신이 마귀를 대적하는 검으로써 말씀을 인용한 것입니다. 그런 면으로 볼 때 예수님은 마귀와 "싸우고" 또 "씨름"을 한 것입니다. 그렇지만 예수님이 마귀에게 사용한 유일한 무기는 하나님 말씀에 대한 믿음이었습니다. 예수님은 사단을 다른 방법으로 싸우지 않았습니다. 그리고 마귀는 패배하여 떠났습니다. 만일 예수님이 말씀을 사용하여 마귀와 씨름을 하였다면 우리도 같은 방법으로 마귀를 다루어야 합니다.

이렇게 마귀를 만났을 때, 예수님은 우리들에게 어떻게 성령의 검을 마귀에게 공격적인 무기로 휘두르는지 보여주셨습니다. 예수님은 마귀와의 영적인 싸움에서도 우리의 표본이 되셨습니다.

생각해 보십시오. 만일 우리가 성령의 검을 사용하는 방법을 몰랐다면, 다른 모든 갑주를 다 입었다 해도 우리는 아직도 상당히 불리한 위치에 있을 수 있습니다. 그렇지만 하나님께 감사합니다. 우리는 믿음으로 말씀 위에 굳건히 서서 성령의 검을 사용하여 만날 때마다 "기록되었으되!"라고 말씀을 말함으로 마귀를 찌를 수 있습니다.

왜 성경은 하나님의 말씀을 "성령의 검"이라고 부를까요? "성령"과 "기름부음"이란 말은 성경에서 종종 동의어로 사용되는 말입니다. 성경은 기름부음 때문에 멍에가 부서질 것이라고 말하고 있습니다(사 10:27). 하나님의 말씀은 기름부어진 것입니다. 그러므로 기름부음의 검인 하나님의 말씀이 사단이 묶어놓은 멍에를 부서뜨리는 것입니다.

성령의 검 – 기름부음의 검 – 으로 어떤 것이든지 당신을 묶는 멍에가 있으면 공격하십시오! 기름부음의 검인 하나님의 거룩한 쓰여진 말씀을 사용함으로 사단이 당신을 묶으려고 하는 일들에서 자유로워져서 예수님이 이미 당신을 위해 값을 치르신 자유 안에 행하십시오!

예수님의 피의 능력

"주 안에서와 그 힘의 능력으로 강건하여지고"(엡 6:10)라는 것은 다른 어떤 의미가 있을까요? 우리는 예수님의 피의 구원하시는 능력을 사용하지 않고는 주 안에서 강건하여 질 수 없습니다.

> 골 1:13-14
> 13 그가 우리를 **흑암의 권세에서 건져내사** 그의 사랑의 아들의 나라로 옮기셨으니
> 14 그의 보혈 안에서 우리가 속량 곧 죄 사함을 얻었도다

사단 위에 완전한 모든 승리를 포함하여 우리가 속량 안에서 가지고 있는 모든 축복과 유익은 예수님과 예수님이 십자가에서 사단에게 승리하신 것에 근거합니다. 예수님이 흘린 보혈 때문에 우리는 사단 위에 승리를 한 것입니다. 오래된 오순절의 사람들은 예수님의 보혈에 대한 진리를 이해했습니다. 그들은 마귀에 대항하여 보혈로 항변했습니다. 그것은 성경적입니다.

당신이 예수님의 보혈로 마귀에게 반박하면 당신은 마귀에 대하여 당신의 언약의 보호의 권리를 주장하는 것입니다(사 54:17; 눅 10:19; 빌 2:9-10; 골 1:13).

> 계 12:11
> 또 우리 형제들이 **어린 양의 피**와 자기들이 증언하는 말씀으로써 그를 이겼으니 그들은 죽기까지 자기들의 생명을 아끼지 아니하였도다

한 선교사가 예수 그리스도의 보혈의 능력에 관한 흥미로운 간증을 한 적이 있습니다. 이 선교사는 외국에서 선교본부에 혼자 남아 있었는데 아주 특별한 종류의 전갈이 그 지역에 아주 많이 살고 있었습니다. 이 전갈에 물리면 죽을 만큼 독이 있었습니다. 그것에 물리고 살아남은 사람이 없었습니다.

어느 날 이 선교사가 그 마을에 내려갔는데 거기서 그 독이 있는 전갈이 이 여자를 물었습니다. 처음에 그녀는 겁이 났습니다. 왜냐하면 다른 선교사들은 다 출타 중이었고 그녀만 선교본부에 혼자 남아있었기 때문입니다. 그 여자는 이렇게 말했습니다. "처음에 나는 너무 놀라고 무서웠습니다. 그러나 나는 '나는 이 전갈에 물린데 대해 주 예수 그리스도의 보혈의 능력을 주장한다'고 말했습니다."

그 지역의 원주민들은 모두 그 여자가 쓰러져 죽을 것이라고 생각하며 바라보았습니다. 그렇지만 그 여자는 붓지도 않았고 아픈 증상이 전혀 아무것도 없었습니다. 그 원주민들은 그 여자가 일을 하면서 돌아다니는 것을 바라보았습니다. 사실, 동네 전체가 그 여자가 죽을 것을 확신하고 그 여자를 따라다녔습니다.

그 선교사는 아무런 아픈 증상이 없었습니다. 그 여자는 단지 주 예수 그리스도의 보혈을 주장하고 보호의 언약에 서 있었던 것입니다. 그리고 그녀에게는 어떤 증상도 전혀 없었습니다(사 54:17; 막 16:18; 눅 10:19). 이 기적의 결과로, 그 동네 사람 대부분이 구원을 받게 되었습니다.

그렇습니다. 우리는 사단과 사단이 우리에게 와서 우리를 상하게 하고 멸망시키려 하는 것들을 다루어야 합니다. 그러나 예수님과 그 보혈 안에는 승리가 있습니다. 마귀와 그의 역사와 그가 우리 삶에서 하는 일을 확대시키지 맙시다. 우리 모두 마귀의 모든 일을 멸하신 그리스도 안에서 피로 맺은 언약에 있는 승리를 확대시킵시다.

믿는 자의 "투쟁" 자세는 서는 것입니다

당신이 전신 갑주를 입으면, 당신은 마귀에 대항하여 "전쟁"을 할 위치에 준비가 된 것입니다. 사단에게 이미 승리하신 예수님 때문에 그리고 그 안에 있는 믿는 자들의 승리한 위치 때문에 성경은 우리에게 마귀에 대한 "전쟁"에 오직 한 자세만을 말해주고 있습니다. "모든 일을 행한 후에 서기 위함이라"(엡 6:13).

에베소서 6장 11절에서 14절까지 "선다"는 말이 몇 번이나 사용되었는지 주의해 보기 바랍니다. "공격"이라는 단어는 한 번도 사용되지 않았습니다. 성령님은 믿는 자들에게 적에게 대항하여 믿음의 선한 싸움을 싸우는 자세에 대하여 말해주고 있는데 그것은 믿음에 서고 하나님의 약속의 안식에 서는 것입니다. 믿는 자는 말씀을 가지고 마귀에 대항하여 서야 하는 것입니다.

1. "마귀의 간계를 능히 **대적하기 위하여**(You may be able to **stand** against the wiles of devil) 하나님의 전신갑주를 입으라."(엡 6:11)
2. "그러므로 하나님의 전신 갑주를 취하라 이는 악한 날에 너희가 **능히 대적하고**(that you may be able to **withstand** in the evil day…)."(엡 6:13)
3. "모든 일을 행한 후에 **서기 위함(To stand)** 이라."(엡 6:13)

4. "그런즉 **서서** 진리로 너희 허리띠를 띠고 의의 호심경을 붙이고 평안의 복음이 준비한 것으로 신을 신고 모든 것 위에 믿음의 방패를 가지고 이로써 능히 악한 자의 모든 불화살을 소멸하고." (엡 6:14-16)

믿는 자가 택하여야 할 위치는 그가 마귀를 패배시키려는 듯이 씨름하는 자세가 아닙니다. 왜냐하면 싸움은 벌써 있었고 갈보리에서 이미 이겼습니다. 그렇지만 때때로 아주 힘든 노력이나 "씨름"이 하나님의 말씀을 믿는 것에 근거하여 적을 대항하여 서는 데 필요하기도 합니다. 그것이 성경이 언급하는 유일한 싸우는 자세입니다. - 하나님의 전신 갑주를 입고 마귀에 대항하여 기름부은 성령의 검을 사용하면서 서서 잘 견뎌내는 것입니다.

성경은 믿는 자들이 하나님의 전신 갑주를 입고 마귀에 대적해야 한다고 말하고 있습니다. 그렇게 함으로써 그들이 시험과 환난과 유혹의 악한 날에 마귀에게 성공적으로 대적할 수 있다고 말하고 있습니다(13절). 우리가 좋든 싫든 성령님은 그리스도의 몸인 우리 모두에게 적이 가져오는 악한 날이 올 것이라고 말하고 있는 것입니다. 그렇지만 예수님은 "세상에서는 너희가 **환난**을 당하나 담대하라. 내가 세상을 이기었노라"(요 16:33; 요일 4:4)고 말씀하셨습니다.

사단이 당신에게 올 때 당신은 어떻게 하시겠습니까? 당신은 모든 성도들에게 당신을 위하여 기도하게 하겠습니까? 그것은 임시적인 방편일 뿐입니다. 당신은 성도들이 기도해 준다고 해도 믿는 자들이 시험과 환난의 날에 잘 견디지 못한다는 것을 알아차리셨습니까? 조만간 우리들 모두는 말씀에 홀로 서서 마귀의 간계에 대적하여야 합니다. 만일 그렇게 하지 않는다면 다른 방법은 없습니다.

믿음에 굳게 서는 것

당신이 전신 갑주를 입는 것이 성경이 말하는 유일한 사단을 대적하는 자세입니다. - 그것은 하나님의 말씀으로 그의 패배를 강화하는 것입니다. 바울은 "서고, 서고, 서서 견디고 또 서라"고 말했습니다. 그는 결코 "공격, 공격, 역공격 그리고 또 공격"이라고 하지 않았습니다.

하나님의 전신 갑주를 입는 이유는 우리가 마귀의 속임과 교활함과 간계에 대하여 맞설 수 있게 하는 것입니다. 성경은 우리가 마귀를 공격하기 위하여 성경을 덧입어야 된다고 말하고 있지 않고 오히려 그의 공격에 성공적으로 설 수 있게 하는 것이라고 했습니다.

내가 "선다"고 말할 때 나는 우리의 적인 사단에 대하여 이 말을 사용합니다. 이것은 우리가 모든 세상으로 가서 복음을 전파해야 된다고 하는 것(마 28:19; 막 16:15)과는 혼동하면 안 됩니다. 세상을 향하여 우리는 가야 합니다. 그렇지만 적을 향하여서는 우리는 서야 되는 것입니다.

그러므로 영적인 전쟁은 우리가 마귀를 쫓아다니며 하는 것이 아닙니다. 그러나 그들이 나타나면 우리는 그들을 다룹니다. 에베소서 6장은 우리에게 마귀와 싸우라고 지시하고 있지 않습니다. 그렇지만 모든 전신 갑주를 입음으로써 사단이 우리에게 시작하는 공격에 잘 서 있으라는 것입니다. 우리는 사단의 패배와 우리의 승리를 더욱 강화함으로 성령의 검을 취하여 믿음의 선한 싸움을 싸웁니다.

성경은 또 어떻게 우리가 적에 대하여 강하게 설 수 있는가에 대하여도 정확하게 말해주고 있습니다. 우리는 말씀으로 그리고 우리의 확실하고 요동하지 않는 말씀을 믿는 믿음으로 적을 대항하여 강하게 설 수 있습니다.

고전 16:13
깨어 **믿음에 굳게 서서** 남자답게 강건하라

고후 1:24
우리가 너희 믿음을 주관하려는 것이 아니요 오직 너희 기쁨을 돕는 자가 되려 함이니 이는 **너희가 믿음에 섰음이라**

이 구절에서 "선다"는 단어는 정지해 있는 것 그리고 끈기 있게 견디는 것을 말합니다. "굳게"라는 말은 '단단하게 세운', '동요하지 않는', '굴복하지 않는' 의 의미가 있습니다. 마귀를 대하는 당신의 위치는 당신의 삶에서 하나님의 말씀의 약속 위에 단단하게 서서, 동요하지 않고, 굴복하지 않는 것입니다. 당신은 하나님의 말씀에 대한 믿음에 끈질김으로 단단하게 고정되어야 한다는 말입니다.

은혜에 굳게 서는 것

사단이 이미 패배한 적이므로 우리가 주 예수 그리스도께서 우리를 위하여 준비하신 은혜와 믿음으로 그에게 마주 서는 것은 우리에게 달린 것입니다. "그러므로 우리는 긍휼하심을 받고 때를 따라 **돕는 은혜를 얻기 위하여** 은혜의 보좌 앞에 담대히 나아갈 것이니라" (히 4:16).

롬 5:1-2
1 그러므로 우리가 믿음으로 의롭다 하심을 받았으니 우리 주 예수 그리스도로 말미암아 하나님과 화평을 누리자
2 또한 그로 말미암아 우리가 **믿음으로 서 있는 이 은혜에** 들어감을 얻었으며 하나님의 영광을 바라고 즐거워하느니라

왜 성령은 바울을 통하여 그리스도의 몸에게 믿음으로 그리고 하나님의 은혜로 굳게 서라는 말을 하는 것일까요? 왜냐하면 세상의 모든 것들은 우리의 적인 사단을 포함하여 우리를 믿음으로부터 끌어내려서 보는 것으로 그리고 우리 자신의 능력으로 행하게 하려고 하기 때문입니다.

성경은 "이같이 세상에 소리의 종류가 많으나 뜻 없는 소리는 없나니"(고전 14:10)라고 말하고 있습니다. 그리고 당신이 당신 주위에 모든 소리를 듣는다면 – 좋은 의도를 가진 친구들, 목사들 그리고 신학자들의 소리일지라도 – 당신은 믿음으로 행하는 일에서 끌려내려와서 보는 것과 환경에 따라 행하게 됩니다. 그렇지만 하나님께 감사합니다. 우리는 하나님 말씀과 은혜 위에 단단하게 서 있습니다. 그리고 그것은 하나님께서 적의 공격에 대하여 우리를 보호하기 위하여 준비하신 것입니다.

하나님과 그의 말씀에 대한 당신의 믿음만이 마귀에 대해 당신이 성공적으로 서서 대적할 수 있게 합니다. 고린도전서 16장 13절은 이렇게 말해주고 있습니다. "깨어 믿음에 굳게 서서 남자답게 강건하라." 다른 말로 하면, 이렇게 말하고 있는 것입니다. "믿음의 갓난아이가 되어서 사단이 너한테 올 때 포기하는 자가 되지 말아라. 말씀으로 그에게 대항하라." 우리가 처음으로 거듭났을 때 우리는 모두 영적인 갓난아이였습니다. 그러나 갓난아이는 성장하게 되어 있는 것입니다. 우리가 마귀를 다루는데 있어서도 항상 갓난아이로 있으면 안 됩니다. 우리는 그를 도망하게 해야 합니다.

사단은 당신이 하나님과 그의 말씀을 의심하게 만들 것입니다. 그리고 그는 나쁜 환경과 시험과 환난을 사용할 것입니다. 그렇지만 매일 겪는 어려움에서 당신은 하나님 말씀에 단단하게 고정되어 당신의 자리에 서 있는 것을 배워야 합니다. 당신은 믿음으로, 또 주 예수 그리스도의 은혜 안에서 강건하여짐으로 영적으로 성장하는 것을 배워야 하는 것입니다. 그래야 당신은 적의 거짓말과 속임수에 성공적으로 맞대응할 수 있습니다(롬 5:2).

성령으로 굳게 서기

> 빌 1:27
> 오직 너희는 그리스도의 복음에 합당하게 생활하라 이는 내가 너희에게 가 보나 떠나 있으나 **너희가 한마음으로 서서**(You stand fast in the spirit) 한 뜻으로 복음의 신앙을 위하여 협력하는 것과

믿음 위에 서고 하나님의 은혜에 서는 것은 마귀에 대하여 강한 성과 같습니다. 그러나 성경은 또 우리들이 한 영으로 굳게 서야 한다고 말하고 있습니다. 싸움과 불화는 항상 마귀에게 문을 열어 주는 것입니다(약 3:16). 당신이 연합하여 강건하게 서서 마귀에게 싸움과 분열을 가져오지 못하도록 명령한다면 당신은 마귀가 당신에게서 어떤 자리도 잡지 못하도록 예방하는 것입니다.

믿는 자들이 모든 작은 일까지 다 같은 생각으로 볼 수는 없을 것입니다. 왜냐하면 우리들은 모두 다양한 영적 성장과 발전의 단계에 있기 때문입니다. 그렇지만 우리가 작은 일에 동의하지 못한다고 해서 우리가 한 영으로 연합할 수 없다는 말은 아닙니다. 믿는 자들은 적에 대하여 한 영으로 분열과 싸움을 거부하는 것으로 강건하게 설 수 있는 것입니다. 우리들이 많은 이견들을 당면하였을 때라도 믿는 자들은 한 영으로 굳건하게 서는 것을 배워야 마귀에 대하여 강건한 방어를 유지할 수 있습니다.

당신이 한 영으로 굳건하게 섰다면 불쾌하지 않게 동의를 하지 않을 수도 있습니다. 사랑으로 행하면 마귀에게 문을 닫는 것입니다. 당신이 성령으로 극복하고 사랑으로 행한다면, 당신이 중요하다고 생각했던 모든 문제들이 그렇게 중요하지 않게 보이게 될 것입니다. 작은 문제들로 인하여 분열을 만들어서는 안 됩니다. 하나가 되어 한 영으로 굳건히 서십시오.

주 안에 굳건히 서기

> 빌 4:1
> 그러므로 나의 사랑하고 사모하는 형제들, 나의 기쁨이요 면류관인 사랑하는 자들아 이와 같이 **주 안에 서라**

믿는 자들이 사단에 대항하여 서기 위하여 그 외에 무엇을 더 해야 할까요? 성경은 우리가 주 안에 굳건히 서야 한다고 말하고 있습니다. 그것은 무슨 뜻입니까? 대답은 에베소서 6장 10절에서 찾아볼 수 있습니다.

> 엡 6:10
> 끝으로 너희가 **주 안에서와 그 힘의 능력으로 강건하여지고**

사단에 대항하여 서는 것은 그리스도 안에 우리의 바른 위치를 취하는 것을 말합니다. 에베소서 6장 10절에서 성경은 우리가 두 가지 면에서 강건해야 한다고 한 것을 주목하셨습니까?

1. 주 안에서 강건하라, 그리고
2. 그의 힘의 능력에서 강건하라

주 안에서 강건하기 위해서는 당신은 말씀 안에서 강건해야 합니다. 그렇다면 하나님의 힘의 능력이란 무엇을 말하는 것일까요? 하나님의 힘의 능력이란 성령을 말하는 것입니다. 신약을 찾아보면서, 얼마나 여러 번 성령에 관련하여 "능력"이란 말이 언급되었는지 주목하여 보기 바랍니다. 그 중의 몇 구절만 아래에 적었습니다.(행 10:38; 롬 15:13,19; 살전 1:5도 보기 바랍니다.)

눅 4:14
예수께서 **성령의 능력**으로 갈릴리에 돌아가시니 그 소문이 사방에 퍼졌고

눅 24:49
볼지어다 내가 내 아버지께서 **약속하신 것**(Holy Spirit)을 너희에게 보내리니 너희는 위로부터 **능력으로** 입혀질 때까지 이 성에 머물라 하시니라

행 1:8
오직 **성령이** 너희에게 **임하시면** 너희가 **권능을 받고** 예루살렘과 온 유대와 사마리아와 땅 끝까지 이르러 내 증인이 되리라 하시니라

고전 2:4
내 말과 내 전도함이 설득력 있는 지혜의 말로 하지 아니하고 다만 **성령의 나타나심과 능력으로** 하여

당신이 성령으로 충만하지 않고서는 그리고 기도하지 않고서는 하나님의 힘의 능력 안에서 강건할 수가 없습니다. 마귀에 대항하여 승리의 자리를 취하는 것도 그의 한 부분은 성령으로 충만하여 넘치는 것입니다. 당신은 빈 그릇으로는 마귀에 대하여 강건하게 서서 대적할 수가 없습니다.

간구하는 기도

성령의 능력에 관련하여 야고보서 5장 16절을 살펴보십시오. 믿는 자가 하나님의 힘의 능력에 잘 서기 위해서 계속하여 성령이 충만하게 하는 길은 능률적으로 간구하는 기도입니다.

> 약 5:16
> 그러므로 너희 죄를 서로 고백하며 병이 낫기를 위하여 서로 기도하라
> **의인의 간구는 역사하는 힘이 크니라**

킹 제임스 흠정역은 의인의 간구는 역사하는 힘이 크다고 말하고 있습니다. 그러나 얼마나 간구하는 기도가 힘이 있습니까? 간구하는 기도로 얼마나 큰 능력을 만들 수 있을까요?

확대번역 성경은 의인의 간구하는 기도가 얼마나 힘이 있는지에 대하여 더 많은 빛을 비추어주고 있습니다. "의인의 진지한 (정성어린, 계속되는) 기도는 **놀라운 능력이 있다.** – 역사에 있어서 강력한 활동력이 있다"(약 5:16 AMP).

효율적으로 간구하는 기도는 거대한 원동력이 있는 것입니다. 이제 에베소서 6장 10절과 18절을 다시 읽겠습니다.

> 엡 6:10, 18
> 10 끝으로 너희가 주 안에서와 **그 힘의 능력으로** 강건하여지고
> 18 **모든 기도와** 간구를 하되 항상 성령 안에서 기도하고 이를 위하여 깨어 구하기를 항상 힘쓰며 여러 성도를 위하여 구하라

하나님의 능력은 항상 준비되어 있지만 기도가 그 능력을 나타나게 하는 것입니다. 진지하고 간구하는 기도는 놀라운 능력을 나타

냅니다. 기도는 놀라운 능력을 나타낼 뿐 아니라 간구하는 기도의 능력은 강력한 활동력이 있습니다. 믿는 자들이 성령, 곧 하나님의 능력으로 넘쳐흐르게 되어 적에게 강건하게 대적하는 한 가지 방법은 진지하고 간구하는 기도를 통해서입니다.

당신이 하나님의 전신 갑주를 입은 후에, 주 안에서 강건하고 그리고 그의 힘의 능력으로 강건하면 당신은 기도할 준비가 된 것입니다. 전신 갑주를 입은 당신은 성령의 도움으로 놀라운 능력을 나타나게 할 수 있습니다. 당신이 하나님의 전신 갑주를 입을 때 그리고 당신이 성령 안에서 강건할 때 성경은 당신이 효율적으로 기도할 위치에 있다고 말하는 것입니다.

기도는 어떻게 영적인 전쟁과 관련이 있습니까? 진정한 영적 전쟁의 싸움은 가장 우선적으로 믿는 자들의 자신의 마음과 육신에서 일어나기 때문입니다. 그리고 그 후에 기도와 믿음에서입니다. 그리고 많은 경우에 기도로써 말씀에 온전히 서서 당신의 자리를 지킴으로 승리합니다. 많은 경우에 우리가 인생의 자연적인 영역에서 만나는 싸움에서 준비되지 못한 이유는 우리가 영적인 영역에서 기도하는 것과 믿음의 싸움에 들어가지 못했기 때문입니다.

그리고 다른 식으로 말한다면, 우리는 '기도를 끝까지' 하지 못했고 성령 충만하지 못하기 때문입니다. 우리가 기도를 끝까지 하지 못했을 때 사단이 시험을 가지고 오면 패배하는 것은 쉽습니다.

에베소서 6장 10절부터 17절에서 바울은 우리를 18절을 준비시키기 위하여 하나님의 전신 갑주를 설명하는데 시간을 들였습니다. "모든 기도와 간구를 하되 항상 성령 안에서 **기도하고** 이를 위하여 깨어 구하기를 항상 힘쓰라." 당신이 전신 갑주를 입어야만 당신은 정성스럽고 계속되는 기도를 할 준비가 된 것입니다(엡 6:18; 약 5:16).

"항상 기도하라"는 말은 기도로써 포기하지 말고 계속하여 기도하라는 말입니다.

여기서 언급된 기도는 어떤 특별한 형태의 기도가 아니고 믿는 자가 사단을 폐위시키려고 혹은 한 지역이나, 도시나, 주나, 나라에 견고한 진을 끌어내리려고 하는 특별한 영적 활동을 말하는 것도 아닙니다.

바울은 항상 우리를 실망하게 하고 패배시키려는 적의 간계와 속임을 물리칠 수 있도록 하나님과 교통하는 것과 교제에 대한 삶의 방식을 말하고 있는 것입니다. 하나님의 임재 안에서 교제하는 삶의 방법을 유지함으로 말미암아 우리는 성령으로 효율적인 모든 기도와 간구를 할 수 있습니다.

성경은 믿는 자들에게 마귀와 그의 왕국에 대하여 기도로써 공격적인 공격을 하라고 말하고 있지 않습니다. 아닙니다. 믿는 자들은 간구하는 기도로 다른 성도들과 잃어버린 자들을 위하여 일하는 사역자들을 위하여 기도할 것을 말하고 있습니다. "모든 기도와 간구를 하되 … 여러 성도를 위하여 구하라"(엡 6:18).

다른 번역본은 이 구절을 "모든 방법과 모든 종류의 기도로 영 안에서 간청하라"고 번역했습니다. 그러므로 기도할 때마다 마귀를 대항하여 싸우는 것은 성경적이 아닙니다. 그렇게 하는 것이 모든 방법과 모든 종류의 기도로 하는 것이 아니기 때문입니다.

"전쟁하는" 방언

당신이 성령의 인도를 따른다면 성령은 그냥 한 가지의 기도가 아니라 모든 방법의 기도로 당신을 인도하실 것입니다. 왜냐하면 성령은 말씀과 일치하게 당신을 인도하실 것이기 때문입니다.

이것이 오늘날 그리스도의 몸에서 기도의 영역에 있어서 "전쟁" 부분을 너무 강조하는 사람들이 "모든 기도와 간구로 성령 안에서 간구할" 수 없는 이유입니다. 그들은 성령님의 기름부음이 기도에 있다고 주장하고 그래서 마귀만이 아는 방언으로 마귀와 싸워서 성령으로 사단과 싸우는 것이라고 주장합니다.

그렇지만 우리가 마귀에 대항하여 방언으로 기도해야 된다는 것을 지지하는 성경 구절이 없습니다. 성경에서 마귀와 관련해서는 방언을 언급한 것이 한 번도 없습니다. 만일 성령님이 마귀를 다루는 것에 대하여 기도를 인도한다고 해도 그것이 성령님이 인도할 때만 하는 것이고 그것을 다른 사람에게 가르칠 수는 없는 것입니다(고전 12:11).

다른 말로 하면, 당신은 다른 사람들에게 "자, 모든 사람이 방언으로 마귀를 대적합시다"라고 말할 수 없다는 것입니다. 만일 성령님이 방언으로 기도하라는 인도함이 있다면 이것은 성령님이 인도하는 대로 하는 것이지 사람이 인도하거나 지시하는 것이 아닙니다. 그렇게 한다면 이것은 하나님의 말씀과 일치하는 것입니다.

그리고 이 "전쟁을 하는 방언"의 교리 혹은 마귀를 기도로 패배시키려는 것이 성경적으로 균형이 맞지 않는 이유는 이것이 하나님 아버지와의 교제가 아니라 기도에 초점을 맞추고 마귀와 악한 영들과 하늘에서 "싸우는 것"에 초점을 맞춘다는 것입니다. 그래서 하나님이 아니라 사단의 영적인 활동과 주의가 초점이 되는 것입니다.

"방언으로 전쟁을 하는 것"의 배후 생각은 이 땅 위의 하늘에 대단히 많은 귀신의 영들을 경작하는 방법이라는 것입니다. 하늘에 악한 영들이 있는 것은 맞는 말입니다. 그렇지만 사람들에게 전쟁하는 방언으로 기도하라고 가르치는 사람들은 육신의 무기를 영적인 일을 위하여 사용하려는 것입니다.

전쟁하는 방언을 가르치는 것은 방언의 성경적 강조와 갈보리에서 다 이루신 십자가의 공로를 무시하는 것입니다. 사도 바울은 그리스도인들이 방언으로 말할 때 하나님에게 신비한 것에 대하여 말하고 있다고(고전 14:2) 쓰면서 하나님을 확대시켰습니다(행 10:46). 성경은 또 믿는 자들이 방언으로 기도하면 그들 자신을 세운다고 했습니다(고전 14:4; 유 20). 그리고 하나님은 어떤 때는 사람들에게 영적인 여러 가지 방언의 은사를 통하여 말씀하시기도 합니다(고전 12:28). 이것은 방언의 은사를 성경적으로 사용하는 것들입니다.

방언의 성경적 사용을 무시하고, "전쟁하는 방언"을 가르치는 것은 방언을 말하는 것이 하나님께 하는 것이 아니라 마귀에 대하여 하는 것으로 만들려고 하는 것이 됩니다. 그러므로 이것은 초점을 하나님께로부터 떠나서 마귀에게 두는 것입니다.

다른 방언을 말하게 하심에 대해 하나님께 감사합니다. 그렇지만 이미 패배한 적을 또 패배시키려고 방언을 하는데 시간을 낭비하지는 마십시오. 그 대신 성령님께 순복하여서 당신이 방언으로 기도하는 것이 사람들에게 축복이 되게 성령님께서 사용하도록 하십시오. 그것이 가장 효율적인 방법으로 하나님께 나아가는 것이고 마귀의 어둠의 왕국에 가장 큰 해를 입히게 하는 것입니다.

성경에서는 원칙적으로 우리가 방언으로 마귀를 대하여 기도하라고 가르친 곳이 어디에도 없습니다. 그리고 성경 어디에서도 믿는 자들이 그렇게 하는 것을 볼 수 없습니다.

믿는 자들이 기도하는 모든 경우에, 그들은 우리의 기도를 들으시고 응답하시는 신실하시고 사랑하시는 하늘 아버지께 기도합니다.

예수님 자신이 우리가 누구에게 기도할 것인가에 대하여 이렇게 말씀하셨습니다. "…내가 진실로 진실로 너희에게 이르노니 너희가 무엇이든지 **아버지께 구하는 것을 내 이름으로 주시리라**"(요 16:23). 그러나 이 극단적인 "전쟁하는" 가르침은 성경적 강조를 무시하고, 방언으로 말하는 것을 하나님께 하는 것 대신 마귀에 대하여 이미 이루어진 것에 대해 기도하라고 가르치는 것입니다.

성도들을 영적으로 더 깊게 인도하는 대신 이러한 가르침과 극단적인 행동은 사실 믿는 자들을 육신적으로 극단적이고 과다하게 인도하는 것입니다. 왜냐하면 이것의 초점은 주로 기도의 경험들에 있기 때문입니다. 이러한 극단적 가르침은 그들의 초점이 그리스도께서 구원을 통하여 믿는 자들을 위하여 이미 이루어 놓으신 일에 두는 것이 아니라 믿는 자들이 마귀에 대해 승리하기 위해 해야 할 일들에 두고 있기 때문에 믿는 자를 잘못 인도하고 있는 것입니다.

이런 전쟁을 가르치는 것은 십자가에서 이미 이루어 놓으신 일, 그리스도 안에서 믿는 자들의 승리적인 위치, 믿는 자들 모두에게 있는 권세, 사단을 이기신 예수님의 승리를 강조하는 것이 아니라, 믿는 자들에게 억압받고, 패배되고, 아직도 사단의 주관 하에 있어서 승리의 자리로 오려고 "전쟁"을 해야 하는 것 같은 그림을 줍니다.

그리스도께서 이미 이루신 일들을 강조하는 것이 아니라, 믿는 자들이 마귀에게 승리하기 위하여 그 자신이 꼭 해야 할 일들을 강조하고 있는 것입니다. 그래서 믿는 자들은 "신음"하고 승리를 얻기 위하여 방언으로 "전쟁"을 하라고 가르침을 받는 것입니다.

당신 자신이 신약의 마귀를 다루는 지시사항을 공부하십시오 (엡 4:27; 약 4:7; 벧전 5:9). 믿는 자들이 하나님께 순종할 때만, 그리고 마귀들에게 어떤 자리도 내어주지 않을 때만 그들은 마귀를 대적할 수 있고 마귀에 대하여 하나님의 말씀의 자리에 굳건히 설 수 있는 것입니다. 그러면 마귀는 도망을 갑니다. 믿는 자들이 그들의 역할을 다 할 때만 그들은 마귀를 효과적으로 다룰 수 있고 성공적으로 하나님의 말씀과 함께 그를 대적할 수 있습니다.

사실, 이 극단적인 영적 전쟁에 대한 잘못된 가르침은 초점과 위치에 문제가 있습니다. 진정한 성경적인 마귀에 대한 권세는 그리스도와 함께 모든 통치자와 권세들보다 훨씬 더 높이 앉아있고 승리한 자리로부터 행사되어야 합니다. 그곳은 믿는 자들이 적은 이미 패배되었다는 것과 그들의 권세를 다 빼앗겼다는 것을 다 알고 있는 자리입니다.

모든 잘못마다 과민반응하는 태도를 가지고 성경적이고 순수한 모든 것을 다 부정하고 무시하라는 말은 아닙니다. 예를 들어, 교회는 중보기도와 성령의 인도하심으로 해야 하는 정당하고 진정한 영적 전쟁을 할 수 있습니다. 그리스도의 몸은 순수하고 성경적인 하나님의 영의 역사를 따르고 성경이 가르치는 대로 간절한 기도를 꼭 해야만 하는 것입니다. 교회가 스스로 일깨워서 참여해야 하는 진정한 기도와 간구들이 있습니다.

그렇습니다. 기도에는 영적인 전쟁을 해서 이겨야 되는 일들이 있습니다. 그러나 기도 안에서 하는 싸움은 믿음의 싸움입니다. 기도에서 하는 영적인 싸움은 이미 이겼고 그리스도와 함께 통치자와 권세들보다 훨씬 더 높이 앉아 있는 위치에서 싸우고 이기는 것입니다. 거기서는 믿는 자들이 적들은 다 그들의 발밑에 있다는 것을 알고 있으므로 그들은 패배한 적을 내려다보고 있는 것입니다(엡 1:3,22).

이 방면에 굳건한 지식이 없었으므로 그리스도의 몸은 많은 상처를 입어왔습니다. 하나님의 말씀은 우리에게 하나님의 말씀이 모든 지혜로 풍부하게 우리 안에 거한다고 말하고 있습니다(골 3:16). 믿는 자 안에 충만히 거하는 하나님의 말씀의 지혜가 마귀를 다루는 데 성숙함을 가져오는 것입니다. 성경적 가르침과 하나님의 말씀의 건전한 지혜의 부족이 그리스도의 몸 안에 우스운 일들을 하게 만든 것이고 그것들이 사람들을 상하게 한 것입니다. 그들은 너무 극단적이고, 사람들로 하여금 한쪽으로 치우쳐서 광신과 과다와 오류를 만들게 했기 때문에 이것은 해로운 것입니다.

그리고, 그리스도의 몸은 하나님의 말씀에 나와 있지 않은 어떤 일들을 가르치는 목사들을 조심해야 하겠습니다. 어떤 목사들이 그들의 예배에서 어떤 일들을 행하고 가르친다고 해서 그들이 하는 일들이 옳거나 성경적으로 건전한 것은 아닙니다.

목사들은 하나님의 양들에게 무엇을 먹이는 가에 대하여 조심해야 합니다. 바울은 디모데에게 "너는 말씀을 전파하라"고 말했습니다(딤후 4:2). 사람들은 말씀이 적에 대하여 어떻게 말하고 있는지에 대하여 배워서 사단의 궤계에 무지하지 않아야 합니다. 그렇기 때문에 어떤 사람의 의견이나 경험이 아니라 말씀에 거하십시오. 경험은 말씀과 일치할 때만 도움이 됩니다. 목사들은 하나님의 말씀으로 처음 기초를 잘 놓도록 조심해야 합니다.

딛 2:1
오직 너는 **바른 교훈**에 합당한 것을 말하여

사람들은 그들이 영적인 전쟁에 대하여 배우는 것이 교리적으로 건전한 것인지 조심해 보아야 합니다. 어떤 사람들은 하나님의 말씀을 넘어선 전쟁에 대한 계시를 받아서 가르칩니다.

하나님의 말씀 밖에서는 어떤 계시도 없는 것입니다. 당신이 가진 어떤 계시라도 그것이 하나님의 영으로부터 오는 것이라면 하나님의 말씀과 일치합니다. 사람들이 말씀을 떠날 때, 그들은 마귀들의 영역에 빠져 들어가는 것입니다. 그들은 성령을 따른다고 말은 합니다만 당신이 말씀을 떠나서 성령님을 따를 수는 없습니다. 말씀을 첫 번째로 두고 성령님을 두 번째로 두십시오.

사람들이 "영"이라고 부르는 것을 따르려고 노력을 할 때 그들이 말씀을 떠난다면 그들은 속임수에 그들을 열어 놓는 것입니다. 예를 들어, 어떤 목사는 하나님의 말씀에 근거한 놀라운 사역을 수년간이나 해 왔습니다. 그러나 몇 년이 지난 후에 나의 친구 목사님이 이 사람의 모임에 몇 번 참석하였습니다. 나의 친구 목사님이 그의 가르침에 대해 몇 가지 교리적으로 틀린 것이 있었지만 그것들은 복음의 진리에 결정적인 것은 아니었다고 말했습니다. 그리고 그 후에 이 목사가 이렇게 말했습니다. "나는 며칠 후 또 그 모임에 갔습니다. 그런데 그 목사님이 그가 가졌던 계시에 대하여 말하는 것이었습니다."

이 친구 목사는 그 목사를 삼십 년이나 알았고 그 목사는 사역을 한 지가 상당히 오래되었습니다. 그러나 당신이 얼마나 사역을 오래 했느냐 혹은 당신이 과거에 얼마나 교리적으로 정확했는지는 문제가 되지 않습니다. 당신이 말씀을 떠나면 당신은 자신을 사단의 속임수에 넓게 열어 놓는 것입니다.

나의 친구 목사님이 내게 이렇게 말했습니다. "내가 예배가 끝난 후 그에게 가서 이렇게 말했습니다. '나는 그것들이 그렇게 중요한 것은 아니었기 때문에 당신이 말하는 것을 그냥 넘겨들었습니다. 그렇지만 오늘 밤 당신이 말한 것을 성경에서 좀 찾아 보여주시면 좋겠습니다.'"

성경이 이렇게 말한 것을 기억하기 바랍니다. "내가 이제 세 번째 너희에게 가리니 두세 증인의 입으로 말마다 확정하리라"(고후 13:1). 만일 사람들이 이 성경 구절에 더 많이 주의하였다면 교리적인 공중 누각을 짓거나 문맥에서 빼낸 한 성경 구절에 근거한 속임수에 당하지 않을 것입니다.

이 목사는 이렇게 대답했습니다. "오, 당신은 내가 가르치는 것을 그것에서 찾을 수 없을 것입니다." "나는 그것보다 훨씬 앞서 있답니다!" 그것이란 성경을 말하는 것이었습니다.

만일 어떤 사람이 성경보다 훨씬 앞서 있다면 나는 그런 사람의 말을 듣지 않겠습니다. 말씀을 떠나서 성령을 따르려고 애쓰지 마십시오. 그렇게 해서는 안 됩니다. 그렇게 한다면 당신은 사단이 당신을 속일 수 있는 영역에 있게 되는 것입니다. 바울이 디모데에게 말씀을 가르치라고(딤후 4:2) 말한 데는 이유가 있었던 것입니다. 말씀을 첫 번째로 놓는 것은 당신으로 하여금 언제나 성경적으로 균형 잡히게 하여 당신 자신을 교리적으로 사단의 속임수에 넘어가지 않도록 막아주는 것입니다.

나는 오십 년 이상 사람들에게 말해 왔습니다. "말씀으로 사람들이 말하는 것을 점검해 보십시오. 그리고 만일 그것이 내가 가르친 것이나 혹은 다른 사람이 가르친 것이라도 하나님의 말씀과 일치하지 않으면 받아들이지 마십시오." 하나님의 말씀이 무엇이라고 하는지가 중요한 것입니다. 말씀을 첫 번째로 놓으십시오. 나는 어떤 방면이든지 극단은 반대합니다. 왜냐하면 극단과 말씀 이상의 가르침은 그리스도의 몸에 해를 주기 때문입니다.

우리들은, 모든 영적인 주제들이 그렇듯이, 진정한 영적인 것과 극단과 광신은 아주 비슷한 점이 있다는 것을 알아두어야 합니다.

그러므로 하나님의 말씀과 하나님의 영에 항상 열려 있어서 그분이 우리를 인도하고 가르치시도록 해야 합니다. 교리적으로 정로에 행하십시오. 어느 쪽으로도 치우치지 마십시오.

누가 어떤 성경 주제에 대하여 가르치더라도 당신은 지금 배우고 있는 것이 옳은 지를 결정하기 위하여 당신 자신이 성경을 공부해야 합니다. 어떤 사람이 "전문가"라고 해서 그 사람이 가르치는 것을 무조건 다 받아들이지 마십시오. 당신은 어떤 사람이, 어떤 성경 주제에 대하여 가르치든지 하나님의 말씀으로 증명하지 않는다면 그것을 받아들여서는 안 됩니다.

다른 모든 성경 주제와 마찬가지로 귀신과 영적 전쟁을 공부하는 일에서 성경이 그 주제에 대하여 하는 말을 "올바르게 분별하는 일"에 조심하십시오(딤후 2:15). 그렇게 하면 당신은 사단의 궤계에 무지하지 않을 수 있는 것입니다. 오히려 당신은 믿음에 강건하여지고 모든 상황에서 사단의 궤계를 막을 수 있습니다. 사람들의 의견이나 경험 대신 말씀에 순종할 때 그리고 당신이 진정한 성경적 전쟁을 할 때 당신은 적의 공격을 매번 이길 수 있게 되는 것입니다.

제 9 장
견고한 진을 무너뜨리기

악한 영들은 그들이 견고한 진을 만들어 놓은 지역에 남아 있기를 원합니다. 성경은 마가복음 5장에서 예수님이 거라사의 광인을 구원하였을 때에 그 예를 보여주고 있습니다. 사람들 안에 살았던 악한 영들은 예수님이 그들을 그 나라 밖으로 쫓기를 원하지 않았습니다.

> 막 5:9-13
> 9 이에 물으시되 네 이름이 무엇이냐 이르되 내 이름은 군대니 우리가 많음이니이다 하고
> **10 자기를 그 지방에서 내보내지 마시기를 간구**하더니
> 11 마침 거기 돼지의 큰 떼가 산 곁에서 먹고 있는지라
> 12 이에 간구하여 이르되 우리를 돼지에게로 보내어 들어가게 하소서 하니
> 13 허락하신대 더러운 귀신들이 나와서 돼지에게로 들어가매 거의 이천 마리 되는 떼가 바다를 향하여 비탈로 내리달아 바다에서 몰사하거늘

악한 영들은 그 지역을 떠나기 싫어했습니다. 그래서 그들은 돼지 떼에 들어가게 해달라고 청했습니다. 예수님은 그들에게 허락하셨습니다(13절).

어떤 지역의 견고한 진

우리는 이 성경 구절로부터 귀신들이 이 세상의 어떤 부분에 혹은 어떤 나라에 몰려 있는 것을 좋아한다는 것을 알 수 있습니다. 예를 들어, 내가 여행할 때 어떤 지역에 어떤 종류의 영들이 있는 것을 분별하는 것은 내게는 아주 쉬운 일입니다.

나는 어떤 도시를 통과하며 운전을 해 가면서 어떤 영들이 지배적인지 알 수 있습니다. 내 삶에서 역사하는 어떤 영적인 은사 때문이 아니라 영적인 지각으로 알 수 있습니다.

모든 그리스도인들은 어떤 지역에 어떤 영들이 주로 역사하는지 아는 영적인 지각을 가질 수 있어야 합니다. 어떤 때는, 주로 부도덕한 영이 혹은 마술적인 영이 혹은 이국적인 종교의 영이 지배적입니다. 큰 도시 뿐 아니라 작은 도시에도 영적인 견고한 진이 혹은 영적인 지배가 있을 수 있습니다.

어떤 도시를 지배하는 악한 영들은 만일 지역 교회에서 누군가가 그들에게 양보하고 허락하기만 한다면 교회에 들어가려고 하는 것입니다.

교회에 있는 영

내 아내와 함께 나는 어떤 도시를 방문하고 있는 중이었습니다. 그런데 그 도시의 목사님이 자신의 교회에서 나에게 설교를 부탁하였습니다. 나는 순회하는 교사로서 하나님의 말씀을 가르치고 있는 중이었습니다. 그는 계속하여 나에게 그의 교회에서 집회를 해 달라고 부탁했습니다.

결국, 나는 그에게 집회를 할 수 없다고 말했습니다. 나는 하나님이 분명하게 말씀하시지 않는 한 그 도시에서 집회를 하지 않겠다고 설명을 하였습니다. 그 도시 사람들은 자신들이 보수적이라는 것에 자부심을 가지고 있었습니다. 사실 그들은 헌금하는 일에 너무 보수적이어서 인색할 정도였습니다. 그 도시를 장악하고 있는 영이 믿는 자들이 허락한다면 교회에도 들어오는 것입니다.

나는 목사님에게 그 도시는 인색한 마귀와 귀신들로부터 영향을 받고 움직여지는 과묵하고 보수적인 사람들로 꽉 차 있다고 말했습니다. 나는 그 목사님에게 그런 귀신들이 그의 교회에도 들어왔고 내가 그 교회에 가면 그 사람들은 나를 지지하지 않을 것이라고 말했습니다. 그의 눈은 동그래지고 그의 입은 크게 벌어져서 내게 이렇게 물었습니다. "당신은 누구하고 이야기했습니까?" 내가 대답했습니다. "주님과만 이야기했습니다."

"인색한" 교회는 성경적이 아닙니다. 성경은 이렇게 말하고 있습니다. "성경에 일렀으되 곡식을 밟아 떠는 소의 입에 망을 씌우지 말라 하였고 또 일꾼이 그 삯을 받는 것은 마땅하다 하였느니라"(딤전 5:18). 바울은 구약의 신명기 25장 4절을 인용했지만 사역을 하는 사람에 대하여 말하고 있었던 것입니다(고전 9:7-14).

교회의 성도들이 악한 영에게 자신을 내어준다면 이것은 마귀에게 교회에 들어올 수 있는 문을 열어 주는 것입니다. 이렇게 하는 것은 하나님의 영을 슬프게 하고 성령님께서 원하시는 대로 그 자신을 나타내는 것에 방해를 받습니다. 그리스도인은 마귀에게 귀를 기울일 필요가 없다는 것을 우리는 잘 알아야 합니다. 그리고 그들에게 자리를 내어줄 필요도 없습니다! 우리는 세상의 신으로 하여금 우리의 생각과 행동을 주관하게 할 필요가 전혀 없습니다.

견고한 진 무너뜨리기

그러므로 어떤 영이 그 도시를 주관하든지, 교회에 있는 사람들이 자신을 내어주고 허락만 한다면 그와 같은 영이 교회에도 들어오려고 할 것입니다. 우리는 이것을 바울이 고린도에 쓴 편지에서 볼 수 있습니다.

그 당시 고린도는 동방에서 가장 부도덕한 도시였습니다. 그 도시를 지배하고 있는 부도덕한 영이 고린도 교회의 사람의 잘못된 행동을 통하여 교회에 들어온 것이었습니다. 교회에 있던 어떤 사람이 그 아버지의 아내와 같이 살고 있었습니다. 바울은 이런 부도덕한 문제들을 고린도에 쓴 편지들로써 다루어야 했던 것입니다.

> 고전 5:3-5
> 3 내가 실로 몸으로는 떠나 있으나 영으로는 함께 있어서 거기 있는 것 같이 이런 일 행한 자를 이미 판단하였노라
> 4 주 예수의 이름으로 너희가 내 영과 함께 모여서 우리 주 예수의 능력으로
> 5 이런 자를 사탄에게 내주었으니 이는 육신은 멸하고 영은 주 예수의 날에 구원을 받게 하려 함이라

이 구절에서 바울은 그 남자와 그의 죄에 대해서만 다루었던 것을 주목하여 보십시오. 바울은 그 교회나 도시의 "다스리는 영"을 다루지 않았습니다. 어떤 도시를 다스리는 영이 믿는 자들과 교회가 하나 되어 그들에게 대적하는 것을 배우지 않는 한 교회에 들어오려고 하는 것은 사실입니다. 그러나 우리 시대에는 이런 면에서 극단적인 가르침이 있습니다.

오늘날 어떤 사람들은 영적 전쟁이라는 이름으로 그들이 하는 어떤 일들로 인하여 한쪽으로 치우치게 됩니다. 영적 전쟁은 성경적인 것입니다. 그렇지만 아주 훌륭하고 사랑스런 그리스도인들도 성경적이 아닌 극단적인 일을 하므로 극단으로 들어가게 됩니다.

많은 이런 극단적인 것들조차도 그들이 말하는 "견고한 진을 무너뜨리는 것"이라고 열거되고 있습니다. 그것들은 우리들이 신약 성경에서 읽는 것들과 일치되지 않는 것입니다. 이런 사랑스럽지만 잘못 인도된 사람들은 그들이 "전쟁하는" 방언으로 극단적인 기도를 통하여 그 도시와 그 나라에 모든 견고한 진을 무너뜨리고 있다고 믿고 있습니다.

사실, 온 도시와 나라에 특별히 "전쟁하는" 방언이나 마귀에게 소리를 지름으로 귀신의 견고한 진을 무너뜨리는 데 대한 직접적인 성경적 근거는 없습니다. 우리는 하나님의 말씀에서 말하는 것으로 돌아가야 합니다.

하나님의 말씀이 특별히 견고한 진을 무너뜨리는데 대하여 무엇이라고 말하고 있습니까? 그리고 성경에 의하면 "견고한 진"이란 무엇입니까?

> 고후 10:4-5
> 4 우리의 싸우는 무기는 육신에 속한 것이 아니요 오직 어떤 **견고한 진**도 무너뜨리는 하나님의 능력이라 모든 이론을 무너뜨리며
> 5 여러 가지 **구상(imaginations)**과 하나님 아는 것을 대적하여 높아진 것을 다 무너뜨리고 모든 **생각을** 사로잡아 그리스도에게 복종하게 하니

이 구절들에서 바울은 견고한 진에 대한 정의를 내리고 있습니다. 어떤 사람들이 이것을 마음에 두고 있지 않았기 때문에 그들은 한

구절을 빼내어 극단으로 간 것입니다. 예를 들어, 어떤 사람들은 "견고한 진도 무너뜨리는 하나님의 능력이라"는 4절의 말씀을 빼어서 이것으로 완성된 교리를 내어놓으려고 하고 있는 것입니다. 4절을 다음 구절과는 상관없이 문맥에서 빼면 이것은 정말로 말하고 있지 않은 것을 말하게 할 수도 있습니다.

그렇지만 4절 한 구절을 온전한 교리로서 읽으면 잘못된 인상을 줄 수 있습니다. 당신이 견고한 진에 대한 4절의 말씀을 이것이 쓰여진 문맥에서 그대로 읽지 않는다면 바울이 정말 말하려는 것을 놓칠 수 있습니다.

사실, 이 구절에서 바울은 믿는 자들이 마음인 자신들의 생각을 잘 주관하는 것에 대하여 말하고 있습니다. 바울은 혼적인 묶임, 즉 하나님과 그의 말씀에 반대되는 생각이나 이론, 그리고 논쟁들에 대하여 말하고 있는 것입니다.

바울은 주로 이론, 상상과 생각을 버리는 것에 대하여 말하고 있는 것입니다. 도시나 나라 위에 있는 마귀적인 견고한 진을 무너뜨리는 것을 말하는 것이 아닙니다.

그 의미가 확대번역본에서는 더욱 분명하게 보입니다.

> 고린도후서 10:4-5 (AMP)
> 4 우리의 싸우는 무기는 육체적인 것(육과 혈의 무기)이 아니요 그것들은 견고한 진을 파괴하고 넘어뜨리기 위해 하나님 앞에 강합니다.
> 5 모든 **토론**과 **이론**과 **논리** 그리고 모든 **교만**과 **높은 일들**이 하나님의 진실 된 지식에 반대하여 서는 것에 대하여 싸우고 그리고 우리는 모든 **생각**과 **목적**을 사로잡아서 그리스도, 메시야 그리고 기름부음을 받은 자에게 순종하기 위함이니

우리가 싸워야 할 가장 큰 "싸움"은 생각과 마음의 영역에서입

니다. 모든 것은 거기에서 시작되는 것입니다. 믿음에 거할 수 있도록 마음의 싸움을 하는 것은 삶의 모든 면에서 승리를 가져오는 방법입니다.

그러면 당신은 그 싸움을 어떻게 하시겠습니까? 그 싸움을 성공적으로 싸우려면 당신은 마음을 말씀으로 새롭게 해서 말씀에 반대되는 논리, 상상과 헛된 생각들을 버려야 합니다. 왜냐하면 사단은 당신의 마음을 이것들로 총공격할 것이기 때문입니다.

마귀의 전략은 믿는 자들로 모든 생각을 사로잡아 하나님의 말씀에 순종하게 하는 진정한 영적 전쟁을 하는 것에서 벗어나게 하는 것입니다.

사단은 믿는 자가 말씀을 믿는 믿음에 거하면 그에게는 위험한 존재라는 것을 압니다. 왜냐하면 그들은 하나님의 뜻을 이 땅 위의 그들의 삶에서 이룰 수 있기 때문입니다.

그렇기 때문에 믿는 자가 잘못된 극단으로 가서 도시와 나라의 견고한 진과 귀신과 싸우려고 하면 사단은 좋아합니다. 사단은 그런 견고한 진이 시간이 되기 전에 - 아담의 계약 기간이 다 끝나기 전에 - 한꺼번에 모두 무너뜨릴 수 없다는 것을 알고 있습니다. 그래서 마귀는 믿는 자들이 그에게 육신으로 소리를 지르고 도시에서 지배하는 영들을 무너뜨리려고 하면 계속하여 웃고 있을 것입니다. 그런 것으로 마귀와 싸우는 믿는 자들은 사실 계속하여 자신의 육신적인 노력에 의지함으로 자신들을 패배시키고 있는 것입니다.

그들은 이미 자신들의 것인 승리를 끌어내려고 하든지 혹은 시간이 되기 전에 끌어낼 수 없는 지배하는 영들을 기도로 끌어내려고 하는 것입니다.

고린도후서의 이 구절들을 다른 번역으로 보겠습니다. 그러면 우리가 성경이 말하고 있는 "견고한 진"이라는 단어를 좀 더 잘 이해할 수 있을 것입니다.

고린도후서 10:4-5 (모펫 번역본)
4 **나의 전쟁의 무기는** 육신의 무기가 아니요 신령하게 강하여 **강한 성**을 부술 만한 것이다.
5 나는 **이론**과 하나님의 지식을 방해하는 **어떤 벽**도 부순다. 나는 모든 계획을 잡아서 그리스도께 순종하게 한다.

고린도후서 10:5 (TCNT)
우리들은 하나님의 지식에 반대하여 세운 모든 **장벽**을 내리고 토론을 논박한다.

고린도후서 10:5 (필립스)
우리의 싸움은 **속이는 공상**과 하나님의 진정한 지식에 반대하여 **사람들이 세운** 위압적인 방어를 다 끌어내린다.

고린도후서 10:5 (낙스)
그렇습니다, 우리는 **사람의 자만**과 하나님의 **진정한 지식에 반대하는 자부심의 벽**을 다 끌어내릴 수 있다.

당신은 이 구절이 생각이나 상상, 토론, 이론, 논리, 속이는 공상, 사람의 자만심, 자부심의 벽을 하나님의 진정한 지식인 하나님의 말씀으로 순종하게 하는 것에 대하여 말하고 있는 것을 잘 알 수 있을 것입니다.

이것은 내가 당신 마음속에 있는 생각을 사로잡아 끌어내리라는 말이 아닙니다. 나는 권세를 가지고 나 자신의 생각을 주관할 수 있습니다. 그렇지만 내가 당신의 생각에 나의 권세를 사용할 수는 없는 것입니다.

마음의 영역은 사단이 가장 큰 "싸움"을 하는 장소인 까닭에 마귀의 전략은 우리의 생각에 견고한 진을 세우는 것입니다. 그러나 "하나님을 아는 것에 대적하여 세워진 견고한 진을 다 무너뜨리고 모든 생각을 사로잡아 그리스도에게 복종하게" 해야 합니다.

그것이 믿는 자들이 구원의 투구와 믿음의 방패와 함께 하나님의 전신 갑주가 필요한 이유 중의 하나입니다. 그렇게 해서 그들의 마음에 사단이 공격할 때 그들 자신을 보호하는 것입니다. 그리고 성경은 우리가 잘못된 생각을 회개하고 우리의 생각에서 그리스도의 형상을 따라가야 한다고 가르칩니다(롬 8:29; 빌 2:5). 그것은 사단에 대한 우리의 가장 큰 방어책입니다.

오늘날 영적인 전쟁에 대한 지나친 강조가 있습니다. 그것은 부분적으로는 고린도후서 10장 4,5절에서 "견고한 진을 무너뜨리고"라는 구절과 에베소서 6장 12절에서 "씨름"에 관한 구절을 잘못 적용한 것입니다. 이 두 성경 구절을 모두 문맥에서 빼내서 영적인 전쟁에 대한 극단적인 교리를 세우지 말고 그것들이 쓰여진 문맥 안에서 읽어져야 합니다.

나는 물론 영적인 전쟁을 믿고, 그리고 영적인 군대의 공격적인 면이나 혹은 말씀에 열정적인 것이나 혹은 성령에 대한 것을 믿습니다. 말씀을 전파하는 데 공격적이 되십시오. 새로운 탄생, 성령의 세례, 치유 그리고 그리스도 안에서 믿는 자의 권리와 특권을 전하는데 공격적이고 열정적으로 하십시오. 기도와 믿음을 설교하는데 공격적이 되십시오. 마귀와 귀신을 대적하는 것에 대하여 가르치는데 공격적이 되십시오.

그렇지만 오늘날 우리는 영적인 전쟁과 영적인 군대를 극도로 강조하고 있어서 다른 성경의 진리는 내버리는 것 같습니다. 그것은 교회를 한쪽으로 치우치게 할 수 있는 것입니다.

그렇습니다. 우리는 말씀에 열심을 내야 합니다. 기도에 열심을 내야 합니다. 부흥에 열심을 내야 합니다. "호전성"이라는 말은 열심이라고 번역해도 괜찮습니다. 그렇지만 사람들이 다른 사람에게 모든 영적인 활동을 마귀에 초점을 맞추라고 가르친다면 그것은 위험하고 비성경적인 것입니다.

이것이 가장 분명한 부분은 사단을 모든 도시에서 폐위시키려고 하는 일입니다. 호전성 혹은 열심이 예수님께서 이미 우리를 위하여 이루어 놓으신 일을 이루려고 한다면 그것은 한계를 벗어난 것입니다. 왜 믿는 자들이 사단과 통치자와 권세들을 폐위하기를 원하는 것입니까?

예수님께서 이미 우리를 위하여 사단을 패배시켰다는 것은 진리입니다(골 2:15). 교회로서 우리는 그리스도께서 십자가에서 이미 우리를 위하여 이루어 놓으신 승리 안에서 승리하는 것입니다. 이제 우리가 할 일은 하나님의 말씀의 지식을 통하여 그 승리의 향기를 나타나게 하는 것입니다. 우리는 계속하여 하나님의 말씀을 행하며 매일의 삶 가운데 그 승리 안에서 승리하는 것입니다.

우리는 사단과의 싸움에서 이길 필요가 없습니다. 예수님이 이미 우리를 위하여 승리했습니다. 우리는 간단히 하나님의 말씀이 이 승리에 대하여 비추는 빛 안에서 행하기만 하면 되는 것입니다. 그러면 예수님이 마귀에게 승리한 것이 우리 매일의 삶에서 나타날 것입니다.

사단과 그의 군대들이 여기 아직 있다는 사실은 우리를 혼란시킬 수 없습니다. 그들은 아담의 계약 기간이 끝날 때까지 여기 있을 것입니다. 그들이 여기 있는 동안 우리는 계속하여 말씀으로 그들이 패배한 것을 강화하면 되는 것입니다. 골로새서 2장 15절은 예수님이 "통치자들과 권세들을 무력화하여 드러내어 구경거리로 삼으시고 십자가로 그들을 이기셨다"고 말하고 있습니다. 우리는 예수님의 승리 안에서 승리하도록 되어 있는 것입니다.

사단이 거짓의 견고한 진으로 다른 사람들의 삶을 지배하고 있다는 사실이 우리가 예수님이 하신 것과 같은 전쟁을 다시 시작해야 한다는 뜻은 아닙니다. 우리는 기도로 사람들이 마귀에게 잡힌 것을 예수님의 이름을 사용하여 묶고 부서뜨릴 수 있습니다. 그리고 우리는 간단히 말씀을 전파하므로 사단의 패배를 강조하면 됩니다. 하나님의 말씀의 빛이 사람들의 삶에 있어서 사단의 속임수의 어둠을 쫓아낼 것입니다.

우리는 사단을 패배시키려고 극단적인 방법인 "전쟁하는 방언"이나 마귀에게 소리를 지름으로 육신으로 싸울 필요가 없는 것입니다. 하늘에 있는 악한 영들과 싸움을 하려는 일은 이미 패배한 적을 다시 패배시키려는 육신적인 노력입니다.

그렇지만 오늘날 어떤 그리스도인의 사회에서는 영적인 전쟁과 격렬한 중보기도를 통하여 어떤 도시나 나라의 사단을 폐위하는 것이 부흥이나 효과적인 전도가 되어지기 전에 필수적으로 먼저 해야 하는 것이라는 견해가 있습니다. 그렇지만 당신은 그것을 성경에서 찾아볼 수 없습니다.

예수님과 그의 제자들이 어떻게 부흥을 가져왔는지 복음서와 사도행전을 당신 자신이 공부하십시오. 당신이 알게 될 한 가지 일은 예수님이나 그의 제자들이 온 도시나 그 나라에서 모든 마귀적인 능력들을 끌어내리지 않았다는 것입니다. 예수님과 그의 제자들은 오직 개인적인 사람들에 관련된 귀신만 다루었습니다.

그렇지만 내가 사도행전을 읽는 중에 제자들은 오늘날 교회에서 가르쳐지고 있는 어떤 전쟁이나 투쟁정신에 대하여서는 전혀 언급을 하지 않았다는 매우 흥미로운 사실을 발견합니다.

그리고 사도행전에서 이런 전쟁을 하는 일들을 전혀 찾을 수 없다는 것은 또 대단히 흥미로운 일입니다. 그렇습니다. 사도행전은 우리들에게 하나님의 임재하심을 의식하고 사람들에게 하나님의 말씀을 가르치는 것에 초점을 둔 교회를 보여주고 있습니다. 그래서 그들이 삶의 모든 영역에서 성공적일 수 있게 하는 것입니다. 모든 일들이 마귀와 싸우는 것에만 소비한 것이 아니었습니다.

사도행전에서 사람들에게 무엇을 가르쳤는지를 공부하십시오. 그리고 제자들이 무슨 일들을 하였는지 살펴보십시오. 당신은 오늘날 그리스도의 몸에서 어떤 사람들이 강조하고 가르치는 것과 실천하는 것과는 상당히 상반되는 것을 알게 될 것입니다. 사도행전에서는 사람들을 하나님의 왕국으로 불러오기 위하여 건전한 교리를 가르치는 것과 복음을 전파하는 것을 강조합니다. 마귀와 싸우는 것과 견고한 진을 무너뜨리는 것을 강조한 것이 아닙니다.

우리는 도시나 나라에서 견고한 진을 무너뜨리는 성경 구절을 찾아 볼 수 없습니다. 그렇지만 우리는 우리를 공격하는 통치자와 권세들의 전략과 활동을 묶는 성경적 근거는 있습니다(마 18:18; 눅 10:19; 빌 2:9,10).

우리는 그것을 하나님의 말씀과 예수님의 이름으로 합니다. 우리는 예수님이 하신 것과 같이 하나님의 말씀으로 적에 대하여 우리의 자리를 지키는 것입니다(마 4:4-10).

예수님과 그의 제자들은 그 당시 확실히 세상을 온통 뒤흔들었으므로 예수님이 무엇을 하셨는지 예수님의 사역을 살펴봅시다.

그렇다면 그들은 어떻게 그렇게 하였습니까? 만일 그들이 마귀와 직접적인 싸움을 하여서 그렇게 하였다면 우리는 같은 일을 해야 하는 성경적 근거가 있는 것입니다. 그렇지만 그들이 그렇게 하지 않았다면 우리도 그렇게 해서는 안 됩니다.

믿는 자는 신약에서 실천하던 교리를 본 대로 따라야 합니다.

예수님은 이 땅에서 사역을 하실 때 마귀와 전쟁을 하려고 하셨습니까?

예수님의 사역을 볼 때, 예수님은 도시나 성읍을 변화시키려고 무엇을 하셨습니까? 예수님은 한 도시에서 다음 도시로 가면서 열정적인 기도로 견고한 진을 무너뜨려야 했습니까? 예수님은 가는 모든 도시에서 지배하는 영을 "분별"하는 것이 필수적이라고 생각하시고 그들과 싸우셨습니까?

예수님과 그의 제자들은 다른 사람들에게 도시에서 견고한 진을 무너뜨리기 위해 지배하는 영이 무엇인지 알아내야 한다고 가르치셨습니까? 아닙니다. 우리는 성경 어디에서도 그들이 그렇게 한 것을 찾을 수 없습니다.

당신 자신이 복음서를 공부하십시오. 당신은 예수님의 사역의 초점은 이곳에서 저곳으로 다니시면서 복음, 즉 말씀을 가르치고 전파하는 것이었다는 것을 발견하게 될 것입니다(마 4:23; 9:35; 눅 13:22). 예수님은 말씀을 우선으로 하셨고 말씀은 사단의 지배로부터 사람들을 자유롭게 하였던 것입니다.

눅 4:18-19
18 주의 성령이 내게 임하셨으니 이는 가난한 자에게 **복음을 전하게 하시려고(To preach)** 내게 기름을 부으시고 나를 보내사 포로 된 자에게 자유를, 눈 먼 자에게 다시 보게 함을 **전파하며** 눌린 자를 자유롭게 하고
19 주의 은혜의 해를 **전파하게 하려 하심이라** 하였더라

예수님은 도시나 나라로부터 견고한 진을 무너뜨리는 것에 초점을 두는 것이 아니라 복음을 가르치고 전파하도록 보냄을 받았던 것입니다. 복음을 가르치고 전파하는 것이 사람들의 삶에서 견고한 진을 무너뜨린 것입니다!

만일 도시에서 그것들을 무너뜨리는 것이 가능했다면 예수님은 사람들에게 그렇게 하라고 가르치셨을 것입니다. 그렇지만 예수님은 그렇게 하지 않으셨습니다. 성경은 예수님이 사람들에게 하나님의 말씀을 가르침으로 그리고 말씀의 빛 가운데로 행하게 함으로 사단에게 묶임을 받은 자들을 자유롭게 하셨다고 말하고 있습니다(요 8:32).

우리는 예수님이 하신 것을 해야 합니다. 말씀을 전파함으로써 구원을 전파하십시오. 누가복음 4장 18절은 예수님이 구원을 위하여 기도했다고 하지 않은 것을 주목하십시오. 예수님은 복음을 전함으로 치유함을 받게 하신 것입니다.

다른 말로 하면, 예수님은 하나님의 말씀이 무엇이라고 하는지 사람들에게 말해 주었습니다. "그러므로 아들이 (말씀이 육신이 된) 너희를 자유롭게 하면 너희가 참으로 자유로우리라"(요 8:36). 말씀이 그들을 자유하게 할 때 그들은 자유함을 받은 것입니다.

우리가 가지고 있는 성경 말씀에서 예수님은 그의 기도를 아버지께 하셨습니다(마 11:25; 눅 23:34; 요 11:41, 17:1).

초대교회는 도시 위에 역사하는 마귀들과 싸우려고 했습니까?

제자들이 도시나 지역이나 나라를 다스리는 귀신의 왕들과 싸우려고 했다는 특별한 성경 구절이 있는지 당신 자신이 사도행전을 읽어 보십시오.

사실, 초대교회들이 모여서 같이 방언을 말할 때, 성경은 그들이 놀라운 하나님의 일들을 선포하였다고 말합니다. "그레데인과 아라비아인들이라 우리가 **다 우리의 각 언어로 하나님의 큰일을 말함을 듣는도다**"(행 2:11). 그들은 방언으로 마귀와 싸우지 않았습니다. 그들은 예루살렘의 견고한 진을 무너뜨리지 않았습니다. 그들은 하나님을 찬양한 것입니다. 하나님이 그들의 기도의 초점이었습니다.

그들이 마귀의 커다란 반대에 부딪칠 때 믿는 자들이 어떻게 기도했는지 성경적인 예를 봅시다. 사단이 그들에 반대하여 올 때 그들은 마귀에 대하여 전쟁을 했습니까? 아닙니다. 그들은 그렇지 않았습니다.

예를 들어, 사도행전 16장 25절에 바울과 실라는 적의 거스르는 역사에 대하여 하나님께 기도하고 찬양함으로 이겼습니다. 베드로와 요한도 공격을 당했습니다(행 4:3,5-7). 이것은 사람을 통해서 왔습니다. 그들은 예수님의 이름으로 가르치지도 말고 전파하지도 말도록 명령을 받았던 것입니다(행 4:18).

베드로와 요한이 결국은 풀려났을 때 그들은 그들의 동료에게로 가서 같이 하나님께 기도했습니다. 사도행전에 의하면, 이들 믿는 자들은 하늘의 통치자와 권세들에 대해 방언으로 싸우지 않았던 것

견고한 진을 무너뜨리기 353

입니다. 그들은 마귀에 대하여 "전쟁을 하지 않았고" 도시에 있는 종교적인 마귀들을 무너뜨리려고 하지도 않았습니다. 그러면 그들은 무엇을 했을까요?

> 행 4:24
> 그들이 듣고 **한마음으로 하나님께 소리를 높여** 이르되 **대주재여** 천지와 바다와 그 가운데 만물을 지은 이시요

그들은 문제나 마귀를 확대시키지 않았습니다. 그들은 하나님을 찬양하고 확대시켰습니다. 나는 그들의 찬양이나 경배가 마귀의 영적인 공격에 간접적으로 영향을 미치지 않았다고 말하는 것이 아닙니다. 내가 말하는 것은 그것이 그들의 주된 관심거리가 아니었다는 것입니다.

슬픈 일이지만 어떤 믿는 자들은 마귀에 대항하여 기도하고 그들에 대하여 말하는 데 그들의 대부분의 시간을 보냅니다. 그들이 말하는 것을 들으면 당신은 예수님은 '불쌍한 예수님'이었고, 죽으시고 죽은 자 가운데서 살아나셨고 통치자와 권세들을 멸하시고 무력화 한 것을(골 2:14,15) 이루시지 못한 것 같이 생각할 것입니다. 당신의 기도 중에 마귀에게 모든 주의를 집중하는 것은 하나님께 찬양하는 것을 힘들게 합니다.

사도행전 4장에서 초대교회가 마귀로부터 커다란 공격을 받을 때 이 믿는 자들은 믿음으로 하나님께 그들의 목소리를 높였습니다. 그들은 믿음에 거했던 것입니다. 그들은 기도에서 마귀와 싸우려고 하지 않았습니다. 그들은 하나님이 얼마나 크신 것을 이야기했습니다. 그리고 그들은 하나님의 말씀을 가지고 하나님께 기도했습니다 (행 4:25-28).

사실 25절부터 28절까지는 믿는 자들이 하나님이 얼마나 크신 것과 얼마나 크신 일을 하셨는지에 대하여 말하고 있습니다. 그리고 그들은 하나님의 말씀이 그들의 상황에 대하여 말씀하신 것을 말하고 있습니다.

> 행 4:25-28
> 25 또 주의 종 우리 조상 다윗의 입을 통하여 성령으로 말씀하시기를 어찌하여 열방이 분노하며 족속들이 허사를 경영하였는고
> 26 세상의 군왕들이 나서며 관리들이 함께 모여 주와 그의 그리스도를 대적하도다 하신 이로소이다
> 27 과연 헤롯과 본디오 빌라도는 이방인과 이스라엘 백성과 합세하여 하나님께서 기름 부으신 거룩한 종 예수를 거슬러
> 28 하나님의 권능과 뜻대로 이루려고 예정하신 그것을 행하려고 이 성에 모였나이다

그리고 마침내 29절에서 그들은 문제에 대하여 말하고 있습니다. 그렇지만 이 기도 전체는 25절에서 30절까지인데 그들은 문제에 대하여는 오직 한 절에서만 말하고 있는 것을 주목하십시오(29절).

> 행 4:29-30
> 29 주여 이제도 **그들의 위협함을 굽어보시옵고** 또 종들로 하여금 담대히 하나님의 말씀을 전하게 하여 주시오며
> 30 손을 내밀어 병을 낫게 하시옵고 표적과 기사가 거룩한 종 예수의 이름으로 이루어지게 하옵소서 하더라

이 믿는 자들은 문제의 배경에는 마귀가 있었을지라도 마귀에게 말한 것이 아니라 하나님께 말했습니다. 그리고 그들이 하나님께 구한 것은 말씀을 전파하는 데 기사와 이적이 따르고 더 담대

하도록 해달라고 하는 것이었습니다. 그들은 말씀이 사람과 상황을 변화시킬 수 있다는 것을 알고 있었습니다(요 8:32).

이 초대교회의 기도는 교회로서 우리들이 어둠의 권세들에게 공격을 받을 때 성경적으로 어떻게 기도하는지를 우리에게 보여주고 있습니다. 우리는 하나님께 기도해야 합니다. 그리고 우리는 하나님의 말씀을 선포하는 데 담대함을 달라고 기도해야 합니다. 그래서 말씀이 사단으로부터 사람들을 자유롭게 할 수 있어야 하는 것입니다. 더군다나 그들은 하나님께 마귀에 대하여 아무것도 해달라고 하지 않은 것을 주목하십시오.

그리고 초대교회의 핍박이 너무 심해져서 외국으로 모두 흩어졌을 때 믿는 자들은 여기 저기 말씀을 전파하였던 것입니다. - 직접적으로 마귀와 싸운 것이 아닙니다. "그 흩어진 사람들이 두루 다니며 복음의 말씀을 전할 새"(행 8:4). 만일 어떤 견고한 진이 무너뜨려져야 한다면 교회는 하나님과 그의 말씀이 그 일을 할 것을 믿었던 것입니다.

베드로가 감옥에 있을 때 그를 위하여 기도하던 성도들은 예루살렘에 있던 종교적인 마귀에 대항하여 싸우려고 하지 않았습니다. 그들은 베드로를 위하여 하나님께 열렬히 간구하였던 것입니다.

행 12:5
이에 베드로는 옥에 갇혔고 교회는 그를 위하여 간절히 **하나님께** 기도하더라

안디옥에 선지자와 교사들이 모였을 때는 어떻게 했습니까? 그들이 바나바와 바울을 사역을 위해서 내보내기 전에 영적인 전쟁에 들어가서 그들의 시간을 영적 싸움을 하는데 보냈습니까?

행 13:2
주를 섬겨 금식할 때에 성령이 이르시되 내가 불러 시키는 일을 위하여 바나바와 사울을 따로 세우라 하시니

아닙니다. 그들은 주님을 섬겼습니다! 그들은 마귀와 싸우지 않았습니다. 너무 많은 경우에 사람들은 주님을 섬기는 데 대하여 아무것도 모르고 있습니다. 그들은 모든 시간을 이미 패배한 적과 싸우는데 다 보내고 있는 것입니다.

믿는 자들이 주님을 섬기기 시작할 때 그런 일이 생기기 시작합니다. 그것이 성령님이 말할 수 있는 분위기를 조성해 줍니다. "주를 섬겨 금식할 때에 성령이 이르시되 내가 불러 시키는 일을 위하여 바나바와 사울을 따로 세우라 하시니."

그리고 계시록에서도, 예수님이 사도 요한에게 밧모섬에서 그 당시 버가모에 사실상 있었던 교회에 대하여 말하고 있습니다. 버가모라는 도시는 사단의 견고한 진이 있었습니다. 그렇지만 예수님은 그 도시를 지배하는 사단과 싸우라는 말을 한 마디도 하지 않으셨습니다. 만일 그 도시 위에 역사하는 마귀와 싸우고 견고한 진을 무너뜨리는 영적 전쟁을 하는 것이 성경적이었다면 예수님이 그런 언급을 하셨을 것입니다.

계 2:12-13
12 버가모 교회의 사자에게 편지하라 좌우에 날선 검을 가지신 이가 이르시되
13 네가 어디에 사는지를 내가 아노니 거기는 **사탄의 권좌가 있는 데라 네가 내 이름을 굳게 잡아서** 내 충성된 증인 안디바가 너희 가운데 곧 사탄이 사는 곳에서 죽임을 당할 때에도 **나를 믿는 믿음을 저버리지 아니하였도다**

비록 예수님이 버가모 교회가 "사단이 앉은 곳"이라고 말씀은 하셨지만 예수님은 믿는 자들에게 사단과 전쟁을 하라고 말하지는 않으셨습니다. 그렇습니다. 예수님은 믿는 자들이 그의 이름을 굳게 붙잡는 것과 믿음을 부인하지 않는 것에 대하여 칭찬을 하셨습니다 (13절). 다른 말로 하면, 예수님은 그들에게 믿음에 거하라고 격려를 한 것입니다!

제자들이 도시 위에 역사하는 마귀들과 전쟁을 하려고 했습니까?

신약에서 제자들이 이 도시에서 저 도시로 돌아다닐 때 무엇을 하였는지 몇 구절 살펴보겠습니다. 이 사람들은 예수님이 직접 뽑은 사람들이었습니다. 우리는 어떤 구절에서도 제자들이 그들이 갔던 도시에서 견고한 진을 무너뜨리려고 한 것을 찾아 볼 수 없습니다. 그리고 그들이 다른 사람들에게 그렇게 가르친 것도 볼 수 없습니다.

예루살렘에서

베드로와 요한이 성전에 올라갔을 때 나을 때부터 앉은뱅이였던 사람을 치유한 것은 예수님의 이름으로 되었습니다.

> 행 3:6,16
> 6 베드로가 이르되 은과 금은 내게 없거니와 내게 있는 이것을 네게 주노니 나사렛 예수 **그리스도의 이름으로** 일어나 걸으라 하고
> 16 **그 이름을** 믿으므로 **그 이름이** 너희가 보고 아는 이 사람을 성하게 하였나니 예수로 말미암아 난 믿음이 너희 모든 사람 앞에서 이같이 완전히 낫게 하였느니라

그 당시 종교적인 지도자들이 두려워하여 심문했던 것은 예수님의 이름 때문이었던 것을 주목하십시오(행 4:10-12). 왜냐하면 이 이름 안에 믿는 자들이 마귀에 대한 권세를 가지고 있었기 때문입니다.

다른 말로 하면, 제자들은 예수님의 이름에 있는 권세와 능력을 가르쳤습니다(행 4:15-20). 그 이름은 예수님이 가지고 있던 모든 권세와 그분이 죽음과 지옥과 무덤에서 승리하셔서 성취하신 모든 일들을 나타냈기 때문입니다.

행 6:7
하나님의 말씀이 점점 왕성하여 **예루살렘에** 있는 제자의 수가 더 **심히 많아지고** 허다한 제사장의 무리도 이 도에 복종하니라

하나님의 말씀이 증거될 때 제자들의 숫자가 늘어났었다는 것은 흥미로운 일입니다. 만일 믿는 자들이 사단의 왕국의 큰 해를 입히기를 원한다면 그들은 나가서 말씀을 전파하면 되는 것입니다.

하나님의 말씀이 사람들을 자유롭게 하는 능력이 있는 것입니다. 예루살렘에서 제자들에게 견고한 진이나 혹은 도시를 지배하는 악한 영을 전쟁하는 방언이나 마귀에게 소리를 지름으로 무너뜨리라는 말을 한 번도 한 적이 없습니다.

사실, 만일 당신이 사도행전을 잘 보고 제자들이 여기 저기 여행하면서 가르친 것에서 중요한 점을 본다면 당신은 제자들이 말씀을 가르치고 전파한 것을 알 수 있습니다. 그들은 또 예수님의 이름에 대하여 가르쳤습니다. 그리고 그들은 예수 그리스도를 통하여 구원받는 복음을 가르치고 전파하였습니다.

모든 경우에, 말씀을 받고 행동하는 것이 사람들을 사단의 견고한 진의 지배함으로부터 자유롭게 한 것이었습니다.

사도 바울이 도시의 견고한 진과 싸우려고 했습니까?

사도 바울이 여행하면서 어떤 지역의 견고한 진과 만날 때 어떻게 했는지 살펴보겠습니다. 무엇보다도 바울은 위대한 믿음의 사람으로 신약의 대부분을 썼습니다. 도시의 견고한 진을 무너뜨리기 위해 전쟁하는 방언이나 마귀에게 함성을 지르는 것이 성경적인 일이었다면 바울은 틀림없이 그것에 대하여 무슨 말을 했을 것입니다. 아니면 그가 갔던 도시에서 그런 일을 하였을 것입니다.

다메섹에서의 바울

바울은 다메섹이라는 도시에서 견고한 진을 무너뜨리려고 했습니까? 아닙니다. 그가 예수님께로 개종한 직후, 바울은 예수님에 대하여 전파하기 시작했습니다. 마귀나 견고한 진이 아니라 바울의 가르침의 초점은 예수 그리스도였습니다.

> 행 9:20,22,27,29
> 20 즉시로 각 회당에서 **예수가 하나님의 아들이심을 전파하니**
> 22 사울은 힘을 더 얻어 **예수를 그리스도라 증언하여** 다메섹에 사는 유대인들을 당혹하게 하니라
> 27 바나바가 데리고 사도들에게 가서 그가 길에서 어떻게 주를 보았는지와 주께서 그에게 말씀하신 일과 **다메섹에서 그가 어떻게 예수의 이름으로 담대히 말하였는지를 전하니라**
> 29 또 주 **예수의 이름으로 담대히 말하고** 헬라파 유대인들과 함께 말하며 변론하니 그 사람들이 죽이려고 힘쓰거늘

바울이 예수 그리스도의 이름을 높이고 확대시킨 것에 주목하십

시오. 예수님의 이름이 사람들의 생각이나 그들의 삶의 견고한 진을 무너뜨린 것입니다. 바울은 사람들에게 예수님의 능력과 왕권을 높이는 것을 가르쳤던 것입니다.

그렇지만 믿는 자들이 다른 사람들에게 견고한 진을 무너뜨리는 것과 마귀에 대하여 싸우는 것을 열심히 하라고 가르친다면 그는 사단과 그의 하는 일을 강조하는 것입니다. 그들은 사실상 마귀를 확대시키는 것이고 사단이 역사하도록 문을 열어 주는 것입니다. 그렇지만 믿는 자들이 하나님을 확대시키면 그들은 그들의 심령과 삶을 하나님께 열어드리는 것입니다.

우리가 그 당시 바울이 이 도시에서 저 성읍으로 여행하던 것을 읽을 때, 우리가 가장 먼저 볼 수 있는 것은 그가 믿는 자들의 믿음을 잘 세웠다는 것입니다. 우리는 바울이 마귀를 대항하여 전투하는 것에 대해 언급한 성경 구절을 어디에서도 찾아볼 수 없습니다.

> 행 16:4-5
> 4 여러 성으로 다녀 갈 때에 예루살렘에 있는 사도와 장로들이 작정한 규례를 그들에게 주어 지키게 하니
> 5 이에 여러 교회가 **믿음이 더 굳건해지고 수가 날마다 늘어가니라**

믿는 자들이 믿음에 잘 세워질 때, 성경은 그들의 수가 매일 늘어났다고 말하고 있습니다. 말씀이 전파될 때마다 하나님의 왕국에서 영혼들이 늘어나는 것입니다. 그것이 성경적으로 견고한 진을 무너뜨리는 것입니다. - 복음을 전파하는 것이 사람들을 구원함으로 그들의 삶에서 견고한 진이 무너뜨려지는 것입니다.

빌립보의 바울

바울이 빌립보에서 견고한 진을 무너뜨리려고 했습니까? 바울이 어린 여자를 통하여 문제를 일으키던 마귀를 다루었던 곳은 빌립보에서였습니다.

> 행 16:16-18
> 16 우리가 기도하는 곳에 가다가 점치는 귀신 들린 여종 하나를 만나니 점으로 그 주인들에게 큰 이익을 주는 자라
> 17 그가 바울과 우리를 따라와 소리 질러 이르되 이 사람들은 지극히 높은 하나님의 종으로서 구원의 길을 너희에게 전하는 자라 하며
> 18 이같이 여러 날을 하는지라 바울이 심히 괴로워하여 돌이켜 그 귀신에게 이르되 예수 그리스도의 이름으로 내가 네게 명하노니 그에게서 나오라 하니 **귀신이 즉시 나오니라**

악한 영이 이 여자를 사용하여 이 도시에서 제자들의 사역을 방해하였습니다. 이 여인은 점치는 영을 가지고 있었습니다. 그리고 그 여자 안에 있는 영은 제자들이 누구인지 알았던 것입니다.

그렇지만 바울은 이 여자로 하여금 계속하여 소리를 지르게 함으로 혼란을 일으켰던 그 영만 다루었던 것을 주목하십시오. 그는 그 도시에 있던 어떤 견고한 진도 다루지 않았습니다.

그 여인은 제자들을 며칠 동안 따라 다니며, 그녀 안에 있는 영이 어디를 가든지 "이 사람들은 지극히 높은 하나님의 종으로서 구원의 길을 너희에게 전하는 자라"고 선포하였습니다(17절). 그녀가 말한 것은 맞는 말이었지만 누가 마귀가 자신에 대하여 증거하는 것을 원하겠습니까!

마귀가 선전을 해주는 것은 귀찮은 일이었습니다. 그렇다면 바울은 왜 첫째 날이나 둘째 날 그 악한 영을 꾸짖지 않았을까요? 그가 그렇게 하지 않았던 이유는 영분별 은사가 바울이 원하는 때에 역사하지 않았기 때문입니다. 영분별의 은사는 성령님이 원하시는 대로 역사하였던 것입니다(고전 12:11). 성령의 영분별 은사가 역사하기 전까지는 바울은 우리 중 누구나와 마찬가지로 이 특별한 상황을 다루는데 있어서 별수가 없었던 것입니다.

바울은 혼란을 일으키는 그 악한 영에 대하여 무엇을 하기 전에 하나님의 성령이 영적인 영역에 통찰력을 주도록 기다려야 했습니다. 바울이 그와 복음의 일을 반대하는 악한 영의 역사를 묶어버린 것이 아닙니다. 바울은 악한 영을 사람에게서 내쫓았습니다. 바울은 그 여자를 마귀로부터 자유롭게 하는데 기름부음과 성령님의 은사가 필요하였던 것입니다.

영분별의 은사가 역사하였을 때, 바울은 여인으로부터 역사하는 악한 영에게 "예수 그리스도의 이름으로 내가 네게 명하노니 그에게서 나오라"고 말한 것입니다(행 16:18). 그리고 성경은 "귀신이 즉시 나오니라"라고 말합니다(18절).

바울은 이 여인에게서 악한 영을 쫓아내는 데 오랜 시간 동안 소리 지르고 함성을 지르지 않았습니다. 그리고 바울은 이 일 때문에 빌립보를 지배하던 영을 무너뜨리려고 하지도 않았습니다. 바울은 단지 예수 그리스도의 이름으로 그 악한 영에게 나오라고 명령하였고 그것은 그 즉시 나왔던 것입니다.

열쇠는 바울이 행동하기 전에 성령의 통찰력을 가질 때까지 기다렸다는 것에 있습니다. 다른 말로 하면, 그는 그 자신이 영에 있을 때 성령의 능력과 기름부음으로 그 악한 영을 다루었다는 말입니다.

그리고 여인은 자유함을 받았습니다. 우리도 바울이 했던 그대로 성령님께 의지해야 합니다.

오늘날 어떤 그리스도인들에게는, 사람들이 마귀에게 소리를 지르고 악을 쓰고 고함을 질러도 아무런 일도 일어나지 않습니다. 그것은 사람들이 마귀를 육신에서 다루려고 하기 때문입니다.

성령의 기름부음의 능력이 마귀의 묶음의 멍에를 부서뜨려 주는 것입니다. 말씀 위에 기름부음이 있습니다. 그래서 당신이 말씀을 당신의 심령에 심기 위해 시간을 들이지 않았다면 마귀를 다룰 기름부음을 가질 수 없는 것입니다. 그리고 당신이 말씀을 행하는 자가 아니라면 하나님의 능력이 당신의 삶에서 역사하게 할 수 없습니다.

오늘날 어떤 그리스도인들은 말씀을 중요하게 생각하지 않습니다. 그들은 말씀을 공부하고, 읽고, 묵상함으로써 그들의 심령 안에 말씀을 넣는 일에 시간을 들이지 않고 육신의 힘으로 마귀와 싸우려고 합니다. 이것은 그렇게 해서는 되지 않습니다. 당신은 마귀와 소리를 지르고 야단을 치며 육신으로 싸울 수 없는 것입니다. 그렇게 하는 사람들은 자신들만 피곤해질 뿐입니다.

성경은 "육으로 난 것은 육이요 영으로 난 것은 영이니"라고 말하고 있습니다(요 3:6). 마귀와 그의 군대인 귀신들은 영적 존재들입니다. 그렇기 때문에 그들과 육신의 힘으로 싸워서 이길 수가 없는 것입니다. 그리스도의 몸인 교회는 영적인 영역에서의 일을 하나님의 말씀과 함께 하나님의 영으로 영적인 영역에서 다루어야 한다는 것을 깨달아야 합니다.

바울은 기름부음이 없이는 당신이나 나와 마찬가지로 아무것도 할 수 없었던 것입니다! 우리는 하나님의 말씀과 성령님의 기름부음에 완전히 의지해야 하는 것입니다.

막 16:17,20
17 믿는 자들에게는 이런 표적이 따르리니 곧 그들이 **내 이름으로 귀신을 쫓아내며** 새 방언을 말하며
20 제자들이 나가 두루 전파할새 **주께서 함께 역사하사 그 따르는 표적으로 말씀을 확실히 증언하시니라**

예수님은 제자들에게 마귀를 쫓아내는 것에 대하여 무엇이라고 말했습니까? 예수님은 그의 제자들이 방언으로 마귀에게 소리를 지를 때 표적과 기사로 그들에게 확증해 주겠다고 말씀하셨습니까? 아니면 예수님께서 그의 제자들이 그들의 영적인 경험을 가르칠 때 표적과 기사로 확증해 주겠다고 말씀하셨습니까? 확실히 아닙니다!

성경은 제자들이 말씀을 전파할 때 표적이 따르도록 확신을 주겠다고 말했습니다. 예수님은 그들에게 말씀을 전파하라고 하셨고 그러면 표적이 따를 것이라고 했습니다(막 16:20).

말씀을 최우선으로 두십시오. 그러면 당신은 표적이 뒤에 따르는지 염려할 필요가 없습니다. 귀신을 쫓아내는 것도 마찬가지입니다. 예수님께서는 말씀을 따르는 표적 중의 하나가 믿는 자들이 귀신을 쫓아내는 것이라고 말했습니다(막 16:17-20).

아덴에서의 바울

아덴이라는 도시는 많은 악이 관영하던 큰 도시 중의 하나였습니다. 바울은 그 도시의 영적인 견고한 진을 무너뜨리기 위하여 사람들에게 무엇을 하라고 가르쳤습니까?

행 17:15-16
15 바울을 인도하는 사람들이 그를 데리고 아덴까지 이르러 그에게서 실라와 디모데를 자기에게로 속히 오게 하라는 명령을 받고 떠나니라
16 바울이 아덴에서 그들을 기다리다가 **그 성에 우상이 가득한 것을 보고 마음에 격분하여**

아덴에 살던 사람들은 '화성의 언덕'에 여러 가지 다른 신상들을 만들어 세워 놓았습니다. 성경은 바울이 아덴이라는 도시가 우상들에게 전부 주어진 도시라는 것을 깨달았다고 말하고 있습니다(16절). 바울의 영은 그 도시의 견고한 진을 볼 때 격분하였습니다.

바울은 그 도시에 많은 우상과 견고한 진을 보고 무엇을 하였습니까? 바울이 화성의 언덕 높은 곳에 있는 "영적 왕자"들과 영적인 전쟁을 벌였습니까? 아닙니다. 성경은 바울이 무엇을 하였는지 분명히 말해주고 있습니다. 바울은 사람들에게 복음을 가르쳤던 것입니다. 그는 말씀을 전파하였습니다.

행 17:17,22-23
17 회당에서는 유대인과 경건한 사람들과 또 장터에서는 날마다 만나는 사람들과 변론하니 이외에는 달리 시간을 쓰지 않음이더라
22 바울이 아레오바고 가운데 서서 말하되 아덴 사람들아 **너희를 보니 범사에 종교심이 많도다**
23 내가 두루 다니며 너희가 위하는 것들을 보다가 **알지 못하는 신에게**라고 새긴 단도 보았으니 그런즉 너희가 알지 못하고 위하는 **그것을 내가 너희에게 알게 하리니**

사도행전에 의하면 바울은 그 도시에서 많은 견고한 진을 보았지만 어떤 귀신의 견고한 진도 무너뜨리려고 하지 않았습니다. 그는 복음을 전파하였고 예수님에 대한 말씀을 전하였습니다(행 17:31,32).

바울이 전파한 것 중에 마귀는 언급도 되지 않았습니다.

바울이 말하는 것을 믿은 사람들은 구원을 받았습니다. 바울은 사람들의 삶에서 견고한 진을 그렇게 무너뜨렸습니다. 그는 말씀을 전파하여 사람들로 구원을 받게 하였던 것입니다! 그렇게 되면 사단은 더 이상 그들을 주관할 수 없게 되었던 것입니다.

에베소의 바울

사도행전 19장은 에베소에서의 바울의 사역을 보여줍니다. 에베소 사람들은 다이아나 여신상을 만들어서 팔았습니다. 바울이 그 도시에 와서 예수 그리스도를 전파하자 그들은 그들의 생계가 위협당한다고 생각하여 바울을 향해 들고일어서서 그가 하나님의 말씀을 전파하는 것을 방해하고 소동을 일으켰습니다.

그 도시에는 확실히 어떤 지배하는 영이 있어서 사람들로 바울에게 반대하게 한 것입니다. 그렇지요? 그렇지만 바울은 "다이아나 영"을 무너뜨리기 위하여 영적인 공격을 시작하지 않았습니다.

다이아나 여신으로 사람들의 주의를 집중시켰던 것은 바울이 아니라 은장색 데메드리오라는 사람이었습니다. 바울은 예수님께 주의를 집중시키느라 바빴습니다. 바울은 말씀을 가르쳐서 사람들로 하여금 사단의 지배로부터 벗어나게 하는 데 바빴습니다.

행 19:1,8-10,20
1 아볼로가 고린도에 있을 때에 바울이 윗지방으로 다녀 에베소에 와서 어떤 제자들을 만나
8 바울이 회당에 들어가 석 달 동안 **담대히 하나님 나라에 관하여 강론하며** 권면하되

> 9 어떤 사람들은 마음이 굳어 순종하지 않고 무리 앞에서 이 도를 비방
> 하거늘 바울이 그들을 떠나 제자들을 따로 세우고 두란노 서원에서 날
> 마다 강론하니라
> 10 두 해 동안 이같이 하니 아시아에 사는 자는 유대인이나 헬라인이
> 나 **다 주의 말씀을 듣더라**
> 20 이와 같이 주의 **말씀이 힘이 있어 흥왕하여 세력을 얻으니라**

에베소라는 도시는 다이아나 신에 대한 믿음으로 장악되었습니다. 그곳에는 어디든지 다이아나의 신전이 있었습니다. 다이아나는 그 도시에 널리 보급되었던 "여신"이었습니다. 그 도시에는 다른 신들이 있는 신전도 있었습니다. 그 도시는 우상숭배로 장악된 도시였습니다.

그렇지만 바울은 이런 마귀의 견고한 진을 말씀을 전파하는 것으로 다루었던 것입니다! 그것은 이 년 쯤 걸렸지만 성경은 그동안 거기서 말씀이 흥왕하고 세력을 얻었다고 말하고 있습니다. 바울이 전파한 말씀을 많은 사람들이 믿었고 그들의 삶에서 말씀이 압도하기 시작했던 것입니다. 사람들이 개인적으로 말씀을 받아들이고 예수님을 그들 자신의 구주로 받아들이게 되자 말씀이 그 도시를 압도하여 널리 퍼지게 되었던 것입니다.

오순절 날에, 초대교회는 120명의 사람들로 시작되었습니다. 사도행전을 읽어보면, 마귀가 초대교회의 성장을 막으려고 애를 쓴 것을 쉽게 볼 수 있습니다. 마귀의 공격이 심했습니다!

마귀는 초대교회를 모든 면에서 핍박과 시험과 환난으로 공격하였습니다. 사단은 교회가 갓난아기 상태일 때 멸망시키려고 했지만 믿는 자들은 말씀으로 그것을 극복하였습니다. 그리고 말씀이 세력을 얻어 널리 퍼졌기 때문에 주님께서 교회에 구원받은 사람들을 매일 더하여 주신 것입니다(행 2:47).

사단은 오늘날도 초대교회에 사용했던 것과 같은 시험과 환란의 전략을 사용합니다. 사단은 아직도 교회가 복음을 효율적으로 전파하는 것을 파멸시키려고 하는 것입니다. 그러나 성경은 지옥의 문이 교회에 대하여 이기지 못하리라고 말하고 있습니다(마 16:18). 오늘날의 교회도 초대교인들이 성공적으로 마귀의 공격을 이기고 승리한 사람으로 남아있도록 마귀에 대항하여 사용했던 무기로 무장되어 있습니다.

우리는 초대교인들이 그랬던 것처럼, 우리들의 주의를 이미 패배한 적에게 두지 않고 혹은 도시 위에 지배하는 영들을 무너뜨리려고 하지 않고 성경적으로 기도함으로써 적의 전략을 무찌를 수가 있는 것입니다. 우리에게는 통치자와 권세들이 우리에게 반대하는 그들의 역사를 묶을 수 있는 권세가 있습니다. 그리고 우리는 하나님께 복음을 위하여 사람들의 심령을 열어달라고 기도할 수 있습니다. 그리고 우리는 나가서 하나님의 말씀을 전파하고 사람들에게 그리스도 안에서 약속된 권리에 대하여 말해줌으로 그들이 자유함을 받게 할 수 있습니다.

당신은 어떤 사람들이 귀신들의 견고한 진을 무너뜨렸다고 하는 나라에 가 본 적이 있습니까? 그것들이 "무너뜨려진" 후에도 여전히 그것들이 거기 있다는 것은 흥미로운 일입니다! 이것은 말씀만이 사람을 변화시키고, 나라에 영향을 주고, 사람들을 사단의 통치와 묶임에서 자유롭게 할 수 있고, 그렇게 함으로 그들이 마귀에 대적하는 것을 배울 수 있기 때문입니다.

마귀를 "괴롭게 하는 일"

내가 그리스도의 몸에 해를 주고 마귀에 대하여 역사하지 않을 기술들을 이야기하고 있는 김에 오늘날 교회에 많은 혼란을 가져오는 다른 한 가지 일에 대하여 더 나누겠습니다.

최근에 어떤 목사가 "귀신을 내쫓는 학교"라는 것에 다녀왔다고 말해 주었습니다. 나는 그것을 "묶이는 학교"라고 부릅니다. 나는 그런 것들이 사람들에게 마귀를 무서워하고 마귀를 의식하도록 가르치므로 그 중 하나도 "묶이는 학교"가 되지 않는 것을 보지 못했습니다. 그것들은 새로운 것이 아닙니다. 나는 수년 전에도 그런 것들이 일어나는 것을 보곤 하였습니다.

그 목사는 나중에 내게 이렇게 말했습니다. "나는 이것이 학교라고 생각했습니다. 그리고 목사들이 성경 주제에 대하여 가르칠 것이라고 생각했습니다. 그러나 그들은 아무것도 다른 것은 가르치지 않았습니다. 네 시간 이상 그들이 한 것이라곤 마귀를 향하여 목청껏 소리를 지르고 고함을 지른 것밖에는 없습니다. 그들은 마귀를 "괴롭게 하고" 있다고 했습니다. 나는 그냥 앉아 있었고 아무것도 배운 것이 없습니다."

나는 그런 일들에 대하여 나쁘게 말하려는 것은 아닙니다만 나는 그것을 무지가 씨가 되었다고 말할 수밖에 없습니다!

"마귀를 내쫓는 학교"에 있던 사람들은 그들의 손가락이나 만지면서 "반짝 반짝 작은 별 나는 네가 얼마나 아름다운지 모르겠다"라고 말하는 것과 다를 바가 없습니다. 이미 패배한 적을 소리를 지름으로 괴롭게 하려고 하는 것은 정말 싸움이 무엇인지 모르는 것입니다. 믿는 자들의 주된 "싸움"은 그의 새로워지지 않는 마음이고 그리스도 안에서 그들의 권세로 자리 잡을 때 승리한 것입니다.

어떤 믿는 자들은 마귀에게 소리를 지르는 것이 그들에 대한 권세를 보여주는 듯이 생각합니다. 그렇지만 마귀는 사람의 목소리가 큰 것에 무릎을 꿇을 필요가 없습니다. 마귀는 소리를 무서워하지 않습니다. 마귀는 예수님의 이름을 무서워하는 것입니다! 마귀는 그리스도 안에서 그의 권세에 잘 서 있는 믿는 자를 무서워하는 것입니다.

마귀는 당신이 얼마나 크게 소리를 지르느냐에 따라서 그의 일을 중지하고 멈추는 것이 아닙니다. 그렇지만 마귀는 당신이 그리스도 안에서 당신의 권세를 행사할 때에는 당신에 대한 모든 일을 중지해야 하는 것입니다. 당신은 그리스도 안에서 당신의 권리와 특권을 알아야 하고 하나님의 말씀으로 예수님이 사단에 대해 승리한 것을 강화하여야 하는 것입니다. 우리는 사단에게 승리를 하려고 하는 것이 아닙니다. 예수님이 이미 승리해 놓으셨습니다. 우리는 간단히 하나님의 말씀으로 우리의 삶에서 예수님의 승리를 강화하면 되는 것입니다.

나는 이 "학교"에서 소위 "가르친다는" 강의 시간의 테이프를 들어본 적이 있습니다. 목사는 이렇게 말했습니다. "성경은 예수님이 성전에 들어가셨을 때 악한 영들이 '당신이 우리를 괴롭히려고 오셨습니까?' 라고 소리쳤다고 말하고 있습니다. 그러므로 우리도 마귀를 괴롭혀야 하겠습니다."

그는 마가복음 5장 7절과 누가복음 8장 28절을 인용하고 있었습니다. 그렇지만 마태복음 8장 29절은 이렇게 말하고 있는 것입니다. "…우리가 당신과 무슨 상관이 있나이까. 때가 이르기 전에 우리를 괴롭게 하려고 여기 오셨나이까."

예수님께서 이 악한 영들을 때가 될 때까지 괴롭게 할 수 없었던 것입니다. 그렇다면 우리도 할 수 없는 것입니다. 아담의 계약 기간이 다 차기 전에는 귀신들과 악한 영들은 이 땅 위에 있는 것입니다.

그러나 하나님께 감사합니다. 그들이 영원히 살 곳으로 쫓겨나가 괴롭힘을 당할 날이 오고 있다는 것입니다(계 20:1-3).

생각해 보십시오! 왜 어떤 사람들은 마귀를 괴롭게 하려고 하는 것일까요? 예수님은 십자가에서 그들을 철저히 패배시켰습니다. 사단은 패배된 적이기 때문에 나는 그들에게는 아무런 관심도 없습니다. 나는 그가 나타나면 어떻게 해야 할지 압니다. 하나님께 영광 드립니다! 나는 예수님을 전파하는 데에 더 관심이 있습니다. 그래서 사람들이 마귀의 지배 아래서 자유로워지고 모든 환난과 시험에서 사단을 대항하여 그들의 자리를 성공적으로 지킬 수 있도록 하는 일에 더욱 관심이 있습니다.

성경이 무엇이라고 말하는지 알아보십시오. 그리고 어둠의 왕국에 대한 우리의 전략이 성경에 근거함으로 예수님을 위하여 세상에 믿지 않는 자들을 구원합시다!

당신 자신이 성경을 찾아보십시오. 당신은 예수님, 열두 제자 그리고 사도 바울이 믿는 자들에게 말씀을 전파하라고 가르친 것을 여러 번 찾을 수 있을 것입니다.

그들은 예수님의 이름에 대하여 가르쳤고 어둠의 모든 권세 위에 그 이름 안에 믿는 자들이 가지고 있는 권세를 가르쳤던 것입니다. 그들은 믿는 자들에게 하나님의 말씀 안에서 믿음에 굳게 서라고 가르쳤습니다. 왜냐하면 말씀이 사람들의 삶과 생각에서 견고한 진을 없애는 것이기 때문입니다. 말씀 위에 있는 기름부음이 어떤 귀신의 묶음도 부서뜨릴 능력이 있는 것입니다.

제 10 장
어둠의 왕국을 방해하는 성경적인 기도

　믿는 자들이 견고한 진을 비성경적인 방법, 즉 전쟁하는 방언 같은 것으로 무너뜨리는 것이 아니라면 어떻게 우리가 우리의 도시와 나라를 변화시킬 효과적인 기도를 할 수 있을까요?
　첫째로, 그리고 제일 중요한 것은 그리스도의 몸은 하나님의 말씀만이 사람들의 삶에서 성장하고 승리할 수 있게 한다는 것을 알아야 하는 것입니다. 하나님의 말씀은 그것이 기도로 잘 준비된 땅에 심겨지고 성령님과 말씀으로 물을 잘 주었다면 어떤 환경에서도 성장하고 압도하여 개인의 삶이나 어떤 나라에서도 어떤 귀신 혹은 어떤 마귀의 힘이라도 이길 수 있게 하는 것입니다.

말씀과 기도를 통하여 수확하기

　어떤 위대한 부흥사가 이렇게 말한 적이 있습니다. "농부가 곡식을 추수하는 것만큼이나 믿는 자가 부흥을 가진다는 것은 자연적인 일이다." 그것은 심고 거두는 원칙이 자연적인 영역에서와 같이 영적인 영역에서도 적용된다는 뜻입니다. 추수는 아무 이유 없이 되는 것이 아닙니다. 그리고 하룻밤에 이루어지는 것도 아닙니다. 농부는 땅을 준비하고 그리고 씨를 땅에 심습니다. 그리고 비가 와서 곡식을 자라게 합니다. 그리고 결국은 곡식을 추수할 때가 오는 것입니다.

성경은 복음을 받아들이게 된 사람을 영적인 추수(harvest)라고 부릅니다(마 9:38). 그리고 성경은 우리에게 어떻게 사람들을 어둠의 세계에서 빼내어 빛의 왕국의 추수된 영혼으로 만들 수 있는지 지시해 줍니다. 자연적인 영역에서는 곡식은 씨로부터 생산되는 것입니다. 그러나 씨를 심기 전에 땅을 준비해야 합니다. 그리고 추수를 위해서는 씨가 심겨진 후에 물도 주어야 하는 것입니다. 영적인 영역에서도 마찬가지입니다.

영적으로, 우리는 사람들의 심령의 땅을 영적인 기도와 썩어질 것이 아닌 하나님의 말씀으로 심어야 합니다(벧전 1:23). 사람들의 심령에 말씀의 전파를 통하여 씨가 심어져야 합니다. 왜냐하면 말씀이 사람들의 심령에 빛과 조명을 주어서 마귀의 통치로부터 자유롭게 하여 주는 것이기 때문입니다(시 119:130).

썩지 아니할 씨를 심는 것과 사람들에게 예수님께서 사단을 이겼다고 말하는 일은 사역자들의 책임일 뿐만 아니라 모든 믿는 자들의 책임입니다. 왜냐하면 예수님께서 "그러므로 너희는 가서 모든 민족을 제자로 삼으라"(마 28:19)고 말씀하셨기 때문입니다. 마귀는 믿는 자들을 통치하던 자리로부터 예수님에 의하여 패배당했고 폐위당한 것입니다. 그러므로 믿는 자들은 이제 사람들에게 가서 좋은 소식을 전해야 하는 것입니다.

더군다나 예수님께서는 믿는 자들에게 대 사명에서 모든 나라에 하나님의 말씀을 전파하고 가르치라고 지시하셨습니다. 예수님은 "너희는 가서 모든 나라의 견고한 진을 무너뜨리도록 기도하여라!"라고 말씀하시지 않았습니다.

만일 믿는 자들이 추수를 위해 기도만 하고 아무도 씨를 심지 않았다면 영혼의 추수는 절대로 없었을 것입니다. 아무도 사단의 지배로부터 빠져나올 수 없었을 것입니다. 어떤 사람들이 추수를 위하여 일 년 내내 기도 할 수 있습니다. 그러나 그가 나가서 씨를 그의 밭에 심지 않으면 그는 추수 때에 빈손이 될 것입니다. 그리고 아무리 좋은 씨가 있다 해도, 혹은 땅이 아무리 준비가 잘 되었다 해도, 물이 없고 비도 오지 않았다면 추수 때 곡식은 없을 것이고 아무런 증가도 없을 것입니다. 성경에서, 물은 말씀과 성령님의 상징입니다.

야고보서 5장 7절은 농부는 땅의 귀한 열매를 위하여 오래 참아 늦은 비와 이른 비를 기다린다고 했습니다. 이 구절에서 언급된 비는 성령을 상징하는 것입니다. 그리고 성경의 스가랴 10장 1절에서는 주님께 비를 달라고 구하라고 말하고 있습니다. 성령의 영적인 비를 말하고 있는 것입니다. "봄비가 올 때에 여호와 곧 구름을 일게 하시는 여호와께 비를 구하라."

하나님의 말씀의 씨가 뿌려지기 위하여 땅을 준비하려면 우리는 모든 나라에 성령의 부어주심을 위하여 기도할 수 있습니다. 그렇지만 어떤 사람들이 가서 복음을 전파해야만 사람들이 자유함을 받게 될 것입니다. 왜냐하면 말씀이 사람을 자유롭게 하는 것이기 때문입니다(요 8:32). 그것이 나라를 변화시키는 성경적인 방법입니다.

당신은 나라들에게서 하나님의 말씀으로 준비하고 썩지 아니할 하나님의 말씀으로 심는 것 외에 다른 방법으로 마귀를 다룰 수 없는 것입니다.

그러므로 모든 나라에 성령을 부어주어 사람들 마음속에 심겨진 씨인 말씀이 자라도록 비, 즉 성령의 부어주심을 구하는 것은 아주 성경적입니다. 어둠의 왕국으로부터 영혼들을 빼내기 위해 우리가 할 수 있는 또 다른 성경적인 기도는 추수의 주님께 추수의 일꾼을 보내달라고 기도하는 것입니다(마 9:38).

곡식이 아무리 잘 되었더라도 추수할 일꾼이 없다면 땅의 귀한 열매는 거두어들일 수 없는 것입니다. 그러므로 주님께 성령의 비를 계속하여 구하고 하나님의 말씀을 사람들에게 전파하며, 일꾼들을 보내달라고 계속 기도하십시오.

그러면 하나님 나라에 영혼의 추수가 계속하여 있을 것입니다. 그것이 성경적으로 도시와 나라를 변화시키는 방법입니다. 그리고 이것은 하나님 말씀에 단단히 근거하고 있기 때문에 하나님은 수확의 증가를 주실 것입니다(고전 3:6).

기도로 땅을 준비하기

말씀이 사람들의 삶에서 승리하도록 하는 것이 믿는 자들이 세상을 위하여 기도할 때에 제일 주된 목표가 되어야 합니다. 만일 믿는 자들이 비성경적으로 기도하는 것을 피하고 하나님의 말씀으로 효과적으로 기도하기 시작한다면 사단의 도시와 나라에 대한 전략은 중지되고 하나님의 목적이 이 땅에서 더 큰 분량으로 성취될 수 있게 될 것입니다.

부흥을 위하여 기도하는 것은 도시와 나라에서 어둠을 밀어냄으로써 변화를 가져옵니다. 훌륭한 부흥사였던 찰스 피니의 사역은 우리에게 말씀에 확실히 근거한 기도를 통하여 부흥을 어떻게 준비해야 하는지에 대한 통찰력을 줍니다.

피니는 이 도시에서 저 도시로 부흥회를 하고 다녔습니다. 어떤 때는 그가 부흥사로서 어떤 도시에 갔을 때 거의 모든 도시가 구원받은 적도 있었습니다. 그것은 어둠의 왕국을 침범하는 것이었습니다! 교회사를 공부하는 학생들은 대개 사도 바울 이후로 피니가 가장 많은 영혼을 구한 사람인 것에 동의할 것입니다. 피니의 부흥회에서 개종한 사람들의 80% 가량이 그리스도인으로서 하나님께 신실하게 남아 있었다는 것은 역사적인 사실입니다. 다른 모든 대부흥에서는 개종한 사람들의 50%도 주님 안에서 계속하여 살지 못했다고 합니다.

그의 사역의 성공 비밀을 물어보았을 때 피니는 간단히 이렇게 말했습니다. "비밀은 기도입니다. 나는 매일 아침 네 시에 일어나서 여덟 시까지 기도합니다. 나는 기도에서 정말 나를 놀라게 하는 경험들을 하였습니다. 나는 내가 주님께 이렇게 말하는 것을 발견하곤 합니다. '주님, 당신은 우리가 여기서 부흥을 볼 것이라고 생각하시지 않습니다. 그렇지요!' 그리고 나는 주님께 모든 성경 구절들을 인용하여 그분의 약속을 상기시켜 드립니다."

그 부흥을 위하여 피니가 어떻게 기도하였는지를 읽었을 때, 나는 피니가 하나님께서 이사야서에서 우리에게 하신 말씀을 실천하고 있는 것을 깨닫게 되었습니다.

> 사 43:26
> 너는 **나에게 기억이 나게 하라** 우리가 함께 변론하자 너는 말하여 네가 의로움을 나타내라

피니는 하나님께 그가 부흥회를 가는 곳에 하나님의 말씀에 약속하신 것에 근거하여 부흥을 간구한 것입니다.

피니는 하나님이 그의 말씀에서 말씀하신 것을 하나님께 상기시켜 드린 것입니다. 그는 부흥을 위하여 말씀대로 기도한 것입니다.

– 영혼들이 하나님의 왕국으로 들어올 수 있도록 기도한 것입니다. 피니가 귀신들의 견고한 진을 무너뜨리기 위하여 기도했다든지 혹은 마귀에 대항하여 기도했다든지 혹은 도시를 지배하는 어둠의 왕자들을 다루었다는 기록은 하나도 없습니다. 그렇지만 피니가 부흥회를 인도할 때 온 도시가 다 주님께로 돌아왔던 것입니다.

피니는 또 기도로 피니를 지원했던 내쉬 신부에 대하여 말하고 있습니다. 때때로 피니가 부흥회를 할 곳에 내쉬 신부가 피니보다 먼저 가서 기도로 부흥의 길을 준비하곤 하였습니다.

한 번은 피니가 어떤 도시에 가서 그의 집회를 시작했는데 어떤 여인이 와서 이렇게 말했습니다. "일주일 전쯤에 내쉬 신부가 저의 집에 방을 하나 세를 들었습니다. 사흘 쯤 후에 나는 왜 그가 밖으로 나오지 않는지 궁금했습니다. 그래서 나는 그의 방으로 올라가 들어가보니 내쉬 신부가 신음을 하고 있는 것을 들을 수 있었습니다. 나는 그가 아픈가 하여 문을 열고 들여다보았습니다. 그는 방바닥 중간쯤에 누워서 신음을 하면서 기도하고 있었습니다."

피니는 이렇게 대답하였습니다. "내쉬 신부에 대하여 걱정하지 마세요. 자매님, 그냥 그 사람을 가만히 놔두면 됩니다. 그는 잃어버린 영혼들을 위하여 중보의 부담을 안고 있는 사람입니다." 내쉬 신부는 견고한 진을 무너뜨리거나 피니가 부흥회를 하려는 도시를 지배하고 있는 귀신들과 싸운 것이 아닙니다. 그는 잃어버린 영혼들을 위하여 성령님께서 기도하게 하심을 따라서 말로 할 수 없는 신음으로서 로마서 8장 26절에 의거하여 기도하고 있었던 것입니다.

그렇지만 우리는 성령님이 우리가 개인적으로 기도할 때는 공중(公衆)에서 할 수 있는 것이 아닌 방법으로 인도하실 수도 있다는 것을 알아야 합니다. 예를 들어, 많은 사람들이, 특별히 안 믿는 자들이 있었다면 갑자기 사람이 교회에서 바닥에 누워서 신음을 하면서 기도하였다면 이해할 수 없었을 것입니다.

그러나 하나님 말씀을 따라 하는 기도는 사람들의 심령의 밭을 준비하여 주어서 말씀이 심어질 때 사람들의 삶에 영원한 열매를 맺게 하는 것입니다. 그것이 도시와 나라를 변화시키는 성경적인 방법입니다. - 우리의 시간을 이미 예수님이 패배시킨 그 도시를 지배하는 영적인 능력들과 소위 전쟁을 하면서 보내는 것이 아닙니다.

피니의 사역을 통하여 수천의 영혼들이 하나님의 왕국으로 들어오게 되었습니다. 피니는 영혼을 위해 기도함으로 그것을 이루었던 것입니다. 그리고 하나님의 말씀을 전파함으로 그것을 이룬 것입니다.

어둠의 왕국으로부터 많은 사람들이 구원을 받도록 기도했던 내가 아는 한 여인의 예를 여러분과 나누기 원합니다. 우리는 그분을 하와드 자매님이라고 불렀는데 그녀는 놀라운 기도의 사람이었습니다.

수년 전에 하와드 자매님이 북 중부 텍사스로 처음 이사를 왔을 때 그 전 지역에 순복음 교회가 전혀 없었습니다. 그렇지만 주님이 그 자매님 심령에 그 도시와 그 지역의 모든 도시에 순복음 교회가 세워지도록 기도하라는 마음을 주셨습니다.

그래서 하와드 자매님은 기도하기 시작했고 한 번에 한 도시씩, 그리고 자신이 기도하는 곳에 순복음 교회가 세워질 때까지 계속하여 기도했습니다. 그 자매님은 아침 열 시부터 오후 늦게까지 기도를 했습니다. 그리고 저녁을 먹은 후, 그녀는 다시 기도를 시작하여 성령님의 인도하심에 따라 자정이나 더 늦게까지 기도하곤 했습니다. 그 기도에서 하와드 자매님은 견고한 진을 무너뜨리려고 하지 않았고, 마귀와 싸우려고 하지도 않았습니다.

그 자매님은 마귀가 무엇을 하고 있는지에 따라 그의 기도가 흔들리지 않았습니다. 내쉬 신부같이 성령님이 그 기도를 도와주시는 대로 영혼들이 구원받기를 기도하였던 것입니다. 그녀는 마귀에게 소리를 지르지도 않았지만 어둠의 왕국에 확실히 해를 주고 있었던 것입니다. 그녀는 하나님께 말하고 있었고 하나님의 왕국에 영혼들을 오게 해달라고 기도했습니다.

하와드 자매님은 텍사스 그 지역에 모든 도시와 동네에 교회를 세우도록 기도를 한 책임 있는 사람이었습니다. 그녀는 우리 믿는 자들이 한 도시를 하나님께 이끌어오기 위해 어떻게 열렬한 성경적인 기도로 중보를 해야 하는지에 대한 좋은 본보기입니다.

'내가 너에게 도시를 주겠다.'

성령의 능력과 기름부음으로 된 성경적인 기도와 중보는 하나님의 왕국을 위하여 도시와 나라를 변화시킵니다.

이것에 대해 예를 들어 설명하겠습니다. 내가 어떤 교회에서 집회를 하고 있었는데 설교 도중에 기도의 영이 온 회중에게 임했습니다. 그래서 모든 사람이 바닥에 앉아 기도하기 시작했습니다. 보이지 않는 성령님이 예배를 주관하고 계셨던 것입니다. 우리는 상당히 오랫동안 기도를 하였습니다.

그렇게 기도가 끝날 때쯤, 주님은 내게 이렇게 말했습니다. "만일 이 사람들이 이 도시의 잃어버린 사람들을 위하여 중보하고 기도를 한다면 내가 이 사람들에게 이 도시를 주겠다고 말하거라. 내가 그들에게 이 도시를 주겠지만 점령은 그들이 해야 한다. 그들이 점령하는 방법은 중보기도와 잃어버린 영혼들을 위하여 산고하며 기도하는 것이다."

우리는 피니가 하나님의 말씀의 약속을 사용하여 그의 일을 간구하였듯이 우리도 다른 사람을 대신하여 중보할 수 있는 것입니다. 그렇지만 우리는 다른 사람을 위하여 어떻게 기도해야 할지 항상 아는 것은 아닙니다.

그렇기 때문에 우리는 성령님이 우리를 잡을 때 성령님의 인도하심에 예민하게 기도해야 합니다(고전 14:14; 롬 8:26). 이러한 방법으로 잃어버린 자를 위하여 기도하는 것은 성경적으로 한 도시를 하나님께 드리는 방법 중의 하나입니다. 도시를 얻으려면 영혼을 얻어야 하는 것입니다. 한 도시를 하나님을 위하여 드린다는 말은 그 도시에 있는 모든 사람들이 다 구원을 받아야 한다는 말은 아닙니다. 사람들은 아직도 자유의지가 있기 때문입니다.

그렇지만 기도와 중보기도는 사람들이 하나님께 순종하는 것을 쉽게 하며 사람들이 구원받는 것을 열망하게 만듭니다. 믿는 자들이 잃어버린 영혼들을 위하여 기도한 결과로 많은 사람들이 주님께로 나왔던 것입니다.

사실, 내가 2년 후에 그 도시에 다시 갔을 때, 그 교회는 그 도시에서 가장 큰 교회였습니다. 그리고 아주 많은 영혼들이 기도로서 어둠의 왕국에서 나와서 하나님의 왕국으로 들어왔던 것입니다. 그리고 그 교회의 믿는 자들은 전혀 견고한 진을 무너뜨리려 하지 않았습니다! 그들은 그냥 성령님의 인도하심으로 하나님의 말씀에 근거하여 열심히 기도했던 것입니다.

'하나님의 말씀이 크게 성장하고 이기더라'

어떻게 썩지 아니할 씨를 – 하나님의 말씀을 전파하는 것 – 심는 것이 사람들을 어둠으로부터 끌어내어 하나님의 왕국의 증가를 가져올까요?

우리는 그것을 사도행전 19장에서 보았습니다. 바울이 에베소에서 하나님의 말씀을 전파할 때 하나님의 영광을 위하여 놀라운 기적들이 일어났습니다. 사람들이 구원을 받고, 믿는 자들이 성령으로 세례를 받고 새로운 방언으로 말하고, 병자들이 나음을 받았고, 악한 영들에게 억압을 당한 자들이 자유함을 받았습니다.

이 모든 일들이 바울이 말씀을 전파한 것의 결과로 일어났던 것입니다. "이와 같이 주의 말씀이 힘이 있어 흥왕하여 세력을 얻으니라"(행 19:20). 하나님의 말씀이 에베소 사람들의 심령 속에서 자라고 세력을 얻어서 어둠의 왕국에 매인 것을 풀어주었던 것입니다.

만일 당신이 귀신의 억압과 영향에서 벗어나는 것을 포함하여 많은 기적이 일어나는 것을 보기를 원한다면 말씀을 전파하십시오. 하나님의 말씀을 우선에 두십시오. 하나님의 말씀은 결코 실패하지 않기 때문입니다.

당신이 말씀 외에 다른 것을 강조하고 찬양한다면 당신은 교리에서 벗어나게 되고 사람들은 마귀의 묶임에서 놓여나지 못할 것입니다. 하나님의 말씀 외에 다른 것을 찬양하는 것은 마귀에게 문을 열어 놓는 것입니다. 이것은 교회를 향한 하나님의 계획에서 당신을 벗어나게 하는 일이기 때문입니다.

하나님 말씀을 전파하십시오! 사람들을 말씀 위에 세우십시오. 그러면 그들은 사단이 가져오는 어떤 시험이나 환난에도 바로 설 것입니다. 그들의 믿음에는 살아계신 하나님의 말씀인 확실한 기초가 있기 때문입니다.

사도행전 19장 20절은 사람들의 삶에서 세력을 얻는 것은 하나님의 말씀이라고 했습니다. "세력을 얻는다"라는 말은 힘이나 우월성을 통하여 주도권을 얻는다는 말입니다. 승리하는 것, 효과적이 되는 것, 또 우세하다란 뜻도 있습니다.

말씀이 사람들의 심령에서 우월성을 얻을 때 이것은 그들의 삶을 변화시키는 힘을 가지게 되고 모든 마귀의 묶임에서 자유함을 받을 수 있는 것입니다. 사람들의 삶에서 말씀이 세력을 얻는 것이 이 땅에서 어둠의 세력 위에 승리하는 교회의 열쇠입니다. 이것은 하나님을 위하여 도시와 나라를 변화시키는 성경적인 방법입니다.

나는 필리핀에서 오랫동안 사역을 하던 선교사님의 선교 소식을 읽어본 적이 있습니다. 그가 필리핀에서의 한 사역의 보고는 어떻게 말씀을 전파하는 것이 나라에 변화를 초래하는지에 대한 좋은 예입니다.

그의 사역 팀은 복음이 한 번도 전해지지 않은 섬으로 가게 되었습니다. 그리고 그 섬의 사람들은 모두 사단에게 묶여 있었습니다. 이 선교사들은 사람들에게 말씀을 전파하였습니다. 그래서 많은 사람들이 어둠의 묶임에서 자유함을 받게 되었습니다.

믿는 자들은 그 섬에 있는 사람들을 위하여 남은 평생 동안 금식하고 기도할 수도 있었습니다. 그렇지만 아무도 그 섬에 가서 말씀을 전파하지 않았더라면 아무도 구원받을 수 없었을 것입니다.

믿는 자들은 그 섬을 지배하는 마귀에게 그것을 중지하라고 명령할 수도 있었을 것입니다. 그렇지만 믿는 자들이 말씀의 지식이 없었더라면 마귀는 계속해서 지배했을 것이고 사람들은 의식적으로 혹은 무의식적으로 사단에게 계속 양보했을 것입니다.

말씀을 전파하고 가르치는 일이 없으면 사람들은 그들 자신이 사단에게 권세가 있다는 것을 알 수 없었을 것이고 그들이 더 이상 마귀에게 패배할 필요가 없다는 것도 몰랐을 것입니다.

그래서 그 섬에 있는 사단에게 묶여 있던 사람들을 위하여 가장 먼저 효과적이고 성경적인 기도를 했던 것입니다. 그러나 그 후에는 누군가가 가서 말씀을 전파함으로 썩지 않을 씨를 뿌려야 하는 것입니다. 그래서 아주 많은 사람들이 거듭나고 어둠의 왕국으로부터 구원을 받게 될 것입니다.

더 많은 사람들에게 말씀이 세력을 얻을 때 우리는 더 많은 도시와 나라가 하나님의 영광을 위하여 변화되는 것을 볼 것입니다. 이 말세에 복음을 모든 나라에 전파하는 것이 주 예수 그리스도의 승리하는 교회로서 바로 서는 방법입니다.

왜 기도해야 합니까?

비록 성경은 믿는 자들이 기도를 하는 데 있어 마귀와 싸우고 도시와 나라에 견고한 진을 끌어내리는 데 모든 초점을 맞추라고는 하지 않았지만 이 땅의 하나님의 왕국을 넓히기 위하여 기도하라고 지시를 하였습니다.

어떤 사람은 이렇게 말할 수 있습니다. "우리가 견고한 진을 무너뜨리거나 혹은 기도로 마귀와 싸운다는 극단을 막기 위하여 도시와 나라를 위하여 기도하는 것을 전면 중지합시다. 하나님이 원하시는 것은 무엇이든지 알아서 하실 것입니다. 기도하는 것이 소용이 없습니다."

그렇지만 우리는 잃어버린 영혼들을 위하여 기도하는 것을 중지할 수 없습니다. 이 세상은 절대적으로 기도가 필요합니다. 그리고 교회도 기도가 필요합니다.

어떤 사람은 이렇게 물어볼 수도 있습니다. "왜 우리가 다른 사람을 위하여 기도하고 중보 해야만 합니까? 하나님이 전능하시고 모든 사람들이 구원받는 것이 하나님의 뜻인데 왜 오늘날 하나님께서 모든 사람을 구원하시지 않습니까?"(딤전 2:4)

나는 요한 웨슬리가 이 질문에 대답한 것을 읽어본 적이 있습니다. 웨슬리는 이렇게 말했습니다. "하나님은 우리의 기도로 인하여 제한을 받으시는 것 같습니다. 하나님은 누군가 구하기 전에는 인간을 위하여 아무것도 하실 수 없는 것 같습니다."

왜 그런지를 말씀이 말해 주고 있습니다.

약 4:2
너희는 욕심을 내어도 얻지 못하여 살인하며 시기하여도 능히 취하지 못하므로 다투고 싸우는도다 너희가 얻지 못함은 **구하지** 아니하기 때문이요

요 16:23-24
23 그날에는 너희가 아무것도 내게 묻지 아니하리라 내가 진실로 진실로 너희에게 이르노니 너희가 무엇이든지 아버지께 **구하는 것을** 내 이름으로 주시리라
24 지금까지는 너희가 내 이름으로 아무것도 **구하지** 아니하였으나 **구하라** 그리하면 받으리니 너희 기쁨이 충만하리라

하나님은 그의 자녀들이 잃어버린 영혼을 위하여 하나님께서 역사하시기를 구하는 것을 원하십니다. 하나님 말씀에 근거하여 구하는 것은 믿는 자들이 그리스도 안에서 그들의 권세에 바로 서는 것이고 이 땅에서 사단의 패배를 강화하는 방법 중 하나입니다.

벌어진 틈 사이에 서서

하나님은 그의 백성이 구하는 대로 이 땅에서 역사하실 수 있는 것입니다. 하나님은 모든 나라를 위해 오늘도 울타리가 되고 하나님과 잃어버린 영혼들 사이에 서서 기도해 줄 사람을 기다리고 있습니다. 그것이 하나님을 위하여 도시와 나라를 승리하게 하는 성경적 방법인 것입니다.

> 겔 22:30
> 이 땅을 위하여 성을 쌓으며 성 **무너진 데를 막아 서서 나로 하여금 멸하지 못하게** 할 사람을 내가 그 가운데에서 찾다가 찾지 못하였으므로

이 구절에서, 하나님은 공의로운 하나님으로서 땅을 파멸시켜야 했던 것을 말하고 있습니다. 하나님은 죄에 대한 형벌을 선언해야 했던 것입니다. 죄를 위한 하나님의 선언은 불공정하지 않습니다. 사람들은 그들 자신의 죄로 그들 자신에게 심판을 가져왔기 때문입니다. "…그들 행위대로 그들 머리에 보응하였느니라."

이 성경 구절은 하나님이 둘 사이에 서서 울타리가 되고 땅을 위하여 중보 할 사람을 찾을 수 있었다면 하나님은 사람들에게 심판을 불러오지 않았어도 되었다는 뜻을 암시하고 있습니다.

이것은 요한 웨슬리가 "하나님은 어떤 사람이 구하지 않으면 인간을 위하여 아무것도 할 수 없으신 듯합니다"라고 말한 것과 같은 내용입니다.

만일 누가 구하기만 했다면. 생각해 보십시오!

하나님은 우리가 나가서 이미 패배한 적인 사단과 싸움을 하라고 하지 않았습니다. 이 구절들은 하나님의 언약의 자녀들이 이 땅에서

하나님께서 역사하실 것을 구하기만 했다면 하나님께서 그것을 들으시고 그들의 기도에 응답하셨을 것이라고 말하는 것입니다. 사단은 상관할 바가 없습니다! 세상의 구원받지 못한 사람들은 하나님에 의해서가 아니라 마귀에 의하여 통치되고 지배됩니다.

그러므로 그들이 진리를 듣고 회개하여 복음의 진리를 받아들이지 않는 이상 그들은 "그들의 머리로 만들어낸 그들 자신의 방법"으로 살게 운명지어져 있는 것입니다.

하나님은 누군가 심판을 잠깐 중지해 주시고 구원받지 못한 사람들에게 좀 더 많은 시간을 주셔서 회개하고 진리를 아는 자들이 되게 해 달라고 담대하게 구할 사람을 찾고 계십니다.

그다음 복음을 전파하는 것과 사람들이 구원을 받고 그리스도 안에서 마귀에 대한 그들의 권세의 자리를 차지하도록 가르치는 것은 우리들의 책임인 것입니다.

이것이 기도와 하나님을 위하여 도시와 나라를 불러오는 것에 대한 교리를 세우는 말씀의 원칙입니다. 하나님은 말씀이 잘 이행되는 것을 보고 계십니다. 경험에 세워진 교리나 혹은 한 구절을 빼내어 극단으로 간 교리에 역사하고 계신 것이 아닙니다(사 55:11; 막 16:20).

높은 지위에 있는 자들을 위하여 기도하는 것

도시와 나라를 구원하기 위한 또 다른 성경적인 기도를 하는 방법은 디모데전서에 나와 있습니다. 높은 지위에 있는 사람들을 위하여 기도하라고 했습니다. 만일 높은 지위를 가진 사람이 하나님의 영광으로 돌아선다면 하나님이 그 나라에서 더 역사하실 수 있게 되는 것은 당연한 이치이고 그러므로 마귀의 계획은 좌절되고 사람들은 구원받을 수 있게 됩니다.

> 딤전 2:1-2,4
> 1 그러므로 내가 **첫째로** 권하노니 **모든 사람**을 위하여 간구와 기도와 도고와 감사를 하되
> 2 **임금들과 높은 지위에 있는 모든 사람을 위하여 하라** 이는 우리가 모든 경건과 단정함으로 고요하고 평안한 생활을 하려 함이라
> 4 하나님은 모든 사람이 구원을 받으며 진리를 아는 데에 이르기를 원하시느니라

바울이 디모데전서 2장 1절에서 "내가 첫째로 권하노니…"라고 한 말씀에 주목하시기 바랍니다. 그것은 우리가 우리 자신과 가족들을 위하여 기도하기 전에 모든 사람들을 위하여 기도해야 하며 모든 높은 지위에 있는 사람을 위하여 기도해야 된다는 것입니다.

말씀에 따라서 기도하는 것과 첫째로 놓을 것을 첫째로 놓는 일은 언제나 좋은 결과를 창출하는 것입니다. 하나님 말씀에 근거가 없는 최근 영적인 "유행"에 따라서 기도하는 것은 지속적이고 영원한 결과를 가져오지 못합니다.

우리가 높은 지위에 있는 사람들을 위하여 기도할 때 성경은 우리가 이 세상의 나라에 영향을 미칠 것이라고 말하고 있는 것입니다. "임금들과 높은 지위에 있는 모든 사람을 위하여 하라 이는 우리가 모든 경건과 단정함으로 **고요하고 평안한 생활을 하려 함이라**" (딤전 2:2).

그렇습니다. 우리들의 도시와 나라를 지배하는 영들이 높은 지위에 있는 자들에게 영향을 미치는 것입니다. 비록 우리가 이런 귀신들의 견고한 진을 한꺼번에 "무너뜨리지" 못한다 해도 우리가 나라

의 권세자들을 위하여 기도할 때 우리는 이 땅에서 마귀의 전략을 중지하고 무효화할 수 있게 되는 것이고 하나님의 계획을 승리하게 하는 것입니다.

그렇지만 권세자들을 위하여 기도한다는 것은 우리가 좋아하는 정당이 선거에 이길 수 있도록 기도하라는 의미는 아닙니다. 우리는 우리나라에 높은 지위에 있는 지도자로 어떤 후보가 되어야 하는지를 정당만으로 판단할 수는 없습니다.

다른 말로 하면, 우리 정부를 위하여 기도하는 데 개인적인 문제에 몰두할 필요는 없다는 말입니다. 우리는 그냥 옳은 후보가 자리에 선출 되도록 기도하면 되는 것입니다. 우리 모두는 누가 어떤 직에 옳은 후보인지 각자 다른 의견을 가지고 있을 수 있지만 하나님만이 확실하게 아십니다. 그러므로 이 일에 있어서 하나님의 뜻이 이루어지도록 기도하면 되는 것입니다.

하나님은 우리나라가 평화롭도록 우리들이 높은 지위에 있는 자들을 위하여 기도하기를 원하십니다. 그렇게 되면 우리가 복음을 방해 없이 전파할 수 있게 됩니다. 마귀가 우리나라를 격동하게 하고 있는 한 우리는 조용하고 평안한 삶을 살 수 없으며 땅 끝까지 복음을 방해 없이 전파할 수 없는 것입니다.

살후 3:1-2
1 끝으로 형제들아 너희는 우리를 위하여 기도하기를 **주의 말씀이 너희 가운데서와 같이 퍼져 나가** 영광스럽게 되고
2 또한 우리를 부당하고 **악한 사람들에게서 건지시옵소서** 하라 믿음은 모든 사람의 것이 아니니라

우리가 기도할 때, 하나님은 우리나라에서 우리를 모든 방면과

분야에서 "불합리하고 악한 사람"들로부터 건져주셔서 하나님의 말씀이 방해받지 않고 잘 퍼져나갈 수 있게 하실 것입니다.

그러므로 하나님이 우리에게 지도자를 위하여 기도하라고 하는 가장 중요한 이유는 복음이 전파되고 사람들이 어둠의 왕국으로부터 건짐을 받게 하기 위해서입니다. 하나님의 계획과 목적은 교회가 모든 나라에게 복음을 전파하는 것입니다. "이 천국 복음이 **모든 민족에게** 증언되기 위하여 **온 세상에 전파되리니** 그제야 끝이 오리라" (마 24:14). 이것이 마귀의 일을 이 땅에서 무효화시키는 성경적인 방법입니다.

복음이 모든 나라에 전파되었을 때, 성경은 종말이 온다고 말하고 있습니다. 마귀는 종말이 오기를 원치 않습니다. 왜냐하면 마지막 때가 오면 그는 끝장이라는 것을 알고 있기 때문입니다! 그러므로 사단은 복음이 모든 세상에 전파되는 것을 방해하려고 모든 장애물을 놓으려고 애를 쓰고 있습니다(막 16:15). 전쟁과 혼란한 시대에는 복음을 전파하는 일이 더 어렵게 됩니다. 그러므로 마귀는 마음이 어두워져있는 불신자들을 사용하여 문제를 일으킵니다(고후 4:4). 사단은 하나님의 일이 전진하여 나가는 것을 중지시키려고 노력하고 있는 것입니다.

그러나 마귀가 각 개인에 대해 하는 전략이 성공하느냐의 여부는 그리스도인들에게 달린 일입니다. 우리가 성경에서 말씀하고 있는 대로 권세자들을 위하여, 또 세상의 나라들을 위하여 기도할 때 우리는 사단의 계획을 좌절시키는 것이고 그 대신 이 땅을 향한 하나님의 목적을 이루게 되는 것입니다.

그리스도인들은 예수님의 이름으로 기도할 권세가 있고 그들이 어떤 나라에 살든지 그들의 나라의 일들을 변화시킬 수 있는 것입니다. 우리가 기도할 때 어떤 상황이든지 하나님께서 역사하실 수 있게, 그리고 그 상황에서 이 세상의 신인 사단 대신 하나님께서 통치하실 수 있게 허락하는 것입니다. 그리스도인들이, 예수님의 이름으로, 기도로 그 권세를 내어주는 자리에 있을 때 하나님은 많은 사람을 그의 왕국에 불러올 수 있는 것입니다. 우리는 권세를 얻기 위하여 마귀와 싸우는 것이 아닙니다. 권세는 이미 예수님의 이름으로 우리들에게 주어진 것입니다(마 28:18-20). 우리가 기도로 자리에 설 때 우리는 예수님이 우리를 위하여 얻어주신 권세를 행사하는 것뿐입니다.

우리는 동부 공산국가들에서 공산주의가 감퇴되어가는 것에서 사단의 견고한 진보다 하나님의 말씀이 성하여 가는 것의 예를 볼 수 있습니다. 1983년에 주님은 내게 야고보서 5장 7절에 따라서 기도하라고 감동을 주시기 시작하셨던 것입니다. "그러므로 형제들아 주께서 강림하시기까지 길이 참으라 보라 **농부가 땅에서** 나는 귀한 열매를 바라고 길이 참아 이른 비와 늦은 비를 기다리나니."

우리는 그 당시 레마 성경 훈련학교에서 매주 기도회를 하고 있었는데 내가 이렇게 말했습니다. "나는 우리가 동부 공산국가들에 대하여 기도하는 방법에 있어서 좀 틀렸었다고 생각합니다. 대부분 우리들은 공산 국가들이 복음으로 들어갈 수 없는 나라라고 무의식적으로 생각하고 있었습니다. 우리들은 거기 있는 그리스도인들을 위하여 기도하였습니다. 그렇지만 우리들 중 몇이나 그들의 지도자들을 위하여 기도하였습니까?"

"그렇지만 성경은 주님이 미국이나 자유세계의 귀한 열매를 기다리신다고 말하고 있지는 않습니다. 주님은 공산주의 나라들을 포함한 이 땅의 귀한 열매를 기다리시는 것입니다. 그것은 예수님이 다시 오시기 전에 철의 장막이 아니라 대나무 장막 뒤에서도 부흥이 일어나야 한다는 말입니다. 왜냐하면 성경은 온 땅으로부터 추수한 것을 거둘 것이라고 말하고 있기 때문입니다."

그래서 매주 기도회에서 우리들은 세상의 다른 나라들은 물론 공산주의 나라들을 위하여도 기도하였습니다. 우리는 주님께 비, 즉 성령의 부어주심을 그 나라들에 보내달라고 스가랴 10장 1절에 따라 기도하였습니다. "봄비가 올 때에 여호와 곧 구름을 일게 하시는 여호와께 비를 구하라 무리에게 소낙비를 내려서 밭의 채소를 각 사람에게 주시리라." 우리는 디모데전서 2장 1,2절에 따라서 공산주의 나라들의 지도자들을 위하여 기도하였습니다. 그리고 우리는 추수의 주님께 일군들을 보내주시도록 기도하였습니다(마 9:38).

우리가 추수의 주님께 우리의 기도의 방향을 돌렸을 때, 우리는 이 땅에서 주 예수 그리스도의 승리하는 교회로서의 위치를 잡았던 것입니다. 그리고 이 땅에서 잃어버린 영혼들을 주관하는 사단의 영역들이 약해지기 시작하였던 것입니다. 우리는 그렇게 적에게 묶임을 당한 사람들을 구원해 내는 것입니다. 우리가 도시나 나라의 권세자들을 위하여 기도할 때 우리는 그런 도시들과 나라들에서 사단의 왕국의 효율성을 약하게 하는 것입니다. 우리가 기도할 때 사단 대신 하나님께서 그 나라들에서 하나님의 뜻을 이룰 수 있게 되는 것입니다.

나는 동부 공산국가들에 일어난 변화들에 대하여 증인이 될 수 있어서 너무 만족스럽습니다. 왜냐하면 많은 세계 방방곡곡의 믿는 자들이 그 나라들을 위하여 성경적으로 성령님의 인도하심에 따라 기도했기 때문입니다.

그리스도인으로서 우리는 예수님의 이름의 권세로서 그 나라의 정치적인 면에서 마귀의 세력을 묶을 수 있는 것입니다. 우리는 나라의 정부와 경제 사회적인 면에서 사단에게 손을 떼라고 요구할 권리가 있는 것입니다. 우리는 그런 방면에 역사하는 모든 더러운 영들을 묶을 권리가 있고 그들에게 그들의 작전행동을 중지하고 우리들에 대항하여 하는 그들의 행동을 포기하라고 명령할 수 있는 것입니다.

그리스도인들이 그리스도 안에서 권세의 자리를 잡고 이 세상의 나라를 대신하여 그 높은 지위에 있는 사람들을 위하여 기도한다면 이 땅에서 우리들에 대한 사단의 작전은 모든 일에서 중지될 수 있고 그리고 하나님의 목적이 완성될 수 있습니다.

그러므로, 우리는 먼저 해야 할 일을 먼저 해야 하겠습니다. 사단이 아니라 하나님께서 우리의 도시와 나라를 주관하시도록 해야 합니다. 당신의 가족을 위하여 기도하기 전에 우리는 높은 지위에 있는 자들을 위하여 먼저 기도해야 합니다. "임금들과 높은 지위에 있는 모든 사람을 위하여 하라 이는 우리가 모든 경건과 단정함으로 고요하고 평안한 생활을 하려 함이라"(딤전 2:2). 이것이 사단이 우리를 이용하는 것을 막는 하나의 방법입니다. "이는 우리로 사탄에게 속지 않게 하려 함이라 우리는 그 계책을 알지 못하는 바가 아니로라"(고후 2:11).

우리가 어둠의 세력들에 대하여 더 효율적이지 못했던 이유는 우리가 그리스도 안에 합당한 자리를 잡지 않았기 때문입니다. 그리고 우리가 우리의 기도를 하나님의 말씀에 확실하게 근거하지 못했기 때문입니다. 우리는 우리가 할 수 있는 만큼 먼저 해야 할 일을 먼저 하지 못했습니다.

'개구리'의 환상

나는 너무 비슷하고 이례적인 영적인 경험을 했는데, 하나는 1970년에 다른 하나는 1979년에 보았습니다. 그것은 내게 우리들의 나라와 이 세상 일들을 위하여 기도하는 것이 얼마나 우리들의 책임인가를 보여주었습니다. 두 개의 환상에서 나는 대서양 바다에서 무지하게 크고 검은 개구리 같은 것들이 올라오는 것을 보았습니다. 그들은 아주 큰 개구리 같았지만 훨씬 더 컸습니다. – 고래만한 크기였습니다.

1970년의 첫 환상에서, 나는 이 어두운 것들이 대서양에서 올라오는 것을 보았습니다. 그들은 땅을 훌쩍 뛰어넘는 것 같아 보였습니다. 1979년의 두 번째 환상에서, 나는 또 세 마리의 개구리 같은 것을 보았는데 그 중의 하나가 물에서 나와서 우리 해변에 내리는 것 같아 보였습니다.

당신은 영적인 환상을 해석하는 방법을 알아야 합니다. 이것들이 바다에서 나왔다고 해서 문자 그대로 해양에서 나왔다고는 볼 수 없는 것입니다. 창세기부터 요한계시록까지 "바다" 혹은 "물"은 많은 사람들을 상징하였습니다.

첫 번째 환상에서 세 마리의 개구리 같은 것들이 우리나라를 뛰어넘는 것은 마귀의 세 가지 공략이 우리나라의 많은 사람들에 대하여 일어날 것을 의미한다는 것을 알았습니다. 사단의 첫 번째 전략은 폭동과 소동입니다.

두 번째 전략은 정치적인 혼란입니다. (나타났던 대로 워터게이트 같은 일입니다.) 그리고 세 번째는 우리나라에 경제적인 문제가 생기는 것입니다. 이런 적들의 악한 전략들은 그리스도인으로부터 생기는 것이 아닙니다. 그들은 어둠에 행하고 있는 많은 사람들로부터 오는 것입니다. 왜냐하면 불신자들은 묶여 있고 어둠의 왕국의 마귀에 의하여 통치되기 때문입니다.

1979년의 두 번째 환상에서는 예수님이 나에게 이렇게 말씀하셨습니다. "만일 이 나라의 그리스도인들이 나의 말씀에서 하라는 대로 그들의 나라의 지도자들을 위하여 기도했다면 네가 1970년에 본 악한 영들이 이 나라에서 역사하지 못하게 할 수 있었을 것이다. 이런 모든 혼란이 이 나라에서 전혀 일어나지 않았을 것이다. 정치적, 사회적, 경제적 소동이 이 나라에 일어나지 않았어도 되는 것이다. 그리고 대통령은 그가 한 실수를 하지 않을 수 있었다. 나는 대통령의 잘못에 대한 책임이 교회에 있다고 생각한다."

예수님이 그렇게 말씀하시는 것을 들었을 때 나는 소리를 질렀습니다. "오, 주님!" 그리고 울기 시작했습니다. 예수님은 계속하여 말씀하셨습니다. "그렇다. 전능하신 하나님 앞에 교회가 책임이 있다. 나는 네가 이런 말을 어떤 그리스도인들에게 할 때 그들이 웃을 것을 안다. 그러나 너는 그들이 내 심판 자리에 설 때까지 기다려라. 그리고 그들이 심판을 받을 때도 웃을 수 있는지 보아라."

예수님은 그리스도인들이 하나님의 말씀에 근거하여 그들의 자리를 기도로써 잡으므로 마귀의 악한 궤계를 중지시킬 수 있었다고 말씀하고 계신 것입니다. 그리스도인들은 이 땅에서 예수님의 이름으로 권세가 있습니다.

그리고 만일 그리스도인들이 그 권세로서 기도했다면 미국은 1970년대에 우리나라에서 경험하였던 정치적인 혹은 경제적인 혼동이나 혼란을 겪지 않았을 것이라는 말입니다.

1979년 환상에서, 나는 그 개구리들이 우리나라의 해변에 다시 올라오고 있는 중인 것을 보았습니다. 그리고 또 예수님은 내게 이렇게 말씀하셨습니다. "너는 마귀의 비슷한 악한 궤계들이 이 나라에 다시 일어나려고 하는 것을 볼 수 있을 것이다.

첫째, 그리스도인이 기도하지 않는다면 다시 폭동의 시간이 올 것이고 혼동과 혼란이 나라 전체에 일어날 것이다. 이것들은 1970년도의 혼란과는 다른 원인으로부터 올 것이다."

둘째로, 너희 대통령에게서 일어나서는 안 될 일이 일어날 것이다. 그리고 이것은 그리스도인들이 기도하고 마귀의 전략에 대하여 권세를 취하여 내 이름으로 마귀의 일을 묶는다면 일어나지 않을 것이다.

그리고 셋째로, 그리스도인들이 기도하지 않는다면 어떤 일이 일어나서 이 나라의 경제적 혹은 재정적인 구조에 더욱 큰 문제가 생길 것이다."

예수님은 이렇게 결론을 내리셨습니다. "다시 한 번 말하겠는데 그리스도인들은 이 마귀의 세 가지 전략을 모두 중지시킬 수 있다. 그들은 사회적 구조에서 폭동, 혼동과 교란을 통한 혼란을 막을 수 있다. 그들은 그들의 나라에서 정치적 방면에서 마귀가 일으키는 혼란과 활동을 중지시킬 수 있다. 그리고 그들은 그들의 나라의 경제적인 방면을 방해하는 것을 중지시킬 수 있다."

많은 그리스도인들이 기도함으로써 적의 계획을 많이 파하였고 좌절시켰습니다. 그리스도인들이 예수님의 이름으로 권세의 자리를 잡았고 기도하고 마귀에 대한 그들의 권세를 행사하기 시작하였던 것입니다. 그때 하나님께서 우리들을 위하여 개입하여 역사하시는 것입니다.

성경적으로 나라들을 변화시키는 일

우리는 구약에서 기도를 통하여 그들의 나라를 변화시킨 두 사람을 살펴보겠습니다. 만일 당신이 성경의 사람들이 어떻게 그 나라를 변화시켰는지 알기 원한다면 그들의 기도생활과 그들이 누구에게 기도했는지를 살펴보면 됩니다. 당신은 그들이 말씀대로 기도한 것을 발견할 것입니다.

아브라함이 소돔과 고모라를 위하여 중보기도한 것은 하나님과 약속한 백성이 어떻게 기도하여 이 세상의 일어나는 일들에게 영향을 주는지를 보여주는 좋은 예입니다. 그래서 하나님의 목적이 이 땅에서 이루어지게 하는 것입니다. 어느 한 도시나 나라의 사단의 견고한 진하고는 상관없이 말입니다(창 18:16-33).

어떻게 아브라함은 그의 나라에 변화를 불러오는 영향을 미쳤습니까? 그는 마귀와 귀신들을 다루었습니까? 그는 귀신의 견고한 진을 무너뜨리려고 하였습니까? 아닙니다. 아브라함은 그의 문제를 하나님께 간청하였습니다(창 18:16-33; 사 43:26). 그는 하나님께 소돔과 고모라에 대하여 말씀을 드렸던 것입니다.

물론 소돔과 고모라에는 악한 영들이 있었습니다. 그들의 악함 때문에 하나님의 심판이 내리려고 하고 있었습니다(창 19:13). 그렇지만 아브라함은 그 도시를 구원하려는 노력으로서 지배하는 영들과 싸우지 않았습니다.

아브라함은 주님께 그 도시들에 관하여 중보기도를 한 것입니다. 그리고 주님은 그 안의 의인을 구해주심으로 그의 기도에 응답하셨던 것입니다.

아브라함의 중보기도는 이 땅에서 변화를 불러오기 위하여 우리들에게 중보기도자의 숫자가 중요한 것이 아니라는 것을 가르쳐 주고 있습니다. "진실로 다시 너희에게 이르노니 너희 중의 **두 사람이 땅에서 합심하여 무엇이든지 구하면 하늘에 계신 내 아버지께서 그들을 위하여 이루게 하시리라**"(마 18:19). 그리고 에스겔서 22장 30절에서는 "··· 나로 하여금 멸하지 못하게 할 사람을 내가 그 가운데에서 찾다가 찾지 못하였으므로"라고 말하고 있습니다.

더군다나 우리는 아브라함보다 훨씬 더 좋은 약속을 가지고 있는 사람들입니다. 아브라함은 우리가 예수님의 이름으로 새로운 언약 아래 가지고 있는 마귀에 대한 권세를 가지지 못했습니다. 만일 하나님이 구약 아래에서 아브라함의 중보에 따라 응답을 하셨다면, 새로운 언약 아래서는 믿는 자들이 기도하기 때문에 얼마나 더 우리의 도시와 나라에 응답하시겠습니까. 사단의 전략과는 상관없이!

그리스도인들이 예수님의 이름으로 그들이 가지고 있는 권세를 행사하기만 한다면, 그리고 이 땅에서 마귀의 패배를 강화한다면 하나님의 왕국을 위하여 많은 것을 완성시킬 수 있는 것입니다. 대부분의 그리스도인들은 기도로써 그들이 가지고 있는 권세를 잘 이용하지 못하고 있는 것 같습니다. 만일 그들이 그렇게 한다면, 어둠의 왕국에 많은 해를 입힐 것이고 많은 영혼들이 하나님께로 돌아올 수 있게 되는 것입니다.

그리스도인들이 우리들의 도시와 나라에 성경적인 기도를 통하여 정치적, 경제적, 사회적인 방면에 변화를 가져올 수 있습니다. 그리스도인들은 구원받지 못한 사람들에게 복음을 들을 수 있는 시간을 더 줄 수 있고 회개할 수 있는 시간을 주어서 심판을 늦출 수 있는 것입니다. 하나님의 백성들이 기도로 그들의 자리를 잡을 때마다 아브라함이 세상에 있는 나라를 위하여 그렇게 하였듯이 이 땅에 있는 일들이 변하여 하나님께 영광을 드리게 되고 마귀의 계획들을 매번 중지시킬 수 있는 것입니다.

다니엘의 기도 생활 :
다니엘은 마귀에 대하여 "전쟁"을 하였습니까?

다니엘의 기도생활에 있어서, 우리는 기도를 통하여 나라에 일어나는 일들을 변화시키는 언약의 사람의 성경적 예를 볼 수 있습니다. 만일 다니엘이 이스라엘 나라에서 일어나는 모든 일들을 그의 기도로써 사단의 견고한 진과는 상관없이 바꿀 수 있었다면 우리는 그가 어떻게 기도를 하였는지 잘 보아야 합니다.

우리는 모든 기록된 사건들마다 다니엘이 하나님께 기도한 것을 알 수 있습니다. 성경은 한 번도 다니엘이 마귀와 "전쟁"을 하였다든지 혹은 그가 통치자나 권세를 직접 다루었다는 말은 전혀 언급하지 않고 있습니다.

다음의 성경 구절들이 다니엘의 기도생활을 우리에게 보여주고 있습니다.

> 단 10:2-3,5-6,12-14
> 2 그때에 나 다니엘이 세 이레 동안을 슬퍼하며
> 3 세 이레가 차기까지 좋은 떡을 먹지 아니하며 고기와 포도주를 입에 대지 아니하며 또 기름을 바르지 아니하니라
> 5 그때에 내가 눈을 들어 바라본즉 한 사람이 세마포 옷을 입었고 허리에는 우바스 순금 띠를 띠었더라
> 6 또 그의 몸은 황옥 같고 그의 얼굴은 번갯빛 같고 그의 눈은 횃불 같고 그의 팔과 발은 빛난 놋과 같고 그의 말소리는 무리의 소리와 같더라

12 그가 내게 이르되 다니엘아 두려워하지 말라 네가 깨달으려 하여 네 하나님 앞에 스스로 겸비하게 하기로 결심하던 **첫날부터 네 말이 응답 받았으므로 내가 네 말로 말미암아 왔느니라**
13 그런데 **바사 왕국의 군주가** 이십일 일 동안 나를 막았으므로 내가 거기 바사 왕국의 왕들과 함께 머물러 있더니 가장 높은 군주 중 하나인 미가엘이 와서 나를 도와 주므로
14 이제 내가 마지막 날에 네 백성이 당할 일을 네게 깨닫게 하러 왔노라 이는 이 환상이 오랜 후의 일임이라 하더라

에스겔서와 예레미야서 둘 다 하나님이 이스라엘을 바벨론의 손에서 구원하시겠다고 예언하고 있습니다. 다니엘은 그 당시 바벨론에 포로로 와서 망명생활을 강요당하고 있는 수많은 히브리인 중의 하나였습니다. 하루는 다니엘이 이스라엘이 포로된 것에서 풀려날 것이라는 예언을 읽은 것입니다. 그래서 그는 하나님이 약속하신 것에 대하여 하나님께 구하기 시작했습니다.

하나님의 말씀으로 인하여 다니엘은 기도를 하게 되었고 그의 백성을 대신하여 하나님께 구하게 된 것입니다. 그리고 다니엘이 주님께 구하기 시작할 때 하나님은 그에게 곧 일어날 일을 보여주실 뿐 아니라 어떤 왕국들이 망할 것이며 다른 왕국들이 앞으로 일어날 것에 대하여도 말씀해 주신 것입니다.

다니엘은 마귀를 대항한 것이 아니라 하나님께 기도하였습니다

하나님의 말씀에서 말한 것을 볼 때, 당신은 다니엘이 기도로써 개인적으로 하늘에 있는 어둠의 왕자를 다루지 않았고 하나님께 기도한 것을 볼 수 있습니다.

다른 편으로 보면, 다니엘은 어떤 면에서 기도로서 간접적으로 악한 영들을 다루었다고 생각할 수 있습니다. 왜냐하면 다니엘이 기도하였을 때 하나님께서 들으시고 응답하셨고 하나님의 왕국은 더 전진하였고 사단의 왕국은 패배를 또 맛보아야만 했던 것입니다. 그리고 다니엘이 하나님께 기도한 결과로 하늘에서 전쟁이 있었던 것입니다. 그렇지만 다니엘이 싸웠던 것은 아닙니다.

그리스도의 몸이 기도할 때 하늘에서는 우리가 생각하는 것보다 훨씬 더 많은 일들이 - 귀신들이 활동하는 첫째와 둘째 하늘에서 - 일어나고 있는 것입니다.

그리고 하늘의 전쟁에서 천사들이 이기는지 아닌지는 이 땅에 우리들이 이 상황에 대하여 말하고 기도하는 것들에 달린 것 같습니다. 천사들이 다니엘에게 말한 것을 기억하십시오. "그가 내게 이르되 다니엘아 두려워하지 말라 네가 깨달으려하여 네 하나님 앞에 스스로 겸비하게 하기로 결심하던 첫날부터 네 말이 응답 받았으므로 **내가 네 말로 말미암아 왔느니라**"(단 10:12).

다니엘이 기도했을 때, 그는 마귀를 패배시키려고 한 것이 아닙니다. 다니엘은 하나님의 말씀을 하나님께 상기시켜 드리고 있었습니다(사 43:26). 그러나 다니엘의 기도는 간접적으로 통치자와 권세들에게 영향을 미쳤고 하늘에서 싸움이 일어나게 하였던 원인이 되었습니다. 그리고 어둠의 세력들이 다니엘의 응답이 그에게 가는 것을 막으려고 하였습니다.

다니엘은 그의 응답이 오지 않는다는 것을 깨달았던 모양입니다. 그래서 그는 계속하여 금식하고 기도하였습니다. 만일 다니엘이 포기하고 기도를 중단하였다면 어떻게 되었을까요? 천사들이 하늘의 전쟁에서 이기지 못하였을지도 모릅니다. 그렇지만 다니엘은 기도를 포기하지 않았고 그 결과로 기도의 응답이 왔고 그 나라의 상황이 바뀌어서 하나님께 영광을 돌릴 수 있었습니다.

다니엘이 하나님께 기도하였기 때문에 그 나라에 많은 악과 사단의 많은 견고한 진이 있었음에도 불구하고 이스라엘은 바벨론으로부터 포로된 것에서 해방을 받게 되었습니다. 그렇지만 그것은 다니엘이 하나님의 말씀을 기도로 반복함으로서 하나님을 움직이고 그런 환경들을 변화시킨 것입니다. 다니엘이 기도로 하늘에 있는 악한 영들과 직접적인 싸움을 해서 그 나라의 상황을 변화시킨 것이 아니었습니다. 왜냐하면 성경 어느 곳에서도 다니엘이 하늘에 있는 악한 영들에 대하여 기도했다는 말은 없기 때문입니다.

'내가 네 말로 말미암아 왔느니라'

다니엘서 10장의 이 구절은 하나님께서 우리의 기도에 응답하심으로 자연적인 영역에서 역사하실 때 우리의 말과 기도가 영적인 영역에 미치는 영향을 볼 수 있도록 통찰력을 주고 있습니다. 우리는 천사가 다니엘에게 한 말에서 볼 수 있는 것입니다. "… 네 말이 응답 받았으므로 내가 네 말로 말미암아 왔느니라"(단 10:12).

이것은 매우 흥미 있는 말입니다. "내가 네 말로 말미암아 왔느니라." 다니엘에게 보내진 하나님의 천사를 일하게 만든 것은 하늘에서 한 말이 아니었습니다. 하나님의 말씀과 같은 맥락으로 기도하는 사람이 이 땅에서 한 말이 천사들로 하여금 어둠의 세력에 대하여 싸우게 한 것입니다(시 103:20).

이것은 우리들에게 이 땅에서 승리를 경험하는 것은 하나님의 자녀들이 그리스도 안에 있는 합당한 권세의 자리를 잡는 것과 하나님의 말씀과 같은 맥락으로 기도하는 것에 달려 있다는 것을 알려줍니다.

그리고 옛 언약 아래서 다니엘은 예수님의 이름으로 권세를 가지고 사단에 대항하여 서서 통치자와 권세들의 전략과 활동을 묶을 수 없었던 것입니다. 왜냐하면 예수님은 아직 오셔서 사단을 패배시키지 못했기 때문입니다. 귀신들에 대한 권세는 아직 주어지지 않았었습니다. 예수님께서 아직 오셔서 죽으시지 않았고 죽은 자 가운데서 일어나지 않으셨으므로 예수님께서 아직 그 권세를 교회에 주시지 않았었습니다. 그러므로 다니엘은 새로운 언약 아래에서 믿는 자들이 할 수 있는 마귀의 전략에 대한 권세를 사용할 수 없었습니다. 오늘날 새로운 언약 아래서 우리는 다니엘이 가졌던 것보다 더 좋은 약속 위에 더 좋은 언약을 가지고 있습니다. 우리는 사단의 전략 위에 권세를 사용할 수 있고 이 땅에서 그 전략들을 중지시킬 수 있습니다. 우리는 그 권세를 얻으려고 싸울 필요가 없는 것입니다. 우리는 간단히 그리스도께서 이미 우리를 위하여 주신 우리의 자리를 지키면 되는 것입니다.

어둠의 왕국을 다루는 데 있어 기도의 역할

믿는 자들이 말씀에 따라서 기도할 때, 하나님은 우리를 위하여 역사하실 것입니다. 그리고 우리가 하나님의 말씀에 따라서 기도할 때, 어둠의 세력을 물리치고 하나님의 말씀이 승리하게 함으로 복음을 전파할 수 있게 되는 것 같습니다.

내가 성경적인 기도의 능력이 어둠의 세력을 밀어내고 그 나라에 일어나는 일들을 변화시킨 것에 대한 예를 하나 들겠습니다. 수년 전에 아프리카에 있는 한 나라의 대사가 레마 성경훈련소를 방문하여 그 나라의 총리로부터 특별 감사의 말씀을 전해 주셨습니다.

이 일이 있기 몇 달 전에 레마 성경훈련소의 사역 팀이 아프리카의 나라에 혁명이 일어나려는 때 그 나라를 방문하게 되었습니다. 레마 사역 팀은 그 나라의 지도자들과 만나게 되었고 그들과 예수 그리스도의 진리를 말하게 되었습니다. 그리고 국회의 한 모임에 초청을 받았고 그 나라의 위기에 대하여 평화로운 해결을 위하여 기도하게 되었습니다.

하나님은 그들의 기도에 응답하셨고 그 위기는 피를 흘리지 않고 해결되었습니다. 그 나라의 총리가 "당신들이 보낸 사람들이 우리나라에 가져온 예수 그리스도에 관한 진리는 우리 땅에서 피를 흘리지 않게 하였습니다"라는 말을 전해 왔습니다. 마귀는 피를 흘리게 하는 혁명을 일으키려고 하였습니다. 그렇지만 믿는 자들이 예수님의 이름으로 그들의 권세의 자리에 서서 적의 일들을 묶고 사람들에게 복음을 전했을 때 사단의 전략은 중단되지 않을 수 없었던 것입니다.

그 아프리카 나라의 대사는 우리들에게 이렇게 말했습니다. "우리는 그리스도인들이 우리나라와 지도자들을 위하여 기도할 때 그 차이를 분명히 느끼게 되었습니다. 그들이 기도의 자리를 잡을 때 적들이 반대하는 소리들이 없어지는 것 같은 느낌이었습니다. 그렇지만 믿는 자들이 기도를 멈출 때면 어둠의 세력의 효과는 다시 기어 들어 오는 것 같이 느껴졌습니다."

이 세상의 나라와 세력을 가지고 있는 사람들을 위하여 기도하는 것은 믿는 자들이 계속적으로 행하여야 하는 것입니다. 이것은 그 상황에서 이길 수 있게 하는 하나님의 뜻에 협조하는 하나의 방법입니다. 높은 지위에 있는 사람을 위하여 기도하는 것은 사람들의 삶에서 하나님의 말씀이 이기는 것을 방해하는 귀신의 역사를 일소하는 한 방법입니다.

우리는 마귀와 귀신들을 이 땅에서 없애버릴 수도 없고 마지막 심판의 때가 오기 전에 무저갱에 던져버릴 수도 없는 것입니다(계 20:3). 그렇지만 성경적 기도를 통하여 우리는 어둠의 세력들이 근접하지 못하게 할 수 있습니다.

그래서 복음이 쉽게 퍼질 수 있고 사람들의 심령이 하나님의 말씀을 잘 받아들이도록 만들 수 있습니다. 그 빛은 어둠을 밀어내고 어둠을 일소하는 것입니다. 그래서 사람들이 복음을 잘 받아들일 수 있게 되는 것입니다.

당신이 어두운 방에 들어가서 전기 스위치를 올리면 빛은 어둠을 일소해 버립니다. 빛이 있는 곳에는 어둠은 더 이상 존재할 수 없습니다!

성경은 마귀가 믿으려는 사람들의 마음을 어둡게 한다고 말하고 있습니다. "그 중에 이 세상의 신이 **믿지 아니하는 자들의 마음을 혼미하게 하여** 그리스도의 영광의 복음의 **광채가** 비치지 못하게 함이니 그리스도는 하나님의 형상이니라"(고후 4:4). 하나님의 말씀을 전파하고 영혼들이 하나님의 나라에 들어오게 하기 위하여 기도함으로써 우리는 어둠을 밀어내고 일소해 버릴 수 있는 것입니다. 그래서 사람들이 복음을 받아들이고 구원을 받게 하는 것입니다.

이 땅에서 세 계급들의 악한 영들을 묶기

예수님이 내게 1952년에 환상에 나타나셨을 때 이렇게 말씀하셨다고 말한 것을 기억할 것입니다.

"너는 처음 세 계급의 귀신들에 대하여 권세를 취하고 나는 높은 곳에 있는 악한 영을 처리하겠다."

정사와 권세, 그리고 이 세상 어둠의 주관자들이 우리의 개인적인 삶에 직접적인 영향을 미치고 있는 귀신들의 계급들인 것입니다. 그들이 우리의 세력범위를 지배하고 있기 때문입니다. 이 땅에서 우리가 묶어야 하고 예수님의 이름으로 권세를 사용해야 하는 대상이 바로 그들입니다. 그리고 만일 우리가 그리스도 안에서 우리들의 권세를 행사한다면 예수님은 높은 곳에 있는 악한 영을 처리하시겠다고 말씀하셨습니다.

마태복음 18장 18절에서 예수님이 "진실로 너희에게 이르노니 무엇이든지 너희가 땅에서 매면 하늘에서도 매일 것이요 무엇이든지 땅에서 풀면 하늘에서도 풀리리라"고 말씀하셨을 때, 예수님은 통치자나 권세들을 하나님의 천국에서 묶는 것을 말씀하신 것이 아닙니다. 왜냐하면 하나님의 나라에는 묶여야 하는 것이 하나도 없기 때문입니다. 아닙니다. 예수님은 첫째 하늘이나 혹은 둘째 하늘을 말하고 있었던 것입니다. 거기에서 악한 권세들이 일하고 있기 때문입니다.

정사와 권세들이 이 땅의 영역에서 지배를 해오고 있었던 것입니다. 왜냐하면 그들은 불신자들을 통하여 혹은 믿는 자들의 무지와 불순종을 통하여 역사할 수 있기 때문입니다. 그렇지만 믿는 자들은 정사와 권세와 이 세상 어둠의 주관자들을 예수님의 이름으로 그리스도 안에서 믿는 자들의 권세를 행사함으로 그들의 활동을 중지시킬 수 있는 것입니다.

마귀가 우리에 대하여 역사하는 것을 묶는 것은 하늘의 악한 영들을 다루는 성경적인 방법입니다. 나의 삶에서 일어났던 악한 영들을 성경적으로 다뤘던 예를 하나 말씀드리겠습니다. 나는 우리나라의 조금 큰 도시에서 집회를 하고 있었습니다. 그런데 주님의 영이 내게 오셔서 어떤 상황을 위하여 어떻게 기도할 것을 지시하였습니다.

나는 성령의 기름부음과 능력으로 이렇게 말했습니다.

"우리 국가와 정부에 반대하는 하늘에 있는 이 악한 영들아 너희들은 우리들에 대하여 하는 활동을 중지하고 단념하여라. 너 더러운 귀신아, 이 도시에 사는 너희 셋에게 다 나는 예수님의 이름으로 너의 작전을 중지할 것을 명령한다. 너는 그 정치적인 위치에 있는 그 사람에게서 손을 떼고 권세를 가진 몇 사람들한테서도 손을 떼어라. 예수님의 이름으로 지금 중지하여라. 너는 이미 패배한 적이다. 그리고 예수님의 이름으로 명하노니 너는 멀리 떠나야만 한다!"

나는 이런 식으로 성령님의 기름부음과 지시로 계속 기도하였습니다. 나는 그 당시 그 도시에 무슨 일들이 일어나고 있는지 전혀 알지 못하였습니다. 그렇지만 성령님께서 나에게 지시를 하였습니다. 그리고 그런지 얼마 안 되어서 그 도시에 중요한 정치적 지도자가 부패와 사악으로 그 직임에서 해임되었습니다. 그리고 그 도시에서 성령의 능력을 힘입어 마귀의 역사를 반대하여 권세를 취한 결과로 곧 심판이 다른 부패한 정치인들에게 떨어졌습니다. 그래서 그 정부의 중요한 지도자들이 그 당시 같이 해임을 당하게 되었습니다.

나는 성령님의 기름부음으로 보이지 않는 영역에서 지배하고 있는 악한 영들을 성경적으로 다루었던 것입니다. 그렇게 하였을 때 보이는 영역인 그 도시에서 부정부패한 정치적 지도자들이 폭로되고 그 정치적인 직임에서 해임되었던 것입니다.

우리 권세의 한계

이 자연적인 영역과 영적인 영역에서 행사될 수 있는 개인의 권세에는 한계가 있습니다. 예를 들어, 믿는 자는 어둠의 세력들에게 그의 가정에서와 그의 가족들에게는 권세가 있는 것입니다(행 16:15,31; 마 8:1-13). 그러나 믿는 자가 다른 사람들을 위하여 기도할 때 자신의 권세와 관할 이상으로 나갈 때는 그는 다른 사람들의 영적인 권세를 행사하기 위하여 그 사람들의 허락을 맡아야 하는 것입니다.

그렇기 때문에 예수님은 우리들이 동의하여 기도하라고 말씀하시는 것입니다(마 18:19). 그리고 두 쪽 모두 다 하나님의 말씀에 동의해야 하는 것입니다. 만일 우리가 다른 사람을 위하여 우리 권세의 영역을 넘어서 기도할 때는 그 사람이 우리와 합의해야만 그 기도가 효율적인 것이 되는 것입니다.

우리는 또 우리가 마귀에 대하여 효율적으로 다루기를 원한다면 사단의 왕국에 대한 우리의 권세가 상당히 한계가 있다는 것을 이해해야 합니다. 예를 들어서, 우리는 사람들의 삶에서 예수님의 이름으로 마귀의 권세를 부서뜨릴 수 있는 권세가 있습니다(마 18:18,19; 빌 2:9,10). 그리고 그렇게 하는 것이 그들로 그리스도를 받아들이기 쉽게 만드는 것입니다. 그렇지만 그들은 아직도 자유의지가 있어서 예수님을 받아들일 수도 있고 또 부인할 수도 있습니다. 사람들의 삶에서 마귀의 세력을 무너뜨림으로 그 사람은 사단의 영향력에서 훨씬 덜 방해받지 않을 수 있게 되고 그가 그리스도를 자유롭게 선택할 수 있게 됩니다.

그렇지만 우리는 온 도시에서 한 번에 마귀의 세력을 무너뜨리는 것에 대한 성경 구절이 없습니다. 왜냐하면 한 도시는 많은 사람으로 구성되어 있기 때문입니다. 사람들은 자유로 선택할 권리가 있는 것입니다. 그리고 그들은 사단이나 하나님 중 누구를 섬길 것인지 선택할 수 있습니다. 그리고 많은 사람들이 많은 도시에서 계속하여 사단을 섬길 것을 선택하고 그에게 순종하고 있습니다. 그렇지만 우리는 기도로써 어둠의 영향을 밀어낼 수 있고 그렇게 됨으로 말씀이 전파되어서 사람들의 심령과 삶에서 세력을 얻을 수 있는 기회를 줄 수 있는 것입니다.

같은 원칙으로서, 믿는 자가 그의 권세를 귀신의 활동에 관하여 행사할 수 있는 것은 한계가 있는 것입니다. 다른 말로 하면, 나는 나의 삶에서 마귀를 다룰 수 있습니다. 그렇지만 나는 그 사람이 나에게 그런 권세를 주지 않는다면 항상 다른 사람의 삶에서 마귀를 다룰 수는 없다는 것입니다. 그가 그의 삶에서 마귀를 원할 수도 있는 것입니다. 그는 마귀의 활동을 사랑할 수도 있고 빛 가운데로 들어오는 것을 싫어할 수도 있습니다.

누구든지 누구를 섬길 것을 결정할 권리가 있는 것이고 당신은 그 권리를 침해할 수 없는 것입니다.

우리는 우리의 삶에서 가지고 있는 합당한 권세를 취하여서 다른 사람의 삶에서 그것을 행사하려는 실수를 합니다. 우리는 그런 권세를 가지고 있지 않습니다. 우리는 우리의 삶에서 마귀를 쫓아버릴 수 있지만 우리가 항상 다른 사람들의 삶에서 마귀를 쫓아낼 수 있는 것은 아닙니다. 한 개인의 의지는 그 사람의 구원에 상당한 영향을 미칩니다.

내가 여러분에게 자연적인 영역에서 예를 들어 드리겠습니다. 나는 나의 재정을 다룰 수 있습니다. 그렇지만 나는 그 사람이 그의 권리를 내게 주지 않는 한 다른 사람의 재정을 다룰 수는 없는 것입니다.

영적인 일들은 자연적인 일들과 똑같이 상당히 실제적인 일들입니다. 그렇지만 우리는 영적인 일들에 대하여서는 다른 사람의 동의 없이 그 사람들의 삶에 들어갈 수 있다고 생각하는 것 같습니다. 그리고 어떤 때는 사람들이 동의하는 것 같아 보이지만 그들의 심령은 그렇지 않은 경우도 있는 것입니다. 그리고 사람들이 동의해 주지 않는 한 당신이 사도행전 16장에서 나오는 바울같이 특별한 능력이 없다면 당신은 그들을 자유하게 할 수 없는 것입니다.

그렇지만 한 사람의 지적 능력과 의지가 잘 활동하고 그가 자신을 통제할 수 있다면 그는 그가 자유함을 받는데 상당한 영향을 미칠 수 있는 것입니다. 그렇기 때문에 우리는 그들 자신이 그들이 삶에서 마귀를 다루어야 하는 것을 가르쳐야만 합니다. 그것은 항상 말씀으로 그리고 성령으로 충만하게 하는 것이고 자신들이 마귀에 대항하여 서게 하는 것입니다. 그리고 만일 사람들이 여러분에게 도움을 바라고 온다면 당신은 그들이 어떻게 마귀를 묶고 그들에 대항하여 설 수 있는지에 대하여 가르쳐야 합니다.

예를 들어, 사람들이 내게 도와달라고 올 때 그들은 그들이 내게 오는 것으로서 내가 그들을 돕기 위한 허락과 권세를 주는 것이기 때문에 대부분 나는 그들을 도울 수 있습니다. 그리고 그들이 지적으로 어느 정도 통제하여 그들의 권세를 줄 정도가 되면 나는 그들을 도와줄 수 있습니다. 그렇지 않다면 나는 그들을 자유롭게 하는 데 성령의 초자연적인 능력이 필요한 것입니다.

스미스 위글스워스가 믿는 자의 권세의 영역을 보여주는 이야기를 한 적이 있습니다. 위글스워스는 미국에서 배로 영국으로 돌아가고 있었습니다. 그리고 잘 모르는 사람과 선실을 같이 쓰게 되었습니다. 그 사람은 젊은 사람이었고 위글스워스가 선실에 들어갔을 때 그는 아파서 누워 있었습니다.

그 사람은 너무 말라서 뼈와 가죽뿐이었습니다. 그리고 그는 위글스워스에게 이렇게 말했습니다. "나는 영국으로 갑니다. 내 아버지가 지금 막 죽었습니다. 그리고 나는 유산을 받았습니다. 그렇지만 나는 그냥 술을 마셔서 다 없애 버릴 것입니다. 나는 도박과 술로 그것들을 다 없앨 것입니다. 나는 너무 술을 많이 마셔서 아무것도 먹을 수가 없습니다. 나는 위에 궤양이 많이 생겼습니다."

위글스워스는 이 사람을 전에 만나본 적이 없었습니다. 그렇지만 위글스워스는 이렇게 말했습니다. "당신이 말만 하십시오. 나는 당신이 해방받게 할 수 있습니다." 그 사람이 이렇게 말했습니다. "네, 나는 해방받고 싶습니다." 위글스워스는 그 사람 위에 손을 얹고 그로부터 악한 영을 쫓아냈습니다. 그리고 그 사람은 즉각적으로 치유를 받았습니다. 그 후 그 젊은 사람은 완전히 자유함을 받았고 배를 타고 있는 동안 먹고 싶은 것을 모두 먹을 수 있게 되었습니다.

여기에는 성경적인 원칙들이 있습니다. 위글스워스는 이렇게 그 사람에게 말했습니다. "그냥 말만 하십시오." 위글스워스가 예수님의 이름으로 그 사람을 자유롭게 할 수 있는 능력이 있었지만 그는 그 젊은이가 허락이나 권세를 주어서 그의 삶에서 마귀를 다스릴 수 있게 하기 전까지는 그 젊은이를 위하여 할 수 있는 일이 전혀 없었던 것입니다. 그 사람이 위글스워스에게 허락을 하기까지 위글스워스는 그를 도와줄 수 없었던 것입니다.

당신이 사람들에게 그리스도를 받아들이게 만들 수 없고 그리고 그들로 구원을 받도록 만들 수 없고 그들 자신을 위하여 하나님을 택하도록 만들 수 없는 것은 그들이 자유의지가 있기 때문입니다. 그렇습니다. 당신은 그들을 위하여 기도할 수 있고 그들의 삶에 역사하는 마귀의 권세를 묶을 수 있습니다. 그리고 그것은 그 사람들에게 사단의 영향으로부터 방해받지 않고 선택을 할 수 있는 기회를 줄 수 있게 하는 것입니다. 그렇지만 그들이 아직 자유의지가 있다는 것은 확실한 것입니다.

예를 들어, 한 남자가 그의 아내를 나의 집회에 자유롭게 함을 받기 위하여 데리고 왔습니다. 그는 그 여자를 치유의 줄에 세웠습니다. 그리고 내가 그 여자를 위하여 기도할 때 나는 성령의 도움으로 악한 영이 그 여자의 마음을 잡은 것을 알았습니다. 나는 또 그 여자가 자유롭기를 원한다면 자유롭게 될 수 있는 것도 알고 있었습니다.

그런데 하나님께서 내게 처음부터 왜 그 여자가 그 마음을 잃어버리게 된 것을 보여 주셨습니다. 그 여자는 아주 유명한 목사가 하나님께서 자신에게 들을 수 있는 목소리로 말했다고 하는 이야기를 들었습니다. 그 여자가 그 말을 들었을 때 자신도 그 목소리를 듣기를 간구하게 된 것입니다. - 하나님이 아니고 목소리였습니다. - 그래서 결국 그 여자는 미치게 된 것입니다. 그리고 그 여자는 정신병원으로 가야 했습니다.

하나님은 내게 또 그 남편이 여러 목사들에게 그 여자를 데려가 자유함을 받도록 여러 번 시도했다는 것도 보여 주셨습니다. 그렇지만 그 여자는 자유함을 받지 못했습니다. 그리고 그 남편은 모든 목사들에게 화가 나 있는 상태였습니다. 나는 이 모든 일을 성령의 계시로 알 수 있었습니다.

그리고 그 여자의 남편이 나의 집회에 그 여자를 데리고 온 것입니다. 그렇지만 나는 그 여자가 그 악한 영을 없애버리기를 원하지 않고 그 목소리를 듣지 않기를 원하지 않는다면 나는 그 여자를 자유롭게 할 수 없다는 것을 알고 있었습니다. 그렇다면 그 여자의 남편은 나에게도

화를 내게 될 것이었습니다. 그래서 나는 치유의 줄에 선 그 여자에게 사역을 하지 않았습니다. 나는 예배가 끝난 후 그 여자와 그 남편과 같이 이야기를 하고 난 후까지 기다리려고 하였습니다.

나는 이 부부에게 주님이 내게 계시해 주신 것을 그대로 말해 주었습니다. 그 여자는 정신병원에서 나온 지 꽤 되었습니다. 그렇지만 그 여자의 남편은 그 여자가 마음이 다시 혼란하여졌으므로 다시 병원으로 데리고 가려고 생각하고 있었습니다. 그렇지만 이 여인은 자기에게 하는 말을 알아들을 수 있었습니다. 그래서 나는 그 여자에게 이렇게 말했습니다. "자매님, 당신이 그 목소리를 듣기를 원하는 한 당신은 그 목소리를 듣게 될 것입니다. 그렇지만 당신이 자유함을 받기를 원한다면 당신은 자유함을 받을 수 있습니다."

그 여자는 이렇게 대답했습니다. "아닙니다. 나는 그 목소리를 계속하여 듣기를 원합니다."

만일 그 여자의 마음이 제대로 기능을 하지 못했다면, 그리고 그 여자에게 권위를 가진 그의 남편이 내게 허락을 했다면 나는 그 여자의 마음에서 그 악한 영을 쫓아낼 수 있었습니다. 혹은 성령님이 성령님의 은사로서 초자연적으로 역사하셨다면 나는 그 악한 영을 초자연적으로 다룰 수 있었을 것입니다. 그렇지만 그 여자의 마음이 이성적인 선택을 할 만큼 분명했기 때문에, 그리고 그 여자는 그 목소리들을 계속하여 듣기를 원했기 때문에 내가 할 수 있는 일은 아무것도 없었던 것입니다. 나는 그 여자의 자유의지를 침해할 수 없었던 것입니다. 하나님도 그 여자의 자유의지를 침해하시지 않습니다. 그렇지만 언제든지 그 여자가 자유함을 받기 원한다면 그 여자는 예수님의 이름의 권세로 자유롭게 될 수 있는 것입니다.

여기에 그리스도인들이 알아야 할 원칙은 다른 사람의 삶에 역사하는 마귀를 제한하는 우리의 권세에는 한계가 있다는 것입니다. 사람의 마음은 심령으로 가는 문입니다.

만일 어떤 사람의 정신이 당신이 그 사람과 교통할 정도가 된다면 당신은 그 사람을 도와줄 수 있습니다. 그리고 그가 당신에게 허락한다면 당신은 그의 삶에서 악한 영들을 다룰 수 있는 것입니다. 그렇지만 만일 그 사람이 허락하지 않는다면 혹은 그 사람이 악한 영들을 그냥 놔두기를 원한다면 당신은 그의 삶에서 악한 영들을 다룰 수 없게 되는 것입니다.

만일 사람의 마음이 기능을 다하지 못한다면 그는 당신에게 허락을 할 수 없을 것이고 그렇게 되면 주님이 성령의 은사의 초자연적인 역사로 인도하실 경우에만 그를 괴롭게 하는 악한 영들을 다루어서 그를 도울 수 있게 되는 것입니다. 혹은 만일 그 사람이 말씀을 가르치는 곳에 어떤 기간동안 앉아서 배울 수 있다면 그는 자유함을 받을 수 있는 것입니다.

그렇지만 내가 말하려고 하는 것은 자연적인 영역에서 다른 사람을 다루는 일에도 한계가 있듯이 다른 사람들의 삶에서 마귀를 다루는 것의 영적인 영역에는 우리의 권세에 한계가 있다는 것입니다.

어떤 믿는 사람들은 한 성경 구절을 빼내어 잘못 인용하기도 합니다. "믿는 자들에게는 이런 표적이 따르리니 – 곧 그들이 내 이름으로 귀신을 쫓아내며…" 그리고 그들은 그들이 만나는 모든 사람들에게 귀신을 쫓아내려고 하는 것입니다.

그렇지만 당신은 만나는 모든 사람들에게 당신의 권세를 행사할 수 없습니다. 예수님도 이 땅에 계실 때 그렇게 행하지 않았습니다. 사도들도 그렇게 하지 않았습니다. 그러므로 우리들이 그렇게 하는 것이 합당하지 않습니다. 사실 신약에는 만나는 모든 사람마다 차별 없이 귀신을 쫓아내는 모형이 전혀 없습니다.

많은 경우에 좋은 의도의 그리스도인들이 그들이 예수님의 이름으로 소유한 권세를 알게 될 때 그들은 너무 흥분하여 그들은 만나는 모든 사람들에게서 귀신을 쫓아낼 수 있다고 믿게 되는 경우가 있습니다. 그들은 "나는 정말 특별한 사람이다. 나는 능력이 있다. 나는 기적을 행할 수 있다. 나는 초자연적인 영역에서 역사를 일으킬 수 있다"라고 생각합니다.

아닙니다. 그들은 자신들의 힘만으로는 하나님의 초자연적인 능력을 역사하게 할 수 없습니다! 아무도 할 수 없는 일입니다. 사람이 아니라 성령님이 기적을 일으키는 분이십니다.

그리고 우리는 그분께서 하나님의 말씀에 따라서 지혜로 우리가 마귀를 잘 다룰 수 있게 인도하실 수 있도록 성령님을 의지해야 할 필요가 있습니다.

그러므로 다른 사람들의 삶에서 마귀를 다루는 데는 우리의 권세에 한계가 있는 것을 알아야 합니다. 그렇지만 우리 개인의 삶에서는 어떨까요? 예를 들어서, 나에게 믿는 자들이 그들의 재산에 마귀와 귀신들이 손을 떼게 하는 데 얼마나 권세가 있는지 물어 왔습니다. 믿는 자들은 그들 자신의 재산에 들어오려는 악한 영들에 대하여서는 물론 권세가 있습니다. 사실 우리의 권세의 한계성에도 불구하고 나는 주 예수 그리스도의 교회는 믿는 자들이 아는 것보다 훨씬 더 많은 권세가 있다고 확신합니다!

재산에 들어온 마귀를 다루는 일에 관하여 필리핀 선교사이신 어니 레브라는 분에게 일어난 사건을 여러분에게 소개하겠습니다. 레브 형제는 사단의 견고한 진이라고 알려진 섬으로 이사를 했습니다.

레브형제는 그 섬에 집을 짓고 있었습니다. 그리고 건축 중에 목수 중 한 사람이 소리를 지르기 시작했습니다.

레브형제는 무슨 일인가 하여 보려고 갔습니다. 그 사람은 어떤 사람과 씨름이라도 하듯 무엇을 때려눕히는 것 같은 행동을 하였습니다. "그 사람을 내게서 떼 주세요! 그 사람을 내게서 떼 주세요!"

레브형제는 말했습니다. "나는 무엇이 그의 바지다리를 찢는 것을 보았습니다. 이빨 자국이 났고 피를 흘리기 시작했습니다. 이러는 동안에 그는 계속하여 소리를 질렀습니다. '그 사람을 내게서 떼 주세요!'"

"나는 이것이 마귀인 것이 분명하다는 것을 알았습니다. 그래서 나는 이렇게 말했습니다. '나는 주 예수 그리스도 이름으로 명하노니 그를 떠나라! 이것은 나의 땅이다. 너는 내 땅에 들어올 어떤 권리도 없다!'"

레브형제가 귀신에게 떠나라고 했을 때 그것은 도망갔습니다. 레브형제는 귀신을 전혀 보지 못했다고 내게 말했습니다. 그렇지만 다른 사람들은 그것이 도망가는 것을 보았습니다. 그 후에는 다른 목수들이 그 장소에서는 일하기를 두려워했습니다. 무당이 와서 그 장소에 돼지와 닭을 잡아서 드리겠다고 했습니다. 그것들의 피가 귀신을 진정시키는 것으로 알려져 있었습니다.

레브형제는 그 무당에게 이렇게 말했습니다. "아닙니다. 당신은 내 땅에 들어올 수 없습니다. 당신은 내 땅에서 아무것으로도 제사로 드릴 수 없습니다. 이곳에는 악한 영이 없습니다. 나는 그것들에게 돌아오지 말라고 말했습니다. 그리고 그들은 다시 돌아와 내 땅에 발을 디딜 수가 없습니다. 그 목수들에게 돌아와서 일을 하라고 하십시오. 다시는 그런 일이 일어나지 않을 것입니다."

그 귀신들은 레브형제를 알았던 것입니다. 그리고 그들은 그가 그리스도 안에 있는 그의 권세를 알고 있다는 것을 알아챈 것입니다. 그리고 당신이 믿는 자라면 귀신들은 당신도 알고 있습니다. 당신이 그리스도 안에서 당신의 권세를 행사한다면 그들은 당신으로부터 도망갈 것입니다. 그렇지만 당신이 당신의 권세를 행사하지 않는다면 그들은 당신을 이용할 것입니다. 왜냐하면 그들은 죽이고 도둑질하고 멸망시키는 것이 목적이기 때문입니다(요 10:10).

그 무당은 레브형제에게 이렇게 말했습니다. "만일 그 사람이 다시 일하려고 돌아올 때 그 귀신이 그에게 다시 뛰어올라서 죽인다면 당신이 그 책임을 져야 합니다."

레브형제는 이렇게 말했습니다. "그 사람에게 다시 일하러 오라고 하십시오. 그 마귀들은 그 사람을 다시 공격하지 않을 것입니다. 내가 당신에게 내 땅에 들어오는 것을 금지하였듯이 그들이 다시 내 땅에 들어오는 것을 금지하였습니다."

그 목수는 그의 다리가 다 낳은 후 다시 일을 하러 왔습니다만 다시 공격을 받지 않았습니다. 레브형제의 경험은 분명히 마귀가 우리 자산에 침입하거나 침해할 때 우리에게는 그들에 대한 권세가 있다는 것을 보여주고 있습니다. 우리가 담대하게 마귀의 일을 묶을 때 그는 우리를 반대하는 그의 모든 활동을 그치고 중단해야 하는 것입니다.

마귀는 하나님의 소유 자산에 들어올 아무런 권리도 없습니다. 그렇지만 우리가 사단의 영역에 있을 때 우리는 마귀에 대하여 얼마나 권세를 가지고 있습니까? 만일 당신이 불순종, 무지 혹은 호기심으로 마귀의 영역에 갔다면 그는 당신에게 뛰어오를 권리가 있는 것입니다. 만일 당신이 그의 영역에 있다면 당신은 그가 당신을 공격하는 것을 막을 수가 없을 것입니다.

믿는 자들은 그들의 소유 자산 안에서는 마귀에 대하여 권세가 있고 그들은 성령의 지도와 인도로 마귀의 영역에서 복음을 전파할 때도 권세가 있습니다.

예를 들어서, 선교사들은 언제나 마귀의 영역을 복음의 좋은 소식을 가지고 침범하고 있습니다. 그리고 그들은 예수님의 이름으로 마귀들에 대한 권세가 있는 것입니다. 그렇지만 믿는 자가 불순종으로 행한다던지 하나님의 말씀의 빛에 반대하여 행하여 마귀의 영역에 있다면 그들은 마귀에게 그들을 공격할 법적인 권리를 부여한 것이 되는 것입니다.

그렇습니다. 우리들은 마귀를 다루어야 합니다. 그는 아직도 어둠의 세계를 지배하고 있습니다. 그리고 우리는 그가 이 세상의 신으로 지배하는 것을 막을 수가 없습니다. 그렇지만 우리는 우리를 반대하여 하는 그의 활동을 묶을 수가 있습니다.

그리고 우리는 사람들에게 진리를 전파함으로 그들이 마귀에게 통치를 받을 필요가 없다는 것을 알게 할 수 있습니다. 성경적인 기도와 말씀의 전파를 통하여 우리는 사람들이 어둠의 왕국에서 나와서 하나님의 왕국으로 들어가는 것을 도와줄 수 있는 것입니다. 그렇게 하는 것이 도시나 나라를 하나님께 온전히 드리는 방법입니다!

제 11 장

축사 사역은 성경적입니까?

오늘날 많은 그리스도인들은 소위 "축사 사역"이라고 불리는 것에서 마귀의 속임수에 놀라고 있습니다. 오늘날 "축사"라고 가장 하고 있는 것에서 일어나고 있는 많은 일들에는 과다와 오류가 많습니다. 어떤 축사든지 그 근거와 실천의 뿌리는 인간의 경험이 아닌 하나님의 말씀에 두고 있어야 하는 것입니다. 오늘날 축사 사역에서 일어나고 있는 일들의 대부분은 성경에서 찾아볼 수 없는 인간의 경험과 과다입니다.

사실, 적이 그리스도의 몸 안에서 소위 "축사 사역"이라고 불리는 몇 군데에서 역사하고 있어서 많은 사람을 정로에서 벗어나게 하여 하나님이 교회를 통하여 하시려는 일로부터 돌이키게 하려는 것입니다.

축사는 당신에게 속한 것입니다

귀신과 축사에 대하여 잘못 가르치는 것에도 불구하고 축사는 성경적인 것입니다. 만일 당신이 그리스도인이라면 치유와 축사는 당신에게 속한 것입니다. 그렇지만 당신은 "축사"란 단어가 그냥 귀신으로부터의 축사만을 뜻하고 있지는 않다는 것을 알아야 합니다. 사실,

당신을 묶으려는 어떤 것으로부터 자유를 얻게 되는 일은 그리스도 안에 당신의 속량의 권리의 일부분입니다. 그렇기 때문에 당신은 사단으로부터 어떤 것이라도 당신을 묶으려하는 것은 결코 허락해서는 안 됩니다. 왜냐하면 사단의 통치로부터 당신의 완전한 속량이 주 예수 그리스도에 의하여 이미 당신을 위하여 준비되었기 때문입니다.

예수님께서는 갈보리 십자가에서 우리의 구속을 이미 구매하시고 그 대가를 지불하셨습니다. 믿는 자에게, 속량은 영과 혼과 육신의 어떤 분야든지 사단의 묶임으로부터의 축사도 포함하는 것입니다. 치유와 축사는 우리가 예수님을 우리의 구세주로 받아들일 때 우리의 언약의 권리 중의 일부입니다(마 8:17; 눅 10:19; 벧전 2:24).

축사가 우리의 속량에 포함되어 있기 때문에 아프고 마귀에게 억압된 사람들에게 축사 사역을 하는 것은 성경적입니다. 그렇지만 축사 사역을 하는데 있어서 우리는 가장 먼저 사람들에게 하나님의 말씀을 전함으로서 그들의 심령으로부터 믿음이 올라올 수 있도록 도와야 합니다. 사람들이 하나님의 말씀을 그들 자신에게 적용함으로서 치유를 받고 자유함을 받을 수 있습니다. 그리고 하나님이 허락하시면 우리들도 아픈 사람에게 그리고 억압을 받고 있는 사람들에게 하나님의 영의 초자연적인 나타나심으로 사역을 할 수 있습니다.

그러나 사람들에게 첫째로 하나님의 말씀이 무엇이라고 하는 것을 가르치는 일은 대단히 중요한 일입니다. 그래서 그들 자신이 치유나 자유함을 받을 수 있게 하고 또 그들이 하나님으로부터 받은 것을 어떻게 붙잡을 수 있는지 알게 되는 것입니다. 그들 자신의 믿음은 여기서 대단히 큰 역할을 하게 됩니다. 그렇지 않으면 그들은 마귀가 그들이 하나님으로부터 받은 것을 도둑질하려고 할 때 마귀의 간계에 대하여 자신들이 어떻게 해야 하는지를 알지 못할 것입니다.

하나님께서 사람들을 자유롭게 하기 위해 초자연적인 나타내심을 사용하실 수도 있고 그렇게 하지 않으실 수도 있습니다. 그렇지만 사람들이 하나님의 말씀을 알고 그들 자신을 위하여 말씀에 따라 행동한다면 하나님의 말씀은 항상 역사합니다(요 8:32). 그렇기 때문에 당신은 사람들에게 사단의 억압이나 묶임으로부터 해방을 받기 위하여 영적인 나타남이 아니라 말씀에 의지하는 것을 가르쳐야 하는 것입니다.

'축사 사역'에 있어서 과다와 극단

오늘날 소위 "축사 사역"이라고 불리는 것에 특별히 몇 가지 분야는 전혀 성경적인 근거가 없습니다. 예를 들어서, 대부분의 그리스도인들이 그들 속에 귀신이 있어서 내쫓아야 한다는 잘못된 가르침이 있습니다. 그렇지만 당신은 신약의 초대교회에서 그리스도인 속에서 마귀를 다루는 일은 한 군데도 찾아볼 수 없을 것입니다. 초대교회의 사도들이 마귀를 쫓아낸 사람들은 모두 불신자들이었습니다. 그것은 우리들에게도 무엇인가를 말해주고 있습니다.

그리스도인들이 그들의 심령에 마귀를 소유한다는 것은 가능하지 않아도 믿는 자들이 그들의 마음이나 몸에 귀신의 억압을 받을 수는 있습니다. 그렇지만 내가 55년 이상 사역을 하는 동안 만난 수많은 사람들 중에서 아주 적은 숫자의 그리스도인들만이 그들의 마음과 몸에 마귀가 있었습니다. 그렇지만 오늘날 소위 "축사 사역"이라고 주장하는 대부분들이 모든 그리스도인 혹은 대부분의 그리스도인들이 주기적으로 내쫓아야 할 마귀를 가지고 있다고 주장하고 있습니다. 그것은 말도 안 되는 소리입니다!

내가 사람들 안에 있는 귀신들을 다룰 때도, 내가 어떤 사람 안에 귀신이 있다고 아는 유일한 방법은 성령님이 내게 계시하여 주시고 그것에 대하여 어떻게 하라고 말씀하여 주실 때 뿐입니다. 그렇지 않으면 나는 하나님의 말씀에 근거하여 믿음으로 혹은 성령의 기름부음으로 사역을 합니다. 이 두 가지 방법은 다 성경적인 방법입니다.

우리는 사도행전 16장에서 바울이 어린 소녀 안에 있는 악한 영을 다룬 것에서 성경적인 예를 볼 수 있습니다.

그는 마귀가 그를 며칠 동안이나 못살게 하였지만 곧 그 소녀에게서 마귀를 쫓아내려고 하지 않았습니다. 성령님이 바울에게 어떻게 할 것을 보여주었을 때 바울은 소녀에게 사역을 하여서 그 안에서 귀신을 쫓아내었던 것입니다.

다른 말로 하면, 축사라는 것은 우리 자신이 마음대로 하는 것이 아니라는 것입니다. 우리는 나가서 귀신을 쫓아주어야 할 사람을 찾는다든지 혹은 어떤 사람을 귀신으로부터 자유롭게 할 것인지 우리가 결정하는 것이 아닙니다. 축사는 성령님의 인도로 해야 하는 것입니다. 물론 우리는 마귀에게 억압을 당한 사람을 위하여 기도를 할 수 있고 그 사람이 마귀를 꾸짖는 일에 그 사람과 같이 서줄 수도 있습니다. 그렇지만 결국 믿는 자는 자신을 위하여 마귀에게 어떻게 대항하는지를 배워야만 합니다.

그렇지만 내가 말하려고 하는 것은 당신이 어떤 사람을 보고 그 사람이 어떤 식으로 행동을 하므로 그 사람 안에 귀신이 있을 것이라고 결정을 할 수 없다는 것입니다. 당신의 지적인 이해로서 귀신을 분류한다든가 어떤 귀신은 어떻게 행동을 한다고 결정하는 것은 성경적이 아닙니다. 귀신은 사람의 행동에 영향을 미칠 수가 있습니다. 그렇지만 이것은 단지 그 사람의 육신일 수도 있기 때문에 성령님이 그 사람 안에 귀신이 역사하고 있는지 여부를 가르쳐 주어야 합니다.

당신이 자연적인 영역에서 마음으로 알게 될 수는 없고, 이것은 영적으로 분별되어야 하는 것입니다.

다른 말로 하면, 진정한 축사는 정신적이나 육체적인 어떤 문제나 질병이 항상 귀신 때문이라고 하지 않습니다. 어떤 행동의 모형을 따라 질투귀신 혹은 탐식귀신, 욕심귀신 등으로 이름 짖는 일에 대하여 조심하십시오. 그것은 단순히 그들의 육신의 일 일지도 모릅니다.

만일 사람들이 육신의 일을 탐식하다가 보면 적에게 문을 열어줄 수 있는 것은 사실이지만 성경에는 그런 귀신들을 언급한 적이 없습니다. 어쨌든, 성경은 이러한 성품들은 육신의 일이고 육신의 풍조라고 가르치고 있습니다(갈 5:19-21).

육신의 문제를 가지고 마귀의 탓으로 돌리는 것은 너무나도 쉬운 것입니다. 그것은 우리가 육신적인 경향들을 어떻게 해야 하는지에 대한 책임에서 벗어나게 합니다. 그리고 악한 영들이 연루되어 있을 때에도 그 사람에게 영향을 주고 효력을 미치는 영의 종류는 성령님에 의하여 분별되고 계시되어야 합니다. 성령이 없이는 우리는 어떤 악한 영이 연루되어 있는지 알 수 없습니다.

소위 말하는 "축사 사역"의 다른 한 가지의 과다는 믿는 자들이 정말 자유롭게 되기 위해서는 계속적인 축사가 필요하다는 생각입니다. 신약에서는 예수님이나 초대교회들이 귀신 들린 사람들에게 되풀이하여 사역을 한 기록이 하나도 없습니다.

그러나 오늘날 소위 말하는 "축사 사역"을 하는 사람들의 말을 들으면 같은 사람들에게 계속하여 축사의 사역이 필요하다고 합니다. 그들은 그들 자신도 축사 사역을 반복해서 받는 것입니다.

만일 정말 그렇다면 무엇인가 잘못된 것입니다! 이것은 성경적이 아닙니다. 성경에 예수님이나 사도 중의 하나가 귀신 들린 사람을 다룰 때 그들은 악한 영들에게 말을 하였고 그 악한 영들은 떠났습니다. 그들은 몇 시간, 며칠, 혹은 몇 주를 사람들에게서 마귀가 나오게 하기 위해 시간을 들이지 않았습니다.

사람에게서 귀신이 나오도록 몇 시간씩 애쓰는 것은 그들이 육신으로 귀신을 쫓아내려 하고 있다는 것입니다. 성령님의 능력과 기름부음, 지시에 의하여 귀신이 쫓겨나가는 것이라면 그 결과는 곧 나타나게 되어 있고 그 사람에게서 계속하여 귀신을 내쫓을 필요가 없는 것입니다.

만일 오늘날 소위 말하는 "축사 사역"이 다 옳다면, 그리고 그것이 하나님께서 역사하는 것이라면 왜 그렇게 즉시 역사하지 않을까요? 왜 같은 사람이 계속하여 같은 문제를 가지고 있어서 계속하여 축사를 해야 할까요?

혹은, 왜 이 사람들이 "부분적으로만 자유로워지고" 귀신을 내쫓기 위해 계속해서 와야 할까요?

축사는 '쉬운 빠져나갈 길'을 마련해 주는 것이 아닙니다

대부분의 "축사"가 잘 작동되지 않은 이유 중의 하나는 사람들이 문제가 귀신의 문제가 전혀 아닌데도 귀신을 다루려고 하기 때문입니다. 육신의 문제이거나 혼의 문제일 수 있습니다. 그리고 이런 문제는 "쫓아낼 수" 있는 문제가 아닙니다. 그런 문제들이 그냥 쫓아낼 수 있다면 얼마나 편리하겠습니까! 그렇다면 그것은 우리들 모두에게 문제없는 해결책을 주는 것이 되겠지요.

"축사"가 그렇게 인기가 있게 된 그 이유는 이것이 쉽게 빠져나갈 길을 마련해 준다고 생각하기 때문입니다. 모든 사람들이 쉽게 빠져 나갈 길을 원합니다. – 즉각적인 치유와 즉각적인 응답을 원합니다. 육신을 십자가에 못 박는 일은 조금 더 시간이 걸리고 더 어렵겠지만 대부분의 경우 귀신을 내쫓는 것이 아니라 육신을 못 박는 일이 문제에 대한 정확한 해결책입니다.

이 책의 한 장 전체를 성경이 그리스도인들에게 그들의 육신과 혼에 대하여 어떻게 해야 하는지 말하고 있는 것에 대해 할애했습니다. 육신은 하나님께 산 제사로 내어놓아야 합니다(롬 12:1). 산 제사는 자신이 원하는 것을 더 이상 하지 않는 것입니다. 산 제사는 하나님의 뜻을 행하기 위하여 자신과 육신을 부인하고 십자가에 못 박는 것입니다.

자신의 육신을 통제하는 일은 결코 "축사"로 배워지는 것이 아닙니다. 이것은 계속하여 진행되는 성화의 과정이고, 그렇게 하는 것은 그리스도인이 남은 여생 동안 이 땅에서 해야 할 책임입니다.

나는 수년 간에 걸친 나의 사역기간을 통하여 대부분 사람들의 문제는 귀신으로부터가 아니라 새로워지지 않은 마음으로부터인 것을 알게 되었습니다. 대부분의 그리스도인들은 그들의 마음을 하나님의 말씀과 같은 맥락으로 생각할 수 있도록 새롭게 하지 않았습니다. 그들은 잘못된 것을 믿고, 생각하고, 말합니다. 그러므로 그들이 마귀에게 문을 활짝 열어 놓았기 때문에 감정적, 지성적 문제들로 적의 억압을 당하고 있는 것입니다.

내가 사람들에게 하나님의 말씀으로 그들 자신에게 채우는 것의 중요성을 인식시킬 수 있을 때, 그리고 그들이 그렇게 하였을 때, 그 사람들은 그들이 수년 동안 정복하려고 하였던 문제들이 그냥 떨어져 나가는 것들을 볼 수 있었습니다. 비극적인 과거를 가지고 있는 사람들도 하나님이 자기를 보는 것 같이 볼 수 있게 되었습니다. 그리고 그들은 마귀에 대하여 승리하는 것을 포함한 하나님과 같이 사는 삶을 배우게 되었습니다.

하나님의 말씀에는 능력이 있습니다! 로마서 1장 16절은 복음은 구원에 이르는 하나님의 능력이라고 하였습니다. "구원"이라는 단어는 희랍어로 치유, 자유함을 받음, 보호, 보존, 온전함 혹은 건전함이라는 뜻을 가지고 있는 말입니다. 그 모든 능력은 하나님과 그의 말씀 안에 있는 것이고 그리스도인들이 믿기만 한다면, 믿음으로 받아들이고 그대로 행동하면 됩니다. 아주 적은 숫자의 그리스도인들만이 그들의 몸과 혼에서 귀신을 쫓아내는 것이 필요합니다. 다른 편으로 보면, 모든 그리스도인들은 그들 자신의 마음을 새롭게 하고 그들의 몸을 산 제사로 하나님께 바칠 책임이 있는 것입니다. 그래서 믿는 자들이 적 앞에 강하게 설 수 있게 되는 것입니다.

초점이 안 맞으면 잘못되게 됩니다

소위 말하는 "축사 사역"의 다른 주요한 문제는 이것에 관련된 사람들이 서로 "축사"하는 일과 "축사 집회"를 하는 일에 너무 몰두하는 것입니다. 그래서 그들은 예수님의 주된 명령인 열방에 복음을 전파하라는 명령을 잊어버릴 수가 있게 되는 것입니다(마 28:19; 막 16:15).

우리 시대에서, 당신은 온 교회나 사역이 소위 말하는 축사에 온전히 정신을 빼앗기고 있는 것을 볼 수 있습니다. 그 결과로 교회나 사역들이 그들이 축사 사역을 시작하기 전에 하던 만큼 영혼들을 구하지 못하고 있습니다! 그것은 그들이 정로에서 벗어났다는 증거입니다. 그들이 하나님의 영광을 위하여 어떤 열매를 맺었습니까? 예수님이 요한복음 15장 8절에서 "너희가 열매를 많이 맺으면 내 아버지께서 영광을 받으실 것이요 너희는 내 제자가 되리라"고 말씀하신 열매는 어디 있습니까?

그리고 오늘날 소위 "축사"라고 부르는 대부분의 사역들이 사람들에게 하나님과 하나님께서 하시는 일보다 마귀와 그가 하는 일에 더 초점을 두게 합니다. 이런 가르침으로는 그리스도인들이 그들 자신을 예수 그리스도의 전능하신 보혈을 사용하는 것보다, 예수님이 십자가에서 이미 다 이루신 일보다, 그리고 그들을 악한 영들에게서 지킬 수 있는 하나님의 말씀의 능력보다는 그들에게 덤벼들기 원하는 마귀들의 희생자로 그들 자신을 보게 됩니다.

만일 마귀들이 그리스도인들에게 어느 때나 덤벼들 수 있다면, 그래서 우리가 계속하여 축사가 필요하다면 우리의 구속은 완전한 것이 아닐 것입니다. 그리스도인들이 그들의 문을 마귀에게 열어놓을 수 없다는 말이 아닙니다. 물론 그들은 문을 열어놓을 수 있습니다. 그렇지만 말씀의 빛에 행하고 있는 그리스도인들은 마귀가 그들에게 항상 덤벼들 것을 두려워할 필요가 없습니다. 만일 그리스도인들이 빛에 행한다면 사단이 그들을 공격하려고 해도 그들은 공격에 대하여 성공적으로 설 수 있는 권세가 있는 것입니다.

대부분의 그리스도인들은 그들의 생각이 하나님의 말씀과 일치되기 위하여 하나님의 말씀을 중복하여 먹이는 좋은 시간들을 가져야 합니다. 하나님의 말씀은 기름부음이 있고 그들의 삶에서 어떤 필요도 충족시킬 수 있습니다. 그들은 소위 말하는 "축사의 시간"들을 통하여 쉽게 해결하려는 노력을 중지해야 합니다.

믿는 자가 그리스도 안에서 정말 그가 누구인지를 안다면 그리고 그리스도께서 그 안에 있는 사람들을 위하여 마련한 능력이 무엇인지를 안다면 그가 하나님의 말씀에 순종하는 이상 어떤 마귀도 그를 붙잡을 수 없습니다.

좋은 그리스도인들이 그들의 영적인 효율성을 소진시키는 일에 빠져버리는 것은 하나님의 계획이 아닙니다. 그들은 나가서 사람들을 구원시키고, 치유하는 대신 계속하여 그들 안이나 다른 사람들에게도 없는 귀신들을 찾고 있는 것입니다.

사실, 많은 현재의 "축사를 가르치는 사람들"은 10년 내지 15년 이하의 경력을 가진 초보자를 겨우 벗어난 사람들입니다. 나의 사역은 거의 60년이 되어갑니다. 오랫동안 사역을 하면서 나는 그리스도의 몸에서 어떤 유형들이 계속하여 다시 일어나는 것을 보아 왔습니다.

예를 들어서, 이 "축사"를 가르치는 사람들이 여러분들에게 믿게 하려는 대로 현재 "축사"의 가르침은 말세에 특별한 계시나 새로운 교리가 아닙니다. 나는 내가 아주 젊은 목사였던 1930년대와 1940년대부터 소위 말하는 "축사"의 사역들이 오고 가는 것을 보아왔습니다. 이것은 매번 15년 내지 20년마다 일어나는 것 같아 보였고 그리스도인들의 비슷한 어느 정도의 수가 그것에 참여하는 것 같습니다.

어떤 그리스도인들이 정로에서 벗어나서 과다에 몰두해 있을 때, 다른 사람들이 그 교리의 오류를 보기 시작하게 되고 그러면 이것은 다시 사그러들기 시작합니다. 그러면 마귀는 다른 "교리의 바람"이 다시 나타나게 하고 다른 사람들을 다른 방면에서 과다로 몰아가는 것입니다. 성경은 우리들이 마귀의 간계를 모르기를 원하지 않는다고 하였습니다. 우리는 그의 속이려는 방법을 알아야 합니다.

어떤 묶인 것으로부터 진정한 자유함을 받는 것

그렇습니다. 진정한 자유함을 받는 길이 있습니다. 그렇지만 그것은 많은 사람들이 오늘날 가르치는 것과 같이 인간의 경험에 근거한 것이 아닙니다. 이것은 쓰여진 그리고 기름부음을 받은 하나님의 말씀에 의한 축사이고 성령님의 능력과 지시에 의하여 이루어지는 것입니다.

"축사" 사역에서 어떤 경험을 했다고 주장하는 것은 상관이 없습니다. 만일 그들의 경험이 하나님의 말씀에 근거하고 있지 않다면 그들은 속임을 당하고 있는 것입니다. 하나님의 말씀만이 어떤 교리나 행동을 판단하는 유일한 기준이 되는 것입니다.

사실, "축사"라는 단어는 그리스도의 몸에서 지나치게 강조되었고 지나치게 많이 선전되었습니다. 축사를 너무 강조함으로 어떤 좋은 그리스도인들은 "축사"라는 것이 귀신들로부터 해방되는 것만을 의미하는 듯한 인상을 남겼습니다.

축사라는 것은 귀신으로부터 해방되는 것을 포함하는 것이지만 그러나 사실 이것은 귀신보다는 훨씬 더 넓은 범위를 포함하고 있습니다. 왜냐하면 우리의 속량은 귀신으로부터의 해방보다 훨씬 더 넓은 범위를 포함하고 있기 때문입니다. 우리들은 죄, 질병, 나쁜 습관, 묶임 등과 같은 것으로부터 해방받은 것으로 인해 하나님께 감사합니다. 우리를 묶으려하는 어떤 것으로부터라도 예수 그리스도를 통하여 성령님과 말씀의 능력으로 우리는 자유함을 받을 수 있는 것입니다.

하나의 성경적인 진리를 너무 강조하다보면 항상 문제가 생깁니다. 그렇습니다. 우리들은 귀신들로부터 자유함을 받았습니다.

그렇지만 우리가 자유함을 받은 것은 그것만이 아닙니다. 사실은 우리가 복음을 전파하여서 사람들이 거듭날 때 그들은 모든 어둠의 세력으로부터 자유함을 받아 빛의 왕국으로 오게 된 것입니다 (골 1:13).

어떤 사람들은 축사란 귀신들에게 소리를 지르고 귀신으로부터 해방받게 하려고 노력하는 어떤 격식을 통해야 하는 것이라고 생각하는 것 같습니다. 그렇지만 그렇지 않습니다. 진정한 축사는 당신들에게 이미 속해 있습니다. 그리고 당신은 "축사" 목사들에게 가야만 자유함을 받을 수 있는 것이 아닙니다! 당신을 위하여 하나님의 말씀의 능력을 사용하십시오.

나는 소위 말하는 축사 사역의 극단을 가진 사람들이 아주 정직하고 신실한 사람들이라고 확신합니다. 그들은 많은 좋은 성품들을 가지고 있습니다. 그러나 나는 그들이 정말로 잘못되었다고 생각합니다. 내가 어떻게 그런 말을 할 수 있냐고요? 나는 그들이 지금 있는 같은 상황에 이미 가 보았기 때문입니다. 그리고 그런 경험으로 지금 내가 아는 것들을 배웠기 때문입니다.

나의 초기 '축사 집회'

나는 1937년에 성령의 세례를 받았습니다. 나는 1938년에 순복음 교회를 목회하기 시작하였고 거기서 나는 사랑하는 나의 아내, 오레타를 만났습니다.

우리가 결혼을 한 후, 우리는 시골에 있는 좀 더 큰 순복음 교회를 맡게 되었습니다. 나의 회중의 반 이상이 텍사스의 농부들이었습니다. 그 당시에는 면(cotton)이 최고였습니다.

나는 그 교회를 한 이년 반 동안 목회를 하고 있었고 침례교 청년 목사로서 나는 오순절교파 사람들로부터 많은 것을 배웠습니다. 그들에게는 당신들이 언급하기 원하는 모든 종류의 모임들이 있었습니다. 그들은 축사 집회가 있었고, 풀어주는 집회가 있었고, 자유하게 하는 모임도 있었고, 갑절의 기름부음을 받는 모임도 있었고, 여러분이 생각할 수 있는 모든 종류의 모임을 가지고 있었습니다.

그래서 나는 나의 예배에서 매주 토요일 저녁에 축사의 모임을 가지겠다고 회중에게 말을 했습니다. 모임은 잘 시작되었습니다. 우리들은 사람들에게 손을 얹었고 그들은 자유함을 받았다고 생각했습니다. 우리는 모든 종류의 육체적인 반응들과 나타남을 보게 되었습니다. 그 중 어떤 것은 보지 않았으면 좋았을 것들도 있었습니다. 당신은 오늘날 축사에서 나타나는 이 육체적인 나타남과 보여지는 것들이 새로운 것이라고 생각할지 모릅니다. 그렇지만 그것들은 새로운 것이 아닙니다. 우리들도 그때 비슷한 나타남과 일들을 보았습니다.

우리들은 이 축사 집회에서 주님 안에서 아주 흥미로운 시간들을 보냈습니다. 그렇지만 한 구십일 간의 토요일 저녁 모임 후에 신선함이 차차 흐려져 가기 시작했습니다. 그래서 나는 다음 토요일 밤에는 우리들이 "풀어지는" 집회를 시작하겠다고 광고를 하였습니다. 축사 집회에서 자유함을 받은 모든 사람들이 풀어지는 집회에서 풀어지려고 오기 시작했습니다! 풀어지는 집회에서 우리는 역시 여러분들이 언급할 수 있는 혹은 언급하기 싫은 모든 종류의 육체적인 일들과 나타남이 있었습니다.

그렇지만 이 풀어지는 집회에도 신선함이 차차 없어졌고 희미해지기 시작했습니다. 그래서 나는 우리가 "자유스러워지는 집회"를 시작하겠다고 광고를 하였습니다. 매주 토요일 밤에 우리는 '자유스러워지는' 집회를 가진 것입니다. 사, 오, 육 개월 동안 해방받기 위하여 왔고, 풀어지기 위해 왔던 사람들이 이제 또 자유하기 위해 오기 시작했던 것입니다. 그래서 우리들은 '자유해'지는 모임들을 한 참 동안 하였습니다. 그리고 그 집회의 신선함이 다시 없어지기 시작했습니다.

나는 좀 늦게 배우기는 했지만 결국 나에게 이렇게 말을 해야 했습니다. '이런 일들은 소용없군. 이 사람들은 자유롭지 않은 것 같아.' 나는 이 사람들이 그런 집회를 갖기 전보다 더 자유로워지지 않았다는 것을 알게 되었습니다. 나는 이 사람들 가운데 살았습니다. 나는 그들의 목사였습니다. 나는 그들의 집을 방문했습니다. 나는 그들이 자유로워지지 않았다는 것을 알았습니다.

나는 그들의 농장으로 나갔습니다. 나는 그들과 이야기하면서 목화밭에서 목화를 따는 것을 도와주기도 했습니다. 우리들은 옥수수 나무 줄을 따라 걸으며 이야기하면서 옥수수를 따서 큰 통에 던져 넣기도 했습니다. 그리고 나는 이 사람들이 어떤 것으로부터도 자유로워지지 않았다는 것을 알게 된 것입니다. 그들은 아직도 같은 문제를 가지고 있었고 그들이 가지고 있던 묶임을 그대로 가지고 있었습니다.

나는 또 저녁에 그들의 가정을 방문합니다. 그리고 나는 그들이 우리들이 그런 모임을 시작할 때보다 더 많이 자유로워지지 않았고, 더 많이 풀어지지도 않았고, 더 자유스러워지지도 않은 것을 보게 되었던 것입니다.

그렇지만 우리는 그런 모든 육체적인 나타남들이 있었던 것입니다! 사실 우리는 당신들이 생각할 수 있는 모든 육체적인 나타남들이 있었습니다.

나는 이것에 대하여 금식을 시작하고 기도하며 주님을 찾기 시작하였습니다. 나는 이렇게 말했습니다. "주님, 왜 이런 일들이 소용이 없는 것입니까?"

다른 사람들이 이런 모임들을 하기 때문에 나도 이런 모임들을 한 것입니다. 그렇지만 나는 모든 진실과 정직으로 했습니다. 이것은 내가 다른 사람들이 하기 때문에 무엇을 해서는 안 된다는 것을 배운 한 가지 경우입니다. 그리고 육체적인 나타남과 보여지는 증상들을 근거로 해서는 어떤 것도 짓을 수 없다는 것을 알게 되었습니다. 다른 사람들이 무엇을 하든지, 그것이 얼마나 인기가 있든지, 그것이 그 당시 얼마나 '유행'이든지 하나님의 말씀만이 우리의 기준이고 안내입니다. 나는 이렇게 말했습니다. "주님, 내가 어디서 놓쳤습니까?"

기름부음 받은 말씀이 사람들을 자유롭게 합니다

주님은 내게 응답하셨습니다. 주님은 이렇게 말씀하셨습니다. "너는 나의 말씀만이 할 수 있는 일을 위해 기도와 손을 얹는 것으로 하려고 하는구나." 그리고 주님은 나에게 요한복음 8장 32절을 주셨습니다. "진리를 알지니 진리가 너희를 자유롭게 하리라." 사실 당신은 이 구절을 "말씀을 알지니 말씀이 너희를 자유롭게 하리라"고 말해도 잘못된 것이 아닙니다.

사실, 말씀을 알고 행동하는 것이 당신을 자유롭게 하는 것입니다. 주님이 그렇게 내게 말씀하셨을 때 나는 말씀을 사람들에게 주어야 한다는 것을 알았습니다. 그래서 그들의 말씀에 대한 지식이 그들을 자유롭게 할 수 있는 것입니다. 그리고 나는 사람들이 육신적인 것의 결과로 생긴 일로부터 귀신을 쫓으려고 할 때 그는 마귀에게 문을 활짝 열어 놓기 때문에 문제가 생긴다는 것을 그때 알게 된 것입니다.

주님이 그것을 내게 말씀하셨을 때, 나는 사람들에게 말씀을 가르치기 시작했습니다. 예수님은 그가 말씀하신 말씀이 영이요 생명이라고 말씀하셨습니다(요 6:63). 하나님의 말씀은 하나님이 생기를 불어넣으시고 하나님이 영감을 주신 것입니다(딤후 3:16).

그것은 말씀이 기름부음을 받았다는 말이고 기름부음이 사단이 묶은 멍에를 부서뜨리는 것입니다(사 10:27). 그래서 사람이 기름부음 아래서 혹은 성령님의 능력으로 하나님의 말씀을 가르치고 전파하면 그것을 듣는 사람들이 그 말씀을 믿고 행동하게 하여 그 사람들을 자유롭게 하는 것입니다.

그래서 나는 말씀을 가르치고 전파하는 일을 우선으로 하기 시작했습니다. 나는 육신적인 나타남에 대하여 그렇게 흥미를 가지지 않았습니다. 내가 하나님의 말씀이 무엇을 말하는지 가르치는 동안에 그 모든 사람들이 자유함을 받았고 억압으로부터 풀려나고 문제는 해결되었던 것입니다. 그들이 듣고 행동하였던 진리가 그들을 자유롭게 하여 주었던 것입니다. 내가 그 교회를 떠나서 순회 부흥사로 나간 후 수년 뒤에 그 교회를 다시 방문할 기회가 있었습니다. 그리고 그 사람들은 아직도 자유로운 상태로 있었습니다. 그들이 말씀을 알고 있었으므로 묶임은 다시 그들을 잡을 수 없었던 것입니다. 말씀을 우선으로 하는 곳에는 항상 역사가 일어납니다.

말씀에 붙어있기

그리스도의 몸은 축사의 문제에 있어서 성경적인 근거에 거할 필요가 있습니다. 그리고 정로에서 좌로나 우로 치우치지 않도록 노력을 해야 합니다. 하나님의 말씀이 치유와 축사에 대하여 말하고 있는 것에 붙어있어 떠나지 마십시오. 그렇습니다. 귀신들은 정말 있습니다. 그리고 우리들은 그들을 다루어야 합니다. 그리고 어떤 경우에 우리는 믿는 자의 몸이나 혼에서 귀신을 쫓아내야 합니다. 그렇지만 내가 말한 대로 나의 수년의 사역기간 동안, 병이나 질병을 제외하고 그리스도인의 몸이나 혼에서 귀신을 쫓아내야 하는 경우는 아주 소수 뿐이었습니다(행 10:38).

다른 한 편으로, 당신이 만나는 모든 병든 사람들에게서 귀신을 내 쫓아서도 안 됩니다. 당신이 먼저 성령님에 의하여 그의 몸에서 질병을 만들고 있는 귀신이 있다는 계시를 받지 않는다면 귀신을 쫓아내는 것이 아닙니다. 당신은 다른 사람이 그렇게 한다고 혹은 당신이 그렇게 해야 된다고 생각하기 때문에 귀신을 쫓아내는 것은 아닙니다. 당신은 성령님에 의하여 인도를 받고 지시를 받아야 합니다. 그리고 물론 믿는 자는 자신을 위하여 마귀에 대항하여 설 수 있는 것입니다.

나는 가끔 수년 전에 나의 사위 버디 해리슨이 우리 사무실에서 일할 때 나를 찾아온 사람에 대하여 말하곤 합니다. 버디는 그 사람에게 이렇게 말했습니다. "오늘 당신은 어떠십니까?"

이 순복음 교회의 목사는 이렇게 대답했습니다. "오, 아주 좋습니다. 나는 오늘 아침 이미 17명의 귀신들을 내쫓았습니다!"

이것은 귀신의 문제를 너무 극단화시키는 것입니다! 이런 사람들은 모든 잘못된 일들이 직접적으로 마귀나 귀신들이 한 것이라고 생각합니다. 그들은 육신을 다루는 것에 대하여는 잊어버렸습니다. 그들은 하나님의 말씀의 능력에 대하여 잊어버린 것입니다. 그들은 하나님에 대하여 보다 마귀에 대하여 더 말하고 있고, 예수님과 그가 십자가에서 다 이루신 일보다 마귀를 더 확대시키고 있는 것입니다. 그렇게 하는 것이 그들이 정로로부터 벗어나 좌우로 치우치게 하는 것이고 사단에게 문을 열어주는 것이 되는 것입니다.

이러한 극단은 새로운 것은 아닙니다. 나는 오랫동안 사역을 해 왔고 이런 오류들이 주기적으로 오는 것을 관찰하였습니다. 1940년도 말과 1950년도에 '치유의 목소리'의 시대에는 우리들이 오늘날 가지고 있는 과도한 축사에 관한 가르침이 상당히 유행하였습니다. 그리고 70년대에 다시 축사 사역의 극단과 과다가 또 유행했습니다.

그리고 나는 내가 60년 전 사역을 시작한 후 세 번째로 이것이 다시 유행하는 것을 보게 되는 것입니다. 이 가르침은 가끔 나오지만, 이것은 성경적이 아니고 역사하지 않기 때문에 다시 사라집니다. 나는 어떤 분야에서든지 극단적인 가르침과 극단적인 행동에 반대합니다.

치유의 목소리 시대의 '축사'

1947년부터 1958년까지 굉장한 치유의 부흥이 미국에 일어났습니다. 그리고 나서 치유의 부흥이 퇴색하기 시작했습니다. 그 부흥기간 동안에 몇몇 사람들이 이 축사 분야에서 극단으로 몰아갔습니다.

사실, 축사의 주제에서 어떤 사람들이 극단적이 되었기 때문에 나는 나의 집회에서 "축사"라는 단어를 사용하는 것을 중지했습니다. 그리고 이 축사의 가르침과 사역을 모두 중단하여 버렸습니다. 나는 이 주제에 있어서 뒤로 물러섰던 것입니다. 왜냐하면 나는 이것이 교리적으로 궤도를 벗어났고 잘못된 사람들과 같은 부류로 오해되는 것을 원치 않았기 때문입니다.

나는 지난 56년 동안 내가 잘못한 경우 외에 결코 아프지 않았습니다. 그렇지만 내가 귀신의 문제에서 완전히 물러났을 때, 나는 아프게 되었습니다. 나는 모든 믿음의 고백들을 하기 시작했고 나의 치유를 위한 하나님의 말씀에 섰지만 아무 일도 일어나지 않았습니다.

어느 기간 동안 하나님의 말씀을 고백하고 말씀에 서서 기도해도 아무 일도 일어나지 않는다면 무엇인가 잘못된 것이 있다는 것을 알아차릴 수 있어야 합니다.

우리 자신을 다시 점검하고 문제가 무엇인지 발견하도록 해야 하는 것입니다. 왜냐하면 하나님 쪽은 문제가 없기 때문입니다. 하나님은 결코 변하시지 않습니다(말 3:6; 히 13:8).

그래서 내가 말씀에 서는 것으로 치유를 받지 못했을 때 나는 하나님과 연결이 안 되고 있다는 것을 알았습니다. 그래서 나는 결국 주님께 이렇게 말했습니다. "주님, 내가 무엇이 잘못 되었습니까?" 내가 주님께 그것을 묻는 순간 주님은 내게 말씀하시기 시작했습니다. 주님은 내가 무엇을 잘못했는지 확실히 말씀해 주셨습니다.

예수님은 내게 이렇게 말하셨습니다. "네가 축사라는 문제에서 극단에 치우친 사람들 때문에 축사와 귀신을 다루는 문제에서 온전히 물러난 것이 잘못한 것이다."

예수님은 이렇게 말씀하셨습니다. "귀신 문제에 있어서, 극단적인 사람들은 모든 사람에게 귀신이 있다고 가르치고, 그들은 모든 사람들이 토하고 기침을 함으로써 마귀를 쫓아내야 한다고 하며 광신이나 극단으로 치우친 것이다. 너는 그들로부터 멀어지려고 했고 그렇게 함으로써 마귀를 전혀 다루지 않으므로 너는 반대쪽으로 치우친 것이다. 그래서 네가 문제를 만나게 된 것이다."

예수님이 내게 그렇게 말씀하셨을 때 나는 회개를 했습니다. 그리고 나는 즉각적으로 치유를 받았습니다. 그리고 나는 하나님의 말씀이 귀신과 자유롭게 하는 것에 대하여 무엇이라고 말하는지 가르치기 시작했습니다.

오늘날 가르쳐지고 있는 어떤 극단적인 것들은 '치유의 목소리' 때에도 가르쳤던 것들입니다. 예를 들어서, 한 치유 부흥사는 병에다 개구리를 넣어 가지고 다녔습니다. 그리고 모든 사람에게 이렇게 말했습니다. "이것은 내가 어떤 여인에게서 귀신을 내쫓았을 때 그 여인의 입에서 튀어 나온 귀신입니다." 나는 어제 당신이 화성에 갔었다고 말하면 내가 믿지 않는 것과 같이 그 사람의 말을 믿지 않습니다! 당신은 영적인 존재인 귀신을 병에 넣을 수 없는 것입니다!

그렇지만 다른 편으로 보면, 영분별의 은사가 나타날 때 사람이 영적인 영역을 보게 되고 귀신은 어떤 때 다른 모양과 형체를 가지고 나타나기도 합니다. 당신은 그것을 이해할 필요가 있습니다. 그렇지만, 당신은 영적인 영역에서 본 것을 가지고 돌아다니며 교리를 만들어서는 안 됩니다. 귀신과 귀신을 쫓아내는 일에 대하여 말씀이 말하는 대로 말하십시오. 어떤 때는 진짜와 광신이나 극단 사이를 분별하기가 어려울 때가 있습니다.

극단적인 가르침은 그리스도의 몸에 해를 끼칩니다

오늘날 가르쳐지고 있는 축사 사역에 있어서 극단과 과다는 항상 부정적인 결과를 낳습니다. 이 극단적인 가르침은 자주 사람들의 마음을 상하게 하고 성경적인 가르침으로부터 사람들을 물러서게 하기도 합니다. 혹은 이것은 사람들을 광신자로 만들고 그들은 모든 것과 모든 사람들에게서 "귀신"을 발견합니다. 이 두 가지가 다 그리스도의 몸에 방해가 되고 해를 입히는 것입니다.

또 하나의 극단은 귀신이 존재하지 않는다고 하는 것입니다. 예를 들어서, 나는 한 목사를 아는데 그는 악한 영에 관한 경험을 하였습니다. 그러나 그의 경험은 악한 영이 존재하지 않는다고 믿는 사람들에 의하여 정죄당하고 도외시되었습니다.

그 목사는 오랫동안 그의 아내가 심각한 병을 앓았기 때문에 많은 압박을 받고 있었는데 그 부인은 결국 죽었습니다. 그는 여행을 하기로 작정을 하고 덴버 콜로라도에서 잠깐 머물렀습니다. 주일날, 그는 시내를 돌아다녔습니다.

그 목사는 나에게 이렇게 말했습니다.

"나는 극장 앞에 '오늘 저녁 예배 7시 30분' 이라고 쓰여 있는 간판을 보았습니다. 나는 '순복음이나 오순절 교회가 이 극장에서 예배를 드리나보다' 라고 생각했습니다. 그래서 나는 저녁 예배에 다시 오기로 결정을 하였습니다. 나는 그날 저녁에 그 극장으로 다시 가서 마지막 의자에 앉았습니다."

그 목사는 이렇게 말했습니다. "강단에는 커다란 피아노가 있었습니다. 그리고 곧 극장에 조명이 꺼지고 스포트라이트가 가슴을 깊이 판 긴 드레스를 입은 여자를 비추었습니다. 나는 그때 이것이 오순절 예배가 아니라는 것을 알았습니다! 그 여자는 피아노에 앉아서 '만세 반석' 이라는 것을 치기 시작했습니다."

"그 여자가 노래를 하면서 다른 스포트라이트가 야회복과 높은 비단 모자를 쓴 남자가 '만세 반석' 의 한 구절을 부르기 시작했습니다. 그는 아주 아름다운 목소리를 가지고 있었습니다. 한 스포트라이트는 그 남자에게 있었고 다른 스포트라이트는 피아노에 앉아있는 여자에게 있었습니다. 강단은 밝게 조명이 비추고 있었습니다. 갑자기 여자가 그냥 사라져 버렸습니다! 남자는 계속하여 노래를 하고 있었고 그 여자는 사라졌지만 피아노는 계속 연주되고 있었습니다. 남자가 노래를 끝냈고 강단에서 내려와서 내가 앉아 있던 자리로 걸어왔습니다. 스포트라이트는 그 남자를 따라 왔습니다"라고 계속하여 이 목사는 말하였습니다.

"그 남자는 내게로 와서 이렇게 말했습니다. '선생님, 당신의 아내는 30일 전에 죽었습니다. 그렇지만 그 여자는 오늘 여기 있습니다. 나는 당신의 아내로부터 당신에게 전해 줄 메시지를 가지고 왔습니다.'"

그 목사는 내게 이렇게 말을 하였습니다. "나는 그 남자에게 이렇게 대답을 하였습니다. '선생님, 내 아내는 30일 전에 정말 죽었습니다. 그렇지만 내 아내는 그리스도인이었습니다. 그리고 내 아내는 예수님과 같이 있습니다. 내 아내는 여기 없습니다.' 야회복 차림의 남자는 내게 아무 말도 듣지 않은 것 같이 행동하였습니다. 사실 그는 무슨 입신을 한 사람이나 혹은 다른 세계에 있는 사람같이 행동을 하였습니다."

두 번이나 야회복 차림의 남자는 되풀이했습니다. "선생님, 당신 아내는 30일 전에 죽었습니다. 그리고 그 여자는 지금 여기 있습니다. 나는 그 여자로부터 당신에게 전해 줄 말을 가지고 왔습니다." 두 번 다 그 목사는 이렇게 응답했습니다. "선생님, 내 아내는 정말 30일 전에 죽었습니다. 그러나 내 아내는 그리스도인이었고 그 여자는 여기 없습니다. 그 여자는 예수님과 같이 천국에 있습니다."

결국 야회복을 입은 남자는 이렇게 말했습니다. "그렇다면 당신은 그 메시지를 받기를 거부하는 것입니까?"

그 목사는 이렇게 말했습니다. "물론 그렇습니다." 그리고 목사는 그 건물을 떠났습니다.

만일 그 목사가 이 사람에게 응답을 하여 그 말을 받아들였다면 그 야회복을 입은 남자는 그 목사에게 그 목사와 그 아내밖에 알지 못하는 무엇을 이야기하였을 것입니다. 이제 당신은 사람들이 어떻게 속임을 당하는지 알 수 있겠지요?

이것은 초자연적인 것이 확실합니다. 그러나 이것은 '익숙한 영(familiar spirit)'의 역사입니다. 그리고 만일 그 목사가 그 익숙한 영에게 그 남자의 말을 받음으로써 응답을 하였다면 그 목사는 그의 삶에 사단의 영향력의 문을 열어주었을 것입니다.

야회복을 입은 남자는 그의 소식을 그 목사의 아내로부터 얻은 것이 아닙니다. 그 여자는 천국에 있었습니다. 왜냐하면 성경은 믿는 자가 죽으면 그는 천국에 가서 예수님과 함께 있다고 하기 때문입니다(고후 5:8). 이 소식은 잘못된 근원에서 나온 것입니다. 이것은 익숙한 영(familiar spirit)의 역사였습니다. 우리는 사단의 계략을 잘 알지 못하면 안 됩니다(고후 2:11).

하나님께서는 마귀가 무슨 일을 하든지 그 일을 그 보다 훨씬 더 잘 하실 수 있습니다. 우리는 마귀에게로 가서 그가 말하는 것을 들을 필요가 없는 것입니다. 우리는 점쟁이, 예언자, 점성술자 혹은 어떤 사람들에게라도 가서는 안 됩니다.

우리는 하나님의 말씀과 성령님이 계시고 하나님은 우리가 알기 원하는 것을 우리에게 계시하여 주실 것입니다.

이 사건은 '치유의 목소리'의 시대에 일어났습니다. 그리고 이 목사는 개인적으로 내게 이 이야기를 해 준 것입니다. 이 목사의 이야기가 순복음, 오순절 계통의 교파 중에 다 알려졌고 그 당시 목사들도 이 이야기를 하였습니다. 그렇지만 어떤 사람들은 이것이 정말로 일어났다는 것을 믿지 않았습니다. 그들은 귀신과 악한 영의 존재를 부정함으로서 극단으로 간 것입니다. 우리는 눈을 가리우고 마치 악한 영이나 귀신들이 존재하지 않는 것 같이 해서는 안 됩니다. 또 우리는 반대쪽으로 치우쳐서 모든 사람이나 모든 일에서 마귀를 보아서도 안 됩니다.

사람들은 마귀에 대해 너무 강조하고 마귀를 다루는 일에 모든 시간을 보내는 오류를 범합니다. 사람들이 마귀와 그가 하는 일에 대해서만 생각할 때, 그들은 마귀를 너무 의식하게 되고 사실상 마귀에게 자리를 주게 되는 것입니다. 사람들이 마귀를 너무 의식할 때 마귀는 그들에게 자신을 나타내 보임으로 화답하는 것입니다.

그러나 하나님이 영광을 받으시고 그의 말씀이 높임을 받으실 때는, 하나님의 영은 그 자신을 나타내시는 것입니다. 만일 사람들이 성령님께 순종한다면 성령님은 그 자신을 나타내실 것이고 하나님은 영광을 받으실 것입니다.

육체적인 증상들이 나타남은 축사에서 필수는 아닙니다

오늘날 축사에 또 다른 극단적인 가르침은 마귀가 그 자신을 드러내야만 쫓아낼 수 있다는 것입니다. 어떤 사람들은 항상 나타나는 것을 보기를 좋아합니다. 어떤 믿는 자는 성령님이 나타나시는 것보다 귀신이 나타나는 것에 더 흥미가 있는 것 같아 보입니다!

어떤 목사들은 귀신을 없애기 위하여 육신적으로 기침을 하든지 토하든지 어떤 다른 육신적인 나타남이 있어야 된다고 교리로 가르치기도 합니다. 사람들은 그것이 새것이라고 생각합니다만 '치유의 목소리' 당시에도 그런 것이 유행된 적이 있었습니다. 내가 말한 대로 이런 오류와 속임은 주기적으로 오는 것 같습니다. 왜냐하면 사단은 언제나 그랬던 것처럼 오래된 속이는 자이기 때문입니다.

나를 오해하지 마십시오. 귀신이 어떤 사람을 떠날 때 어떤 나타남이 있는 경우가 있습니다. 예를 들어서, 성경은 귀머거리 영을 가진 아이에게서 귀신이 나가면서 그를 나타냈던 증상에 대하여 말하고 있습니다. "귀신이 소리 지르며 아이로 심히 경련을 일으키게 하고 나가니 그 아이가 죽은 것 같이 되어 많은 사람이 말하기를 죽었다 하나"(막 9:26).

그렇지만 예수님이 1952년 내게 환상으로 나타나셨을 때 특별히 내게 이렇게 말씀하셨습니다. "마귀를 다루는 일에 있어서 어떤 사람에게도 기침을 하거나 토함으로 귀신을 내보내라고 절대 말하지 말아라. 기침을 하거나 토하여 귀신을 쫓아내는 일은 가끔 일어나기도 한다. 만일 그런 일이 있다면 그대로 두어도 좋다. 그렇지만 너는 다른 사람에게 육체적인 증상의 나타남으로 귀신으로부터 자유함을 받는 것이라고 말하지는 말아라. 만일 네가 사람들에게 어떤 육체적인 나타남이 있다고 말한다면 그들은 육체적인 나타냄을 보이려고 애를 쓸 것이고 그러면 귀신을 없애는 것보다 오히려 귀신을 얻게 될 것이다."

이것이 사람들이 잘못되는 부분입니다. 귀신이 어떤 사람의 몸이나 혼을 떠나갈 때 어떤 육체적인 증상이 한번 나타나면 어떤 사람들은 이렇게 생각합니다. '분명히 매번 이렇게 되는 것이구나'

그래서 그들은 사람들에게 기침을 하거나 토하게 하여 귀신을 없애버리라고 말합니다. 나는 목사들이 이렇게 하는 것을 보았습니다. 예를 들어서, 나는 어떤 집회에 갔었는데 목사 중의 한 사람이 모든 사람들에게 이렇게 광고를 했습니다. "다음 집회에는 모든 사람이 종이 봉지를 가지고 오시기 바랍니다." 그는 사람들이 종이 봉지를 가지고 와서 거기에 악한 영을 토하기를 원했던 것입니다!

그렇지만 당신은 표징이나 경험 위에 교리를 세워서 그렇게 매번 같은 일이 일어날 것을 기대할 수는 없는 것입니다. 신약을 공부한다면 당신은 한 번도 어떤 사람이 악한 영을 토하거나 기침으로 내보내는 것을 볼 수 없습니다.

그리고 당신은 그런 일들을 받쳐 줄 성경적인 교리나 원리를 찾을 수도 없을 것입니다. 돌아다니면서 다른 성도들에게서 마귀를 보는 믿는 자들은 지역교회의 몸에 혼란을 일으키는 것입니다. 나는 이런 분야에 너무 극단적인 가르침 때문에 실제적으로 사람들이 너무 마귀를 의식하게 되어서 악한 영이 없던 사람이 악한 영을 가지게 된 것을 본 적이 있습니다. 사람들이 믿는 자들에게도 마귀가 있고 주기적으로 내쫓아야 된다고 가르침을 받을 때 그리고 마귀가 나갈 때는 언제나 육체적인 표징이 있다고 가르침을 받을 때 이것은 실제로 마귀에게 문을 열어주는 것이 됩니다.

여러분들이 아는 것과 같이 사단은 이 세상의 신입니다(고후 4:4). 그래서 그는 육체적 영역에 자신을 나타낼 수 있습니다. 사단은 사람들이 그들의 오감으로 경험을 하는 것을 통하여 육신의 영역에서 역사할 수 있는 것입니다. 다른 말로 하면, 사단의 영역은 사람들이 이 자연적인 영역에서 보고 느끼고 경험하는 것에 기반을 두고 있다는 것입니다.

그렇지만 믿음은 당신이 보는 것에 근거하고 있지 않습니다. 믿음은 하나님의 말씀이 말하는 것에 근거하고 있습니다. 성경은 예수님께서 말씀으로 귀신을 쫓아냈다고 말하고 있습니다(마 8:16).

그러므로 만일 당신이 사람들에게서 귀신을 쫓아내기 위해서는 어떤 육체적인 표징이 있어야 한다고 말한다면 당신은 실제적으로 그들에게 마귀에게 순종하는 것을 가르치는 것입니다. 왜냐하면 마귀는 육체적인 영역에서 일하기 때문입니다.

귀신을 쫓기 위하여 육체적인 나타남을 만들려고 하는 대신 사람들에게 말씀이 무엇이라고 하는지 가르치십시오. 그러면 사람들이 성령님께 순종하게 될 것입니다. 그리고 사람들이 성령님께 순종할 때 성령님은 그 자신을 나타내실 것입니다. 귀신의 문제에 있어서 다시 정로로 돌아옵시다. 그리고 말씀에 꼭 붙어있으십시오.

극단적인 것들 : 어디로 가는지 잘 보십시오

극단적인 축사를 가르치는 집회에 가는 것이 얼마나 위험한 일인가를 여러분들에게 보여주기 위하여 어떤 사람에게 일어난 일을 내가 예화로 들려드리겠습니다. 나의 아내와 내가 어떤 도시에서 집회를 하고 있었습니다. 그런데 어떤 여인이 우리에게 대화를 좀 할 수 있느냐고 물어왔습니다.

그 여자는 우리들에게 자신의 이야기를 들려주었습니다. 그 여자는 이렇게 말했습니다. "나는 어떤 곳에 갔는데 거기서 어떤 목사들이 '축사 집회'를 하고 있었고 그들은 사람들에게서 귀신들을 쫓아내고 있었습니다. 나는 전에 아무 문제도 없었는데 이 목사들이 내게 이렇게 말을 하였습니다. '당신에게는 마귀가 있습니다. 우리들이 쫓아내 주겠습니다.' 그리고 그들은 기침을 하고 토하여서 마귀를 내쫓으라고 말했습니다. 그들은 마귀가 그렇게 나오는 것이라고 했습니다. 나는 기침을 하고 토하려고 애를 쓰고 있는데 별안간 흰 거품 같은 것이 내 입에서 나오기 시작했습니다. 그들은 내게 이것이 악한 영이 있는 표징이라고 말했습니다.

그들은 이렇게 말했습니다. '그 마귀가 지금 당신에게서 나오고 있는 중입니다.'"

이 목사님들은 이 여자에게 비성경적인 것을 하라고 가르쳤고, 예수님이 내게 하지 말라고 하신 것을 그들은 한 것입니다. 그들은 이 여자에게 어떤 육체적인 표징을 나타내라고 말을 하였던 것입니다. 그리고 그것은 그 여자에게 귀신으로 하여금 들어올 수 있게 문을 열어주게 되었던 것입니다.

그 여자는 나의 아내와 나에게 이렇게 말했습니다. "내가 그 축사 모임에 갔다 온지 몇 달이나 되었습니다. 그런데 내 입에서는 쉬지 않고 흰 거품이 나오고 있습니다. 나는 그곳에 며칠 묵으면서 그들의 도움을 요청했습니다. 그렇지만 그들은 내게 '우리는 그런 일에 아무것도 할 수 없습니다' 라고 말하는 것이었어요. 해긴 목사님, 저를 도와주실 수 있습니까?"

나는 이 여자가 예배시간 내내 휴지를 입에 대고 있는 것을 알았습니다. 그 여자는 예배 시간 동안 휴지 한 상자를 다 썼을 것입니다. 그 여자는 우리들에게 흰 거품이 계속하여 입에서 나오기 때문에 가는 곳마다 입에 휴지를 대고 있어야 한다고 말했습니다.

그 여자가 내게 도와줄 수 있느냐고 물었을 때 나는 이렇게 말했습니다. "물론 도와줄 수 있습니다. 그것은 마귀가 나타내는 것입니다. 그렇지만 당신 안에 처음부터 마귀가 있었던 것은 아닙니다. 당신이 잘못된 곳에 갔기 때문에, 사단의 영역을 침범했기 때문에 당신은 지금 마귀를 가지게 된 것입니다. 그리고 당신은 비성경적인 가르침과 사역을 하는 사람들로 하여금 당신에게 사역을 하게 했기 때문입니다. 그들은 당신에게 성경적이 아닌 것을 하라고 했던 것입니다. 그것은 그들이 당신으로 하여금 마귀에게 내어주게 된 것입니다. 그렇게 함으로 당신은 마귀에게 문을 열어 놓은 것이고 마귀는 들어온 것입니다."

절대로 아무 가르침에나 다 순종하지 마십시오. 그 사람들이 그들의 가르침이나 설교나 행동을 성경에서 증거 할 수 없는 한, 그 사람이 누구든지 혹은 자신이 누구라고 말하든지 상관없습니다. 복음서 어디에서도 예수님께서 어떤 사람에게도 악한 영을 제거하기 위하여 육체적인 표징이 필요하다고 말씀하신 적은 없습니다. 그리고 신약 어디에서도 그렇게 행하는 것을 당신은 발견할 수 없습니다!

그래서 나는 이 여자에게 이렇게 말했습니다. "네, 물론 내가 당신을 도와드릴 수 있습니다. 그렇지만 당신이 어떤 일을 먼저 하기 전에는 나는 아무것도 하지 않을 것입니다."

"그게 무엇인데요?" 그 여자는 내게 물었습니다.

"다시는 '축사 학교'라든지 혹은 '축사 모임'이라는 곳에 절대로 가지 마십시오. 극단적인 교리들을 가르치는 곳을 멀리하십시오. 극단적인 교리와 극단적인 행동들은 독과 같은 것입니다. 왜냐하면 당신은 귀신으로부터 자유로워지기는커녕 오히려 귀신을 얻어왔기 때문입니다."

그 여자는 이렇게 대답했습니다. "나는 그런 모임에는 앞으로 절대로 가지 않겠습니다." 그리고 그 여자는 또 이렇게 내게 질문을 했습니다. "당신이 이 영을 꾸짖을 때 어떤 표징이 나타날 것입니까?"

나는 말했습니다. "아니요, 전혀 아닙니다. 내가 이 악한 영을 꾸짖을 때 당신 입에서 나오는 흰 거품이 즉각적으로 중지되는 것 말고는 아무런 표징이 없을 것입니다."

그 여자는 또 물었습니다. "내가 무엇을 해야 되는 것입니까?"

나는 또 대답했습니다. "당신은 아무것도 하지 않아도 됩니다. 그냥 앉아 계십시오."

나의 아내와 나는 방의 한쪽에 앉아 있었고 그 여자는 우리 앞에 앉아 있었습니다. 우리는 일어나지도 않았습니다. 내가 한 것은 오직 내 손가락을 그 여인을 향해 들었고 조용히 그 귀신에게 이렇게 말했습니다. "너 더러운 귀신아, 예수님의 이름으로 그 여자에게서 나와라." 눈 깜짝할 사이에 그 흰 거품이 중지되었습니다. 이것은 그 여자의 입에서 3,4개월 동안 쉬지 않고 계속적으로 흘러나왔던 것입니다. 그렇지만 내가 예수님의 이름으로 명령하자마자 이것은 즉각적으로 중지되었습니다. 그 여자는 다시는 그 귀신으로부터 문제가 생기지 않았습니다.

이 여자는 그리스도인이었기 때문에 귀신에 잡혔던 것은 아닙니다. 그렇지만 그 여자가 악한 영에게 순종했기 때문에 그 귀신이 도와주어서 그 여자의 육체를 통하여 나타났던 것입니다. 그 여자가 모든 믿는 자는 귀신을 가지고 있다는 극단적인 가르침을 받아들였기 때문에 그 여자는 귀신을 의식하게 되었고 마귀에게 문을 열어서 그가 그 여자의 육체를 통하여 나타났던 것입니다.

그 여자가 자유함을 받았을 때 그녀는 너무 감사해 했습니다. 나중에 그 여자는 우리 집회에 다시 왔습니다. 그때도 그 여자는 완전하게 자유함 가운데 있었습니다.

여기에서 나는 여러분이 다른 것도 알기를 원합니다. 그 여자가 자유함을 받게 하기 위해 나는 몇 시간 동안 귀신에게 소리를 지르지 않았습니다. 당신은 성경의 어느 구절에서도 예수님이 마귀에게 몇 시간 동안 소리를 질렀다는 것을 찾을 수 없습니다. 그리고 예수님이 마귀를 쫓아내는 데 수 일이 걸렸다는 말도 없습니다. 예수님은 귀신을 당신의 말씀으로 내쫓았던 것입니다. 그의 말씀으로 말입니다!

당신은 어떤 곳에 가서 사역을 받는 것에 대하여 조심해야 합니다. 사람들이 마귀가 육체적인 어떤 표징으로 나타나야 한다고 하는 모임에는 가지 마십시오. 그리고 목사들이 모든 그리스도인들 안에 마귀가 있어서 내쫓아야 한다는 곳에도 가지 마십시오.

그 목사가 누구든 상관없이 만일 그가 당신에게 자유함을 받기 위해서는 육체적인 표징이 나타나야 된다고 말한다면, 그의 말을 듣지 마십시오! 만일 당신이 마귀로부터 자유함을 받기 위하여 기침을 하거나 토하여야 하기 때문에 육체적인 나타남을 위하여 무엇인가 한다면 당신은 오히려 마귀를 갖게 될지 모릅니다!

경험에 근거하여 교리를 세우지 마십시오

사실 나의 사역 기간 동안에 사람에게서 귀신이 나갈 때 기침이나 토하는 육체적인 표징이 나타난 것은 오직 세 번밖에 없었습니다. 한 번은 내가 기도받기 위하여 서 있는 사람들을 위하여 기도를 하고 있었는데 나는 지식의 말씀으로 어떤 여인의 몸에 귀신이 있는 것을 알았습니다.

이 여자의 경우에, 나는 나의 영으로 악한 영이 이 여자를 떠날 때 육체적인 표징이 있을 것이라는 것을 알았습니다. 그래서 나는 아내에게 이 여자를 화장실로 데려가 달라고 부탁을 했습니다. 그리고 그 여자는 토함으로서 악한 영을 내보냈습니다. 그렇지만 그 경우에는 성령님이 악한 영을 그렇게 다루라고 지시하셨습니다.

그리고 귀신은 회중 가운데서 혼란을 일으키지 않도록 개인적인 장소에서 내보내진 것입니다.

목사는 공중들 앞에서 사람들 안에 있는 악한 영을 다루는 데 지혜롭게 행해야 합니다. 믿는 자가 몸이나 혼에 귀신에게 괴로움을 받는다 하더라도 당신은 이런 것을 잘 이해할 수 없는 유아기의 그리스도인들이 있는 공중에서 그것을 내쫓을 필요가 없습니다. 잘못하면 회중들이 놀라거나 두려움에 잡힐 수도 있습니다.

성령으로 육체적인 표징이 일어나리라는 것과 사람이 토함으로 악한 영을 뱉어내리란 것을 알았던 이런 비슷한 일이 두 번 나의 사역에서 일어났습니다. 그렇지만 그것은 항상 그런 것이 아니라 예외적인 것이었습니다.

우리는 이런 것들에 대하여 철칙을 만들 수는 없는 것입니다. 우리가 어떤 규칙들이나 공식 같은 것들을 따라간다면 우리에게 왜 성령님이 필요할까요? 이런 일들은 영적으로 분별되어야 하는 것입니다. 당신은 성령님께 의지해야 합니다. 당신은 인간의 논리를 사용할 수 없습니다.

주님께 '말씀'을 받는 일

오늘날 그리스도의 몸 안에 축사에 관하여 또 다른 극단적인 행동을 하는 것들이 있습니다. 어떤 믿는 자들은 항상 개인적인 예언의 "말씀"으로 사람들에게 그들이 어떤 귀신을 가지고 있는지 말해주고 있습니다.

한 교회의 목사가 내게 이 예언의 "개인적 말씀"이 얼마나 위험한 일인가를 보여주는 사건에 대하여 말해주었습니다. 그 목사는 그 교회에 강사 목사님이 오셨다고 했습니다. 그는 회중에서 어떤 사람들을 불러내어 사역을 하였습니다.

그 목사는 나에게 이렇게 말했습니다. "우리는 이 사람들을 옆방에 데리고 가서 사역을 했습니다. 강사 목사님은 어떤 여자에게 손을 얹었습니다. 그리고 이렇게 말했습니다. '주님이 내게 당신이 동성연애의 영이 있다고 보여 주셨습니다. 주님이 당신이 결혼하기 전에 몇 번이나 여자들하고 만남이 있었고 결혼한 후에도 그런 일들이 있었다고 보여주십니다.' 그리고 그 목사는 그 여자에게서 그 악한 영을 쫓아내기를 원했습니다!"

이 여자는 수년 동안 행복한 결혼생활을 하였고 아이들이 둘이 있었습니다. 그 여자는 그의 삶에서 동성연애와는 상관도 없었습니다!

그렇지만 강사목사님이 그렇게 말을 한 후 그 여자는 그 생각으로 괴로움을 당했습니다. '아마도 아주 깊은 나의 내면에 나도 모르는 무엇이 숨어 있는가보다. 무엇보다도 그는 하나님의 사람이고 그는 주님이 그렇게 말씀하셨다고 했어. 주님이 말씀하시기를'

그 목사는 내게 이렇게 말했습니다. "이 불쌍한 여인은 이 목사가 말한 것 때문에 사실상 정신을 잃었습니다. 왜냐하면 그것은 마귀에게 문을 열어주었고 그 여자를 괴롭혔던 것입니다. 그 여자는 내게 이렇게 말을 했습니다. '나는 나의 생애 동안에 성적인 관계를 남편 밖에는 다른 사람과는 전혀 가진 적이 없습니다. 그리고 나는 동성연애는 말할 것도 없고 다른 남자들과도 관계를 가지고 싶다고 생각도 해 본 적이 없습니다!'"

그 목사가 누구라고 주장을 하던, 그 사람이 말한 것이 하나님의 말씀과 일치되지 않는다면, 그리고 당신의 영 안에 확증하는 증거가 없다면 상관 말고 잊어버리십시오.

마귀는 사람들을 괴롭히려고 하는 것입니다. 그리고 믿는 자들이 그들의 그리스도 안에서의 권리와 특권에 대하여 잘 모르고 있을 때, 또 그들이 전반적인 하나님의 말씀에 대하여 익숙하게 알지 못할 때 마귀는 그렇게 할 수 있습니다. 이 여자는 소위 말하는 "주님으로부터의 받은 말씀"이라는 것을 듣고 이것은 진리라고 받아들여져야 된다고 생각했기 때문에 황폐하게 된 것입니다.

사람들이 하나님의 말씀에 뿌리를 잘 박지 못하고 있다면 영적인 은사를 잘못 사용하거나 악용할 수 있어서 그리스도의 몸에 혼란을 야기할 수 있습니다. 어떤 믿는 자들이 영적인 은사를 어린이들이 장난감을 가지고 놀듯이 작동하고 있는 것입니다.

잘못 인도된 사람은 성령의 은사의 활동을 오용하고 악용할 수 있고, 그들의 마음으로부터 나온 것들을 말할 수도 있습니다. 또 더 나쁜 것은 그들이 '익숙한 영들'에게 자신을 내어줄 수도 있는 것입니다. 이것은 순진한 사람들에게 해를 주고 마귀에게 그들을 이용할 수 있는 기회를 주게 됩니다.

이러한 잘못된 가르침과 행동들 때문에 많은 사람들이 악한 영과 마귀를 두려워하게 되는 것입니다. 만일 믿는 자들이 이 방면에 단단한 성경적인 가르침을 받는다면 이런 일은 일어나지 않을 것입니다.

믿는 자들은 사단을 무서워할 필요가 없습니다. 왜냐하면 예수님은 갈보리 십자가에서 이미 그를 이기셨기 때문입니다. 그리스도의 몸은 항상 사단을 두려워하며 도망 다니는 패배한 교회가 아닙니다. 우리들은 그리스도와 함께 하늘나라의 영역 높은 곳에 앉아 있는 것입니다. 그리고 우리는 예수님의 이름의 권세로 우리의 자리를 지키게 되어 있습니다. 우리는 승리하는 교회입니다!

제 12 장

축사를 행하는 성경적 방법

성경에서는 사람들에게 축사 사역을 하는데 대하여 무엇이라고 말하고 있습니까? 우리는 축사는 성경적이라는 것을 알고 있습니다. 왜냐하면 예수님은 이 땅에서 사역하는 동안 어디를 가시든지 아프고 억압을 당한 사람들을 위해 귀신을 내쫓았기 때문입니다. 예수님은 우리의 모형이 되시는 분입니다. 우리는 또 예수님이 가르치고 전파를 한 것과 같이 그의 발자국을 따라야 하는 것입니다(벧전 2:21; 요일 2:6). 그렇다면 예수님은 어떻게 사람들에게서 귀신을 내쫓아주셨습니까?

예수님이 귀신을 내쫓는 사역

예수님이 귀신을 내쫓는 사역에서도 예수님은 이 땅에서 하나님의 아들로 사역하시지 않았습니다. 성경은 예수님이 그의 놀라운 능력과 영광을 다 벗어버리고 이 세상에 들어오셔서 인간이 되셨다고 말하고 있습니다(빌 2:7).

예수님께서 하나님의 영을 한량없이 가지셨던 것은 사실입니다(요 3:34). 그리고 믿는 자들은 하나님의 성령을 일정 분량 가지고 있습니다(롬 12:3). 그러나 예수님이 땅에서 행하실 때 예수님은 성령님의 기름부음을 받은 다른 사람과 같이 사역을 하셨습니다. 예수님은 자신이 포로 잡힌 자를 자유롭게 하는 사역을 하는데 성령의 기름 부음을 받아야 된다고 말씀하셨습니다(눅 4:18,19). 다른 말로 하면, 예수님은 하나님의 아들이시기 때문에 그냥 축사 사역을 하신 것이 아니란 말입니다. 예수님도 우리들과 마찬가지로 성령님으로 말미암아 사역을 하실 수 있도록 기름부음을 받으셨던 것입니다.

예수님께서는 축사 사역을 하시는데 있어서도 항상 말씀을 먼저 선포하셨습니다. 예수님은 당신이 성령님에 의하여 포로된 자에게는 자유를 주고, 아픈 사람과 억압을 받은 사람에게는 치유가 되도록 기름부음을 받았다고 말씀하셨습니다. 예수님은 항상 말씀을 우선으로 하셨습니다. 그리고 예수님은 성령으로 기름부음을 받았던 것입니다.

예수님이 하신 대로 우리도 항상 말씀을 우선으로 해야 합니다. 그리고 성령의 기름부음에 의지하여 말씀을 전파하고 치유와 축사 사역을 해야 하는 것입니다.

> 행 10:38
> 하나님이 나사렛 예수에게 성령과 능력을 기름 붓듯 하셨으매 그가 두루 다니시며 선한 일을 행하시고 **마귀에게 눌린 모든 사람을 고치셨으니** 이는 하나님이 함께 하셨음이라

성경은 질병을 사단의 억압이라고 부릅니다. 그러므로 우리는 모든 병과 질병이 직접적인 혹은 간접적인 사단의 억압의 결과라는 것을 압니다.

성경에 의하면, 아픈 자를 치유해 주는 것과 마귀를 내쫓는 일에는 어떤 관계가 있는 것 같습니다. 다른 말로 하면, 성경은 사람들의 병든 몸이 치유를 받기 전에 악한 영들을 다루어야 하는 어떤 예들을 우리에게 보여줍니다.

다음 성경 구절에서 우리는 병을 치유하는 것과 마귀를 내쫓는 일의 관계를 잘 볼 수 있을 것입니다.

눅 4:40-41
40 해 질 무렵에 사람들이 **온갖 병자들을** 데리고 나아오매 예수께서 일일이 그 위에 손을 얹으사 고치시니
41 여러 사람에게서 **귀신들이** 나가며 소리 질러 이르되 당신은 하나님의 아들이니이다 예수께서 **꾸짖으사** 그들이 말함을 허락하지 아니하시니 이는 자기를 그리스도인 줄 앎이러라

눅 6:17-18
17 예수께서 그들과 함께 내려오사 평지에 서시니 그 제자의 많은 무리와 예수의 말씀도 듣고 **병 고침을 받으려고** 유대 사방과 예루살렘과 두로와 시돈의 해안으로부터 온 많은 백성도 있더라
18 더러운 귀신에게 고난 받는 자들도 고침을 받은지라

눅 7:21
마침 그때에 예수께서 **질병과 고통과 및 악귀 들린 자를 많이 고치시며** 또 많은 맹인을 보게 하신지라

모든 성경 구절에서 악한 영을 내쫓는 일과 병을 치유한 것은 같이 연관이 있는 것 같습니다. 그렇지만 예수님의 축사 사역을 공부하는데, 당신은 또 성경이 가끔 병든 자를 고치는 것과 마귀를 내쫓는 일을 다르게 취급하고 있다는 것을 알 것입니다.

다른 말로 하면, 예수님은 아픈 사람을 고치기 위하여 항상 마귀를 내쫓은 것은 아니라는 것입니다. 왜냐하면 아픈 모든 사람들에게 귀신이 그들을 아프게 하는 것은 아니라는 것입니다.

이것이 우리들에게 가르쳐주는 것은 여기에 철칙이 없다는 것입니다. 당신은 아픈 사람에게 혹은 억압을 받는 사람을 위하여 사역을

할 때, 예수님이 하신 것과 마찬가지로 성령의 인도함을 따라야 한다는 것입니다.

복음서를 당신이 공부하고 예수님이 어떻게 악한 영들을 다루었는지 잘 살펴보십시오. 당신은 예수님이 가끔 병들고 질병이 있는 사람들을 고치기 위하여 마귀를 내쫓은 것을 알게 될 것입니다.

그리고 또 다른 때에는 예수님께서는 여러 가지 다른 방법을 사용하여서 아픈 사람을 그냥 치유하셨습니다(마 8:16; 9:22,29). 예수님은 귀신과 악한 영들을 다루는데도 여러 가지 다른 방법들을 사용하셨습니다. 예수님이 그들을 항상 쫓아내신 것은 아닙니다.

예수님의 사역에서 질병과 악한 영들의 관계를 볼 수 있는 곳을 예로 들어 보겠습니다. 예수님이 귀신을 내쫓는 한 방법은 성령의 기름부음을 통하여 손을 얹는 것이었습니다.

눅 13:11-13,16
11 열여덟 해 동안이나 **귀신 들려 앓으며** 꼬부라져 조금도 펴지 못하는 한 여자가 있더라
12 예수께서 보시고 불러 이르시되 **여자여 네가 네 병에서 놓였다 하시고**
13 **안수하시니** 여자가 곧 펴고 하나님께 영광을 돌리는지라
16 그러면 열여덟 해 동안 **사탄에게 매인 바 된 이 아브라함의 딸을** 안식일에 이 매임에서 푸는 것이 합당하지 아니하냐

성경은 이 여인의 고통의 원인이 악한 영, 허약하게 하는 영이었다고 말하고 있습니다. 예수님은 그 여자를 묶은 것이 사단이라고 말씀하셨습니다(16절).

이 경우에는, 악한 허약하게 하는 영이 여자의 몸에 있어서 육신적인 상태를 약하게 하고 있었습니다. 그렇지만 예수님이 이 경우에 이 악한 영을 어떻게 다루었는지 잘 보시기 바랍니다. 예수님은 그를

내쫓으시지 않으셨습니다. 예수님은 그 여인에게 손을 얹으시고 믿음의 명령을 하셨습니다. "예수께서 보시고 불러 이르시되 여자여 네가 네 병에서 놓였다 하시고"(12절). 그리고 그 여자는 자유롭게 되었던 것입니다.

성령의 기름부음의 능력이 이 여자에게 임하였을 때, 이 여자는 즉각적으로 "놓여났고" 혹은 허약함의 악한 영으로부터 자유함을 받았던 것입니다. 그래서 귀신이 육신의 병에 직접적으로 연관되어 있을 수가 있습니다. 그렇지만 예수님은 그 허약한 영을 내쫓지 않으셨습니다. 예수님은 그 여자에게 손을 얹었고 그 기름부음이 사단의 묶음의 멍에를 부서뜨렸던 것입니다.

다른 경우들에서는, 예수님께서 어떤 사람들에게서 악한 영을 내쫓으셨습니다. 어떻게 예수님이 그렇게 하셨을까요? 말씀으로 그렇게 하셨습니다!

마 8:16
저물매 사람들이 **귀신 들린 자**를 많이 데리고 예수께 오거늘 예수께서 **말씀으로 귀신들을 쫓아 내시고 병든 자들을 다 고치시니**

어떤 질병의 경우에는 병이나 질병의 원인이 자연적인 것의 결과입니다. 그렇지만 간접적으로는 이것도 역시 사단의 억압인 것입니다. 만일 질병이 자연적인 원인으로부터라면 그 사람은 치유가 필요한 것입니다. 악한 영을 그에게서 내쫓아야 할 필요가 없는 것입니다.

다른 편으로 보면, 어떤 때는 악한 영이 있어서 질병이나 허약한 것을 악화시키고 있기도 합니다. 오직 성령으로만 당신은 그것을 알 수 있는 것입니다.

만일 성령님이 악한 영이 있다고 계시해주시지 않는다면 당신은 하나님의 말씀을 가르침으로 사람들에게 치유받게 할 수 있습니다. 그렇지만 나는 몇 개의 다른 질병은 악한 영을 다룸으로서만 치유를 받을 수 있다고 확신합니다.

그리고 그러한 경우에는 성령님의 지시와 능력으로 악한 영을 다루지 않는다면 당신은 그들의 머리가 다 빠지도록 사람들에게 기름을 바르고 그들에게 손을 얹는다 해도 좋은 결과를 얻을 수 없을 것입니다. 그런 종류의 질병은 일반적인 성경의 치유 방법으로는 낫지 않습니다. 그런 경우에는 악한 영이 성령의 인도하심과 기름부음으로 다루어져야 하는 것입니다.

그렇기 때문에 어떤 질병은 의학적 치료가 반응하지 않아서 효과가 없는 것입니다. 실제적으로 악한 영이 있기 때문에 생기는 질병은 자연적인 치료로는 치료되지 않습니다.

그렇지만 악한 영이 직접적으로 병과 질병의 원인이 된다면 믿는 자가 믿음의 말씀 위에 바로 서서 하나님이 해방시켜 주실 것을 기대할 수 있습니다. 그렇지만 악한 영들은 성령의 능력과 하나님의 말씀의 능력으로만 다루어져야 하는 것입니다.

마가복음 9장 17-29절에서 우리는 예수님이 미친 소년에게 역사하는 악한 영을 다루는 다른 예를 볼 수 있습니다. 어떻게 예수님은 악한 영을 다루셨습니까? 예수님은 악한 영을 꾸짖고 그 소년에게서 내쫓았습니다.

예수님께서는 허약의 영에 묶여 있던 여인을 풀어주실 때 역사하였던 같은 성령님의 기름부음으로 그렇게 하신 것입니다.

병과 질병은 항상 귀신이 원인이 되는 것은 아닙니다. 예를 들어서, 마가복음 7장 32절부터 37절까지에서 예수님은 귀머거리이고 말을 못하는 사람을 다루었습니다.

분명히 이 경우에는 악한 영은 관련되어 있지 않았습니다. 왜냐하면 예수님은 그의 손가락을 그 사람의 귀에 넣고 이렇게 말씀하셨습니다. "열려라."

그리고 그 사람은 분명하게 말하기 시작했습니다. 예수님은 악한 영을 전혀 다루지 않았습니다. 분명히 그 사람의 귀먹은 것은 자연적인 원인으로부터 온 것이었습니다. 그래서 그냥 치유함만이 필요했던 것입니다.

그렇지만 다른 경우에, 예수님은 말을 못하는 "벙어리"인 사람에게 사역을 하셨습니다. 이번에 예수님은 이 사람을 치유하기 전에 악한 영을 먼저 쫓아내셨습니다.

> 마 9:32-33
> 32 그들이 나갈 때에 **귀신 들려 말 못하는 사람**을 예수께 데려오니
> 33 **귀신이 쫓겨나고 말 못하는 사람이 말하거늘** 무리가 놀랍게 여겨 이르되 이스라엘 가운데서 이런 일을 본 적이 없다 하되

그렇지만 내가 말하려고 하는 점은 예수님이 악한 영과 마귀를 다룰 때 어떤 유형을 세우시지 않았다는 것입니다. 예수님의 귀신을 쫓아내는 사역에서도 예수님은 성령의 인도함을 따랐고 성령님의 지시와 능력을 따랐던 것입니다.

기름부음에 의하여 귀신을 내 쫓는 일

예수님이 가르치신 것은 말씀이었고 귀신에게 괴로움을 받던 사람들을 위하여 귀신을 내쫓았던 것은 기름부음이었습니다. 오늘날 우리도 말씀과 기름부음에 의하여 귀신을 내쫓아야 하는 것입니다. - 성령의 능력으로 해야 하는 것입니다.

눅 6:17-19
17 예수께서 그들과 함께 내려오사 평지에 서시니 그 제자의 많은 무리와 예수의 말씀도 **듣고 병 고침을 받으려고** 유대 사방과 예루살렘과 두로와 시돈의 해안으로부터 온 많은 백성도 있더라
18 **더러운 귀신에게 고난 받는 자들도** 고침을 받은지라
19 온 무리가 예수를 만지려고 힘쓰니 이는 **능력이 예수께로부터 나와서** 모든 사람을 낫게 함이러라

17절에 보면, 사람들이 예수님의 말씀을 듣고 병 고침을 받기 위하여 왔던 것입니다. 말씀 위에 있는 기름부음이 사람들을 자유롭게 하였던 것입니다. 믿음은 하나님의 말씀을 들음으로 오는 것이고 믿음으로 우리는 어떤 묶임으로부터 해방되는 것을 포함한 하나님의 약속을 받을 수 있는 것입니다.

하나님의 말씀을 믿는 것은 사람들의 삶에서 어떤 귀신의 활동이 있든지 혹은 어떤 영향을 받고 있든지 하늘을 여는 열쇠이고 하나님의 능력에 활동성을 주는 것입니다. 예수님께서 사람들에게 하나님의 말씀을 가르쳤을 때, 즉 포로당한 자들에게 자유함을 전파했을 때, 그리고 사람들이 그 말씀을 믿을 때 그들은 치유함을 받고 자유함을 받았던 것입니다.

예수님을 만지려고 애쓰던 사람들은 더러운 영들에 의하여 병이 들고, 억압을 받고, 괴로움을 당하던 사람들이었습니다. 18절에 "치유"라는 말은 사람들이 온전해지고 완전히 자유함을 입었다는 뜻입니다.

이 구절에서 어떤 사람들로부터도 악한 영은 전혀 내쫓아지지 않았습니다. 우리가 아는 한 하나의 악한 영도 분별되지 않았습니다. 그렇지만 그 더러운 영들 때문에 고생하는 사람들이 예수님이 가르치는 것을 들었을 때, 자유함을 받았습니다. 무엇이 그들을 자유롭게 했습니까? 그것은 예수님이 가르쳤던 말씀이었고 성령의 능력이었습니다.

사람을 치유하였던 같은 능력이 어떤 귀신의 영향이 연관되었던지 상관없이 마귀를 내쫓을 것입니다. 만일 사람이 하나님의 기름 부은 말씀에 대한 믿음으로 행동을 한다면 말입니다.

복음을 공부하면서, 우리는 예수님이 치유와 해방시키는 사역을 함에 있어서 여러 가지 방법으로 하신 것을 볼 수 있습니다. 그렇지만 예수님이 어떤 방법으로 해방시키는 사역을 하셨든지 하나님의 해방시키는 능력은 믿음으로 활력을 주기만 했다면 항상 사람들을 치유하고 해방시키기 위하여 그곳에 있었던 것입니다.

또 예수님은 사람들을 사단의 묶임으로부터 해방시키기 위하여 여러 번 하지 않으시고 오랜 시간 동안 하지도 않으셨습니다. 예수님이 어떤 방법을 사용하였든지 사람들이 치유를 받고 자유함을 받는 결과는 항상 분명히 있었던 것입니다.

귀신을 내쫓는 사역은 성경적입니다. 그렇지만 우리는 말씀을 넘어서거나 성령의 인도 이상으로 갈 수는 없는 것입니다. 이렇게 사람들이 축사 사역에 있어서 잘못되고 극단으로 가게 되어서 그리스도의 몸에 해를 입혔던 것입니다. 우리는 말씀에 붙어서 귀신을 내쫓아 병을 고치고 억압받은 사람들을 자유롭게 한 예수님 사역의 예를 따릅시다.

내 자신의 사역에서 성령님의 인도함에 따라서 나는 사람들이 여러 가지 다른 방법으로 같은 종류의 병이나 질병에서 치유되고 자유함을 받는 것을 보아왔습니다.

간질 : 치유인가? 축사인가?

사단이 이 세상의 신이기 때문에(고후 4:4) 아주 잔인한 고통을 주는 두려움의 영, 더러운 영, 벙어리, 장님, 그리고 귀머거리의 영, 허

악의 영 그리고 다른 악한 영들이 이 땅에 있는 것입니다.

당신은 이런 것들 하나하나를 다 성경에서 찾아볼 수 있다는 것을 알 것입니다. 우리 자신의 능력으로는 사람의 육신적인 허약함이 악한 영이 원인인지 혹은 자연적인 것이 원인인지 알 수가 없습니다. 그렇지만 성령님은 모든 것을 아십니다. 성령님은 우리를 모든 진리로 인도해 주시고 우리가 사람들에게 어떻게 사역해야 할지를 보여 주실 것입니다.

예를 들어서, 나는 간질이 있는 사람들에게 손을 얹었고 이것들이 육체에 문제가 있어서 온 것이기 때문에 그들은 자유함을 받았습니다. 어떤 귀신들도 연관되어 있지 않았습니다. 그렇지만 반면에, 나는 또 다른 간질을 가진 사람들에게도 손을 얹었습니다. 그리고 성령님은 내게 귀신이 관련되어 있고 그것이 간질을 일으키는 것이라고 보여주셨습니다.

나는 집회에서 설교를 하고 있었습니다. 그리고 많은 사람들이 치유를 받기 위해 나왔습니다. 그래서 나는 사람들에게 안수를 해 주었습니다. 다음 해에 우리는 같은 지역에 가게 되었습니다. 그리고 한 여인이 나와서 처음 집회에서 그녀의 아들이 치유함을 받았다고 간증을 했습니다. 그 아들은 열두 살이었습니다. 그리고 그는 그의 전 생애 동안 간질을 가지고 있었던 것입니다.

그 여자는 이렇게 말했습니다. "목사님이 우리 아들을 위하여 기도하였을 때 하나님의 치유의 능력이 우리 아들에게 임하였고 그는 하나님의 능력으로 넘어졌습니다. 그리고 내 아들은 다시는 발작을 하지 않았습니다."

이 간질의 경우, 소년은 오직 치유함이 필요하였던 것입니다. 그 소년은 악한 영을 그의 몸에서 내쫓을 필요가 없었던 것입니다. 만일 악한 영이 그 안에 있었다면 주님은 성령님으로서 나에게 보여주셨을 것입니다.

그렇지만 다른 간질의 경우에는 성령님이 악한 영이 있어서 병의 원인이 되고 있다고 보여주셨습니다. 나의 집회에서 젊은 청년이 고등학교 이후부터 간질로 고생을 하여서 치유기도를 위해 앞으로 나왔습니다. 내가 그에게 안수 하였을 때 나는 지식의 말씀으로 악한 영이 그의 간질에 연관되었다는 것을 알았습니다. 그리고 나는 그를 치유하기 위하여 먼저 그의 몸에서 악한 영을 내쫓아야 한다는 것을 알았습니다. 그래서 나는 그렇게 하였습니다. 며칠 후에 우리는 집회를 마치고 그 지역을 떠났습니다.

일년 후에 나는 같은 지역에서 집회를 가졌고 같은 젊은 사람을 보게 되었습니다. 내가 그를 보았을 때, 하나님의 영이 나에게 이렇게 말했습니다. "네가 작년에 여기 왔을 때 너는 저 사람에게서 악한 영을 쫓아내었다. 그리고 12개월 동안 그는 한 번도 발작을 하지 않았다. 그러나 지난 두 주일 동안 그는 세 번의 발작을 했다."

성령님은 이렇게 말씀하셨습니다. "그가 전에 발작을 했을 때는 잠을 자고 있던 밤에 간질을 한 적이 한 번도 없었다. 그렇지만 지난 두 주일동안 그는 밤에 깨어서 간질을 하였다. 그리고 그가 간질을 한 이유는 그가 두려워하면서 잠을 잤기 때문이다. 그러니 네가 설교를 하기 전에 그를 불러내어서 그에게서 다시 악한 영을 내쫓아라."

이 경우에는 주님께서 악한 영이 연관되어서 이 사람에게 간질을 생기게 했을 뿐 아니라 주님은 이 사람이 어떻게 악한 영을 다시 받아들이게 되었는지도 설명을 해주신 것입니다. 어떤 때 당신은 원인이 있다면 그 원인을 알 필요가 있습니다. – 만일 사람이 사단에게 문을 열어서 병이나 질병을 다시 불러들였다면 – 당신이 효율적으로 그들에게 사역을 하기 위하여 그 원인을 알 필요가 있는 것입니다.

그래서 내가 설교를 하기 전에 나는 그 젊은 사람을 앞으로 불러냈습니다. 나는 그에게 말했습니다. "내가 작년에 여기 왔을 때 나는 당신에게 사역을 하였습니다. 그리고 당신은 간질로부터 자유함을 받았습니다. 12개월 동안 당신은 한 번도 간질을 한 적이 없었습니다."

그는 대답했습니다. "그렇습니다. 그러나…"

내가 말했습니다. "잠깐만 기다리십시오. 아무 말도 하지 마십시오. 내가 무슨 일이 일어났었는지 이야기할 것인데 그러므로 당신은 하나님이 당신을 위하여 초자연적으로 움직이시고 역사하시는 것을 알 수 있을 것입니다. 만일 내가 틀리면 그냥 '당신이 틀렸습니다.' 라고 말하십시오. 나는 평범한 인간이니까요. 나는 틀릴 수 있습니다. 누구도 틀릴 수 있습니다. 지난 두 주일 동안 당신은 밤에 잠을 자다 깨서 세 번의 발작을 했습니다. 그 전에 당신이 발작을 할 때에는 한 번도 밤에 자다가 발작을 해 본적이 없었습니다."

그의 눈은 커졌고 그가 말했습니다. "물론 그것은 다 맞는 말입니다. 당신이 사람의 마음을 읽는 사람이든지 아니면 점쟁이인 것 같습니다!"

그리스도인들이 마음을 읽는 사람이나 점쟁이들이 이런 일들을 보여줄 수 있다고 생각하면서 불쌍한 하나님은 그의 계시하는 능력을 잃어버렸다고 생각하는 것은 정말 이상한 일이 아닙니까!

내가 그에게 물었습니다. "당신은 왜 당신이 밤에 깨어서 간질을 한 것인지 압니까?"

그는 내게 이렇게 말했습니다. "아니요, 나는 몰라요. 목사님은 아십니까?"

나는 대답했습니다. "물론 나는 압니다. 당신은 무서워하면서 잠을 잤습니다. 그리고 그 두려움은 마귀에게 문을 열어 준 것입니다."

그가 말했습니다. "지금 나는 정말로 당신이 마음을 읽는 사람인 것을 알겠습니다. 정말 그랬습니다."

나는 대답했습니다. "나는 당신의 마음을 읽는 사람이 아닙니다. 그리고 나는 내 마음에서 이런 것들을 내어놓은 것도 아닙니다. 사실 내 마음은 이 일에 아무것도 한 일이 없습니다."

영적인 영역 안에서 움직이는 것은 지적인 경험이 아닙니다. 만일 우리가 하나님의 영과 하나님의 말씀을 인간적인 이론을 가지고 따지지 않고 따를 수 있다면 우리는 훨씬 잘 되었을 것입니다! 하나님은 새로 창조된 사람의 영을 통하여 역사하십니다. 하나님은 사람의 마음(mind)을 통하여 역사하시지 않습니다. 왜냐하면 사람의 마음(mind)은 거듭나지 못했기 때문입니다.

이 젊은이는 이렇게 말했습니다. "나는 주로 자기 전에 두려움에 대하여 생각했습니다. 그렇지만 내가 간질을 가졌던 그 특별한 밤에는 내가 잠들기 전에 두려움을 없애버리지 못했습니다."

두려움은 적에게 문을 열어 줄 수가 있는 것입니다. 예를 들어서, 오늘 밤에 잠을 자면서 당신의 집에 문을 열어 놓는다면 누가 들어올지는 전혀 모르는 것입니다. 도둑이 들어 와서 물건을 훔쳐가고 당신을 죽일 수도 있는 것입니다. 당신은 집의 문을 잘 닫고 안전하게 해 두는 것이 훨씬 더 좋을 것입니다! 영적인 영역에서도 마찬가지입니다. 당신은 사단에게 문을 닫아 두는 것이 좋습니다.

두려움은 영입니다. 그렇지만 하나님은 우리들에게 두려움의 영을 주시지 않았습니다(딤후 1:7). 그래서 당신은 그 위에 권세가 있는 것입니다. 이것이 하나님께로부터 온 것이 아니므로 당신은 그것과는 아무런 상관도 없는 것입니다. 그래서 두려움이 당신에게 괴로움을 준다면 예수님의 이름으로 없애버리십시오. 나는 이 젊은이에게 말하였습니다. "나는 당신에게서 다시 악한 영을 내쫓아 주겠습니다. 그리고 내가 당신에게 어떻게 마귀에게 문을 닫아둘 수 있는지 가르쳐 주겠습니다." 예수님의 이름으로 나는 간질을 유발하는 악한 영을 내쫓았습니다. 그리고 나는 45분 동안 그에게 어떻게 사단을 대항하는지 그리고 어떻게 그의 치유를 유지하고 마귀에 대해 문을 닫을 수 있는지에 대하여 가르쳐 주었습니다. 이 사람이 치유를 받은 지 수년이 지났습니다. 그리고 그 후에 그는 발작을 한 번도 하지 않았습니다.

기름부음은 묶임의 멍에를 부서뜨립니다

우리는 예수님의 치유 사역에서 많은 사람들이 악한 영에게서 성령님의 기름부음만으로 자유함을 받은 것을 보았습니다. 다른 말로 하면, 악한 영들은 언제나 내쫓김을 당하지 않아도 된다는 것입니다. 성령의 기름부음이 그들을 내쫓을 수도 있는 것입니다. 나는 내 자신의 사역에서도 그것을 보았습니다. 나는 기름부음만으로 귀신의 억압으로부터 자유함을 받은 많은 사람들의 간증을 말해 줄 수가 있습니다. 기름부음, 즉 하나님의 능력이 그들 위에 내려온 것입니다.

예를 들어서, 우리가 디트로이트에서 집회를 한지 몇 달 후에 한 여인이 내게 편지로 간증을 보내왔습니다. 그의 편지에서 그 여자는 이렇게 말했습니다. "해긴 목사님, 나는 배가 늘 아프곤 했습니다. 그래서 나는 목사님의 집회에 치유를 받으려고 왔었습니다. 목사님이 내게 손을 얹고 나를 위하여 기도해 주셨습니다. 기름부음이 내게 임하였고 나는 하나님의 능력에 의하여 바닥에 쓰러졌습니다. 그 후 몇 달이나 지났지만 나는 아직도 치유받은 상태입니다."

그녀는 이렇게 계속하였습니다. "내가 구원받은 지 8년이 되었습니다. 내가 구원을 받기 전에 나는 미신에 빠져 있었습니다. 그렇지만 내가 구원을 받고 성령님으로 충만함을 받은 후에도 나는 아직 귀신이 나타나는 문제들이 있었습니다. 밤에는 목소리를 듣고 벽을 두드리는 소리나 다른 귀신들의 표징들이 있었습니다. 그렇지만 목사님이 내게 손을 얹고 기도해 줄 때 하나님의 능력이 내게 아주 강력하게 왔습니다." 그 여자는 이렇게 편지를 썼습니다. "그리고 나서 나는 다른 목소리를 전혀 듣지 않게 되었고 나의 집에서도 다른 귀신의 표징이 전혀 나타나지 않았습니다."

암 : 성령의 나타나심으로 치유를 받는 것

나는 하나님이 그의 백성을 자유롭게 하는데 여러 가지 방법이 있다는 것을 보여주기를 원합니다. 나는 여러 번 암을 가진 사람들에게 성령님이 나를 인도하셔서 그들을 다루었던 여러 가지 방법의 예를 들겠습니다. 나는 여러분이 성령님의 인도하심을 받아야 하는 것을 알기를 원합니다. 당신은 사람들에게 사역을 하는 것에 있어서 철칙을 만들어 낼 수는 없는 것입니다.

1952년에 나는 텍사스에서 부흥 집회를 하고 있었습니다. 목사들 중의 하나가 폐암으로 죽어가고 있는 당신의 조카에 대하여 내게 말해주었습니다. 그녀는 두 명의 자녀를 둔 스물세 살의 여자였습니다. 첫째 주에 그 여자는 집회에 왔고 나는 그녀를 위하여 기도를 했습니다. 둘째 주에도 두 번이나 그 여자에게 손을 얹고 기도를 했습니다. 셋째 주에 그 여자를 또 예배에 데리고 왔습니다. 나는 앞으로 일어날 일을 전혀 기대하지 않았습니다.

이번에 내가 그 여자에게 손을 얹었을 때, 갑자기 성령님의 흰 구름이 내려와 나를 감쌌습니다. 강단도 없어지고 마치 그 젊은 여자와 나만 영광의 구름 안에 서 있는 것 같았습니다. 아무도 내가 보는 것을 보지 못했고 내가 듣고 있는 것을 듣지 못했지만 사람들은 내가 말하는 것만을 들을 수 있었습니다.

그 하얀 구름에 쌓여서 나는 영적인 영역을 볼 수 있었고 나는 작은 생물이 - 귀신 - 그 여자의 몸 밖에 매달려 있는 것을 보았습니다. 그것은 마치 작은 원숭이가 나무에 매달려 있는 것 같았습니다. 그 여자는 구원을 받은 사람이었고, 그래서 그 여자가 귀신에게 점령당한 것은 아니었습니다. 그러나 그 여자는 몸 밖에 있는 귀신에 의하여 억압을 받고 있었던 것입니다. 그 원숭이 같은 생물은 그 여자의 몸에 왼쪽 폐 있는 곳에 매달려 있었습니다. 거기서 그 암이 시작되었던 것입니다.

나는 그냥 그 귀신에게 이렇게 말했습니다. "예수님의 이름으로 너는 그 여자를 떠나야 한다."

그 작은 생물은 나에게 대답했지만 다른 사람은 듣지 못했습니다. 왜냐하면 나는 영적인 영역에서 보고 듣고 있었기 때문입니다. 그것은 영분별의 은사가 역사하는 것이었습니다.

그 작은 원숭이 같은 귀신이 나에게 말했습니다. "당신이 말하면 나는 가야만 되는 것을 압니다. 그렇지만 나는 가고 싶지 않아요."

내가 말했습니다. "나는 너에게 주 예수 그리스도 이름으로 그 여자에게서 떠날 것을 명령한다." 그 작은 귀신은 그 여자의 몸에서 떨어져서 바닥에 떨어졌습니다. 그는 매 맞은 작은 강아지처럼 바닥에 쓰러진 채로 낑낑거리며 울며 떨고 있었습니다.

나는 이렇게 말했습니다. "너는 그 여자를 떠나야 할 뿐 아니라 예수님의 이름으로 이 장소를 떠나야 한다." 내가 그렇게 말했을 때 귀신은 일어나서 통로를 지나 문으로 나갔습니다. 이 여자는 여덟 살 때부터 구원을 받았지만 한 번도 성령으로 충만함을 받지 못했습니다.

그 여자는 곧 두 손을 높이 들고 방언으로 말하기 시작했습니다. 같은 주일에 그 여자는 암 병원에 다시 갔고 그녀의 의사는 그 여자에게 이렇게 말했습니다. "당신의 폐는 완전히 깨끗해졌습니다. 당신의 폐에서 아무것도 잘못된 것을 발견할 수 없습니다. 어떻게 된 일입니까?"

그 여자는 의사들에게 무슨 일이 일어났는지 자세히 말해주었습니다. 그 여자는 그들에게 내가 무엇을 보았고 어떻게 했는지에 대하여 말을 해주었습니다. 그 의사가 말했습니다. "그 사람이 누구든지 간에 우리는 그에게 모자를 벗고 경의를 표할 수밖에 없습니다! 분명히 그는 응답을 가진 것이 확실합니다. 우리는 그렇지 못했습니다. 그렇지만 우리는 당신이 두 폐에 다 암을 가졌었던 것과 지금은 전혀 암이 없다는 것을 증명하는 증명서에 우리 이름을 적어 드리겠습니다."

내가 아니고 하나님께 응답이 있습니다. 만일 성령의 나타나심이 내게 오지 않았다면 나는 항상 가르치고, 전파하고 하나님의 말씀으로 사람들에게 사역을 할 것입니다. 왜냐하면 나는 성령님의 은사들을 내 마음대로 작동할 수는 없기 때문입니다(고전 12:11).

내가 여러분들에게 알기를 원하는 것은 이것입니다. 내가 영에 있기 전까지는 나는 이 여인의 몸을 악한 영들이 괴롭히는 것을 몰랐습니다. 이런 일은 짐작할 수 있는 것이 아닙니다. 확실히 나는 하나님의 말씀을 믿는 믿음으로 사람들에게 사역을 합니다. 그리고 사람들은 구원을 받고 치유를 받고 성령으로 충만함을 받습니다. 그렇지만 내가 영에 있을 때, 하나님께서 악한 영이 이 여인의 폐암을 생기게 하고 있다고 계시를 주셨고 하나님께서 나에게 이 여자의 몸에 질병을 갖다 준 이 귀신을 다룰 수 있도록 초자연적인 준비를 해 주신 것입니다.

만일 이것이 나 혼자서 성령의 은사를 작동하는 것이라면 나는 그 여자가 집회에 온 첫날 그 귀신을 다루었을 것입니다. 만일 성령님이 나를 통하여 역사하시지 않는다면 나는 아무것도 할 수 없습니다. 하나님은 특별하게 일하시는 방법이 있으므로 하나님이 원하시는 대로 하시게 하는 것이 최고의 방법입니다. 나의 집회마다 초자연적인 나타남이 있는 것은 아닙니다. 왜냐하면 아무도 성령의 나타남을 만들어 낼 수는 없기 때문입니다. 사람들이 어떤 것을 만들어서 무슨 일이 일어나도록 하게 만들려고 할 수 있습니다. 만일 그가 그렇게 노력을 한다면 그는 악한 영에게 문을 열어서 잘못된 곳으로 빠질 수가 있는 것입니다.

그리고 내가 어떤 집회에서 특별한 나타남이 있었기 때문에 만일 내가 다음 집회에서 같은 나타냄을 만들려고 한다면 나는 정로에서 벗어나 마귀에게 문을 여는 것이 될 것입니다.

당신이나 내가 영적인 은사를 작동하지 않습니다. 만일 당신이 그것들을 작동하려고 한다면 마귀가 응답을 할 것이고 당신은 사단의 속임수에 문을 여는 것이 될 것입니다. 영적인 은사는 성령님이 원하시는 대로 역사하는 것입니다.

당신은 모든 종류의 암이나 혹은 다른 질병의 경우라도 매번 같은 방법으로 다루지 마십시오. 그렇지만 당신은 항상 사람들에게 하나님의 말씀이 무엇이라고 말하는지 말해 주어야 합니다. 당신이 사람들을 자유롭게 한 경험이 한번 있다고 해서 당신은 그것으로 교리를 세우거나 모든 사람에게 같은 방법으로 사역하려고 해서는 안 되는 것입니다.

당신은 성령의 인도하심을 따라야 하는 것입니다. 그리고 만일 성령의 은사가 사람들에게 사역을 하기 위하여 나타났다면 그것은 좋은 일입니다. 그렇다면 당신은 성령의 인도하심을 따라서 하나님의 영의 기름부음과 능력으로 사람들에게 사역을 하면 됩니다.

만일 성령님이 영적인 은사로 나타나시지 않기로 결정을 하셨다면 그냥 사람들에게 하나님의 말씀으로 병과 질병에 대하여 바로 서는 것을 가르치십시오. 말씀은 항상 역사합니다.

암으로 병상에 눕다

나는 다른 경우에 어떤 암을 가진 여자에게 사역을 한 예가 있습니다. 나의 아내와 내가 다른 목사님과 같이 어떤 목사님의 아내가 말기의 암으로 누워 있는 곳에 그 사람을 위하여 기도하러 갔습니다. 암은 그 여자의 왼쪽 가슴에서 시작을 하였고 그 여자의 임파선으로 퍼졌습니다. 그 여자가 의사들한테 갔을 때 의사는 그녀에게 이렇게 말했습니다. "너무 늦었습니다. 우리는 당신을 위하여 아무 것도 할 것이 없습니다." 우리가 그 여자를 위하여 기도하러 갔을 때 그 여자는 병상에 누워 있었습니다. 그녀의 의사는 이렇게 말했습니다. "그 여자는 벌써 죽었어야 합니다. 우리는 그 여자가 어떻게 지금까지 살아 있는지 알 수가 없습니다."

우리가 그 여자를 위하여 기도하려고 모였을 때 우리는 기도로 하나님을 기다리고 하나님의 지시를 구했습니다. 우리는 그 목사관에서 계속하여 그 여자를 위하여 기도하며 이틀 밤낮을 보냈습니다. 우리는 이틀 밤을 네 시간 씩 자고 나머지 시간은 기도하면서 하나님을 구했습니다.

보내는 쪽인가 혹은 받는 쪽인가?

드디어 셋째 날 밤 아침 4시 쯤 나는 그 목사에게 이렇게 말했습니다. "내가 15년 동안 사역을 하는 동안 나는 하나님께 이렇게 오래 응답이 없이 기도해 본 적이 없습니다. 우리는 하나님의 말씀에 약속된 것을 위하여 이렇게 오래 기도할 필요가 없습니다. 나는 우리가 뭔가 잘못하고 있다고 생각합니다. 우리는 '하나님, 이 여인을 치유해 주세요!' 라고 하면서 보내는 쪽에서 일하고 있습니다. 그렇지만 사실은 우리는 아무것도 하지 못한 것입니다. 왜냐하면 하나님께서 보시기에는 하나님은 이미 그 여자를 치유하셨기 때문입니다. 하나님은 그 여자의 병을 십자가 예수님 위에 놓으셨습니다. 우리가 오늘 아침 그 여자를 위하여 기도할 때 보내는 쪽보다는 받는 쪽으로 기도를 합시다."

바로 이것이 많은 사람들이 잘못하고 있는 부분입니다. 기도로 연결이 안 될 때는 기도하는 것을 중지하고 하나님의 영의 음성을 듣고, 왜 응답을 듣지 못했는지 찾아내야 하는 것입니다. 사람들은 그냥 계속 기도하면서 다시 점검을 하지 않습니다. 많은 경우에 우리가 기도로 어떤 연결도 만들지 못하고 있다면 우리는 주님께 왜 그런지 물어 봐야 하는 것입니다. 그리고 우리가 잘못하고 있었다면 우리는 성령님에 의하여 바로 고침을 받아야 됩니다. 그리고 만일 우리가 잘못된 방향으로 들어왔다면 우리는 돌아가서 바른 길로 가야 하는 것입니다.

그래서 다음 날 아침 8시 쯤 우리가 기도하려고 다시 방에 모였을 때 – 목사와 그의 부인, 나의 아내와 나, 그리고 역시 목사인 아픈 여인의 남편과 암으로 앓는 여인이었습니다. 나는 그들에게 주님이 내게 보여주신 것을 말했습니다.

우리는 모두 무릎을 꿇고 침대 곁에서 기도를 하려고 앉았습니다. 우리는 성령님이 이 여자의 상황에 대하여 무엇이라고 말씀하시는지 하나님을 찾기 시작했습니다. 우리는 모두 방언으로, 영으로, 기도하며 하나님을 찾았습니다.

갑자기 내 안에 있는 무엇이 이렇게 말했습니다. "침대의 발치에 가서 서라." 나는 방언으로 기도하는 것을 중지하고 지적인 영역으로 돌아왔습니다. 나는 '침대 발치에 가서 서는 것이 무슨 소용이 있겠는가?' 하고 생각했습니다. 그래서 나는 그냥 그 생각을 잊어버리려고 했습니다. 이것은 나에게 아직도 너무 새로운 것이었습니다.

나는 그 당시 지금 아는 것 같이 성령의 음성을 잘 알아듣지 못했습니다. 나는 계속하여 기도하기 시작했습니다. 그리고 나는 다시 이런 말을 들었습니다. "침대의 발치에 가서 서라!"

나는 계속하여 지적으로 이론을 세우고 있었습니다. 나는 '침대 발치에 가서 서는 것이 이 여자를 치유할 수 없는 것이 아닌가' 하고 생각했습니다.

그렇지만 당신은 생각해 본 적이 있습니까? 예수님은 흙에 침을 뱉어서 그 진흙을 장님의 눈에 바르고 이렇게 말씀하신 것입니다. "실로암 못에 가서 씻어라"(요 9:7).

자연적인 영역에서 진흙이 그 사람을 치유하는데 무슨 도움이 되겠습니까? 그렇지만 하나님께서는 믿음과 순종을 중요하게 생각하십니다. 성령의 인도함을 따르고 하라는 대로 하는 것은 제일 좋은 일입니다. 그것은 항상 좋은 결과를 가져오는 것입니다! 성령님은 항상 하나님의 말씀과 일치하는 것으로 인도하시고 성령님이 하라는 대로 하는 것은 항상 역사합니다.

성령님이 같은 것을 세 번째로 내게 말씀하셨습니다. 이번에는 나는 가서 침대에 발치에 서서 계속하여 방언으로 기도를 하였습니다. 갑자기 나의 아내가 일어나 아직도 방언으로 기도하면서 침대 발치에 나의 옆에 섰습니다.

나의 아내는 절대로 눈을 뜨지 않았습니다. 나중에 들은 말이지만 나의 아내는 그때 내가 거기 서 있는 것도 몰랐다고 합니다.

갑자기 나의 아내가 방언으로 기도하는데 방언이 변하는 것이었습니다. 아내는 방언으로 말씀을 말하기 시작한 것입니다. 그렇지만 나는 아내가 영어로 말하는 것 같이 들을 수 있었습니다.

성령님은 아내를 통해 이렇게 말했습니다. "너는 침대 머리맡에 가서 서서 '예수님의 이름으로 너 의심과 두려움의 영은 나와라' 라고 말하라." 그래서 나는 그냥 침대 머리맡으로 가서 이렇게 말했습니다. "예수님의 이름으로 너 의심과 두려움의 영은 나와라."

나는 눈을 뜨고 있었습니다. 내가 그 말을 한 순간 남자 손의 두 배쯤 되는 크기의 큰 검은 박쥐 같은 것이 죽어가는 여자의 왼쪽 가슴으로부터 나와서 창밖으로 날아가 버리는 것이었습니다. 침대의 그 쪽에 서 있던 목사님이 내게 나중에 이렇게 말했습니다. "무엇이 내 바로 옆을 지나 창문으로 날아가 버렸습니다. 나는 아무것도 보지 못했습니다. 그렇지만 이것은 마치 새가 내 옆을 날아가는 것 같았습니다."

그 여자는 곧 일어나 완전히 치유받아서 하나님을 찬양하고 집 안을 돌아다니며 춤을 추었습니다. 그날 오후 그 여자는 완전히 자유함을 받고 치유를 받아서 우리들과 같이 뒷마당에서 수박을 먹었습니다.

여기에 내가 당신에게 하고 싶은 말이 있습니다. 우리들은 그 여자를 치유시키기 위하여 마귀와 "전쟁"을 하지 않았던 것입니다. 우리는 그냥 하나님을 믿는 믿음으로 기도했습니다. 그리고 하나님의 지시함을 기대했던 것입니다.

이 여자는 성령의 은사가 활동함으로 계시하신 것으로 치유를 받았던 것입니다. 그러나 당신이 하나님 말씀에 근거한 성령의 경험이 있다하더라도 당신은 나가서 그 경험에 근거하여 교리를 세울 수는 없다는 말입니다. 그것이 만일 하나님의 말씀과 일치하더라도 말입니다.

그리고 당신은 나가서 다른 사람들에게 같은 경험을 혹은 같은 나타남을 갖도록 가르칠 수 없습니다. 당신은 당신 뜻대로가 아니라, 하나님이 뜻하신 대로 하나님 자신이 나타나게 해야 하는 것입니다.

이것이 사람들이 잘못하는 부분입니다. 그들은 성령의 나타남을 만들려고 노력합니다. 그들은 육신으로 사역을 하고 무엇을 만들려고 노력하는 것입니다. 두 가지 다 위험한 일입니다. 그리고 그것은 사람들을 잘못 인도할 것입니다.

사람들에게 말씀을 가르치십시오. 그리고 나머지는 하나님께 맡기십시오. 하나님께서는 사람들이 말씀을 믿고 의지한다면 그들의 삶에서 하나님의 말씀이 역사하게 하실 것입니다. 물론 만일 사람들이 말씀에 의지하지 않는다면 하나님은 그들의 삶에서 역사할 수 없는 것입니다.

그러나 이런 경험은 어떤 사람에게 사역을 하는데 한번 나타나고 다시는 나타나지 않을 수도 있는 것입니다. 경험은 오고 또 가지만 말씀은 항상 역사합니다. 만일 우리가 모든 일에 공식을 만들고자 한다면 우리는 성령님이 필요 없을 것입니다. 당신의 삶과 사역을 경험이나 나타남에 세우지 말고 말씀 위에 세우십시오.

만일 내가 나가서 경험으로 교리를 만들어 가르쳤다면 나는 사람들의 삶을 엉망으로 만들고 나의 사역을 엉망으로 만들었을 것입니다. 나는 내가 젊었을 때 사역을 시작하면서 이것을 깨닫게 되었습니다. 많은 목사들이 그 당시에 말씀에 기초가 없기 때문에 사역에 실패하였습니다. 그들은 그들의 사역을 성령의 은사 위에 세웠습니다. 그들은 훌륭한 사람들이었고 그들의 삶에 놀라운 성령의 은사들이 역사하고 있었습니다. 그들은 하나씩 하나씩 잘못과 속임수에 빠졌고 떨어져 나갔던 것입니다.

나는 그들 중 몇에게 이렇게 말했습니다. "당신이 왔다가 갈 때 나는 아직 여기서 가르치고 설교를 할 것입니다. 왜냐하면 나는 나의 사역을 성령의 은사가 아니라 하나님의 말씀에 기초를 두고 있기 때문입니다."

당신의 삶이나 사역을 성령의 은사 위에 세워서는 성공을 할 수 없습니다. 그렇게 하면 안 됩니다. 당신의 삶과 사역을 둘 다 하나님의 말씀 위에 세우십시오. 하나님의 영이 뜻하시는 대로 나타남과 역사함이 오게 하십시오. 그렇지만 신실하게 말씀을 우선으로 하고 당신이 하는 모든 일을 경험이 아닌 하나님의 말씀에 기초를 두십시오.

기름부음으로 치유받음

나는 또 다른 경우 암을 치유함에 있어서 전혀 악한 영들을 다루지 않은 경우에 대하여 여러분과 나누기를 원합니다. 젊은 청년이 나의 집회에 왔습니다. 그도 역시 폐암을 앓고 있었습니다. 의사들은 그에게 6개월을 살 수 있을 것이라고 말했습니다. 나는 그를 위하여 두 번 기도하였지만 나의 영에서 전혀 믿음이 연결되지 않는 것을 알았습니다. 많은 경우에 내가 사람들에게 손을 얹을 때 마치 전기가 흐르는 전기줄을 잡는 것 같습니다. 그들이 믿음으로 하나님을 믿는 것을 알게 됩니다. 그러나 어떤 사람들에게 손을 얹을 때는 마치 문 손잡이에 손을 얹는 것 같을 때도 있습니다. 무슨 이유에서든지 하나님의 능력이 새는 것같이 느낍니다. 하나님은 언제나 치유하기를 원하시니까요.

그러던 중 어떤 예배에, 기도의 영이 우리들 모두에게 내려왔고 예배에 참석한 모든 사람은 바닥에 앉아서 기도를 했습니다. 그 암을 가진 젊은 청년도 강단에 나와서 무릎을 꿇고 기도를 하고 있었습니다. 나도 앞으로 왔다가 뒤로 갔다가 하면서 기도를 하고 있었습니다.

갑자기 성령님의 기름부음이 내게 임하였습니다. 그리고 나는 그 젊은 청년에게로 갔습니다. 이것은 마치 보이지 않는 손이 나의 손을 잡아서 그의 머리에 놓은 것 같았습니다. 그렇지만 기도를 하는 대신 나는 내 자신이 이렇게 말하고 있는 것을 발견했습니다. "너는 암으로부터 치유를 받았다. 성령으로 충만함을 받으라. 나는 나의 포도원에 너를 위한 사역의 자리가 있다." 순간적으로 이 젊은 청년은 방언으로 말하기 시작했습니다.

그 후에 이 젊은 청년은 병원으로 돌아갔는데 의사들이 그에게 이렇게 물어보았습니다. "여기 며칠 있을 수 있습니까? 우리는 이해할 수가 없지만 암은 하나도 없습니다." 그들은 그 청년을 5일 동안 병원에 머물게 하고 모든 종류의 시험을 다 했습니다. 그들은 왜 암이 하나도 없는지 발견하지 못했습니다. 그렇지만 하나님을 찬양합니다. 우리는 왜 그 암들이 사라졌는지 알고 있습니다! 하나님이 성령님의 능력으로 치유하신 것입니다.

그때 나는 이 젊은 청년을 위하여 기도도 하지 않았습니다. 나는 그에게서 아무것도 내쫓지도 않았습니다. 사실 나는 악한 영을 다루지도 않았습니다. 그러나 그는 완전히 자유함을 받아서 암에서 치유를 받았던 것입니다. 의사들은 이렇게 말했습니다. "우리에게 기록이 없었다면 우리는 그가 암이 있었다는 것도 믿지 못했을 것입니다."

사람들이 한 번 특별한 경우에 악한 영을 다루었다는 것 때문에 그들이 모든 아픈 사람들에게서 마귀를 쫓아내야 한다고 생각한다면 그것은 잘못하는 것입니다.

수년 후에 그 목사는 내게 그 젊은 청년이 지난 5년간 교회를 목회하고 있다고 전해 왔습니다. 하나님이 그에게 이렇게 말씀하셨습니다. "나의 포도원에 너를 위한 자리가 있다."

하나님의 말씀을 믿음으로 치유받다

나는 또 다른 암을 가진 사람에게 사역을 했는데 그 경우는 하나님이 다른 암 환자의 경우와는 전혀 다른 방법으로 치유를 하셨습니다.

나는 어떤 순복음 교회를 위하여 천막 집회를 하였습니다. 몇 달 후에 나는 그 목사로부터 편지를 받았습니다. 그의 교회에 어떤 여자가 암에 걸려서 거의 죽게 되었었다고 했습니다. 나는 몰랐지만 그 여자가 나의 집회에 왔었다고 합니다.

이 여자는 이 나라의 큰 병원들을 다 돌아다녔다고 했습니다.

거기서 의사들은 그 여자가 6개월 밖에 못 살 것이라고 말했고 그 여자를 집으로 보냈던 것입니다. 거의 모든 미국의 치유 부흥사들이 그 당시 그 여자를 위해 기도했다는 것입니다. 나도 그 여자를 위하여 두 번 손을 얹었다는 것입니다. 그렇지만 그 여자는 치유를 받지 못했습니다.

그 목사는 내게 이렇게 말했습니다. "그 여자는 너무 아파서 목사님 집회에는 매일 앰뷸런스를 타고 참석해야 했습니다. 우리 교회 옆방에 확성기가 있어서 그 여자는 그 방에 누워서 목사님이 가르치시는 하나님의 말씀을 들었습니다."

아무도 그 여자가 거기 있는 것을 몰랐습니다. 나도 전혀 몰랐고 기도도 하지 않았던 것입니다. 우리는 2주 동안 집회를 하였습니다. 그래서 이 여자는 열 번의 집회에 참석하였고 믿음에 대한 열 번의 성경공부를 들었던 것입니다. 그 여자는 성경공부를 한 대로 행동을 하였고 그리고 그 여자는 완전히 치유를 받은 것입니다.

그 목사는 내게 이렇게 말했습니다. "해긴 목사님, 그 여자는 완전히 건강합니다. 그 여자가 암 병원으로 다시 돌아가 보았습니다. 그리고 그들은 그 여자에게 모든 시험을 다 해 보았지만 어떤 암의 흔적도 찾을 수 없었습니다."

이 여자가 자유롭게 되는 것에는 영분별로 되어진 것이 아닙니다. 그 여자는 기도도 받지 못했습니다. 그 여자는 단지 하나님의 말씀에 대한 자신의 믿음으로 치유를 받았던 것입니다.

당신은 성령님이 어떤 방식으로 나타내시기를 원하시지 않는 한 성령의 은사를 통하여 사람들에게 사역을 할 수 없습니다. 그렇지만 당신은 항상 말씀이 말하는 것을 가르침으로 사람들에게 사역을 할 수 있는 것입니다.

말씀의 기름부음 아래 앉아 있는 것만으로도 그것을 적용만 한다면 사람들은 그들을 묶어두려고 하는 적의 어떤 힘으로부터도 자유함을 받을 수 있는 것입니다. 사람들이 하나님의 말씀을 들은 후에 그들 자신이 행동을 해야 하는 것입니다. 성경은 말씀을 행하는 자가 축복을 받는다고 말하고 있기 때문입니다(약 1:22,25).

그렇지만 사람들을 자유롭게 하는 데 있어서 하나님의 영은 성령의 여러 가지 은사, 즉 예언이나 지식의 말씀 혹은 영분별을 통하여서도 역사하십니다. 하나님이 어떻게 역사하시든지 하나님이 하시는 일을 기뻐합시다. 그것이 중요한 것입니다. 그리고 하나님으로 하나님 되시게 하고 하나님이 원하시는 대로 역사하시게 합시다!

나는 여러 가지 암의 경우를 말씀드렸습니다. 이 사람들이 모두 성령님의 지시에 따라 다른 방법들에 의하여 자유함을 받기는 했지만 그들 모두가 자유함을 받았던 것입니다.

계속하여 말씀을 전파하십시오. 성령의 은사의 나타남이 오면 좋습니다! 만일 오지 않아도 계속하여 말씀을 전파하십시오. 계속하여 말씀을 꺼내십시오. 하나님의 말씀은 거룩하고 썩지 아니할 씨이므로 결과를 생산해 내고 이것은 영원히 그럴 것입니다(벧전 1:23-25).

그리고 성경은 하나님께서 그의 말씀이 활동하는 것을 보고 계신다고 말하기 때문에 말씀은 항상 역사하는 것입니다. 그리고 하나님의 말씀은 결과를 내지 않고 하나님께 헛되이 돌아가지 않는다고 성경은 말하고 있습니다(렘 1:12; 사 55:11).

만일 당신이 사람들에게 하나님의 말씀이 말하는 것을 가르치는 데 충실하였다면 말씀은 결국 그들의 삶에 놀라운 곡식을 생산해 낼 것입니다. 성경은 이렇게 말하고 있습니다. "그가 그의 말씀을 보내어 그들을 고치시고 위험한 지경에서 건지시는도다"(시 107:20).

성경은 "그가 그의 성령의 은사들을 보내어 그들을 고치시고 위험한 지경에서 건지시는 도다"라고 말하고 있지 않습니다. 하나님께서 어떤 경우에는 그렇게 역사하려고 하실지도 모르지만 말입니다.

정신 이상을 다루는 법

나는 이제 여러분과 정신 이상을 다루는 몇 가지의 이야기를 나누기 원하고 같은 원칙들이 여기에서도 적용되는 것을 보기를 원합니다. 나는 특별히 정신이 이상한 사람들을 다루면서 만일 그들이 지적으로 분명하다면 그리고 당신이 말씀을 전파하는 것을 그들이 알아듣게 할 수 있다면 그들은 그것을 받고 자유함을 받을 수 있는 것입니다. 그렇지만 그들의 마음이 기능을 잃고 당신에게 성령님의 나타나심이 없다면 당신은 그 사람을 도와 줄 수 없습니다. 그리고 당신 자신이 나타냄을 만들 수는 없는 것입니다.

그리스도인인 어떤 여인이 나의 집회에 정신이 이상한 한 여자를 데리고 왔습니다. 이 정신이 이상한 여자는 정부에서 나와서 병원에 입원시킬 것을 기다리고 있었습니다. 그 여자는 예배에 앉아서 아주 어린 아이 같이 계속하여 발을 질질 끌고 돌아다니며 안절부절하는 행동을 했습니다. 성경공부 하는 시간 중간에 그 여자는 일어나서 "나는 화장실에 가야 합니다!" 혹은 "나는 물을 먹어야 합니다!"라고 말했습니다. 같이 온 여인이 그 여자를 다시 앉혔습니다.

첫 예배에서는 이 정신이 이상한 여자는 전혀 성경공부에 주의를 집중하지 않았습니다. 두 번째 집회에서도 그 여자는 같은 식으로 행동을 하기 시작했습니다. 어린 아이 같이 움직이며 안절부절못하는 것이었습니다. 그렇지만 예배가 끝나기 전에 나는 그 여자의 눈이 나에게 매여 있는 것을 주의해 보았습니다. 그 여자는 열중하여 듣고 있었던 것입니다. 셋째 날에 그 여자는 성경을 가지고 왔습니다. 그리고 성경공부 시간에 성경을 열고 내가 말하는 것을 듣고 있었습니다.

넷째 날에, 그 여자는 작은 공책을 가지고 와서 노트를 하고 있었습니다. 열흘 동안의 집회가 끝나기 전에 그 여자는 구원을 받고, 성령 세례를 받고 방언으로 말하기 시작했습니다. 그리고 그 여자의 마음은 완전히 회복되었습니다. 그 여자는 온전히 자유함을 받은 것입니다!

나는 가끔 우리가 바울이 말한 것을 과소평가한다고 생각합니다. 바울은 이렇게 말했습니다. "내가 복음을 부끄러워하지 아니하노니 이 복음은 모든 믿는 자에게 구원을 주시는 하나님의 능력이 됨이라…"(롬 1:16).

주 예수 그리스도의 복음, 이 살아계신 하나님의 말씀은 하나님의 능력입니다. 그리고 이것은 구원에 이르게 하는 하나님의 능력인 것입니다. 무엇으로부터의 구원인가요? 무엇으로부터든지 당신이 구원받기 원하는 것으로부터입니다!

그 여자는 전혀 정신병원에 갈 필요가 없었습니다. 5년 후에 내가 같은 교회에 다시 갔을 때 그 여자와 그 여자의 남편은 아직도 그 교회에 있었습니다. 그리고 그들은 둘 다 하나님을 위하여 마음이 뜨거웠습니다. 그렇지만 내가 하고 싶은 말은 나는 그 여자를 위하여 전혀 기도를 하지 않았다는 것입니다. 그리고 그 여자에게서 어떤 마귀도 내쫓지 않았습니다. 무엇이 그 여자를 구원하였습니까? 우리 주 예수 그리스도의 복음이 그렇게 하였습니다. 하나님의 말씀은 구원, 자유함, 치유와 승리에 이르는 하나님의 능력입니다! 하나님의 말씀이 다 하신 것입니다.

나는 또 내 집회에 오는 어떤 사람들이 마약을 하였기 때문에 그들의 마음이 완전히 무능력하게 된 사람들도 보았습니다. 그렇지만 하나님의 말씀이 그들 안에 들어가서 그들의 영에 새겨져서 그들의 마음이 완전히 회복되었습니다.

오늘날 그들은 다른 사람들과 마찬가지로 그들의 마음은 건강합니다.

말씀에는 능력이 있습니다. 말씀을 가르치는 것은 당신이 정신이 이상하고 지적으로 불분명한 사람들을 도와 줄 수 있는 한 가지 방법이 되는 것입니다. 그들의 지적인 상태가 직접적으로 귀신의 영향을 받았든지 혹은 간접적으로 귀신의 영향을 받았든지 상관없이 하나님의 말씀은 역사하는 것입니다.

나는 어떤 여자로부터 편지를 받은 적이 있는데 "해긴 목사님, 나는 서른여덟 살입니다. 나는 인생의 반 이상을 정신병원에서 보냈습니다. 그런데 누가 '옳은 사고방식 틀린 사고방식'이란 목사님의 책을 내게 주었습니다. 나는 목사님의 책을 더 주문하여 읽기 시작했습니다. 그런데 나의 마음이 완전히 회복 받았습니다."

그 여자는 자신으로부터 귀신을 내쫓지 않았습니다. 그 여자가 일생동안 정신병원에 있어야만 된다고 말했던 그녀의 의사는 그 여자가 건강하다고 진단하고 퇴원을 시켜 주었습니다. 그 여자는 자신의 삶을 정신병원에 있는 사람들을 돕도록 헌신을 하였습니다.

만일 사람들이 믿음을 하나님의 말씀과 화합하고 그것을 믿는다면, 하나님의 말씀은 그들이 무엇으로부터 구원을 필요로 하든지 상관없이 역사할 것입니다. 정신 이상의 경우에는 아직 조금은 지적능력이 남아 있는 사람들에게 말씀을 가르치십시오.

하나님의 말씀을 그들 안에 넣으십시오. 만일 그들이 말씀 안에서 승리의 자리에 설 수 있다면 그들은 자유함을 받을 수 있습니다. 어떻게 그들이 승리의 자리에 설 수 있냐고요? 믿음으로 할 수 있습니다. 말씀을 믿음으로 할 수 있습니다. 말씀은 하나님의 능력입니다. 그들에게 하나님의 말씀을 그들 자신을 위하여 역사할 수 있게 하나님의 말씀을 믿고 행동하는 것을 가르치십시오.

만일 사람의 마음이 악한 영에게 온전히 사로잡힌 바 되었다면, 그리고 그들이 전혀 정신이 없거나 어떤 사람이 하나님의 말씀을 가르치는데 앉아 있을 수 없다면, 당신은 무엇을 해야 할지 성령님께서 보여주실 것을 기대하며 의지해야 합니다. 그렇지만 모든 경우에, 주 예수 그리스도에게는 자유함이 있습니다.

특별한 믿음의 은사

내가 여러분에게 지적 기능이 희미한 정신 이상의 여인의 예를 하나 더 들어보겠습니다. 그렇지만 그 여자는 성령의 은사의 나타남으로 자유함을 받은 경우입니다.

이 여자는 거듭나지 못했습니다. 그 여자는 정신이 나간 상태였지만 그것은 육신적인 병이었습니다. 그 여자는 그렇게 늙지도 않았지만 그녀는 하나님을 몰랐습니다. 가끔 사람들에게 하나님의 생명이 그 안에서 역사하지 않을 때 더 빨리 늙는 것 같습니다(롬 8:11). 그 여자는 아직 젊었는데 망령을 시작했습니다. 한 의사는 그 여자가 두 살짜리의 정신 능력을 가졌다고 말했습니다.

나의 아내와 내가 이 여자를 위하여 두 시간쯤 기도했습니다. 우리는 마귀와 싸우는 것이 아니었고 사단의 견고한 진과 대적하는 것도 아니었습니다. 우리는 하나님께 말하고 있었습니다. 우리는 기도하면서 하나님을 예배하고 있었던 것입니다. 그리고 성령님이 나타나셔서 우리들에게 무엇이 문제인지, 이 상황을 우리가 어떻게 다루어야 할지 보여주실 것을 기다리고 있었습니다.

성령님은 우리에게 아무것도 보여주시지 않았습니다. 그래서 결국은 그 여자의 딸이 그 여자에게 이렇게 말했습니다. "엄마, 우리는 이제 가야 할 것 같아요." 딸은 어머니를 일으켜서 코트를 입혀 주었습니다. 나의 아내 오레타가 그의 딸과 이야기를 하기 시작했습니다. 그래서 정신 이상인 이 여자는 다시 의자에 앉았습니다. 나는 그 여자 옆에 앉았는데 그 여자가 무엇이라고 중얼거리며 이상한 소리를 내었습니다. 그 여자의 눈에는 거친 빛이 돌았습니다. 그 여자는 무슨 발작을 할 것 같이 보였습니다.

내가 거기 앉아서 그 여자를 바라볼 때 놀라운 동정심이 내 안에 생겼습니다. 그래서 눈물로 나는 말했습니다. "주님, 왜 내가 이 사랑스러운 영혼을 도와 줄 수 없는 것입니까? 만일 내가 이 여자의 마음을 통해서 당신을 받아들이게 할 수 없다면 이 여자는 지옥에 갈 것입니다!"

그때 나의 아내와 그 여자의 딸이 대화를 끝냈습니다. 그 딸은 돌아서서 그 어머니의 어깨를 잡고 흔들어 깨우며 그 여자가 하려는 발작에서 깨어나도록 했습니다.

그 딸은 이렇게 말했습니다. "엄마, 우리는 가야 해요." 갑자기 그 어머니가 눈을 깜빡거리고 그 머리를 돌려서 나를 바라보았습니다. 그 여자가 우리 집에 있던 두 세 시간 동안 그 여자는 아무도 알아보지 못하고 한 마디도 말을 하지 않았습니다. 그렇지만 그 여자는 갑자기 내게로 돌아서서 분명하게 이렇게 말했습니다. "내가 좀 나아지겠어요?"

그 여자가 그렇게 말했을 때 이것은 전기가 나의 머리를 치고 온 몸을 지나가는 느낌이었습니다. 나는 분명히 무엇인지 알았습니다. 이것은 특별한 믿음의 은사의 나타남이었습니다. 성령님이 나의 영에 특별한 믿음의 은사를 그 정신 이상의 여자에게 사역할 수 있도록 주신 것입니다(고전 12:9). 이것은 평범한 믿음이 아니고 우리들 모두에게 있는 일반적인 믿음이 아닙니다(롬 10:17). 이것은 성령의 은사인 믿음의 은사의 나타남이었습니다.

이것이 우리가 많은 경우에 실수하는 부분입니다. 이런 경우에 당신이 일반적인 믿음을 가지고 마귀에게 소리를 지르고, 함성을 지르고, 온종일 목소리를 높인다 해도 아무 일도 일어나지 않았을 것입니다. 혹은 마귀에게 자연적인 영역에서 소리를 지르고 함성을 질렀다 해도 사실 당신은 마귀에게 자리를 내어줄 수 있는 것이고 마귀가 당신에게 나타났을 수도 있습니다.

어떤 경우에는, 특별한 성령의 역사하심인 믿음의 은사가 자유하게 하기 위하여 필요합니다. 그런 믿음의 은사의 역사가 없다면 당신은 정신 이상인 사람에게 "치료함을 받으라! 치료함을 받으라! 마음아, 정상적으로 일하라!"고 아무리 소리를 질러도 그 사람은 그 전과 같이 정신 이상으로 남아있을 것입니다. 그렇지만 믿음의 은사가 내게 주어지자마자 나는 그 여자에게 성령의 기름부음으로 대답했습니다.

"그렇습니다! 예수님의 이름으로 당신은 나을 것입니다!"

나는 내가 아무리 의심하려고 노력한다 하더라도 그 여자가 자유롭게 될 것을 의심할 수가 없었습니다. 나는 이미 그녀가 자유함을 받은 것을 알았습니다. 나는 아주 조용하게 그리고 간단하게 그렇게 말했을 뿐입니다. 그리고 다른 어떤 나타남도 없었습니다. 그 딸은 어머니를 잘 모시고 집으로 갔습니다.

이년쯤 후에 그 여자의 딸이 우리를 방문하러 왔습니다. 우리가 그녀에게 가장 먼저 "어머니는 어떻게 되었습니까?"라고 물었습니다.

그 딸은 말했습니다. "그때 내가 어머니를 집에 모시고 갔습니다. 그리고 다음 날과 그 다음 날에는 아무런 변화가 없었습니다. 그렇지만 셋째 날 오후 3시, 눈 깜짝할 사이에 순간적으로 어머니의 마음은 완전히 회복되었습니다."

그 딸은 설명을 했습니다. "나는 어머니가 정신 이상이 되기 전에 예수님에 대하여 이야기를 했었습니다. 그러면 어머니는 항상 이렇게 말했습니다. '나는 그런 것을 믿지 않아. 만일 네가 믿기를 원한다면 너는 믿거라. 그렇지만 나와 네 아버지에게는 예수님이나 성경 이야기는 하지 말거라.' 그래서 나는 그들을 위하여 기도만 했습니다. 나는 예수님에 대하여 그들에게 다시 한 마디도 하지 않았습니다. 그렇지만 그날 어머니의 마음이 회복된 즉시 어머니는 무릎을 꿇고 그의 심령을 하나님께 드렸습니다. 아버지가 그때 들어와서 어머니가 회개하고 예수님을 받아들이는 것을 보았습니다. 그리고 아버지도 무릎을 꿇고 이렇게 말했습니다. '나를 위하여도 기도해줘. 나도 구원을 받기 원해.' 그리고 아버지도 그의 심령을 예수님께 드렸습니다!"

나는 이 여인에게서 마귀를 내쫓지 않았습니다. 나는 이 여자에게 손을 얹지도 않았습니다. 내가 한 것은 성령님의 인도함을 받아 하나님의 영의 기름부음으로 말했을 뿐입니다. 이것은 특별한 믿음의 은사가 역사한 것입니다. 나는 하나님께 순종하였습니다. 내가 육신으로 무엇인가를 만들려고 한 것이 아닙니다.

나는 하나님께서 치유하시고, 사람들을 그의 말씀에 일치하는 여러 가지 방법으로 자유하게 하신다는 것을 보여주기 위하여 나의 사역에서 있었던 이런 예들을 말하였습니다. 나는 또 나의 사역에서 이런 예를 들어서 우리가 성령의 은사들을 마음대로 역사하게 할 수 없다는 것을 보여 주려고 했습니다. 우리는 우리가 하는 모든 일에서 성령님께 완전히 의지해야 합니다. 만일 우리가 어떤 고정된 방식대로 사역을 하려고 한다면 우리는 육신에서 하는 것입니다. 물론 우리는 실패를 하게 될 것이고 또 마귀에게 문을 열어 줄 수도 있습니다.

육신에서 사역을 함으로서 당신은 결국 속임수에 들어가게 되는 것입니다. 왜냐하면 사단은 감각적인 영역인 육신의 영역에서 활동하기 때문입니다. 하나님의 말씀에 서서 성령의 인도함을 받으십시오. 성령은 항상 말씀과 일치되는 곳으로 당신을 인도하실 것입니다.

당신이 하는 모든 일을 초자연적인 나타남에 두지 말고 말씀에 기초를 두십시오. 만일 당신이 성경을 따라 하나님의 원칙대로 행동한다면 놀라운 자유롭게 하는 일들이 이루어질 것입니다. 왜냐하면 궁극적으로 하나님의 말씀의 진리에 대한 지식이 우리를 자유롭게 할 것이기 때문입니다.

우리는 승리하는 교회입니다!

그리고 당신이 자유롭게 함에 대하여 사역을 하든지, 아픈 사람을 위하여 기도를 하든지 혹은 당신의 삶에서 마귀에 대항하여 서는 것이든지 – 사단은 이미 패배한 적이라는 것을 기억하십시오. 만일 당신이 믿는 자라면 당신은 지금 하늘나라 영역의 높은 곳에 그리스도와 함께 앉아 있는 것입니다. 마귀에 대한 예수님의 승리는 당신이 그 안에 있기 때문에 당신의 승리이기도 합니다.

어둠의 권세는 어디 있는 것입니까? 사단에게 있습니다. 그렇지만 우리는 사단의 권세로부터 자유함을 받은 것입니다! 그리고 우리는 그가 패배하고 폐위된 것을 기억해야 합니다!

그렇기 때문에 나는 마귀와 싸우지 않을 것입니다! 나는 그냥 마귀 위에서 행하여 마귀를 있어야 할 자리에 놓을 것입니다. 나는 승리하는 교회의 일부이기 때문입니다.

잠깐 중지하고 생각해 보십시오. 당신의 머리로부터 권세를 휘두르지 않고 당신의 몸에 권세를 휘두를 수 있을까요? 아닙니다. 그럴 수는 없습니다. 당신의 머리에 속한 것은 당신의 몸에도 속해 있습니다.

교회의 머리되신 예수 그리스도께서 귀신과 악한 영, 그리고 사단에게 승리하신 이후로, 우리도 승리한 것입니다. 그것이 우리가 우리 자신을 승리하는 교회라고 부르는 이유입니다. 그것이 지금의 우리입니다. – 우리가 천국에 갈 때 그렇게 되는 것이 아닙니다. – 바로 지금 우리가 그렇습니다.

우리가 사단의 권세로부터 자유함을 받았기 때문에 사단은 그리스도의 몸에 대해 어떤 방법으로나 어떤 모양으로, 형체로 혹은 어떤 양식으로도 권세가 없습니다. 오히려 우리가 그리스도 안에서 그 위에 권세가 있는 것입니다! 예수님이 사단과 그의 패배를, 십자가에서 승리한 것을 만천하에 드러내셨습니다!

그렇습니다. 우리들은 악한 세력을 다루어야 합니다. 그렇지만 우리는 그들에 대하여 권세가 있습니다. 그들은 폐위당한 세력입니다! 우리는 예수님이 우리를 위하여 준비해 놓으신 승리를 즐기는 승리하는 교회입니다.

우리는 마귀와 전쟁을 할 필요가 없습니다. 우리가 해야 할 일은 마귀에 대하여 우리의 자리를 지키는 것뿐이고 말씀으로 그를 도망가게 하는 것뿐입니다.

이 폐위된 권세들로 당신을 통치하게 하는 대신 당신이 그들을 통치하십시오! 사실, 당신이 마귀를 다룰 때 내려다보지 않는다면 당신은 너무 낮은 곳에 앉아 있는 것입니다. 더 올라와서 당신이 속한 그리스도 안의 하늘나라 영역의 자리에 앉으십시오. 승리하는 교회로 말입니다!

믿음의말씀사 출판물

구입문의 : 031-8005-5483 http://faithbook.kr

■ 케네스 해긴의「믿음 도서관」책들
- 새로운 탄생
- 재정 분야의 순종
- 나는 지옥에 갔다 왔습니다
- 하나님의 처방약
- 더 좋은 언약
- 예수의 보배로운 피
- 하나님을 탓하지 마십시오
- 네 주장을 변론하라
- 셀 모임에서 성령인도 받기
- 안수
- 치유를 유지하는 법
- 사랑은 결코 실패하지 않습니다
- 하나님께서 내게 가르쳐 주신 형통의 계시
- 왜 능력 아래 쓰러지는가?
- 다가오는 회복
- 잊어버리는 법을 배우기
- 위대한 세 단어
- 하나님의 은사와 부르심
- 그 이름은 "놀라우신 분"
- 우리에게 속한 것을 알기
- 성령을 받는 성경적인 방법
- 하나님의 영광
- 은혜 안에서의 성장을 방해하는 다섯 가지
- 사랑 가운데 걷는 법
- 바울의 계시: 화해의 복음
- 당신은 당신이 말하는 것을 가질 수 있습니다
- 그리스도 안에서
- 말
- 방언기도의 능력을 풀어 놓으라
- 옳은 사고방식 틀린 사고방식
- 속량 – 가난, 질병, 영적 죽음에서 값 주고 되사다
- 네 염려를 주께 맡겨라
- 예언을 분별하는 일곱 단계
- 절망적인 상황을 반전시키기
- 당신의 믿음을 풀어 놓는 법
- 진짜 믿음
- 믿음이란 무엇인가
- 그리스도께서 지금 하고 계시는 일
- 충분하고도 넘치는 하나님 엘 샤다이
- 금식에 관한 상식
- 하나님의 말씀 : 모든 것을 고치는 치료제
- 가족을 섬기는 법
- 조에
- 당신이 알아야 하는 신유에 관한 일곱 가지 원리
- 여성에 관한 질문들
- 인간의 세 가지 본성
- 몸의 치유와 속죄
- 크게 성장하는 믿음
- 하나님 가족의 특권

- 기도의 기술
- 나는 환상을 믿습니다
- 병을 고치는 하나님의 말씀
- 영적 성장
- 신선한 기름부음
- 믿음이 흔들리고 패배한 것 같을 때 승리를 얻는 법
- 믿음의 선한 싸움을 싸우는 법
- 하나님의 계획과 목적과 추구
- 예수 열린 문
- 믿음의 계단
- 당신을 향한 하나님의 계획
- 역사하는 기도
- 기름부음의 이해
- 내주하시는 성령 임하시는 성령
- 재정적인 번영에 대한 성경적 열쇠들
- 어떻게 하나님의 영으로 인도받을 수 있는가?
- 마이더스 터치
- 치유의 기름부음
- 그리스도의 선물
- 방언
- 믿는 자의 권세(생애기념판)
- 믿음의 양식
- 승리하는 교회

■ E. W. 케년
- 십자가에서 보좌까지 무슨 일이 일어났는가?
- 두 가지 의
- 놀라우신 그 이름 예수
- 하나님 아버지와 그분의 가족
- 나의 신분증
- 두 가지 생명
- 새로운 종류의 사랑
- 그분의 임재 안에서
- 속량의 관점에서 본 성경
- 두 가지 지식
- 피의 언약
- 숨은 사람
- 두 가지 믿음
- 새로운 피조물의 실재

■ 스미스 위글스워스
- 스미스 위글스워스의 천국
- 스미스 위글스워스의 매일묵상
- 위글스워스는 이렇게 했다
- 스미스 위글스워스의 능력의 비밀

■ T. L. 오스본
- 행동하는 신자들
- 기적 – 하나님 사랑의 증거
- 새롭게 시작하는 기적 인생

- 좋은 인생
- 성경적인 치유
- 능력으로 역사하는 메시지
- 100개의 신유 진리
- 24 기도 원리 7 기도 우선순위
- 하나님의 큰 그림
- 긍정적 욕망의 힘
- 당신은 하나님의 최고의 작품입니다

■ 잔 오스틴
- 믿음의 말씀 고백기도집
- 하나님의 사랑의 흐름
- 견고한 진 무너뜨리기
- 초자연적인 흐름을 따르는 법
- 당신의 운명을 바꿀 수 있습니다
- 어떻게 하나님의 능력을 풀어놓을 수 있는가?

■ 크리스 오야킬로메
- 여기서 머물지 말라
- 이제 당신이 거듭났으니
- 당신의 인생을 재창조하라
- 이 마차에 함께 타라
- 그리스도 안에 있는 당신의 권리
- 성령님과 당신
- 성령님이 당신 안에서 행하실 일곱 가지
- 성령님이 당신을 위해 행하실 일곱 가지
- 기적을 받고 유지하는 법
- 하나님께서 당신을 방문하실 때
- 올바른 방식으로 기도하기
- 당신의 믿음을 역사하게 하는 법
- 끝없이 샘솟는 기쁨
- 기름과 겉옷
- 약속의 땅
- 하나님의 일곱 영
- 예언
- 시온의 문
- 하늘에서 온 치유
- 효과적으로 기도하는 법
- 어떤 질병도 없이
- 주제별 말씀의 실재
- 마음의 능력

■ 앤드류 워맥
- 당신은 이미 가졌습니다
- 은혜와 믿음의 균형 안에 사는 삶
- 하나님의 참 본성
- 하나님은 당신이 건강하기 원하십니다
- 영 · 혼 · 몸
- 전쟁은 끝났습니다
- 믿는 자의 권세
- 새로운 당신과 성령님
- 노력 없이 오는 변화
- 하나님의 충만함 안에 거하는 열쇠
- 더 좋은 기도 방법 한 가지
- 재정의 청지기 직분

- 하나님을 제한하지 마라
- 하나님의 뜻을 발견하고 따라가며 성취하라
- 하나님의 참 본성
- 하나님의 최선 안에 사는 법
- 더 큰 은혜 더 큰 은총
- 리더십의 10가지 핵심요소

■ 기타 「믿음의 말씀」 설교자들
- 성령의 삶 능력의 삶
- 복을 취하는 법
- 주는 자에게 복이 되는 선물
- 믿음으로 사는 삶
- 붉은 줄의 기적
- 당신이 말한 대로 얻게 됩니다
- 예수-치유의 길 건강의 능력
- 성령 안의 내 능력
- 존 G. 레이크의 치유
- 믿음과 고백
- 임재 중심 교회
- 성령충만한 그리스도인의 지침서
- 열정과 끈기
- 제자 만들기
- 어떻게 교회를 배가하는가
- 운명
- 모든 사람을 위한 치유
- 회복된 통치권
- 그렇지 않습니다
- 당신의 자녀를 리더로 훈련하라
- 오순절 운동을 일으킨 하나님의 바람
- 주일 예배를 넘어서
- 신약교회를 찾아서
- 내가 올 때까지
- 매일의 불씨
- 여성의 건강한 자아상

■ 김진호 · 최순애
- 왕과 제사장
- 새로운 피조물의 실재
- 믿음의 반석
- 새 언약의 기도
- 새로운 피조물 고백기도집(한글판/한영대조판)
- 성령 인도
- 복음의 신조
- 존중하는 삶
- 성경의 세 가지 접근
- 말씀 묵상과 고백
- 그리스도의 교리
- 영혼 구원
- 새로운 피조물
- 믿음의 말씀 운동의 뿌리
- 1인 기업가 마인드
- 내 양을 치라
- 새사람을 입으라